▲青年时代的张东荪(拍摄于五四时期)

▲上世纪50年代中期，张东荪于北大朗润园

▲晚年时代，张东荪在书房读书，拍摄于60年代初期，大城坊37号

▲上世纪 30 年代初，张东荪参加友人婚礼

▲上世纪 30 年代初期，张东荪与友人合影

▲ 1949 年，张东荪与民盟新政协代表团于中南海

▲上世纪 60 年代初期，张东荪一家于成府大城坊 37 号合影

▲ 1949 年，张东荪与家人在燕东园 34 号

▲上世纪 60 年代初，张东荪与孙子张鹤慈于大城坊 37 号

▲ 1950 年代中期，张东荪及全家于北大朗润园

◀ 50 年代中期，张东荪夫妇及子女于中关园 153 号

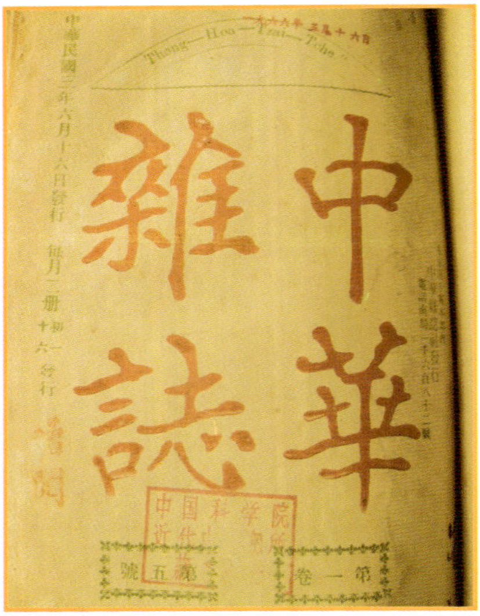

▲《中华杂志》封面

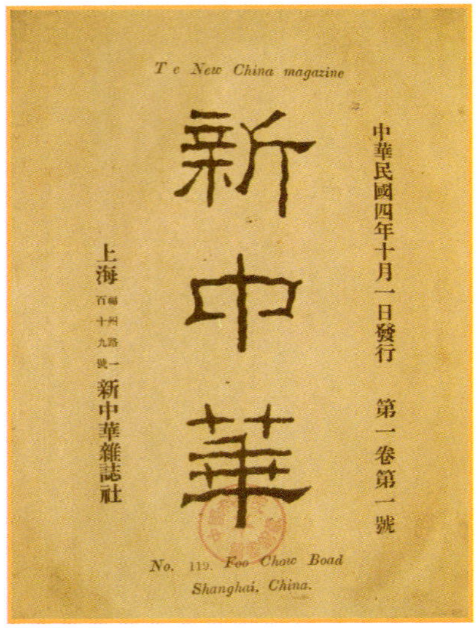

▲《新中华》杂志封面

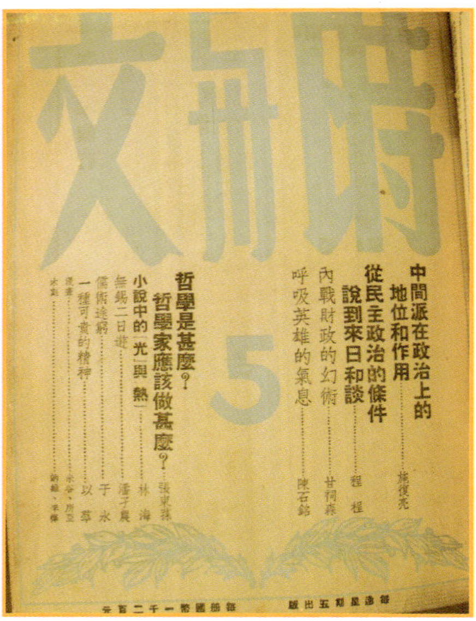

▲《时与文》封面

▲张东荪与谷钟秀创办的《正谊》杂志

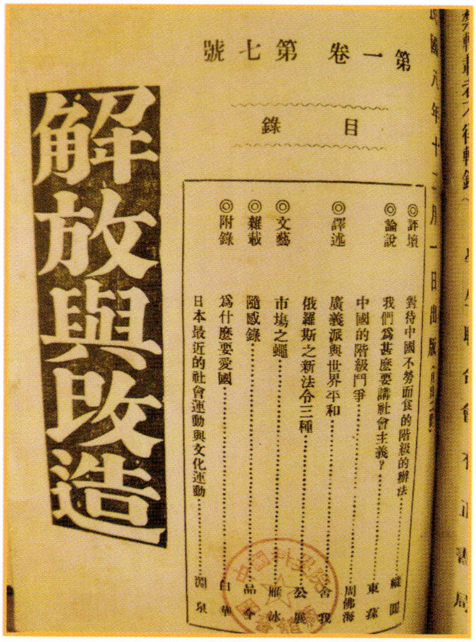

▲《解放与改造》创刊号

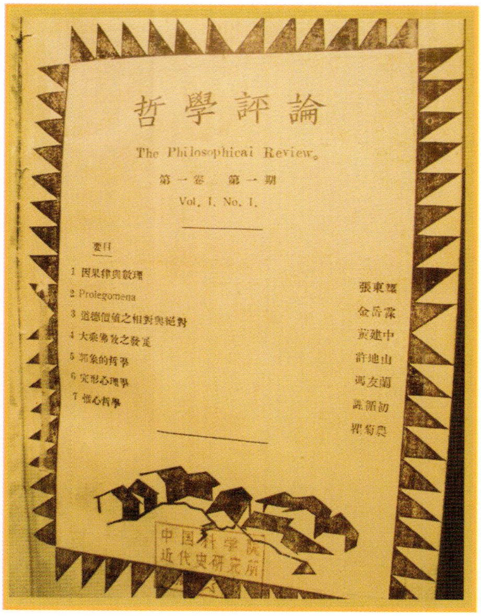

▲张东荪创办的《哲学评论》创刊号

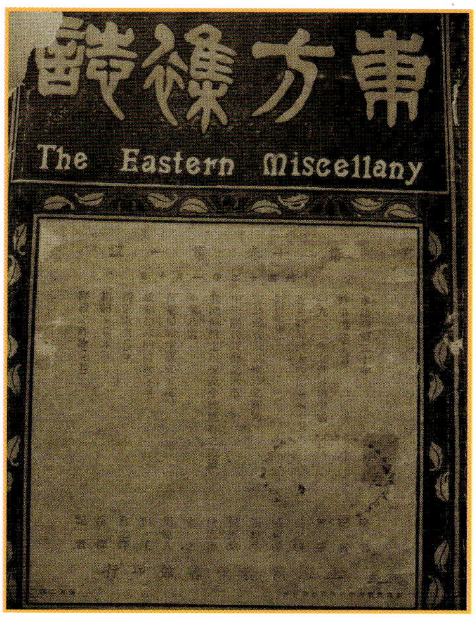

▲《东方杂志》封面

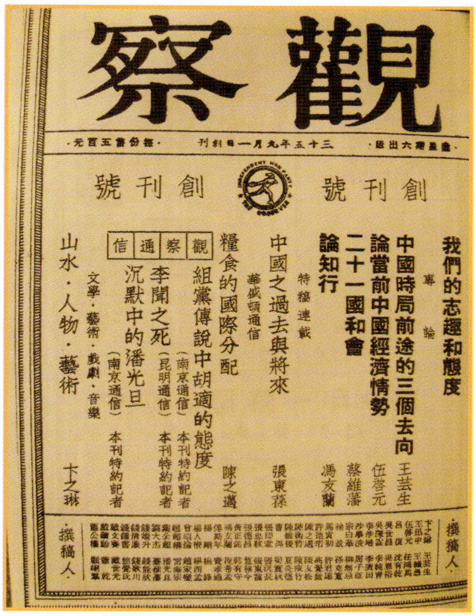

▲《观察》创刊号

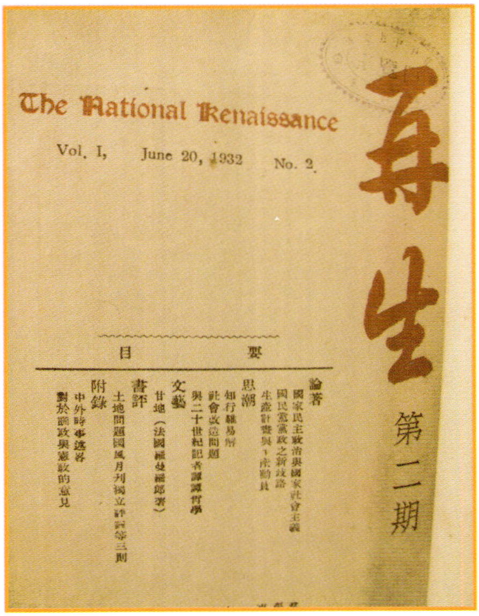

▲《再生》杂志封面

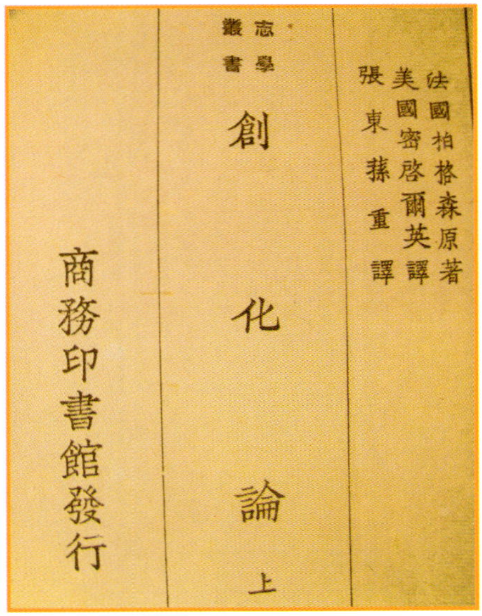

▲张东荪译《创化论》封面

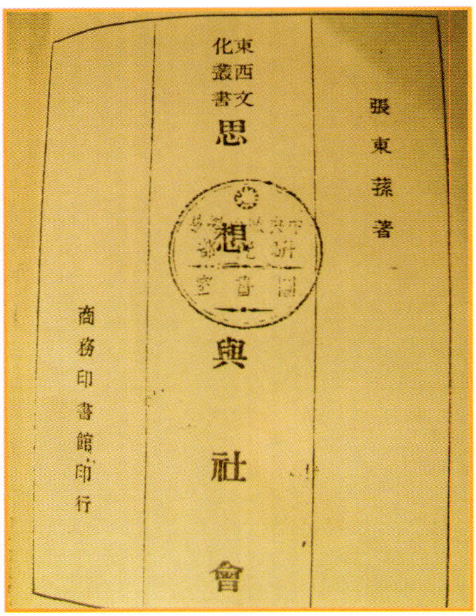

▲《思想与社会》封面

▲《民主主义与社会主义》封面

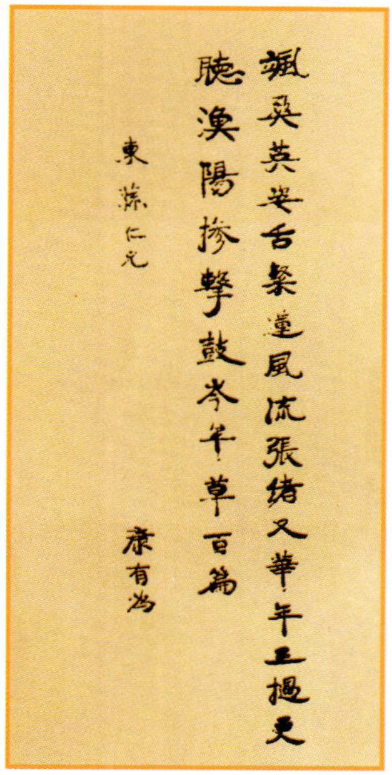

▲康有为给张东荪题写的条幅

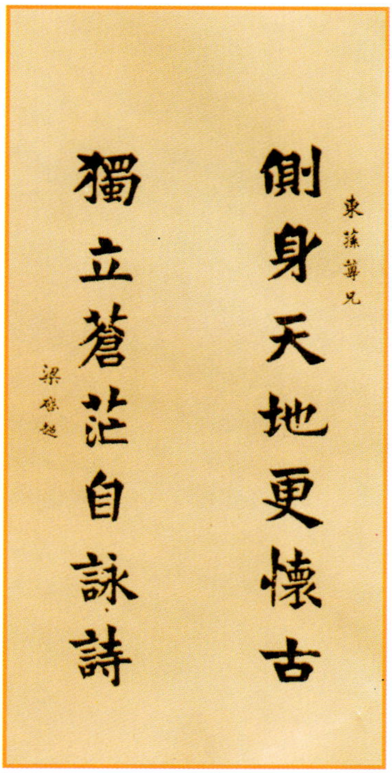

▲梁启超为张东荪题联

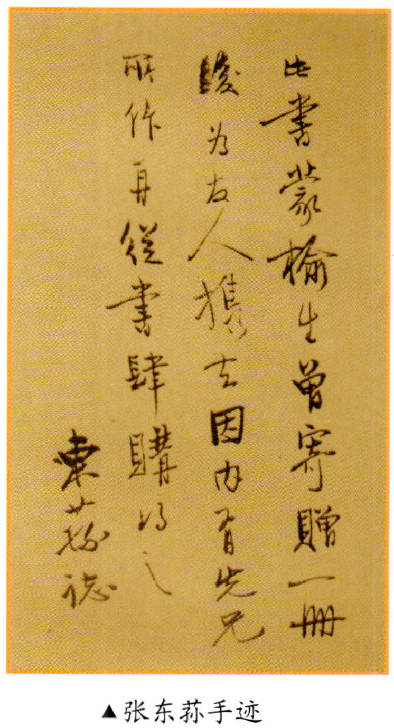

▲张东荪手迹

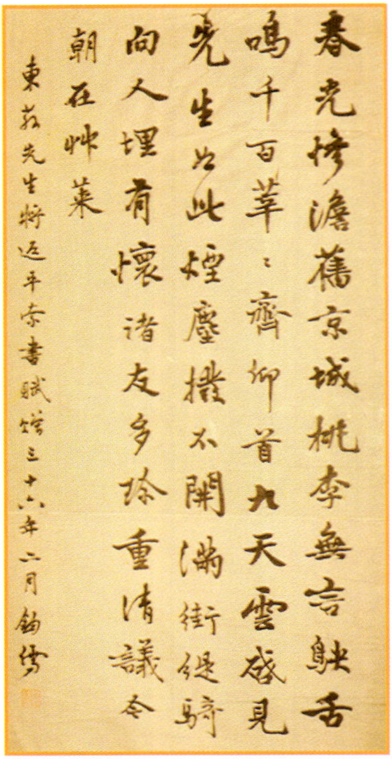

▲张东荪手迹

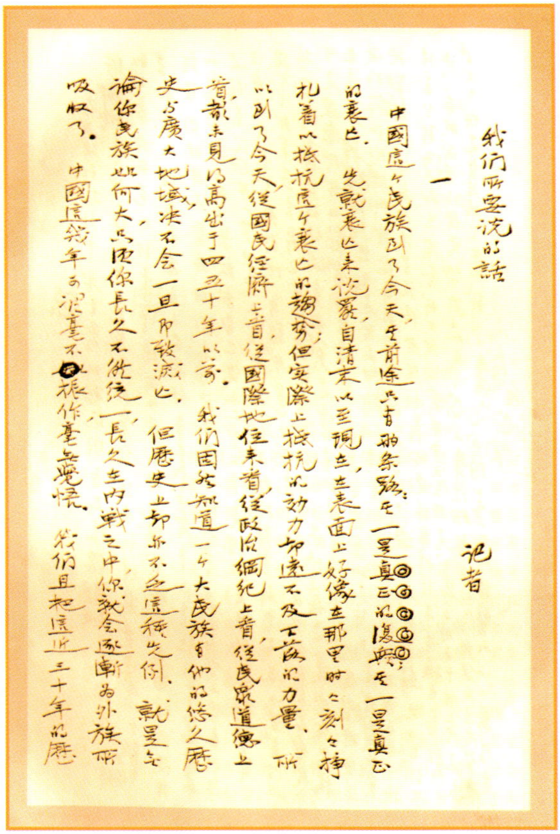

▲ 1932 年，张东荪起草的《我们所要说的话》的手迹

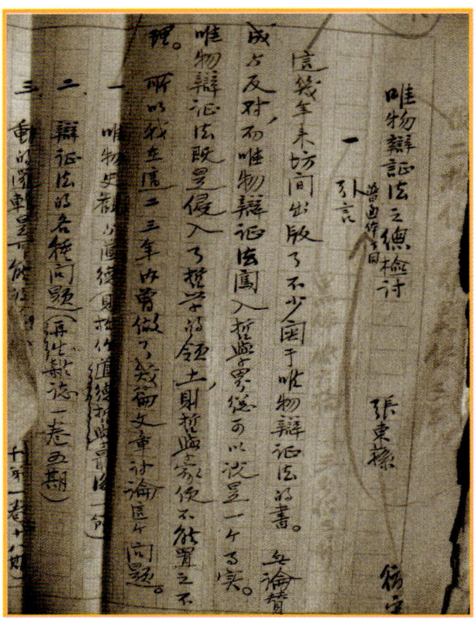

◀张东荪《唯物辩证法之总检讨》书稿

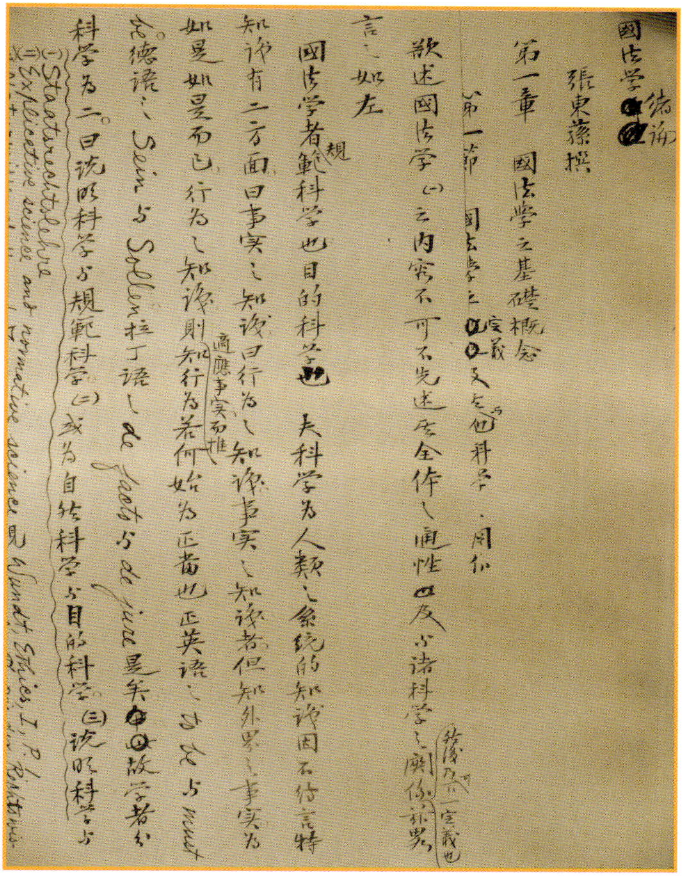

◀张东荪撰《国法学》手稿（未刊）

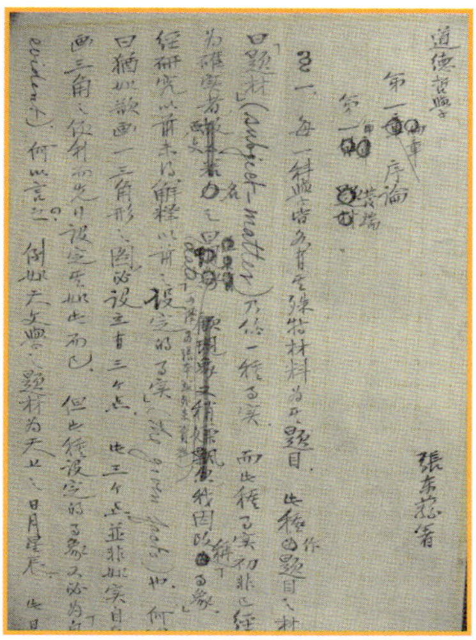

◀张东荪《道德哲学》手稿

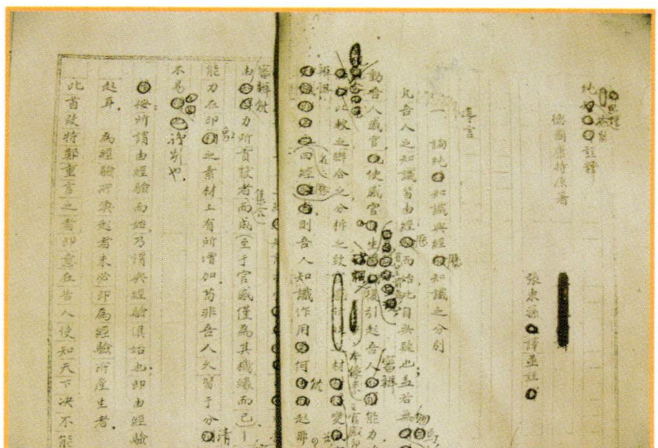

▲张东荪译康德《纯粹理论批判》手稿（未刊）

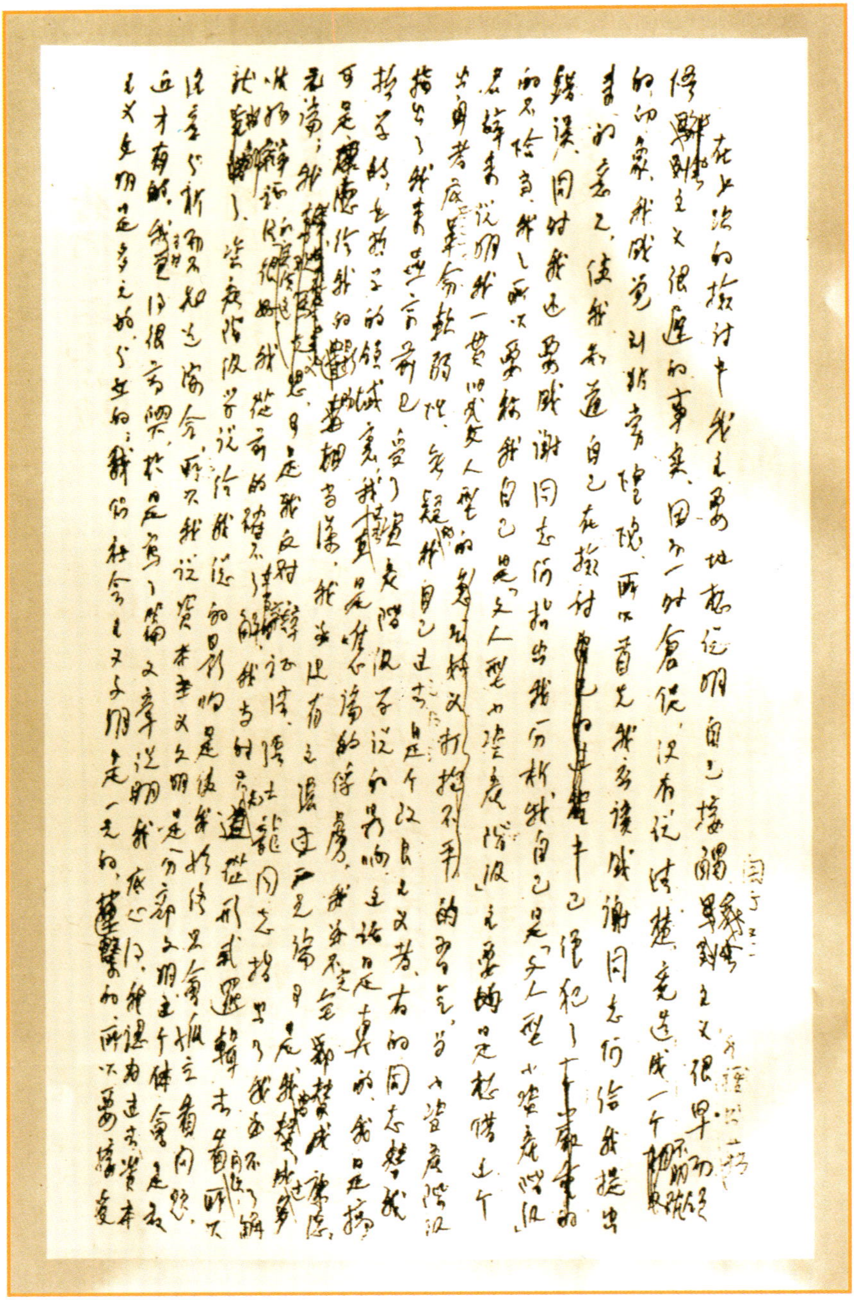

▲ 1952 年，张东荪的“检讨”手迹（未刊）

张东荪传

左玉河 著

A Biography of Zhang Dongsun

红旗出版社

图书在版编目 (CIP) 数据

张东荪传／左玉河著.
—北京：红旗出版社，2009.4

ISBN 978-7-5051-1758-7

Ⅰ. 张… Ⅱ. 左… Ⅲ. 张东荪（1887 ~ 1972）传记
Ⅳ. K825.4

中国版本图书馆 CIP 数据核字 (2009) 第 062514 号

书　名：张东荪传

著　　者：左玉河
责任编辑：肖景华
责任校对：刘文芳
装帧设计：耀午书装

出版发行：红旗出版社
地　　址：北京市沙滩北街 2 号
邮　　编：100727
E - mail：hqcbs@publica.bj.cninfo.net
编 辑 部：84049774
发 行 部：64037154
印　　刷：北京燕旭开拓印务有限公司

开　　本：720 毫米 ×1000 毫米　1/16
字　　数：370 千字　　　印　　张：20.25
版　　次：2009 年 5 月北京第 1 版　　2009 年 5 月北京第 1 次印刷

ISBN 978-7-5051-1758-7　　　　定 价：42.00 元

目录

“我从小即读中国旧书。孔孟之道、中庸主义在我身上有深厚的根基，养成一种气质，总是以为清高最好。有时自以为倔强就是有气节。……但是又有士为知己者死的心，只佩服心中真使我佩服的人，但不轻易佩服人。”

自幼所受的严格的儒家经典教育和深厚而持久的儒家道德思想熏陶，形成了张东荪最初的道德观和人格气质，并深深地影响着他后来的人生。中国士大夫那种以天下为己任的责任感，居安思危、不畏强权的气节等，在他身上表现得特别突出。

民国初年，张东荪是一位非常著名的政论家。他创办《正谊》与《中华杂志》，主张内阁制和法制国论，对袁世凯复辟帝制进行猛烈抨击，提出“贤人政治”……这些都在当时的思想界、舆论界产生了巨大影响，但却并没有对现实政治产生应有效力。

1918年底，张东荪决定告别政治活动，开始致力于文化事业。

在致力于文化运动的时期里，张东荪先后主笔《时事新报》，创办《学灯》副刊和《解放与改造》杂志，组织共学社与讲学社。在五四时期，以梁启超为首的研究系在上海有两个重要的文化据点，一是张东荪主持的时事新报社，另一个是张东荪代任校长的中国公学。其中，中国公学培养毕业生数千人，或留学欧美，或服务社会，成绩堪称优秀。中国公学能培养如此多的毕业生，无疑推动了中国近代教育事业的发展。

163 七　非难马克思主义哲学，挑起唯物辩证法论战

在上世纪30年代初，马克思主义在中国广泛传播，在思想界产生了较大影响。对此，张东荪是反感的。为了捍卫“纯粹哲学”，他发起了30年代著名的“唯物辩证法论战”，并对马克思主义的唯物史观进行猛烈批评。不过，这场论战主要限于哲学领域。应该说，张东荪对于马克思主义哲学存在理解上的误区，但论战对其思想确实影响很大。此后，他开始加深对马克思主义的研究，对马克思主义的态度也发生转变，并直接影响到其后期思想。

187 八　组织国家社会党，抨击国民党独裁专制

早在五四时期，张东荪便一再声明脱离政治，基本抱一种“静观世变”的态度，但对于中国的政局，他仍时时关注。然而，1931年“九一八”事变后，国民党背向于当时抗日、民主两大历史潮流，引起了张东荪极大的愤慨。他与人合作，于1933年正式成立了中国国家社会党，重新关注起现实的政治。张东荪起草《我们要说的话》，提出“修正的民主政治”。他积极主张抗日救亡，反对国民党的独裁统治，坚决主张对日作战。

215 九　积极参加抗战，不屈日寇淫威

张东荪虽然对马克思主义进行攻击，但主要限于理论上的批评，与国民党的“剿共”有着根本不同。在30年代日益加深的民族危机面前，张东荪坚持民族大义，积极支持华北各界的抗日活动，并秘密与中共合作抗日。在1941年底，张东荪等一批燕京大学的教授被日本宪兵逮捕，面对日寇的威逼利诱，抱定“士可杀不可辱”信念的张东荪，不惧淫威，曾四次自杀而未遂，并与日本看守厮打。后获假释，在非常险恶的环境中，他仍与中共地下党保持稳定的联系。

一　幼年失怙研佛学，留学东洋觅新知

“我从小即读中国旧书。孔孟之道、中庸主义在我身上有深厚的根基，养成一种气质，总是以为清高最好。有时自以为倔强就是有气节。……但是又有士为知己者死的心，只佩服心中真使我佩服的人，但不轻易佩服人。”

自幼所受的严格的儒家经典教育和深厚而持久的儒家道德思想熏陶，形成了张东荪最初的道德观和人格气质，并深深地影响着他后来的人生。中国士大夫那种以天下为己任的责任感，居安思危、不畏强权的气节等，在他身上表现得特别突出。

[官宦世家，书香门第]
[偶读佛经，突生痴想]
[东渡日本，接受新知]

一　幼年失怙研佛学，留学东洋觅新知

官宦世家，书香门第

张东荪，原名万田，字圣心，自号东荪，浙江钱塘县人。

钱塘县清代属杭州府。杭州府为浙江省的省会，辖仁和（附郭，城北）、钱塘（附郭，城南）、海宁、富阳、余杭、临安、于潜、新城、昌化 9 县。钱塘县与仁和县同驻杭州城（今杭州城区），同为府治。钱塘辖附郭和城南一带；仁和辖附郭和城北一带。中华民国成立后，1912 年 2 月，两县合并改名杭县。1927 年 5 月，划城区置杭州市。解放初，县治迁拱震桥。1958 年裁县入杭州市及余杭县[1]。

近代的杭州，曾出现过许多著名的人物。夏曾佑（1863 ~ 1924），字穗卿，号碎佛，笔名别士，1890 年中进士，任礼部主事，与张东荪的哥哥张尔田交往密切。孙宝琦（1867 ~ 1931），晚年自署孟晋老人，曾任北洋政府的内阁总理；王克敏（1873 ~ 1945），1903 年乡试中举，被派到日本任留学日本浙江学生监督，后改为驻日公使参赞，1913 年去法国，后任北洋政府财政总长。此外还有陈叔同、陈蝶仙等人。

据张家保存下来的《增订张氏近世考》（后半本）记载[2]，张氏 12 代以前姓陈，后来过继给张家，从此便姓张。对此，张尔田说：“张系海宁陈，明万历间，有讳世荣者育张，遂后之，始迁郡城，籍钱唐，为其县人。”张家世代以耕读传家，到第五世时，家族始显贵。

“五传至映辰，以文学受知高宗纯皇帝，位终兵部右侍郎，督察院左都御史，族始大。”[3] 第六世张云敖，在清代文界颇有名气。据邓之诚作《张君孟劬别传》称：“先世藻川侍郎始贵，侍郎子仲雅撰《选言胶言》，以文学显。”[4] 杭县人夏循自作《张先生孟劬传》，也称：“清嘉道间有云敖先生，号简松，精选学者，其高祖也。”从侍郎

[1] 张在晋：《中国近现代政区沿革表》，福建省地图出版社 1987 年版，第 79 页。又见牛平汉主编：《清代政区沿革综表》中国地图出版社 1990 年版，第 138 页。

[2] 据张东荪的长孙张饴慈说，张氏家谱的上半本，是第 1 ～ 5 世，并附有列宗列祖官服绣像，官不过知府、知县，1956 年嫌难看，烧掉了，剩下的便只是半部家谱了。

[3] 张尔田：《先考灵表》，《遁堪文集》卷二。

[4] 邓之诚：《张君孟劬别传》，见卞孝萱等编：《民国人物碑传集》卷六，团结出版社 1995 年版，第 450 ～ 452 页。

以下到张尔田、张东荪兄弟，共五世，“皆仕宦，代有撰述，称为清门”[1]。

张云敖有四子，即第七世张裴、张褒、张裕和张世均。张裴字眷三，号补梅，是云敖的长子，曾做过江苏嘉定县知县和江苏泰州知州，他有四子：开保、承保、之杲、之豫。三子张之杲，这便是张东荪的祖父，号东甫公，生于乾隆壬子五月二十三日（1792年7月11日），钱塘县附贡生，遵酌增常例，报捐知县，分发江苏。1830年署华亭县知县，1832年起先后任江苏嘉定、吴江、阳湖、长州、元和等县知县。1843年升授泰州知州；任泰州知州达10年之久。1853年，太平军先后攻陷江宁（南京）和扬州;1853年9月，张之杲守卫泰州，积劳成疾，病死在任上。1857年奉旨照军营立功，后积劳病故，例从优议恤，被清廷追赠道衔，赐祭葬，恩荫一子，以知县归部候选。1886年,奉旨崇祀泰州名宦祠。遗著有《初日山房诗集》六卷和《泰州保卫记》一卷。

张之杲有三子：上运、上绶和上禾。上运、上绶幼年夭折。当时仅存幺子上禾，这便是张东荪的父亲。张上禾，字子盛，生于道光己亥三月十三日（1839年4月26日），其幼年失母，聪颖好学，“君生乳抱失母。徇斋孺慕亢亢，熊角不侪凡，僮及长，益刮于学，出语惊。”[2]当张之杲病逝时，上禾年仅15岁，补杭州府博士弟子。“屡逐群士秋贡。君文高，不中程辄踬。”他没有能够通过正常的科举取得功名，只好以父亲的军功候补知县。1969年选授直隶昌黎县知县，此时年已30岁。1871年调补博野县知县，“博野瘠邑，民悍，窝盗，名难治。君下车，擒大猾，县大惊。桀者挺劫官牙，君又擒之，一绳以法。愈治，则庀（治理）庠校，增膏廪，鹏习斋之学，淑人再积。”很有政绩。1874年调署抚宁县知县，得遇李鸿章，李曾惊曰：“君儒者，乃此耶?”意欲提升，但由于其他官员的嫉妒和攻击而作罢[3]。1881年调补塞北万全县知县。1886年调署内邱县知县。后又调任静海、获鹿知县。

张上禾的元配夫人为杨氏，福建城县人，娶进张家后不久病逝，年仅25岁，没有子女；随后，上禾与江西的万氏订婚，但未来得及迎娶，万氏便殇；接着又续娶陈氏。陈氏为同里人顺天府府丞陈宝禾的女儿，山东候补盐大使陈璋的胞妹，在张上禾任昌黎、博野县知县期间，迎娶陈氏。1874年3月17日，其长子张尔田生，后来又生有二子，均不满2岁即殇。

1886年12月9日（光绪丙戌十一月十四日），张上禾的第四子出生，这便是张东荪。张东荪,原名张万田,字圣心,是张家“田”字辈。“东荪”是后来他自已取的名字，

[1] 邓之诚：《张君孟劬别传》，见卞孝萱等编：《民国人物碑传集》卷六，团结出版社1995年版，第450～452页。

[2] 张尔田：《先考灵表》，《遁堪文集》卷二。

[3] 张尔田：《先考灵表》，《遁堪文集》卷二。

意为：东甫公的孙子，表示对祖父为人与功业的敬仰。张东荪出生于直隶其父刚刚赴新任的内邱县。童年时期的张东荪似在北方内邱、静海等地县衙中度过的。父亲当了一辈子县令，虽时时想进取，并为政清廉，颇有政绩，并被曾国藩称为“儒吏”[1]，也曾得李鸿章和王文绍的赏识，但由于清朝官场腐败，官员间相互倾轧，他失去了多次提升的机会，一辈子只是一个郁郁不得志的低级官员。由于官场不得意，张上禾对于政事也并不关注，喜欢诗文，尤其在词学方面，很有造诣。清朝的地方官，薪俸低微，生活是很清贫的。

清朝官场的腐败，给张东荪幼小的心灵留下了较深刻的印象。据后来张东荪向其孙子讲：县衙脏得很，落满了鸟粪。他亲眼见，原告被告上来，不问话先打板子。张东荪曾好奇地问其父：为什么要这样？其父回答说：“刁民喜讼”。根据他的经验，凡是喜欢打官司的没有几个良民，多是些刁民，上来先揍一顿，准没有错。

1893 年 1 月 25 日，张东荪的母亲陈氏不幸病逝，年仅 40 岁。张上禾带着张尔田和张东荪扶棺回籍，将陈氏葬在浙江丁家山祖坟。幼年丧母，对张东荪来说，无疑是一次非常沉重的打击，在其幼小的心灵中留下了难以愈合的创伤，对其早年的情感和思想产生了巨大影响。

按清朝的制度，即使在外地为官的子弟，也必须回原籍参加科举考试，如不回本籍，就无法参加县试和乡试。张尔田到了科举考试的年龄，必须回原籍。但目前尚不知张尔田是何时回的原籍，是何时取得的功名。1893 年张尔田与张东荪兄弟此次回原籍葬母，可能再没有随父回获鹿，而是留在钱塘原籍读书，张尔田自然担负起教育东荪学习的任务。

张东荪的哥哥张尔田，字孟劬，自幼聪明，承袭家学。早年有文名，中过举人，曾任刑部主事、知县等职。杭县人夏循自作《张先生孟劬传》称：“先生生而敏慧，读书过目成诵。幼承家学，潜研文史，不事帖括。”邓之诚作《张君孟劬别传》称：“君少以辞章擅名，为文规摹六朝，诗逼似玉溪。从官直隶，以例监生入试北闱，被放，旋依例为刑部主事，改官江苏试用知府。”又称他：“深思力学，无所师承，而卓然名家。少尝从武进屠寄、固始秦树声、长洲章钰学制艺文，比声名既盛，君所师者，或转欲师之，然君终身执弟子礼不改。”辛亥革命后，“专心著作，于学无所不窥。”[2] 主要著作有《史微》八卷，《玉溪生年谱》四卷，《列朝后妃传》二卷，《蒙古源流笺证》八卷和《钱大昕学案》二卷。据邓之诚说，民国初年张尔田“居上海时，与海宁王国维、

[1] 张尔田称：“同治巳已，始谒选授直隶昌黎县知县，见奇于曾文正，曰‘儒吏’”。《先考灵表》，见《遁堪文集》卷二。

[2] 邓之诚：《张君孟劬别传》，见卞孝萱等编：《民国人物碑传集》卷六，团结出版社 1995 年版，第 450 ～ 452 页。

孙德谦齐名交好，时人目为海上三子。”[1]

可见，张尔田在晚清便以文史著称于时。他比张东荪大了12岁，自然成为其启蒙老师，督责他研习经籍，进行正统儒学的教育。1893年，母亲陈氏去世时，张尔田已20岁，张东荪年仅8岁，照顾和抚养张东荪的任务便落到张尔田身上。张尔田个人婚姻也颇不顺利，其妻为其舅陈少嘉的长女，算是亲表兄妹，可惜刚过门就病逝，年仅16岁；继娶潘氏，但一直没有子女[2]。他性格忧郁，一生郁郁寡欢，但为人忠厚，也颇有文士多愁善感之慨，对其弟曾进行了严格的启蒙教育；在立言、立德等方面，为张东荪树立了一个学问和道德的楷模。夏氏说："先生幼而失恃，介弟东荪，年在髫龀，庭训之余，抚教并施，友于至笃。迨其授室，雍睦之称，遍于戚党……阃门内外，迄无间言。其刑于之化，孰能及之。至若接人以诚，苟属知交，咸生敬慕。其启迪后进，孜孜不倦。平生寡嗜欲，自奉约而与人厚。”[3]

张东荪在父、兄督责下，自幼受过正统儒学的系统训练，儒家的经典如四书、五经等都进行过认真研读，打下了深厚的旧学功底。不仅如此，自幼所受的严格的儒家经典的教育和深厚而持久的儒家道德思想的熏习，形成了他最初的道德观和人格气质，这些都深深地影响着张东荪后来的思想和行为。中国士大夫那种以天下为己任的救国救民的责任感、注重个人道德人格的修养的意识、居安思危、不畏强权的气节等等，在他身上表现得特别突出。儒家所注重的道德主义、中庸思想等等，也在他身上有体现，也影响了张东荪一生的言行和思想。

对于早年正统教育对自己的深刻影响，张东荪晚年曾回忆说："我是旧社会中长大的，这个古老的衰朽的旧社会把封建传统就种植在我身上。我从小即读中国旧书。孔孟之道、中庸主义在我身上有深厚的根基，养成一种气质，总是以为清高最好。自命不凡，爱好名誉，有时自以为倔强就是有气节。对于别人总是瞧不起，有时到处滥用温情表示慷慨。但是其他方面又有士为知己者死的心，只佩服心中真使我佩服的人，但不轻易佩服人。自己总以为我有一些长处，我要用我的长处来表现我自己。这实在是中国封建式的个人主义。封建的个人主义有时也与封建的民族本位思想相结合有狭隘的爱国观念”[4]。幼年的正统儒学教育，将张东荪培养成一位具有儒家理想人格的典型士人。

---

[1] 邓之诚：《张君孟劬别传》，见卞孝萱等编：《民国人物碑传集》卷六，团结出版社1995年版，第450～452页。

[2] 张尔田娶妻陈氏，乃母亲之兄陈璋之长女，与尔田同岁，姑表亲。娶来不久，1889年1月7日去世。后来继娶潘氏，江苏溧阳人，宛平县潘瀛的次女。

[3] 夏循自：《张先生孟劬传》（未刊）。

[4] 《张东荪检讨底稿》（1952年，未刊）。

张家素以诗赋文章传家，其兄尤以文史见长，张东荪自然承继了家学，受到系统的文学、诗歌、词赋方面的严格训练。张尔田在诗词方面有专长，据邓之诚说，他“诗八、九百首，皆不留底稿。门弟子辑文，得百余篇，厘为四卷，藏于家。诗仅存《槐居唱和》一卷，盖与之诚愤倭难而作也。晚岁喜填词，以写其幽忧忠爱之思，成《遁堪乐府》二卷，论者谓半塘、古微而外，未有能及之者也。”[1] 在张尔田的督责下，张东荪在书法、吟诗、填词、作赋等方面，都有相当的长进，打下了坚实的基础。同时，张东荪的父亲张上禾在辞官回乡后，也致力于研讨诗词，这对于张东荪在这方面的训练颇有影响。这在日后所作的诗词歌赋中可以看出。在民国初年，张东荪曾借诗词来抒发情怀。在他的晚年，主要靠吟诗、填词来寄托自己的期望，抒发难排孤愁。

偶读佛经，突生痴想

张东荪在《思想与社会》序论中说：“著者有哲学兴趣是在十六岁的时候。当时读得佛书《大乘起信论》与《楞严经》，不禁手舞足蹈。”[2] 张东荪 16 岁，应是 1901 年前后。

张东荪对佛学感兴趣，与其兄张尔田似也有关系。张尔田不仅对文史、诗词有很高的造诣，而且对佛学也颇有研究。据夏氏说，1895 年左右，张尔田在北京与夏曾佑论学时，就佛学问题进行过讨论：“若夫释典，夏氏自谓席大乘，先生则小乘。其所诠解注释之经，如《俱舍论》及《阿昆达摩讲疏》，苟非夙慧，无由窥测。”[3] 这对张东荪影响很大。张东荪当时所研习的佛经，应该是其兄所置。

为什么张东荪如当时很多知识分子一样信仰佛学？梁启超在《清代学术概论》上对此有过精辟论述：“晚清之所谓新学家者，殆无一不与佛学有关系。”其原因为：“社会既屡经丧乱，厌世思想，不期而自发生；对于此恶浊世界，生种种烦闷悲哀，欲求一安心立命之所，稍有根器者，则要逃遁而入于佛。”除此之外，张东荪对于佛学如此感兴趣，显然与他幼年丧母的经历有关，更与其所萌发的“非窥探宇宙的秘密，万物的根由不可”的痴心妄想有关。对此，张东荪在 1928 年曾说：“我是十八岁读《楞严经》便起了哲学的兴味。平素曾有一种痴心妄想：以为非窥探宇

[1] 邓之诚：《张君孟劬别传》，见卞孝萱等编：《民国人物碑传集》卷六，团结出版社 1995 年版，第 450 ～ 452 页。
[2] 张东荪：《思想与社会》序论，上海商务印书馆，1946 年。
[3] 夏循自：《张先生孟劬传》（未刊）。

宙的秘密，万物的根由不可。”[1]

张东荪当时对于佛学研读的具体情况，现在无法详知，但从其后来对佛学思想的见解看，他的确对佛学下过一番苦功夫。他不仅为其所包含的深奥哲理所吸引，对其义理有所体悟，接受了佛学的宇宙观，而且也努力于佛家的“做工夫”以期修成正果，证得“真如”。因为在他看来，佛学与佛教是一回事，“我以为不做工夫而谈佛理不是真佛学”[2]。这样，他便自然成为佛教的信徒。张东荪对佛学的研读见解，从他1922年发表的《读〈东西文化及其哲学〉》中可见一斑。他说：“梁书最精的地方自然是论佛家哲学了。……他先从佛家的做工夫上说起，须知佛家的‘修’是根于他的宇宙观与人生观而一贯的。他说做工夫的第一步是排斥知识而复返于现量；第二步是更进而实证真如。……佛家以为本体好象一个静止的大海，而生命即其突起的一波，波一起了于是才有物我与能所。波若自落，则一切皆无，岂不是复返于真如么？因为波自落则没有了个体，没有个体则无物，无物则无空间，无空间则无时间，宇宙便‘还灭’了。……照这样说，佛家是以为宇宙由动而成，但是这个动却是静的变幻，所以非复返于静，不能证得绝对，因此主张做工夫，从这一点上看我是佩服佛家有实验的精神——这种精神和科学的精神没有两样，所以佛家不是单纯的诡辩。这是我佩服佛家而以为是西洋许多哲学家所未见到的。”[3]

张东荪留学日本，到东京帝国大学哲学科专门攻读哲学，显然与他此时信仰佛学有密切关系。然而，当他接触了西方自然科学和西方的哲学思想后，开始了一生中思想上的深刻转变。起初，本是佛教信徒的他，经常和蓝公武讨论生死问题，并曾到佛堂听“谛闲大师”讲佛，但很快便接受了西方自然科学和哲学，并为之折服。“我在那时已略略领受西洋哲学的滋味，尤其对于心理学起了兴味。”所以，当蓝公武对他讲“大悟万物唯心的道理”时,他开始用已掌握的西方自然科学对佛学思想进行反思,于是“便生了一个疑问：即佛教所谓解脱或涅槃的境界是否一种心理的变态”。当时，他“心中颇想肯定此问题，只因学力太浅，没有得着充分的证据”而作罢[4]。

1922年，张东荪经过一番思考后，在批评梁漱溟的文化观时，阐述了自己对佛学怀疑的具体意见。他说：“我以为照这样做工夫（我以为不做工夫而谈佛理不是真佛学），一个人证得真如以后怎么呢？于是便有两个问题：（一）是不是因为静止的

[1] 张东荪：《新哲学论丛》自序，上海商务印书馆1929年8月版。

[2] 张东荪：《读〈东西哲学及其文化〉》，《学灯》1922年3月19日。

[3] 张东荪：《读〈东西哲学及其文化〉》，《学灯》1922年3月19日。

[4] 张东荪：《出世思想与西洋哲学》，《东方杂志》第22卷18号，1925年9月25日。

大海已起了数的波，其中一波自落是不中用的，非无数的波都自落不能到真如境界？（二）假定是如此，则修行证果的个人仍须生活在世上则应如何生活？在这个地方佛家的矛盾便发现了。”

接着，张东荪依据对现代西方自然科学的知识，如生物学成就，对佛学中的矛盾进行诘难："于是我们不能不问生物的人类可做这种工夫，此外动物植物矿物又将如何呢？这是一个疑问。况所谓宇宙既是非一非多，而又一又多。则不但其中的一物修行了不中用，并且此一物的界限先就不成立。于全宇宙的大生命流中如何一个小流能独反抗呢？这是第二个疑问。假定大生命流至息了，则在发动以前与止息以后，这个时间既不是一个时间则便是绝对了，宇宙止息而仍有绝对的时间，岂非一个不可解么？这是第三个疑问。此外，则我们又不能不问静止的大海，何故无端起波？起信论讲真如生灭二门而论到无明熏染，其中矛盾很多。即照唯识家的说，七识执阿赖耶以为我，七识又自阿赖耶便现影象，则何以阿赖耶要自已打成两截加了重幕呢？这是第四个疑问。”从这些疑问上看去，佛家尽管做工夫，而离“还灭”、“超绝”远得很。“所以依我的愚见以为佛家以做息止生活的工夫而生活乃是一个矛盾，因为佛家要息止个人的生活很容易——自杀便行了——而要息止宇宙的大生命则绝难。要主张个人为还灭宇宙而生活终不免是一个矛盾。我从这个见地，以为佛家只是一种理想而不能算一种文化。”[1]

尽管张东荪后来对佛教思想产生了怀疑，并对佛学思想进行了批评[2]，但其受佛学思想影响的痕迹还是很大的。他怀疑和抛弃的是佛学的修炼功夫，而佛学中的哲学义理却并未放弃。这些佛学义理，不仅对张东荪当初从事哲学思考和研究起了启蒙作用，而且对其后来的哲学思想也产生较大影响，成为其哲学思想的重要来源。这在他 1928 年提出的“架构论”宇宙观中有所体现。他认为“架构论”的宇宙观“与佛教的宇宙观来比较却有许多相同的地方”。他说："以架构言，正是佛教所谓‘因缘’或即‘缘’（梵语是 paccaya）。佛教以为一切只是缘，并无实质。所谓因缘即是关系，英文是 relatedness，并且佛教于因缘和合而成的又名之曰‘集’（梵语是 eamudayn）……佛教的宇宙观以为世界只是无数的因缘互相倚靠而存在，层层联合，好像一个大网。所谓‘帝网重重’与‘事事无碍’便是指此。这种宇宙观和我上文所述的可谓完全相同。因为只是因缘所以无实质，因为只是架构所以无实体。就无实质而言，佛教谓之曰‘空’（梵语是 sunnatn）。须知空并不是指‘没有’而言，

---

［1］ 张东荪：《读〈东西文化及其哲学〉》，《学灯》1922 年 3 月 19 日。

［2］ 张东荪：《出世思想与西洋哲学》，《东方杂志》22 卷 18 号。

乃是说不是实体，没有本性，不能自足。所谓‘毕竟空’就是这个意思。所以佛教说因缘所生，一切皆空。这是佛教的空论，亦名曰空宗。我上述的宇宙观于这一点却亦相同。以为这世界并无实质，只是一套函数而已。可以说是函数的（functional）宇宙观。佛教虽是对于本质而说空，而对于法却又言‘有’，这亦和我主张架构有客观性是同一用意。所谓‘法性自尔’（梵语是 dhammaniyamata），就是一切虽皆是由因缘而成，并无自性，但此因缘的方式却常自不变。总之，上述的那种宇宙观与佛教的宇宙观，其要点可谓大致完全相同。不意科学所得的与哲学所得的竟与二千五百年我们佛陀所主张的相暗合，使人真不能不佩服佛教思想的精深伟大了。”[1]

当然，张东荪的宇宙观与佛教的宇宙观还是有区别的，其不同之处就在于：“架构论”的宇宙观认为宇宙是不断进化的。他说：“其不同的关键所在还是由于在宇宙观上双方有一个要点未曾相合。这一个要点就是‘进化’的观念。”[2]

不仅如此，张东荪后来在对中国传统思想进行研究时，曾对佛学思想进行了较系统的梳理。他封笔前发表的两篇文章,恰恰是关于佛教思想的。1950 年,他在《燕京学报》38 期发表《中国哲学史上佛教思想之地位》，随后他又在《现代佛学》创刊号上发表《本无与性空》，这都是很见功力的文字。

东渡日本，接受新知

1904 年前后，张东荪获得官派留学的资格，到日本东京帝国大学哲学系学习。

张东荪是获得哪个省的“官派”？可能有三种选择：一是直隶，其父在此为官一世，张东荪也出生于此，当有可能。二是浙江省，这是他的祖籍，其幼年所受的教育，可能主要是在这里。三是江苏省，这是张东荪的祖父任官的地方，也是其社会关系比较密切的地方，他幼年时期也曾在这里生活过较长时间。张东荪在民国初年曾称自己为江苏人[3]，当是有原因的。同时，与他关系很好的蓝公武等人，是江苏人，他们又是一起去日本的，并且住在一块，两家也是世交。张东荪很有可能是江苏官派留日的。

张东荪去日本留学，其兄张尔田依依不舍地送之，并填词赠他：“回首销魂地，芒西风雁声四塞，暮烟凝紫。乱后湖山秋笳贱，搀子三分变徵，问何日黄龙东指。满目车尘凭阑望，宛怔衫都是啼鹃泪。临歧斗酒须重醉，算连江沈沈夜雨，故人有几。煮海

[1] 张东荪：《宇宙观与人生观》，《东方杂志》第 25 卷 7 号、8 号，1928 年 4 月 10 日、25 日。

[2] 张东荪：《宇宙观与人生观》，《东方杂志》第 25 卷 7 号、8 号，1928 年 4 月 10 日、25 日。

[3] 1913 年 7 月，张东荪在《财政与道德》中说：“余江苏人，请就江苏而言。”

孤灯神州梦，两地寸心而已。是男子休教情死，一纸沧浪残尽稿。待他年收拾扁舟里，三尺剑，向天际。”[1] 对张东荪留学日本寄予很大期望。

19世纪末20年纪初,在日本的中国新兴的知识分子群,努力探索救国救民的真理,“教育救国”是当时较大的思潮。在当时形成了几股大的教育思潮：军国民教育、国民教育、实利主义教育和义务教育等等。张东荪等人赞同“教育救国”的主张，积极宣传国民教育思想。

到东京后，张东荪与蓝公武、冯世德同住在东京本乡丸山新町三十七番地。他如饥似渴地学习西方的自然科学和西方哲学方面的知识，开始了一生中思想的巨大转变。不仅使他对自己信仰的佛学产生了怀疑，而且极大地开阔了张东荪的视野，使他对西方文化产生了浓厚兴趣。

1906年,“怀救世之心”的张东荪与蓝公武、冯世德在东京发起组织了“爱智会”。他们认为“中国近来学务虽似发达，至于学术尚在幼稚，此俗之所以不治而无由进于文明之域也”，为此必须发展国人的学术思想。其取名“爱智”，显然取古希腊“哲学（phelosoghy）”一词的本义。爱智会的性质,可从“记事”专栏中发表的《爱智会之成立》中窥得。他们发起“爱智会”的目的,“专以提倡国人学问为务，并欲会合东西哲人，共研究宇宙究竟人生究竟二大问题。以增进世运，划除俗污，俾大地山河，得光明庄严。”[2] 张东荪等人确定“爱智会”的宗旨是：“涅槃为心，道德为用，学问为器，利他为宗。”其方法是：“会合东西各国学者，研究高尚学问，尽人道，洗俗垢，使世界庄严洁净为旨归。”其入会的手续是“凡东西各国之人，总之相同者均可入会为会友。但会员须经全体会员承认方可。”[3]

1906年10月,张东荪与蓝公武、冯世德以“爱智会”名义,在日本东京创办了《教育》杂志。在该刊第1号发表《爱智会出版部告白》：“教育杂志本为本会出版，但因外股甚多，是以划清界限，特创一教育杂志社以经理该社事务，今后一切交涉概与本会无涉，用特声明。”但在《教育》杂志创刊号上的《社告》中，却说：“本社事务所暂社于日本东京本乡丸山新町三十七番地爱智会内，赐稿者请迳寄该处可也。凡经售本杂志者须按期结算，如上期未清者即停寄追算，乞为原谅。”可知教育杂志社与“爱智会”同在一处，并且是在张东荪、蓝公武等人所居住之所，主要是张东荪等三人负责。

---

[1] 张孟劬：《金缕曲 · 送东荪弟之日本》，《民权素》第5集，1915年3月22日出版。

[2] 《爱智会之成立》，《教育》杂志1卷1号，1906年10月。

[3] 《爱智会简章》，《教育》杂志第1号，1906年10月。

在《教育》杂志的《发刊辞》中,张东荪、蓝公武和冯世德等人说:“慨夫世运不进,人间龌龊,机心日甚,公理沦亡。顾视宇内,恶氛弥天,优胜劣败之说,喧腾人口;弱肉强食之事,动触吾目;此首阳之所甘终,而尘寰之可弃也。惟是人为灵长良知本具道,虽式微大德犹存,是以不辞不文之讪,窃附匡正之心。洗垢穷理,志之所在;扬新阐旧,道之所从。特语言异殊,故首自国文,若融合东西别成新识,则私心之所愿,聊以卜之云尔。”表明其创办的宗旨在于“匡正”公理,“融合东西别成新识”[1]。这与“爱智会”的宗旨是一样的。

《教育》杂志,内容比较丰富,形式多样而活泼,每期约在120页以外,每月的15日发行。所辟栏目计有9种:社说、学说、科学、思潮、批评、记事、杂俎、文苑和问答。社说一栏为:“发扬本旨、痛斥时弊”;学说一栏以“阐明新理宏扬旧学”,计分10门:教育学、伦理学、心理学、哲学、佛教、国学、群学、名学、美学和生物学;科学一栏是“编辑各种科学高等讲义”;思潮一栏为“介绍当代崭新学说”;批评一栏为“扶导流俗”,分社会和图书二部;记事一栏是“报告东西学界之动静”;杂俎一栏是“选载趣味浓厚、思想高尚之小说等类”;文苑一栏刊载诗词;问答一栏解答“阅者怀疑”。

《教育》杂志在日本东京出版印刷,由上海四马路开明书店总经销。除发行国内,还销售中国香港、南洋、欧美、日本各地,在当时有一定的影响。

《教育》杂志是了解张东荪在日本东京留学期间思想转变和发展的一个窗口。在创刊号上,他发表了《心理学悬念》(与蓝公武合译)、《催眠心理学》(与蓝公武合编),并节译了达尔文的《物种由来》。在第2号上,他又发表了用掌握的科学知识探讨哲学问题的习作《真理篇》。尽管《教育》杂志仅出2期便停刊,但从中可以看出,张东荪在留学日本期间,关注的是西方科学和西方哲学,在西方科学方面,尤其关注于西方的心理学。

《真理篇》是张东荪阅读西方各种哲学流派的哲学思想,特别是关于认识问题的见解后所写的类似读书笔记性质的文章,在此文中,他重点介绍了当时美国以詹姆士、席勒等人为代表的实用主义思潮,对实用主义的真理观进行了初步的理解和介绍。对认识论的许多基本概念,如“主观”、“认知”、“推理”、“思想”、“联想”、“注意”、“想象”、“意及情”等基本概念进行了介绍。说明张东荪从接触西方哲学之始,便敏感地注意到了西方自康德以来的认识论传统,对康德的“先天判断”、“悟性”

[1] 《发刊辞》,《教育》杂志第1号,1906年10月。

等有所了解，但更注意的是实用主义的真理观。这是我们现今发现的张东荪关于哲学问题的第一篇文章，也是中国人介绍实用主义较早的文章。从此时起，张东荪便接受了实用主义的真理观。他在后来说："我于宣统年间曾撰有一文，名曰《真理篇》载友人冯世德蓝公武氏合办的《教育》杂志，现早散失无存了。我自撰那篇文章后，我自命为一个唯用论者。我十余年来时时咀嚼，觉其滋味正如橄榄一样，愈嚼愈有味了。"[1]

1914年，当张东荪闻讯美国实用主义的哲学家詹姆斯逝世的消息时，专门写有一诗，以示对这位哲学家的崇敬："西风噩信惊残梦，孤烛零篇系吊思。千载是非今日定，百年辛苦几人知。伤心江海苍茫处，刻意人天寂寞时。帝网重重生世泪，中原犹赋大哀诗。"[2]

《教育》杂志仅出版2号便停刊了，但它对于介绍西方先进的思想文化方面起到了重要作用。对此，有人评价说："《教育》杂志所宣传的教育思想和教育制度，是西方资产阶级教育理论的翻版。该刊在它发行的两期之中，刊载了不少介绍西方资产阶级思想文化的文章、译述或译稿。例如达尔文的《物种由来》、张东荪编写的介绍西方各种哲学流派的《真理篇》、冯世德根据德国福斯特原稿译述的《伦理学与生存竞争》、蓝公武编译的《英哲格林之学说》及《斯宾塞美论》、蓝公武和张东荪二人合编的《催眠心理学》、以及钱应清编写的《实验心理学发达小史》等等。还刊载了一些根据西方学说编写的教学讲义。……这对西方资产阶级自然、社会科学学说的传播，对封建文化思想的冲击，起到了积极的作用，客观上有利于正在蓬勃兴起的资产阶级革命运动。"[3]这是符合当时事实的。

留日时期的张东荪，一方面接受西方自然科学与西方哲学的熏陶，开始进行初步的哲学研究，对许多哲学问题进行思考，为日后进行哲学研究作了必要的知识和方法论的准备，特别是受到了西方心理学和逻辑学的训练，为其哲学研究打下了基础。另一方面，面对日益加深的民族危机，张东荪不可能躲进书斋中从容地进行所谓哲学玄思，必然关注当时的政局。并开始接受了晚清以梁启超为代表的立宪派改良思想的影响。鼓吹教育救国论，对当时革命派与改良派进行的"革命与改良"的论战表示关注。在《教育》杂志上，张东荪和蓝公武等人也表示了自己的态度。

在创刊号《社会之部》专栏中，蓝公武执笔写了具有"社论"性质的《立宪问题》，该文由蓝公武执笔，但多少也能代表此时期张东荪的政治观点。他们认为，立宪

---

[1] 张东荪：《唯用论在现代哲学上的真正地位》，《东方杂志》第20卷15号、16号，1923年8月25日、9月10日。

[2] 张东荪：《吊美国乾母斯博士》，《民权素》第4集，1915年1月10日。

[3] 《辛亥革命时期期刊介绍》第2集，人民出版社1982年10月版，第440～441页。

派与革命派的争论，都是没有必要的，“而自吾人以哲学之眼光观之，则皆无当也。”但又表示：“但余非有所不满于立宪也。盖立宪亦社会所产、人心之一现象。”所以他们主张：“须知改革当务其本，治国首在人心。人心为因，国治为果。”而改革人心之道，“则首在教育”[1]。实际上是赞成君主立宪，反对革命。

1907年，谛闲大师东游讲经，张君劢按时前往听讲，在东京结识了张东荪。张东荪通过张君劢，后来认识了梁启超，投身于清末立宪运动中。

张东荪在此时，对政治问题是比较关心的。他阅读了近代欧洲启蒙思想家的许多著作，对于近代西方政治学和法学著作曾进行过一番涉猎。卢梭的《民约论》对他影响很大，确立了一生政治思想的基本内容。

对于他在日本留学时期所受的近代资产阶级教育对其思想的影响，张东荪晚年曾回忆说：“从今天的我来看今天以前的我的错误思想，我发现其来源有两个。一个是封建思想，另一个是资产阶级思想。封建思想是中国的旧的，资产阶级思想却是由欧美资本主义国家的学术文化而来。我对于这二点受毒甚深。这二点又合而为一，遂形成那样的一个人。”又说：“自从我学习欧美的学术以后，我喜欢西洋的哲学，以及他们的社会学等等。我尤其喜欢他们的自由主义。这样便与我本有的封建个人主义相结合，更形成一个极端的个人自由主义。喜欢自由散漫、独往独来，爱自己随便作主张。同时由于我的资产阶级出身，我虽是没有不动产（除书籍家具外也没有动产），但我的生活始终是资产阶级的生活。这个阶级的决定性使我对于古老封建的个人主义与所谓西方文化上的个人主义便结合在我身上生了根。……我的极端个人主义恰好与政治方面的旧民主相合，我遂从根底上就喜欢旧民主，因为旧民主是资产阶级的民主，在其中资产阶级与小资产阶级有自由，有剥削的自由。我是上层在资产阶级的人，我当然希望旧民主下的自由。正能发挥我的个人主义，同时由旧民主来维持资产阶级政权，对于我的生活享受方面不生影响。这是由阶级出身的限定性、同时由于我的封建式个人主义与所谓西方文化式的自由主义合并所产生的个人主义思想。”[2]

关于在日本时的政治态度，张东荪民国初年曾回忆说：“当清末造，不佞与三数友人，聚谈于东京，愤政治改革之无术，乃欲先从事于社会改良，即所谓 Social Reform 者，以为预备焉。惟政治改革，为功也速；社会改革，为功也迟；二者虽相助互为表里，然其成事之迟速，固不可同日而语也。”[3] 这说明，张东荪在当时基

[1] 蓝公武：《立宪问题》，《教育》杂志第1号，1906年10月。

[2] 《张东荪检讨底稿》1952年（未刊）。

[3] 张东荪：《中国之社会问题》，《庸言》1卷16号，1913年7月16日。

本上是资产阶级改良主义者。

1911 年，张东荪与其他留学生从日本学成回国，在太和殿面见皇帝，进行殿试，被清政府授予翰林[1]。

[1] 据张东荪的长孙张饴慈回忆：我祖父曾向我说过，他从日本回国后，到了北京，面见皇上。当我问他皇帝长的什么样时，他说，由人领着，进大殿后大家都跪着，密密麻麻一大片，当时的气氛感到很庄重，心里也很紧张，只是低着头趴着，哪还敢抬头看看皇帝长的什么模样。听太监宣读完圣旨后，就又匆匆忙忙地退出去。后来才知道是宣统小皇帝。

二　动了救国念头，从事研究政治

民国初年，张东荪是一位非常著名的政论家。他创办《正谊》与《中华杂志》，主张内阁制和法制国论，对袁世凯复辟帝制进行猛烈抨击，提出“贤人政治”……这些都在当时的思想界、舆论界产生了巨大影响，但却并没有对现实政治产生应有效力。

1918年底，张东荪决定告别政治活动，开始致力于文化事业。

[参加临时政府,评议民初政治]

[创办《正谊》与《中华杂志》, 主张内阁制和法治国论]

[坚持立宪与共和立场,抨击袁世凯的专制统治]

[力主孙梁联合,提出贤人政治]

二　动了救国念头，从事研究政治

参加临时政府，评议民初政治

辛亥革命前夕,张东荪从日本留学回国。此时,近代著名出版家张元济所办的《东方杂志》，已进行较大的改进，由杜亚泉（笔名“伧父”）任主笔，成为以后在中国思想文化界的著名刊物。1911 年 5 月，张东荪在《东方杂志》上发表了他的第一篇政论性文章——《论现今国民道德堕落之原因及时救治法》。

张东荪认为，国民道德堕落的原因有六种：人种倾轧；政治不良；经济困穷；教育荒谬;宗教纷杂;鸦片流毒。在对这六种原因逐项分析后，他指出，人种倾轧，经济困穷，教育荒谬，宗教纷杂与鸦片流毒等等，并不是导致道德堕落的最根本的原因，最根本的原因在于“政治不良”。所以“其救治之法，亦不外从其根本原因著手。”[1] 他说：“苟能自强，则外族侵略，毫无足患。自强之道，端在政治。是以政治不善，则外族侵略，生计困穷，教育不良。于是道德乃因堕落。”他批评了那些封建卫道士者以为“革政不足以救亡,非改正人心不可”的荒谬观点,认为不从政治上谋图革新,要救济道德堕落,是痴人之谈。“夫人心之堕落，其由来者，政治有以司之，生计有以司之，教育有以司之，岂突然而成者耶?是故改革人心，必自政治经济教育始。而三者之中，尤推政治为先。”[2]

如何革新政治以救济道德?必须首先在政治、经济与教育方面有所“预计”。“先有方针，然后可实行。”张东荪提出的方法是:第一，在经济上，欲振兴工业，必先“革农政”。“农政既整，则收入必大为增加。国民无贫困之虞。其法不外厘订田赋，减轻农家之负担；更正田主与佃夫之权利，使劣绅不能把持。小民得自由务业。奖励开垦，使所有废地，皆化为生产。改良耕耘之法，则田不受害而获益乃多。”第二，裁撤厘金，便利商业。即“裁厘以免害商以便交通。设税关以制限外货之骤入”,保护民族工商业。第三，在教育上，实行所谓“硬教育”。他把近代教育分为软教育与硬教育两种，“我国旧教育本主干涉，以养成独立不挠之人格，即所谓硬教育是也”。风俗的侈靡，社

[1] 圣心:《论现今国民道德堕落之原因及时救治法》,《东方杂志》第 8 卷 4 号，1911 年 5 月。

[2] 圣心:《论现今国民道德堕落之原因及时救治法》,《东方杂志》第 8 卷 4 号，1911 年 5 月。

会的腐败，必须靠硬教育加以矫正。他主张自幼稚园起，即重视德育，使儿童养成“善良之性，高尚之习”。张东荪自信地说：只要人人“自奋其力，不挠不屈”，“固不待概世之雄之出，而天下已将期于治。”[1]

在这篇政论性的文章中，张东荪虽主要讨论道德堕落及其救治问题，但已经认识到道德救治非托空言所能济事，必须从“改良政治”入手。这是与旧的封建卫道士们空谈“挽救人心”是不同的；他所提出的“救治之法”，如革农政、裁厘金、实行“硬教育”等等，代表了新兴的民族资产阶级迫切要求发展经济的愿望；同时，张东荪不主张用革命方式根本“改良政治”，说明此时的张东荪基本是一个资产阶级社会改良论者。

1911 年 10 月武昌起义时，此时同情革命的张东荪尚在北京。当他闻讯后，立即准备南下。他乘船先到上海，然后到达南京。此时，孙中山在南京筹备建立临时政府。张东荪参加了临时政府，担任内务部的秘书。对此经历，他后来回忆说：“辛亥那年八九月间我还在北平，一些主张革命的地下工作者，一听说武汉革命，于是纷纷南下，我也坐船到了上海。到南方后，临时政府在南京成立，孙中山就任临时大总统，我还在内务部当了一名小官。”[2]

1912 年 4 月南京临时政府北迁后，张东荪离职，没有到北京参加袁世凯政府任职。他所以不再参加政府，而选择办报，乃是由于通过在临时政府的三个月的从政经历，他认为此时国家所急需的，是必须有人在政治理论方面加以指导；加之自己的兴趣和才能也不在做具体行政工作方面，而是在对政府、对民众进行指导上，即评议政治、启发人们的政治觉悟、对当政者施以监督和影响上。同时，张东荪对辛亥革命后政治改革所抱的期望很高，而现实状况却使他感到有点失望，对同盟会在临时政府中的所作所为也有些不满，在政见上出现不少分歧。这些便是导致张东荪不再“干政治”，而选择“评政治”的原因。对此，他在 1948 年说：“当时我感到命是革了，这个国家从别人的手里拿到了自己我们的手里，但是不知怎么办好，就好象突然将清华大学校长让给我当而我当不了一样。我看了一下周围的人都不象在做事情的，于是没有几个月我就走了，我认为自己贡献的道路不在这里，还有其他的地方。南京临时政府解散后，大总统让给了袁世凯，临时政府的人每人拿着一张证明书就到北京去了。”[3]

---

[1] 圣心：《论现今国民道德堕落之原因及时救治法》，《东方杂志》第 8 卷 4 号，1911 年 5 月。

[2] 张东荪：《论真革命与假革命》，《展望》第 2 卷 24 期，1948 年 10 月。

[3] 张东荪：《论真革命与假革命》，《展望》第 2 卷 24 期，1948 年 10 月。

孙中山邀他加入国民党，他没有同意；梁启超组织统一党，后来改为进步党，他也没有参加，但他的许多老朋友，如蓝公武、张君劢等都是进步党骨干，他的政治态度实际上与进步党相近，但却同时又成为国民党和研究系的成员。对此经历，他后来解释说："我本身虽始终是一个独立思想者，但却有一点特别的地方，就是从来不愿在行为方面无故与人立异。所以在辛亥革命的那一年曾参加孙中山先生所组织的南京政府。后来政府解散，大部分人都到北京参加袁世凯先生所组织的政府，我则不愿意参加。彼时孙中山先生组织国民党，把凡在南京任过事的人一律作为党员，我的名字亦在其列，但我亦未加承认。后来我的朋友以进步党人为多，且较密切，我却从未正式加入该党，亦向不与闻他们的党的活动。外间对我的这种不明白是我所知道的，但我亦并不希望人知。我以为一个人只要行心之所安就够了。"[1]

民国初年的张东荪，是以评议政治的方式参与政治活动的，并没有直接干政治。后来，他曾对"干政治"与"评政治"作过区别。他认为："干政治"与"评政治"是不同的："前者作政论是为了政治的；后者却只是对于政治发言而并不去干。"又说："殊不知民主国家所需要的不尽是干政治的人才，即坐而论道的批评家在其本身上亦未尝不是国家一种需要。正好象评戏与评画一样。评剧的人可以不会唱。评画的人可以不会画。为甚么评政治的人必定自己会干呢？倘使不会干，便失了批评的资格呢？并且为甚么对于不干政治的人就不许他批评？可见有些人责备评政治者，以为是说风凉话，自己上台亦未必干得好，这些都是最不通的议论。即在外国，如萧伯纳何尝不作政论，但人民并不要求他去干；到过中国来的罗素亦喜欢谈政治改革问题，但亦没有人责备他为何不参加实际上政党活动。可见政论作者与政治家原有分别。"[2]

张东荪认为，"评政治"就是要言自己所信仰的，说自己独立的真诚的话，即做到"心安理得"。他说："因为若只限于评政治而不去干，则当然应该言其所信；（不赞成暴政就反对；不赞成流血，就批评；用不着取巧。）有无左右夹攻，在所不计；即被夹攻，亦当甘之如饴。否则便不是由衷之言了。"[3] 这样便失去了作为政治评议者的起码资格。可以说，民国初年的张东荪，就是靠着"心安理得"的政治良心，以"评政治"的方式活跃在政治舞台上。

1912 年 4 月后，张东荪回到了上海，任《大共和日报》编辑。次年回故里省亲，与苏州吴氏绍鸿结婚。此后，他除了有时在苏州居住外，基本上定居上海。

---

[1] 张东荪：《理性与民主》序论，上海商务印书馆 1946 年版。

[2] 张东荪：《我亦谈梁任公辛亥以前的政论》，《自由评论》第 19 期，1936 年 4 月。

[3] 张东荪：《我亦谈梁任公辛亥以前的政论》，《自由评论》第 19 期，1936 年 4 月。

1912年11月，梁启超在天津创办《庸言》杂志（又称《庸言报》），这是一份以政论为主的综合性刊物。先为半月刊，1914年改为月刊，同年6月停刊。栏目分建言、译述、艺林、杂录等5门。最多时发行15000份，在当时影响很大。其刊名蕴涵"公正、信实"之意，它表面上站在中间立场，既批评袁世凯，又批评国民党，实际上主要反映进步党人的意见。

张东荪是《庸言》杂志的主要撰稿者之一[1]。在该杂志上，他发表了大量政论文章，对当时重要的政治问题，如国会性质、主权性质、总统的连任、宪法的性质与制定、行政权与行政裁判，以及道德的堕落与补救、教育与财政等等问题，都进行了讨论。"行心之所安"的独立性格，使他力图站在较客观的立场上，阐述自己较独立的见解，俾对于国家政治有所增益。他标榜自己"始终是一个独立思想者"，但实际上，他的基本立场和许多观点往往与梁启超领导的进步党人相似，尽管他力图保持自己较独立的立场，并对进步党的主张也曾表示过不满。

（一）质疑《国会组织法》，讨论国会性质问题

1912年4月，《临时约法》颁布，规定《国会组织法》，由参议院制定。张东荪便对此表示怀疑，"以为法治国不当无造法与立法之区别。"至《国会组织法》颁布后，他更加疑惑。1913年2月，他发表《国会性质之疑问》，对国会性质作了考察，提出了自己的意见。接着，又发表《国会选举法之商榷》，对当时国民党人在国会性质问题上的见解提出了批评。

张东荪首先对国会为"统治主体说"和国会为"人民代表说"进行了批评，认为国会既非"统治主体"，又非"人民代表"，"不过国家之一机关耳。"[2]国会性质与国会的权限有很大关系，所以，张东荪接着重点讨论了国会权限问题。他认为，国会的权限，"自当以立法为限，一切为副。"具体而言，包括三方面：一是固有权限，即受理吁请事件、立法事件、建立事件、建议事件、议定预算事件和外交咨询事件；二是附属权限，即监督行政事件（如质问弹劾等）和选举事务（如选举总统等）；三是特别权限，即司法事项（如受人民控诉）和造法事项（如造宪法及修正等）。

国会为一造法机关，还是立法机关？张东荪认为，造法机关的性质与立法机关性质是不同的：造法为统治权主体之直接行动，为权力者自规定其意思之活动，为国家根本上最初之意思表示，为组织国家之行为，为造国家根本法，为原始的自动

[1] 撰述者有：张东荪及吴贯因、周宏业、梁启勋、蓝公武、黄远庸、林长民、林纾、张君劢、麦鼎华、周善培、陈衍等人。

[2] 张东荪：《国会性质之疑问》，《庸言》第1卷6号，1913年2月16日。

的独立的最高之作用；而立法为统治权主体之间接行动，为权利者行使其所赢得之权利之活动，为三权分立之一作用，为依于国家之组织而发生之一机关，为依根本法而立他项法律，为二次的赋予的并立的分权机关之作用。所以，张东荪认为国会仅是立法机关,造法“不当附属于国会权限之内”。但《临时约法》及《国会组织法》中却规定国会有制定宪法的权限，他认为这是“荒谬”的。

张东荪认为，参议院与国会都是临时性的立法机关，其所通过的法律如《国会组织法》，属于“一种过渡法”。他批评说，设立二院制，是“天下费解之事，”使国会制宪,“有分心之劳役”。“以临时立法机关之国会,同时制定宪法,其制定宪法之时,必不能兼理他事。是虽设犹无也。”[1] 这无疑是一种“草率”行为。他的结论是“由此观之,是国会之职务,仅在制定宪法。果仅在宪法,吾人更复何疑?惜乎造是法者,以临时立法及监督事业界之，使之等于现在之参议院也。于此则为疑问之丛矣。”[2] 这与进步党人的立场和观点相似。

（二）讨论制宪问题，提出“行政裁判”论

1913 年 4 月 8 日，国会成立，其最基本的使命就是制定宪法。对于宪法的性质与宪法的具体内容，当时人们曾进行了激烈讨论。当时争论主要围绕着宪法性质、总统连任与其职权、行政裁判与普通裁判以及《中华民国宪法草案》等问题展开。张东荪曾撰写有撰有《论宪法的性质及其形式》、《余之民权观》、《论统治权总揽之有无》、《内阁制之精神》、《行政裁判论》等文章，重点对总统权限和地位、行政裁判等问题提出了自己的看法。

关于总统权限与任期问题，是当时争论的重点之一。张东荪坚持内阁制，反对总统制。他比较了内阁制与总统制下“总统之地位”的区别，认为内阁制下的总统，不是行政首长，行政首长为内阁总理，对于行政负完全责任，而总统则不负责。总统的权限“限于宪法的补充行为”，即不属于行政、立法、司法三者之内的权限，例如召集国会，宣布选举，及总统之就职等等[3]。既然内阁制的总统，其作用在宪法的补充行为，则总统之权，便在于协调行政、立法、司法三者关系，“正在救济与连络之暂时作用一点而已，且同时使其不致专制，而又复收救济之效。”[4] 这与总统制下的总统是根本不同的。张东荪坚决主张实行内阁制，反对赋予总统实权，主张

[1] 张东荪：《国会性质之疑问》，《庸言》第 1 卷 6 号，1913 年 2 月 16 日。
[2] 张东荪：《国会性质之疑问》，《庸言》第 1 卷 6 号，1913 年 2 月 16 日。
[3] 张东荪：《内阁制之精神》，《庸言》第 1 卷 19 号，1913 年 9 月 1 日。
[4] 张东荪：《论统治权总揽之有无》，《庸言》第 1 卷 11 号，1913 年 5 月 1 日。

将行政权从总统转移至内阁，而“欲行政权转移至内阁，则不可不借力于理发部。”[1]更不主张授予总统制下总统的权限。

行政裁判制度采用与否，是宪法上的重要问题。早在清末，章士钊曾在北京《帝国日报》及上海《民立报》上发表文章，加以论述，认为行政裁判，背乎法律平等之义，无采用的必要。张东荪对于章氏之论表示反对，“余视章氏之说出世之初，即思以此一得之愚，与章氏商榷，且以乞教于海内明哲。徒以他种问题缠不去心，因迟迟至今。”张东荪于1913年7月发表《论普通裁判制度与行政裁判制度》，该文主要介绍了西方大陆法系与欧美法系的区别，主张采取大陆法系的行政裁判制度。他后来回忆写作此文内容时说：“初以各国行政诉讼之状况介绍于国人，初无独立主张也。”不久，他通过对此问题的研究，“稍有所得”，便又发表了《行政权消灭和行政权转移》和《行政裁判论》两文，“以为行政法不可废而平政院（即行政裁判所）不宜设。”他自认为《行政裁判论》一文颇有新意，“为海内谈法律之士所未曾言者也”[2]。1914年6月，他又在《中华杂志》上发表《行政法与平政院之讨论》，进一步阐述了这个主张。

张东荪在《论普通裁判制度与行政裁判制度》中，在介绍了西方法兰西、英吉利、奥地利和比利时四派行政裁判制度的历史后，阐述了行政裁判的性质，认为“自实质上观之，行政裁判者，关于行政事件之裁判也；裁判者，以法之宣告（Rechtssprechung）为目的，维持法规对于实在之事件宣告法规之适用者也。”“行政裁判为行政法规适用之宣言矣”[3]。行政裁判的功用，在于对不法行政之救济，在于保护权利，在于对国家或自治体之不法行政申请取消或变更之判定，在于对于国家或自治体之行政作用之履行提出要求之决定，在于对私人公权存在与否请求确认之决定，在于对两当事者、互相间为公法上争执时，请求确认其权利之决定，在于对行政官厅成自治体互相为权限争执之时，请求确认之决定。

行政裁判，属于行政范围，还是属于司法范围？他认为，“以奥日之例言，其行政裁判所不属于司法，复不属于行政，乃为一独立机关。故吾以为此制之最良者也。”所以，中国应该师法奥日，采用独立之制。

张东荪认为，民法是用来处理个人与个人关系的，行政法则是处理国家与个人关系的。行政裁判，“则非仅为保护行政机关之权利而设，且亦为保护人民公权而设。”所以行政法及行政裁判的设立，行政权虽得其保护，然亦受其制限。人民

[1] 张东荪：《行政权消灭与行政权转移》，《庸言》第1卷21号，1913年10月1日。

[2] 张东荪：《行政法与平政院之讨论》，《中华杂志》第1卷4号、5号，1914年6月1日、16日。

[3] 张东荪：《论普通裁判制度与行政裁判制度》，《庸言》第1卷15号，1913年7月1日。

亦未尝剥夺其诉讼权，并不是专注重于行政一方面。这是张东荪此时对于行政裁判的主张。

张东荪主张，使行政机关行于法的管理之下，实行行政裁判制度，这是法治国特有的现象。我国宜编制行政法规，由不同司法机关兼理其事，他坚决反对由官吏组织“平政院”裁判行政案件的主张。

1913 年国会开始草制宪法后，吴贯因、梁启超和王宠惠等人都分别草拟了自己的宪法草案，供人们讨论，也供国会宪法起草委员会参考。张东荪先后发表了《王氏宪法刍议之商榷》和《王氏宪法刍议之商榷补论》，提出了自己的看法：反对分权主义，主张国家主义。1913 年 9 月，《中华民国宪法草案》公布，立即引起人们的关注和激烈争论。这个宪法草案，确立了内阁制，较全面地反映了当时资产阶级的民主共和思想，是对袁世凯欲实行独裁专制统治的一大打击。所以，宪法草案披露后，大总统袁世凯首先表示不满，于是怂恿各级行政官吏纷纷驳议，互不相让，从而演变为宪法上激烈的争论。

9 月 16 日，张东荪在《庸言》上发表《国民之声》，站在较公正的立场上对非难宪法草案者给以批评。认为在立法部与行政部因为宪法问题出现纷争时，必须设法解决，但不能用立法或行政部的某一机关来作调停，因为“是非之间决不容有调停者，且宪法者，国家之宪法也，非立法部行政部各得而专者也。”所以，“必有一机关立于两者之背后，主持正义，以为公判，则始克免纷争之弊也。”而能担当此任者，唯有国民。“最后之裁判机关自当属之国民，此法理上至公至允之主张也。”他主张：“解决今日宪法上之纷争者，舍国民末由。”其具体的办法“唯有借用议院选举法选举国民议会，由大总统颁布日期，同时命令停止国会，静待国民议会之批认及修正可也。”[1]同时，他又发表《中华民国宪法草案略评》，对宪法草案全文逐条评述，以为“统观全文，尚为周密，要之与约法不啻天壤之判也。”[2]表示赞同该宪法草案。

（三）呼吁救治道德堕落，反对定孔教为国教

自幼受到正统儒家思想熏染的张东荪，对道德问题格外关注。早在 1911 年 5 月，张东荪在他的第一篇政论性文章——《论现今国民道德堕落之原因及时救治法》中，就曾对道德堕落原因及其救治方法提出过自己的见解，认为救治的关键在于政治革新。1913 年 5 月 16 日，张东荪在《庸言》上发表《道德堕落之原因》，发展了前文中的观点，认为道德是对人的行为进行规范的；社会的规范有两种，一是自律的，即道

[1] 张东荪：《国民之声》，《庸言》第 1 卷 20 号，1913 年 9 月 16 日。

[2] 张东荪：《中华民民国宪法草案略评》，《庸言》第 1 卷 20 号，1913 年 9 月 16 日。

德，一是他律的，即法律。道德堕落之原因，除了自律的规范失调外，还由于法律不全。所以“修正法律及整理执法机关，实今日振兴民德之要图。”开始从法治的角度讨论道德问题。此后,他又发表了《财政与道德》、《言论之道德》、《今后之政运观——一名守法与让德》等文章，继续讨论道德问题，呼吁为政者必须注重道德修养。

1912年10月,康有为、陈焕章等人在上海成立孔教会,次年2月在上海创刊《孔教会杂志》，以宣传孔教为宗旨。进步党人如梁启超、蓝公武等都是发起人，张东荪的兄长张尔田也是撰稿人之一。张尔田“晚尤笃信孔、孟，有犯之者，大声急呼以斥,虽亲旧,无稍假借。谓人心败坏至此,必有沧海横流之祸,屡有论述,归本礼教,欲为匡救。”[1]张尔田在《孔教会杂志》第1卷5号上发表有《与人论昌明孔教以强固道德书》，认为孔教可以改善人们的道德，“立国之本，基乎法律与道德。法律所不能治，道德能治之。故道德之领域，较法律为尤广。其巩固国础也，较法律为尤要。”“而欲强固其信仰与敬畏,舍我孔教诚莫属矣。”在第8号上,张尔田又发表《论孔教与东南兵祸之关系及一年来对于孔教诋毁者之心理》，把国家的安定与否与孔教联系起来，认为“国教定，吾人身家性命财产始有安定之一日，国教不定则争杀劫夺，大盗横行，小则乱于野，大则乱于朝。吾人之身家性命财产，将永远为彼毁教者殉葬品矣。”赞同定孔教为国教。张东荪显然受其兄影响,对孔教抱有极大同情,“此所以有人提倡孔教，而荪即踊跃三百者也。”[2]

然而，张东荪毕竟已经接受了近代西方资产阶级的民主思想，他虽然对道德问题非常重视，主张设法挽救道德堕落的状况，并对孔教抱有十分同情的态度，但却与那种主张恢复固有道德的论调不同，这种不同差别，集中体现在对待是否定孔教为“国教”问题上。

1913年7月,张东荪发表《余之孔教观》,从理论上对陈焕章等人定孔教为“国教”的主张进行批评。张东荪从宗教和哲学两方面对孔教进行了系统考察，他认为，孔教哲学是包含有二元论的、人本主义的、实用主义的、进化论的和社会本位思想的哲学,所以“此则与近世西洋哲学倾向相同耳。”对其在哲学上的价值给予很高的地位,并且认为孔教为中国固有文明之结晶，若将之继承并发展，将来“东西思想相融合，世界又必放一异彩矣。”[3]但从宗教上观察，“孔子毕生所述，皆为道德之教训，其言实为数千年中国立国道德之大原”，虽然他承认“孔教所诠乃中国独有之文明，

[1] 邓之诚：《张君孟劬别传》，《民国人物碑传集》卷六，第450～452页。

[2] 张东荪：《余之孔教观》，《庸言》第1卷15号，1913年7月1日。

[3] 张东荪：《余之孔教观》，《庸言》第1卷15号，1913年7月1日。

数千年之结晶,已自然的为国教矣。”但他反对定孔教为国教和祭孔等做法,认为这“无足为孔子增光，殆亦画蛇添足之类，无足取也。”提倡孔教，是挽回今日道德堕落的一种方法，“但非谓今日道德之救济，仅恃孔教，不过言于生计政治教育之外，而孔教亦为不可轻忽者也。”[1] 这显然与孔教会的复古主张是迥异的。

（四）采取“硬教育”，养成“国民性”

在清末之时，张东荪赞同蓝公武提出的通过办“公学校”、设立图书馆、提倡公众演剧和办日报等方式，实施“社会教育”的主张[2]。1913 年 7 月，张东荪在《庸言》上发表《中国之社会问题》；11 月又发表《司法问题与教育问题》，对教育腐败的原因及救治法进行了分析，提出要重视国民教育和人才教育，主张采用“硬教育”。

张东荪经过对民初教育现状的考察，主张在普通教育方面，应该提倡国民教育。他认为，国民性是“一国民特有之精神。其精神存，其国始存；其精神亡，国未有不亡者也”。所以，国民教育的目的，“自积极方面，则养成国民性，巩固民族之精神。”自消极方面，“则宜排除恶根性”，即匪徒性和奢侈性[3]。他所谓的何谓匪徒性，实际上就是清末“革命教育”下所养成的国民性。他说，“革命教育者，以养成不安分及破坏精神为宗旨”，自清末以来，革命教育遍及全国。他认为“匪的根性最有害于共和政体”，所以，此后教育应该以排除此种特性为宗旨。至于奢侈性，就是指“消费教育”。他认为中国教育所培养的学生，“无一知生计，仅知消费。”所以，必须加以排除。在人才教育方面，他主张“宜采社会教育法，以精密之统计而分配人才，以供社会之需用。”而统计、分配之责“必由中央政府以司其事”[4]。

如何“养成国民性”并实行社会教育？张东荪主张采用自己早已在 1911 年便提出的“硬教育”。硬教育是相对于软教育而言的。所谓软教育，就是无论何事，必择学生易悟易读者以教授之。张东荪认为，此教育法的弊病在于“凡事皆易演为习惯。苟一旦遇难者，必瞠目而不得其解矣。”软教育之害，不仅所授知识为不足，且忽视德育。他认为，“人格之锻炼，意志之修养，品格之养成，气节之高尚，皆硬教育是赖焉。”硬教育能使“所授知识与道德同时融化，打成一片”[5]，造成理想人格。所以，他主张必须改革中国目前的教授法，重新编定教科书，实施“硬教育”。稍后，张东荪又发表了《司法问题与教育问题》，对民国初年教育腐败的原因作了分析，认

[1] 张东荪:《余之孔教观》,《庸言》第 1 卷 15 号，1913 年 7 月 1 日。

[2] 1906 年 11 月发行的《教育》杂志第 2 号上，蓝公武撰写了《社会教育论》，代表了张东荪等人的思想。

[3] 张东荪:《中国之社会问题》,《庸言》第 1 卷 16 号，1913 年 7 月 16 日。

[4] 张东荪:《中国之社会问题》,《庸言》第 1 卷 16 号，1913 年 7 月 16 日。

[5] 张东荪:《中国之社会问题》,《庸言》第 1 卷 16 号，1913 年 7 月 16 日。

为教育腐败的原因，第一在教师，第二在学风。改进之法应该是改造专门教师、改造师范教师并提倡德育。应该说，张东荪这些资产阶级教育思想在当时还是进步的。

（五）铲除财政恶德，主张“关税保护”

民国初年的经济问题，也是张东荪关注的重要问题之一。他先后在《庸言》上发表《财政与道德》、《中国之社会问题》、《关税救国论》和《预算制度论》等文，对当时财政混乱的状况提出了批评，提出了发展国民经济的“关税保护”主张。

张东荪看到“地方官吏携款私逃也，议员面颜争公费”等现象，认为“凡此正所以表示其无经手财政之道德。”为此，他专门写了《财政与道德》一文，对官吏这种不讲道德行为进行激烈抨击。他认为，财政最大的问题是财政不公开，没有预算，同时也无人有效监督财政的实施。议员本有监督之责，但他们迷于党争，“除自己争公费外，即助政府张目。”他认为，“一国之人，哀莫大于无经手财务之道德。”[1] 以有此恶德，故一切事业均不发达也。此恶德所至，各地官吏皆视国税厅若利薮，致使“国与民两受其殃”，“国家之收入锐减，而私人之中饱无尽。”此恶德所至，漏税现象十分普遍，“中国人之漏税，为世界之第一。”在此恶德影响下，人们一见财货，即思据为己有；一经手其事，即致账目不清。“上至政府，下至小民，皆不免于此弊。”由此，张东荪痛心疾首地呼吁说：“此种恶德一日不除，非仅国家之财政一日不能处理，国民之经济一日不能发达，且国家人种不久必趋于灭亡。”[2] 然欲财政处理得当，经济能力发达，则必有经手财务之道德而始可。

张东荪认为，中国产业不发达，有九种原因：尚在手工时代未入资本时代、不利用机器、营业不自由、分化甚于合成、技术不发达、无工业教育、交通机关不备、保护主义未实行、关税不良。其中，外货倾销与租税不良是发展产业的最大障碍。所以，解决的办法也有两种。一是对外的方法：“行保护贸易主义，采关税政策，以排外货。改良租税及裁厘以通交通。”[3] 二是对内的方法：奖励投资，确立信用；破除旧日之同业组合改良技术，破除其顽固性；分化适度而奖励合成；创立大本营业（即大工场之类）；改良农业，以供给原料。

张东荪认为，中国今日，尚未脱离手工制时代，“苟欲发达，则必使之入资本制之时代也。”他将发展经济的主体寄望于中国有志于实业者和地方政府的扶植，“吾之所以主张属于地方政府者，地方政府较私人资格为有信用，且较有能力，易于举

[1] 张东荪：《财政与道德》，《庸言》第1卷16号，1913年7月16日。

[2] 张东荪：《财政与道德》，《庸言》第1卷16号，1913年7月16日。

[3] 张东荪：《中国之社会问题》，《庸言》第1卷16号，1913年7月16日。

事。”[1] 地方政府应该在改良技术、奖励投资、提倡机器作业、改良农业，供给原料、启发自由竞争、树立模范等方面极力提倡。

1913 年 8 月，张东荪发表《关税救国论》，提出了“关税救国”主张。他指出，20 年来，国民日益贫穷，工商凋敝，百货飞腾，物价腾贵，导致小民相率流为盗匪，破坏了社会正常的生活和生产秩序，导致了道德衰颓。同时，也使国民减少了对于国家财政的负担，国家之财源受极大打击。而物价腾贵的根本原因，就在于政府不能保护关税，“输入过多，内国货物为之压倒，食之者众，生之者寡，固有之职业为之破坏”。张东荪认为，关税一方面是国家财政的重大来源；另一方面在于保护内国之产业。“实则保护产业尤为关税之目的”。中国低额的入口税率，导致洋货充塞全国、举国仰于外人产业之下的结果，造成“内国之产业，全行压倒”的危害。张东荪经过反复思考后认为:“欲除此害，则唯有实行关税政策，以保护贸易主义为宗旨”。实行保护贸易主义，产业幼稚国家发展经济不不可少的。英国在 18 世纪是农业国，其所以迅速成为工商国，“端赖历代之明君贤相，实行保护干涉特许奖励等政策”。而保护幼稚产业，“必恃保护税之关税”。保护税的积极功效，是为保护幼稚产业，而其消极功效，则为防止外国商品倾销。张东荪认为，中国早已成为发达各国的商品倾销场（即达冰场 Dumping field)，“永久之计，对于达冰货品，以关税防之；暂时之计，对于达冰货品，唯有实行抵制，以所谓薄哀克特（Buycott）制其死命也。”

保护中国幼稚产业的手段，即在保护关税。应该对于本国不生产之加工品、外国之达冰品课以较重的输入税；对于本国所产之原料品，如铁碳米等输出，则他国得益，本国受损，应该以关税加以禁止。张东荪认为，保护的输入税之税率，有国定税率、协定税率和国定协定税三类，中国的关税向来“全为外人作主，已失关税主权”，稍加变更便会牵及外交。唯一可行的是实行国定协定税，而这也是不易做到的。但保护关税是关系国家存亡的大事，只要“政府果能卧薪尝胆，或终有达目的之一日。否则，空具共和之美名，而永为他人之达冰场（Dumping field)。”[2]

（六）赞成“毁党造党”，提倡“在野主义”

民国初年，政党政治甚嚣尘上，各种政党蜂拥而起。据统计，仅民国初年成立的政党就达 200 多个。但这些政党，鱼目混珠，参差不齐，很多腐败官僚被拉入其中，致使很多政党有其名而无其实，成为官僚政客的聚集地，徒然增加无谓的政争。对此，张东荪极为反感。他赞成章士钊的“毁党造党”论，主张必须对当时的政党进行一

[1] 张东荪:《中国之社会问题》,《庸言》第 1 卷 16 号，1913 年 7 月 16 日。

[2] 张东荪:《关税救国论》,《庸言》第 1 卷 18 号，1913 年 8 月 16 日。

番彻底的改造，才能适应共和制度下政党政治的要求。1913 年 7 月，在《乱后之经营》中，他除了对国民党进行带有谩骂性的责备外，还对当时国内的政党进行了激烈批评，认为政党不良，也是造成内乱的原因之一。他指出，同盟会以外的政党，“大多数为官僚所利用，而为小人之薮巢，心术行为皆与人以可攻击之资。”“时发其作官热，引起一班激烈者之恶感。”[1] 他批评说：结党营私为中国人种之天性，民初所建之政党，“其本视政党为进身之阶，利用之资，护身之符。政党之腐败，与其发生俱始。”他认为，今日各党的重要主持者，多为佥壬宵小卑鄙龌龊之徒，“此辈只知手段，不知目的；只知个人，不知国家；动则借稳健之名称以排异己，实则把握私利。祸一党不足，犹思祸全国。”所以，“盍今日无一政党而可谓为政党也，不过徒党而已”，都不合乎近代政党的标准，只是中国传统的朋党而已。欲政党之发达，不可不于根本上设法解决。而治疗之法，“则宜从事于改良政党。”[2] 而改良的目的，使“党”与“私”断绝关系；改良的方法，张东荪赞成章士钊提出的“毁党造党”说[3]，即“以今日所有之党，尽数而毁之，别组织新党。”

张东荪提出了五条具体的实施办法：一是党员之集合，以政见为标准，不以感情为去就；二是视政党为利用品之党员，拒而不纳；三是注重党德，不事无味之争执；四是组织党内监督机关，不使个人因党而逞其私欲；五是坚持在野主义。

张东荪特别强调：中国素无政党，现在政党刚刚建立，正是“政党之养气时代”，非培养之不足树立。只有宣言在野，才能使腐败官僚无意加入，政党不致为官僚利用。他认为，今日的政党还十分幼稚，“政党不过为初生之婴儿”，根本就不具备掌握政权的能力。为此，他列举了政党不能骤握政权的原因：一，政党幼稚，内部组织不完全，无组织内阁之能力；二，国人对于政党本无明切的观念，苟急于接近政权，则必视政党为利薮，而政党前途及政治教育前途，均受极大之恶影响：三，苟以组织政府为宗旨，必使野心家起而觊觎政党，政党内部必茵野心家而腐败；四，各政党之主张极其幼稚，且没有鲜明的政见与互异的政策，根本没有组织政党内阁的必要；五，苟政党接近政权，当不仅在内阁，而总统亦必入党，夫以素不为党所拘束之人，使之入党，则党为宾，而彼为主，政党之真正作用无由发生；六，政党不能于议会中入正当之轨道，则无组织内阁的可能。

所以，张东荪认为：“今日当务之急，在养成国民之政治常识及道德，而政党尤

[1] 张东荪：《乱后之经营》，《庸言》第 1 卷 17 号，1913 年 8 月 1 日。

[2] 张东荪：《乱后之经营》，《庸言》第 1 卷 17 号，1913 年 8 月 1 日。

[3] 张东荪在《乱后之经营》上说：“数月以前，有创毁党造党之说者，吾颇韪之。”

不宜首创恶例,以致政治常识及道德,未由而进也。”[1] 处于“政党修养时代”的政党,断不可操切于进行,应该坚持在野主义。

总之,张东荪在初涉政论之时,主要是对当时人们关注和讨论的问题进行评议,在批评中力图阐述自己独立的见解。此时,张东荪发表了大量政论文章,他初步确立了自己改良与共和的政治立场,他所提出的许多观点,为日后所坚持并发挥,许多见解不乏精辟和深刻之处。但是,他的这些评议基本上是就事论事,尚未形成较成熟和见解,政治思想远未成熟,更谈不上系统,对当时国家政治制度的设想缺乏全盘与一贯的构想。

创办《正谊》与《中华杂志》,主张内阁制和法治国论

1913 年 11 月,国会被袁世凯解散,制宪工作也停止,这对于试图在中国建立西方民主政体的人们是一个挫折,他们对袁世凯政府的态度有了较大的改变。国民党中的温和派与进步党人中的激进派人士开始联合起来,共同反对袁世凯。1914 年 1 月 15 日,张东荪与谷钟秀等人在上海创办《正谊》杂志(月刊),共出 9 号,到 1915 年 6 月 15 日停刊。它分论说、译述、纪载、艺文等栏目。张东荪、杨永泰、丁佛言、沈钧儒等为主要撰稿人。

谷钟秀在《发刊词》解释宗旨说:“本杂志以促进政治之改良,培育社会之道德为宗旨”,“对于政府,希望其开诚心,布公道,刷新政治,纳入共和立宪之轨道;对于人民,希望其发展政治上之知识,并培育道德,渐移易今日之不良社会。”[2] 张东荪在《正谊解》中认为,“今日欲振兴社会,刷新政治,舍正谊莫由。”他把“正谊”的诠释为:“正谊者,阴谋之降符也”;“阴谋之为物,唯正谊足以制之,此人心之理性的趋势,事实之自然的结果”;“正谊者,法律之保障也”;“正谊者,社会所由而立也,法律、政治皆须得社会之保障,故舍正谊莫由”;“正谊者,政治之救济也”;“正谊者,道德之源渊也”。其含义相当于通常的“正义”。因而他主张:“一、集合一部分清流人士,以为正谊之保持者。此部分人士坚持正谊,百折不挠,发为舆论以为社会之中坚;二、提倡正谊之言论,使正谊之观念深入人心,普及全国。”[3] 可见,张东荪创办《正谊》杂志的目的,在于提倡正义,借社会正义的力量来改良政治、改造社会。

1914 年 4 月 16 日,张东荪与丁佛言与在北京又创办《中华杂志》。它是进步党

[1] 张东荪:《乱后之经营》,《庸言》第 1 卷 17 号,1913 年 8 月 1 日。
[2] 谷钟秀:《发刊词》,《正谊》第 1 卷 1 号,1914 年 1 月 15 日。
[3] 张东荪:《正谊解》,《正谊》第 1 卷 1 号,1914 年 1 月 15 日。

中期的机关刊物，编辑人有：李素、凌文渊、张东荪、汪馥言、杜师业、孙宸、胡家鑫、王常翰等人。到1915年1月，共出版13号。有论说、评论、中外大事、杂载等栏。其评论文章和报道涉及中外的政治、经济、军事、外交、思想、文化的许多方面，反映了当时进步党对于国内外政局的立场和态度。

张东荪在《正谊》和《中华杂志》上发表了大量政论文章，一方面继续对当时政治上的许多问题进行讨论和评议，另一方面对袁世凯专制统治进行揭露和批驳。在评议政治时局、抨击袁氏专制统治、不断总结政治经验和失败教训的过程中，张东荪逐步形成了较为系统和一贯的政治主张。在《正谊》创刊号上,他发表了《内阁论》，发挥了在《内阁制之精神》上的观点，积极鼓吹内阁制；1914年4月在《正谊》杂志上发表了《读章秋桐"政本"论》，进一步发挥了"对抗论"主张；同时，在《中华杂志》上发表《行政法与平政院之讨论》，继续主张采用行政裁判制度；在《中华杂志》上发表了《国民性与立法》、《用人与守法》、《美国宪法会议之大教训》、《公法私法之区别与行政法》等文章，鼓吹法治国论；他在《正谊》杂志发表了《政治革命与社会革命》、《根本救国论》、《中国之将来与近世文明国立国之原则》，主张"社会与政治分离"，提出了"多数政治"、"以议代政"的主张；1914年5月，他在《中华杂志》发表《地方制之终极观》，率先提出了地方实行联邦制的主张;当他意识到进步党人与国民党人内部互相攻击、而为袁世凯所利用时，他便在《中华杂志》上发表了《泣血之言》、《自忏》、《匿敌与第三者之责任》等文，对自己民国以来的政治言论进行反思和检讨，促使两党消除隔阂，共同对付像袁世凯这样的野心家和官僚。1915年4月15日，张东荪在《正谊》上发表了《吾人之统一的主张》，他总结了民国成立以来政治经验和教训,对民国以来自己的政治主张也作了一番梳理，系统阐述了自己对于中国政治、经济、社会和教育等方面问题的主张。此后，他又为章士钊主办的《甲寅》撰稿，进一步发挥自己的政治主张。可以说，到1915年初，张东荪政治主张开始趋于系统化，基本形成了以防止和铲除野心家和官僚政治为目的，以法治国论、对抗论、政治与社会分离论为基本原则，以中央采用内阁制、地方采用联邦制为主要框架，包括对军政、财政、教育等重大问题看法的政治思想。

（一）反对人治，主张"法治国"

在民国初年，张东荪与进步党人一样，主张法治，反对人治。起初他是针对国民党的，对民初国民党人在临时政府时实行总统制、而为了限制袁世凯却在《临时约法》中规定实行内阁制、扩大国会的权力的行为表示不满，认为这种因人制法、因人变法的行为，足以损及法之尊严。他希望袁世凯政府按照法治国的原则处理政务。在"二次革命"后，他便劝告袁世凯政府不要徒恃武力,而要依法治国。他说:"此次内乱,全恃武力以镇压之,非根本之计也。吾所希望者,并以法律之力(Richtskraft)治之,始可期长治久安耳。"[1]《中华民国宪法草案》公布后,袁世凯极力反对,藐视法律,引起了张东荪等人的警惕和批评。1913年11月,他发表《法治国论》,提出要防止野心家利用法制不严,恢复帝制。强调国家各机关行动必须以法律为准绳,决不允许"人民守法于下,而政府违法于上"的现象出现,认为"吾人欲进中国为法治国,不当仅求人民之守法,亦应求政府之守法矣。"[2]为此,中国必须首先应有宪法,因为宪法是"法治国"最重要的标志。

张东荪分析了民国成立以来的政治状况,认为,中国宜为法治国,其理由为:一是中国国体已经由君主改民主,政体也应由专制改为立宪,有宪法之国当为法治国;二是立宪为人类进化的趋向,世界各国均由专制国进入立宪国,并进而为法治国,中国也应如此;三是行人治而不行法治,外不足以图存,内不足以自立,因为无法律规定各机关的权限,则难免争执隔阂之弊,轻者消耗国家元气,重者"或有野心之枭雄,窥窬其间,以逞其私,则帝制之恢复必在立谈倾耳。"[3]他认为,今日中国不仅各种法律不完备,而且连最基本的宪法也未颁定,"政府与人民,均未循乎法律之轨道,其去法治国不知几千里也。"若继续下去,将会导致内乱亡国,因为:一是法治不进,不仅政体日在变动中,且国体也有变更之虞。"惟有速制定宪法,使中国为法治国,夫然后变更国体之祸,或可免也。"二是法治与立宪政体密不可分,由于现在仍是人治,法治未立,致使国体虽改为共和,而政体并未变为立宪。他警告国人说:全恃人治不恃法治,将会使枭雄"得籍共和之美名,以实行专制之私图。"中国历史上专制统治下所以会出现那么多内乱,就是由于法制不严,这样的教训值得汲取,否则,"此后十年,仍必有乱事。"三是法治不隆,不但人民的公权没有保障,即其私权也会遭到官僚的破坏。所以,"国家必先制法,严定国家自身之权限,以防枭雄恶吏,假借名义以自私。"这样方能做到"一方纳人民于法律范围之内,一方复使国家自身入乎一定法律制限,勐各得一定之规范,恪守以行而不相越。"鉴于多数人民并不知法治国的实质,张东荪比较了警察国与法治国的区别后,列举了法治国的四个特征:一是国家自行制限其国权之发动,且使其发动必由于一定之形式,此制限的形式,就是法律;二是人民之自由,皆以法律为范围;三是行政全受法律之拘束;四是国权之行动,必以法律形式出之故法律多多益善,使"公法发达"[4]。

在《内阁论》中,张东荪集中对法治国的优点作了阐述。他认为,法治国是实

---

[1] 张东荪:《乱后之经营》,《庸言》第1卷17号,1913年8月1日。

[2] 张东荪:《法治国论》,《庸言》第1卷24号,1913年11月16日。

[3] 张东荪:《法治国论》,《庸言》第1卷24号,1913年11月16日。

[4] 张东荪:《法治国论》,《庸言》第1卷24号,1913年11月16日。

行内阁制的前提，法治国就是“国权必由于法之形式而始可发动之为也”，国权包括立法权与执行权，立法的要求是“务使法之周密”。法治国的精神在于：“行政必纳法律乎之中，其多受法律拘束一分，即法治之精神多表现一分也”，在于“行政行为必等于司法上判决，不问自身有益无益，必毅然行之。”现在中国仍非法治国，必须努力成为法治国。中国应当励行法治的原因有六：一是可以使社会安定，即“国家行动循乎法律之规则，则无政治上之激变。人民服从法律而非屈服于强权，则其心帖然无反抗之思，则国可以常治久安。”二是可以国家发达，即“举国而掩命于法律之下，法律永存，则其国常治。法律可改进而不可全弃，则国家能逐渐发达而不生急变。”三是可以防止野心家专制，即“国家与人民之交涉，皆得其道，既以保障权利，复以防枭雄之自逞。”四是可以防止国家各机关滥用职权，即“国家内所以代表国权之机关，皆严分其权限，使不相越，然后居于各机关之自然人，始不能籍端以恣所欲为也。”五是可以制限人民的不法行为，即“无法之自由为法治所不许。”六是可以使国家各机关权利分配合理，防止专权，即“必以法律严密分配其权限者，所以使权力不趋于一点也。”[1] 所以，张东荪主张行政裁判，将政府的活动纳入法律的监督和惩治之下。只有励行法治，中国才能成为真正的立宪共和国。

在1915年发表的《行政与政治》上,他又强调,近世政治的核心是反对专制主义,其办法就是励行法治、以法治国，“非谓其国有法律，有宪法，亦非谓国家之立法，多多益善，盍言国家自身等于人民，同受一法之制裁耳。”即以法律制限政府行为的范围，规定其活动之趋向。张东荪曾发表了大量政论文章，积极鼓吹“法治”，强烈要求用法律规范政府行为。1916年6月初，在袁世凯复辟帝制败亡之际，张东荪总结教训，认为过去那种轻视法律、利用法律的观念必须铲除，在处理善后问题上，仍然坚决主张依法律程序来制裁袁世凯及其罪行，即组织特别法庭，公开审判袁世凯，重树法律的尊严，借此机遇使国家走上法治轨道。他说：“吾以为勿论屆时袁逆或已逃遁海外，或已为乱兵所杀，或暴病而死，或遭暗杀，要当于国会开会之第一日，由两院各依《临时约法》第19条第21款，提出弹劾，通过后更依同法第41条组织特别法庭以审判之。”[2] 表达了张东荪对中国走上法治轨道的渴望。随后，张东荪对制宪表现了较强的兴趣，他发表了《修改国会组织法及选举法私议》、《地方制草案的商榷书》、《宪法草案修正案商榷书》等一系列文章，修正宪法草案，力促宪法通过，使国家走上法制的轨道。但结果是：宪法功亏一篑，出现了张勋复辟，国会

[1] 张东荪：《内阁论》，《正谊》第1卷1号、2号，1914年1月15日、2月15日。

[2] 圣心：《善后建设论》，《新中华》杂志第1卷5号，1916年4月。

再度解散。

（二）赞同“政本”论，提出“对抗”论

1913年底，梁启超首先提出了政治上的“对抗论”，张东荪对此非常关注，并大加赞赏。11月16日，他在《庸言》上发表《对抗论之价值》，进一步阐述了“对抗论”的意义。1914年4月，章士钊在《甲寅》创刊号上发表《政本》，提出了“政本论”，随后，又发表《调和立国论》，进一步发挥前文主张。

张东荪对梁启超提出的“对抗论”表示关注，他认为，民国以来，政争不断，都是欲以一势力并兼并其他势力，梁启超有感于此而提出对抗力，张东荪“以为诚今日救国之不二法门也”。但他认为梁并不了解“对抗”论的真谛，“惟细观近日梁任公所言所行，似于对抗之理，尚不得其三味。”所以，张东荪乃作《对抗论之价值》，对其进行阐述。他认为，政治上的对抗，来源于物理学和生物学上的对抗现象，对抗是宇宙间万物构成的原理，物理界和生物界都存在着对抗现象。这种对抗现象运用到政治方面，便成为政治上的对抗。他认为，政治上的对抗现象有两种，一是无形的对抗，也称自然的对抗，即“国家社会内各分子互相对峙，而使各不相犯”，其主要是通过一部分人士依靠其所代表的社会各要素，“以谋调和各要素之利益，不使政象趋于专制”的方式展现;“可使国家内社会上各要素之分配利益，恒得平均，而免偏颇专制之弊”。二是有形对抗，也称“容许的对抗”即“政见必有真负二面，遂生相反对之政党，此相反之政党，各标反对之政策以运行，彼此虽为政敌，而必互相尊重。”“竞争于政见政策，互相交替，以促国家社会之发达焉”。西方近代国家的组织就是靠着这样的对抗原理。“泰西各国之所以优越于吾国也，未尝不以常保持此对抗之现象，以演进之。”[1] 何以使中国在政治上也形成对抗现象?张东荪提出了三原则：一是相反二势力不可使其中之一居于国家最高机关；二是对抗二势力和平竞争，不得动用武力；三是二势力之竞争在应限制在宪法之下。否则，对抗之势便会打破。

1914年春，章士钊有见于民初党争，乃提出了“政本”论，指出：“为政有本，本何在?曰：在有容。何为有容?曰：不好同恶异。”[2] 即在政治上必须容许对立面两方同时存在，这样才能互相监督，取长补短，促进政治进步。这与张东荪对抗论的观点不谋而合，而论述更加透彻，故张东荪对此十分赞赏，立即发表《读章秋桐“政本”论》，发挥了“对抗论”的主张。他认为，章氏的主张与自己的主张相同，

[1] 张东荪：《对抗论之价值》，《庸言》第1卷24号，1913年11月16日。

[2] 秋桐：《政本》，《甲寅》第1卷1号，1914年5月10日。

"章君之所谓'不好同恶异'与'有容'正吾之所谓保持对抗也。"他认为章的主张"偏与内而忽于外",因为"好同恶异之为恶德而摒禁之,此内的也,自律的也,必有外的,他律的同时并臻,然后始得以巩固所谓外的与他律的,即前言之对抗。"所以,好同恶异的恶德必须靠"对抗"来实现,"吾以为与其劝告欲人之同于己者,自敛其心,则毋宁劝告被人强迫而同于人者自振其气以为抵抗。"即"与其希望强有力者无好同恶异之念,则不如期望社会上各分子各要素各固守其政党之部分,保存固有之势力,维持平均之利益而不受外力之压迫为愈也。"他强调指出,"国家社会之进步,在调剂,不在统一;在竞争,不在专制;在活动,不在一定而不变也。"[1] 极力主张本"对抗之原理",促进中国政治进步。

对于"对抗"论,张东荪自视甚高,认为颇得近世西方先进国家政治进步的真谛。若照此进行,民国成立后的政治会慢慢走上正轨的。1915 年初,张东荪痛定思痛地追忆说:"捉摸近世文明国之根本意味者,有章秋桐之调和论及不佞之对抗论。不佞非敢自慢,实以为苟不及第二次革命以前,即保持对抗之局,维系至今,断无今日之黑暗可断言也。"对抗论并未能付诸实施的现实,使张东荪意识到,无论是政本论,还是对抗论,都是"社会上政治作用之理法,而非国家机关上政治作用之规律",所以,"不佞今颇省悟,知泛言对抗与调和,而不从社会活气着想,终为无济耳。"[2] 其真正目的在于增进社会活力。这样,对抗论实际上便又与所谓"政治与社会分离"论相联系,成为阻遏政府干涉、培养社会活气的一种手段。

(三)政治与社会分离,减少政府干涉范围

张东荪通过民国建立后的情况,认识到:政治革命必须与社会革命同步,政治革命必须以政治革命为基础,方才会有成功。他说:"吾思之重思之,知非政治改革不可行也,社会未经改良以相适应耳。夫政治与社会相表里,社会程度未齐,乃欲施以理想之政治,鲜有不败者。"他又说:"政治与社会互相因果,固吾人所熟知,然社会必持多数人以为进退,而政治则不必持多数人焉。是故政治之改革也易,而社会之改革者难。特改革易者,其恢复也亦易,故必待改革难者以继其后。夫如是,然后事倍而功半。是以于后进国,以国力发展社会,理之顺也。"[3] 开始萌生了将社会与政治分开、以"国力发展社会"的思想。

经过民国初年的政治风云,1915 年初,张东荪对当时的政治状况有了更深刻的

[1] 张东荪:《读章秋桐"政本"论》,《正谊》第 1 卷 4 号,1914 年 4 月 15 日。

[2] 张东荪:《中国之将来与近世文明国立国之原则》,《正谊》第 1 卷 7 号,1915 年 2 月 15 日。

[3] 张东荪:《中国之社会问题》,《庸言》第 1 卷 16 号,1913 年 7 月 16 日。

了解,“自政变以来,国会省会相继消灭,司法政党同趋末运,于此之际,固悲惨莫甚。”[1]经过这些政治上的浩劫,许多人对于政治前途表示悲观,对在中国建立共和制度失去信心,而张东荪却认为在此悲观中犹有一线生机。他以为民国以来共和制度屡遭失败,“此诸失败与绝望皆可归于吾人认理不真,将事不慎,无备于先,未谋于始,而非真事实上有绝对不可能也。”他认为只要认理真切,“即国家真回生之日也”。同时,认为失败愈多,所得教训愈密,“教训周密之时,即转败为成之日也”[2]。所以,他没有对中国共和前途失去信心。1915年初,张东荪在《正谊》杂志上接连发表了《根本救国论》、《中国之将来与近世文明国立国之原则》、《政治革命与社会革命》、《吾人之统一的主张》等文章,在《甲寅》杂志上发表《制治根本论》,主张“多数政治”、“以议为政”,并对“社会与政治分离”主张进行了系统阐述。

张东荪认为,近世文明国立国的原则,在使政治与社会分离,发达社会,减少政府对社会的干预。他指出,“国之支柱也,恃国民之人格”,中国国民人格未发达,其原因在于“政治之摧残”,所以,“必政治与社会分离,使政治之干涉范围愈小,则社会之活动范围愈大,于是社会以自由竞争而得自然发展也。”[3]他强调,近世文明国所以振兴之故,在减少干涉之范围,而听人民之自由竞争,以得自然发展;政府干涉范围之减少,“乃政治改良之初步也,而优良之对抗现象,即自此而出。”政治上的对抗,旨在养成“社会活气”和“社会生机”,近世文明国首从此点着眼,从而造成了西方社会“其事业乃较政府为多,万事皆不仰政府,而足以自动。”张东荪主张政府减少干涉,“非鉴于今日之政府不能积极为善,吾乃求其消极之不作恶耳。”他的结论是:“中国国运之兴也,不在有万能之政府,而在有健全自由之社会;而健全自由之社会,惟由人民之人格优秀以成之;此优秀之人格,苟政府去其压制,使社会得以自由竞争,因而自然淘汰则可养成之也。易言之,中国之存亡,惟在人民人格之充实与健全。而此人格则由撤去干涉、而自由竞争,即得之矣。于诸自由之中,尤以思想自由及思想竞争为最也。”[4]

在《根本救国论》中,张东荪对“多数政治”作了解释。他说:“所谓多数政治者,其标准乃不在是非谓多数人入乎政治之机关,实乃谓居政治机关之人,其执政必依于政治机关背后多数人之意思也。”多数政治的特征,据张东荪说是:“一、国家

[1] 张东荪:《吾人之统一的主张》,《正谊》第1卷8号、9号,1915年4月15日、6月15日。

[2] 张东荪:《根本救国论》,《正谊》第1卷7号,1915年2月15日。

[3] 张东荪:《中国之将来与近世文明国立国之原则》,《正谊》第1卷7号,1915年2月15日。

[4] 张东荪:《中国之将来与近世文明国立国之原则》,《正谊》第1卷7号,1915年2月15日。

之权力有制限，使国家与社会判而为二。凡人民有三大自由之保障，于社会上得以自由活动，相异之党派，互反之意见皆籍此而生，且得互相竞争于正当之轨道，不能以一而压服其他。其结果由调和而臻完善焉。二、多数人之意见于当局者之背后占有势力，得驱迫其入正当之途径，而不敢自逞与专擅也。其结果以议为政，则全国各派、各部分、各个人皆得差足自安而不致破裂也。”所谓“多数政治”，实际上是让多数资产阶级参与政治。稍后,他在《吾人之统一的主张》中,又强调了扩大“民治”的主张：“务使官治之范围愈小，民治之范围愈张。民有督视官僚之道。”[1]

政治与社会分离的界限何在?换言之，哪些属于政府干涉范围，哪些属于人民所办范围?张东荪认为，分离的标准在于是否增进“社会活气”。他认为，“凡经济、教化、道德、地方事务、学术、技艺、信仰等，均划出政府管辖之外，政府绝对不与闻，不干涉，而听人民自由处理之是也。”[2] 在《制治根本论》中，他对政治与社会分离的观点又作了进一步阐述。他认为，制治的根本，从消极方面说，就是“国家与国民有严格之分界也”，即“国家与社会判而为二”。[3]

张东荪分析说：“近世国家，非使国家如教师，国民如生徒，国家对于国民一切行为，皆为干涉之，督策之，率领之，惩责之。乃使国家如公司，国民如股东，凡公司之事，国家掌之，其不涉公司，而各为股东自身之事，则由国民为之。无与于国家也。是则国家与国民，其行为之途径，其事业之范围，各有严密之分界，互不相越。国家既不能侵及国民之领域，国民复不能越占国家之事务。此非政制，亦非国体，乃制治之根本也。”从积极方面说，就是国民利用自己的权利，对政府进行制限和监督。他说：“立国制治，在国民之自由，非特在普泛之自由，尤在间接得致其影响于政治之自由，如言论自由，集会自由，出版自由，结社自由，书信自由等是也。……欲社会之力，足以威迫其政府，则必有社会威迫之道，而不为政府所夺，其道即国民之政治上自由是也。国民有出版自由，则政府有失职者，得以言论纠责之；国民有集会之自由，则政府有违法者，得合群力以抵抗之”。保护国民自由,就必然要加强对政府的制限。他认为,对于政府的“制治之道，首在分散其权，不使凝集于一，各得制限，互相督责，使皆不敢畔其范围以自逞。”张东荪将国会视为国民制限政府和监督行政的机关。按照他的设想，“议会足以制限政府，则人民于政府制限之下，得以自由活动，自然发展，徐徐引扬，一旦能力充足，则何种政治不可运用而致善哉!”他通过对西方，特别是英国议会的考察，“吾人确见

[1] 张东荪：《吾人之统一的主张》，《正谊》第1卷8号、9号，1915年4月15日、6月15日。

[2] 张东荪：《中国之将来与近世文明国立国之原则》，《正谊》第1卷7号，1915年2月15日。

[3] 张东荪：《制治根本论》，《甲寅》第1卷5号，1915年5月10日。

议会为社会之缩型。”议会是张东荪提倡“以议为政”的执行者。他分析说：“议会者自形式之法律而观，为国家之机关，自活动之政治而观，则为社会之缩型。”在议会中，聚集着国中各意见各党派各职业各势力各阶级，的“多数之人众”，“凡社会上各党派、各意见、各阶级、各职业，咸得其代表于此，以调和之德，为讨论之举；以议之结果，为政之实施。”[1]这样，既能实现“多数政治”，又能得“以议为政”之实，国民得自由活动，社会得自然发展，政府得到有效的限制和监督，政治得以“流通日新”，中国便可以渐次步入近世文明国家的行列。

（四）阐发内阁制精神，主张中央采用内阁制

以“法治国”论、“对抗”论和“政治与社会分离”论为指导原则，张东荪逐步形成了中央采用内阁制、地方采用联邦制的思想框架。

民国初年，各派政治势力和代表人物为在中国实行近代西方的资产阶级政治制度而努力。但在实行具体的政体时却产生了较大的分歧。采用内阁制还是采取总统制？采取中央集权还是实行地方分权？当时曾进行过激烈的争论。在临时政府时期，孙中山领导的同盟会实行总统制，而孙辞职后，在《中华民国临时约法》中，改总统制为责任内阁制，旨在防止袁世凯专权。此后，宋教仁领导的国民党便极力主张实行责任内阁制。梁启超为首的进步党人，虽对国民党人不满，并曾一度拥护袁世凯政府，但也基本上主张实行内阁制。实行内阁制与总统制，本来是纯粹政治制度的问题，但由于其中包含有总统权限受限制与否的问题于其中，所以显得比较复杂。

早在1913年9月，张东荪在《庸言》上发表《内阁制之精神》，主张中国宜实行内阁制。他认为，两年以来中国所行之“内阁制”，与真正的内阁制不相符合，人们对于内阁制，并“未得明切之印象也”。他以为中国政治前途，不在选举正式总统，“全视乎内阁制果能完成与否为断”。“成则政治改良，不成则一如满清之旧而已。”他重点讨论了内阁制的性质，认为：内阁在组织方面，“内阁必由国会中有势力之政党组织之。”“内阁各员必由国会选出，总统任命不过表面形式而已。”在权力方面，“内阁为行政权之渊源，而实握此权，更无高权足以支配之。”“内阁为全国政治之中心，全国人之视线，亦只集中于内阁，而总统为无足重轻之物。”[2]在权限方面，内阁总理必由国会选出，总统始得任命；内阁阁员非辞职或违法不得自由罢免；内阁有拒绝副署之权；内阁会议，总统不得列席；用人行政，其实权必在内阁，总统不过为执行宪法的补充行为之机关；内阁为行政部主体，总统为执行宪法的补充行为之机关。张东荪认

[1] 张东荪：《制治根本论》，《甲寅》第1卷5号，1915年5月10日。

[2] 张东荪：《内阁制之精神》，《庸言》第1卷19号，1913年9月1日。

为，中国“本为帝政之国，革命之后，全国人心仍不免有视总统若帝王之弊，非防闲过甚，致行政为之失其灵敏，即放纵过甚，致大权在握，恶感潜生，二次革命必将续起。是故欲救此弊，非内阁制不为功。”欲使立法、行政二部融洽而不专曲服于势，则非内阁制不为功。所以，他提出了自己的主张：“一、内阁总理由下院选出。二、内阁颁布阁令。三、用人权操诸内阁。”这样，方能使内阁操得实权，符合内阁制之精神，不再成为“非内阁制、非总统制之非牛非马政制”[1]。

1914年初，张东荪又在《正谊》杂志上发表《内阁论》，对内阁制作了进一步阐述，公开主张实行内阁制。他说：“内阁者，行政权之最高机关也。此机关为宪法所规定,故谓之为直接机关。盖三权分立,乃法治国之特征。立法之机关无阶级之可分，仅一国会而已；司法之最高机关为大理院；至于行政，则其最高之发动机关厥维内阁。”他强调，内阁作为行政机关的主体，有四个特征:即内阁会议、完全责任、阁令、拒绝副署权。内阁会议者,“表示内阁之主动,亦所以表示内阁之责任。内阁既为主动，则不受人之干涉；且内阁既负责任，则不必参以他人之主张。故内阁会议不容有外人之列席。”“且内阁会议所议决之政策，一经议决，即有实权，断不容外力之干与，更无最高机关以待其裁可。”内阁会议有很大权力。完全责任者，“内阁既为行政权发动之主体，则自当负有完全之责任。”阁令者，“正所以表示内阁之独立。夫内阁之所以颁布阁令：1. 由于其有独立表示意思之权；2. 由于其有指挥政务之权；3. 由于其有用人之权；4. 由于其有完全责任。是故有内阁一日，则阁令一日不可或缺。”拒绝副署权，“苟元首之意思，而不为内阁所赞成，则可拒绝副署”。“内阁之有副署权者，正足所以表示内阁为行政部之主体，自有权利且自负责任。内阁之责任由拒署权以促成之，内阁之权利，由拒署权以保障之。”[2]

张东荪对那种“谓国会专事捣乱，把除之而可”的献媚政府者，给予迎头痛击，指出这样一来，“立宪政体永无成立之望，必复归于专制而已。”他坚信：中国实行内阁制后出现的行政部与立法部的冲突，是由于“本为专制国无三权分立之现象”而造成的，是“本为帝政之国其行政部于数千百年以养成大权独揽、专制自为之习惯”所使然；所以，救济此弊唯有厉行内阁制，“内阁之利在使内阁与国会融成一片，则无冲突之事，且复使内阁为行政部之主体，不致有独裁政治之出现。既足促政治之进行，更可消内乱于无形。”[3]

---

[1] 张东荪：《内阁制之精神》，《庸言》第1卷19号，1913年9月1日。

[2] 张东荪：《内阁论》，《正谊》第1卷1号、2号，1914年1月15日、2月15日。

[3] 张东荪：《内阁论》，《正谊》第1卷1号、2号，1914年1月15日、2月15日。

在后来发表的《吾人之统一的主张》中，张东荪对内阁制也作了发挥，把实行内阁制与防止像袁世凯那样的野心家专权联系起来。他公开申明："吾人主张于中央制度采用内阁制。"认为中国实行内阁制有两种原因：一是迫使野心家入正轨，即："吾国于最近期间必不能消灭所有之多数野心家而归之无有，必不得已，其惟迫之使入正轨而让出一大部分政权与吾民"，所以，中国最谊采取内阁制。二是由于民力不足以骤然建立善良政制，即："欲于此幼稚之民力上建设完美之政制，必不可能，必不得已，其惟建筑基础以徐图发展民力"，这两点决定了中国"非行内阁制不可也"[1]。如何在中央实行内阁制？张东荪提出了具体方案：一是内阁总理由下院票选；二是内阁各员由总理选任；三是不信任之决议，必两院各为多数；四是谴责之议决，两院得各别行之；五是中央大理院及各省高等厅法官之任命，必须上院之同意。

（五）取联邦制精神，在地方实行分权制

早在清末，便有人主张中国应实行地方自治，采用联邦制。民国成立后，地方自治论调一度消沉。1914年5月，张东荪入京，与丁佛言等人交换了政局的意见后，感到为了制限袁世凯权限，除了中央实行内阁制外，地方上必须实行自治制度，以避免中央专制。于是，7月，他率先在《中华杂志》上发表《地方制之终极观》，主张地方应采取发展自治精神的制度，"事无巨细由省自办"，同时亦管中央委任之事务，国家之立法不得违抗，并称："吾以为中国欲图存且强，非采用英美派自治不为功也。"[2] 他实际上认为，国家动乱和贫困的原因，就在于中央集权过多，实行地方自治，加强地方实权，削弱中央权力，不使它任意作恶。是文刊出后，丁佛言也发表《民国国是论》，表示支持，宣称：中国之国情，在地方而已，不改进省的制度，国家无从发展。他说："除了今日各省之官僚政治，而地方得有自由发展也。"[3] 主张采用美国联邦制。他们实际上都主张联邦制，但却并未用"联邦制"之名。章士钊在《甲寅》第4号上发表《学理上之联邦论》，推动了对该问题的讨论，并认为张东荪所以不敢公开用"联邦论"的名义，是慑于舆论和政局的压迫。对此，张东荪作了《联邦论辩》，不同意章士钊的观点，解释了其中的原因。

此文发表后，引起较大反响。1914年9月15日，张东荪在《正谊》1卷5号上发表《予之联邦组织论》，次年1月，他在《中华杂志》2卷1号上发表《就纯理论上讨论邦先存于国之理——答〈甲寅〉杂志秋桐君》；2月，在《正谊》上发表《根

[1] 张东荪：《吾人之统一的主张》，《正谊》第1卷8号、9号，1915年4月15日、6月15日。

[2] 张东荪：《地方制之终极观》，《中华杂志》第1卷7号，1914年7月16日。

[3] 丁佛言：《民国国是论》，《中华杂志》第1卷8号，1914年8月1日。

本救国论》，继续阐述地方制度。认为要真正实行多数政治，就必须“取地方分权之地方制”，即“利用省界之观念，使一省之利害得失，由一省之人以相召相感之精神，以处理之，于省建立多数政治。各省如此，全国始得多数政治也。”4月15日他在《正谊》上发表《吾人之统一的主张》，更公开声明：在地方宜采取联邦制。10月10日，在《甲寅》1卷10号上发表《吾人理想之制度与联邦》。

1915年10月1日，张东荪与汪馥炎、李剑农、杨端六等人在上海创办《新中华》。张东荪集中精力对联邦制又进行了一番系统研究，以“圣心”为笔名，一口气在该刊上发表了《联邦立国论》、《联邦之性质及其精神》、《联邦制度与宪法制定》《具体之省制论》等文，并翻译了《耶律芮克联邦之公权论》、《美利坚各邦之宪法及精神》等文，积极介绍联邦制，全面讨论中国实行联邦制的诸多问题。

张东荪认为，联邦制的精神，第一是“自治”，“自治者，国之命也，近世国家所以异于中古者，皆在自治，一切优美之代议制度皆由自治而出。”第二是“分权”，国权与邦权互相制衡，“邦若为恶，国足以干涉之，国若为恶，邦足以抵制之，二权调剂，政治得以发达焉。”[1]中国为什么要采用地方分权的联邦制？张东荪解释说，中国采用联邦制，其原因在于，一，“在合乎历史上之趋势”；二，“在明乎政力向背之理而为之分配”；三，“在能得真正之统一”；四，“在能启发人民之自治能力”；五，“在能建设一刚性宪法，且能维系此宪法，使其有效于实际”；六，“可得控制与平衡之道”；七，“在能矫正民主政治之流弊”[2]。张东荪主张于地方制度用联邦制，其用意首先在于分散中央权力，防遏野心家专权并排斥官僚政治。他认为，采用地方分权的联邦制，其结果将会导致：一，中央之权不能压制及地方，而地方得以自由发展；二，地方之权得徐徐逼迫中央，使入正当之轨道；三，地方自治，由于区域狭小利害杂陈，不致为野心家一人欺骗；四，便于实行议政，开发民智，以民执政；五，地方有充足基础，不致因政变动摇国本；六，地方真能忠顺中央，则能得真正统一；七，地方人民不致受中央之摧残。而其中最主要的是“各地方独立，使野心家失其利用；一地方之区域狭小，民得自政，足以排斥官僚而已。”[3]

中央与地方分权的界限何在？张东荪考察了加拿大、德意志等国的联邦制后，认为中国采用联邦制，不能采取美国、德国之制，宜采用加拿大之制：“窃以为中国果为

[1] 张东荪：《予之联邦组织论》，《正谊》第1卷5号，1914年9月15日。

[2] 圣心：《联邦立国论》，《新中华》第1卷1号、2号，1915年1月1日、11月1日。

[3] 张东荪：《吾人之统一的主张》，《正谊》第1卷8号、9号，1915年4月15日、6月15日。

联邦也，不宜师美，更不宜师德，尤不宜师瑞士，惟取加拿大之制而变通之可也。”[1]对各省与中央的权限作了规定：一，各省全县规定于国家之宪法，宪法之改正必得各省之同意；二，各省所立之法律，中央行政部有拒否权，但得国会之统一仍成法律；三，省长由各省自选，但不称职时，中央有撤任之权；四，以参事会为省之行政主部，省长为之主席，其任期与省议会相同，省长撤任时，参事会必同时更选；五，中央依国会之同意得解散省议会；六，地方厅高等厅由省自酌办，但法官由中央委任，中央仅设大理院，全国用一统之法律；七，省议会有弹劾省长之权，其审查权属于国会，省长去职，参事会亦同时更选；八，省长及参事员皆由省议会选任[2]。

按照张东荪的计划，他准备对联邦制的若干问题进行系统的讨论：一是联邦果为何物，即联邦的性质如何？他作有《联邦之性质及其精神》。二是中国采用联邦制的利若何，即中国是否宜采用联邦制？他作有《联邦立国论》。三是中国采用联邦后各省的组织情况，他拟作《具体之省制论》。四是采取联邦制后中央政府的组织，他拟作《中央政制论》。五是中央与各省其权限分配问题，拟作《中央与各省之权限分配》[3]。但是，1915 年 12 月，当他的《具体之省制论》刚发表一部分后，护国战争爆发，他积极投入到反袁政治运动中，这些研究计划暂时搁下。当倒袁战争即将结束时，张东荪又敏感地意识到：鼓吹联邦制的目的是为了对付中央的野心家和地方的官僚政治，而今袁世凯败亡，中央的野心家既倒，却在地方上又出现了拥军割据的趋势，再鼓吹地方分权的联邦制，是否会被地方军阀利用？故此，他的思想又发生了重大变化。

在 1916 年 6 月在《新中华》上发表的《今后之政运观——守法与让德》中，他虽未放弃联邦制，但显然对继续鼓吹联邦制产生了极大顾虑。他通过对当时政局的观察和分析，认为：“此后之政治，必呈一群龙无首之象，演一地方割据之局，一切大权将丛集于多数之各省都督，此各省都督又将分派别，团为数党，一方自握兵符，号召本土，他方联络邻省，外树声援，于是庶政之兴废，恒视各都督之意向，以为依违之准绳。”[4]在这种状态下，言论根本不足以对其产生影响，反而会为其利用。再倡导地方分权，实行地方制，正可以为其所利用。正因如此，而是对国家的前途感到十分忧虑。他描述自己此时心情说：“吾言至此，吾心滋惧。吾侪书

[1] 张东荪：《予之联邦组织论》，《正谊》第 1 卷 5 号，1914 年 9 月 15 日。

[2] 张东荪：《吾人之统一的主张》，《正谊》第 1 卷 8 号、9 号，1915 年 4 月 15 日、6 月 15 日。

[3] 圣心：《联邦之性质及其精神》，《新中华》第 1 卷 1 号，1915 年 10 月 10 日。

[4] 圣心：《今后之政运观——守法与让德》，《新中华》第 1 卷 6 期，1916 年 6 月。

生，徒发空言，固不足济事于万一，而师我者，方据为口实，又宁能无怖于心？”这或许是张东荪此后没有继续进行联邦制的讨论，不再极力鼓吹联邦制的重要原因。这样的政局，不能不使素来对中国共和前途抱有极大希望的张东荪，对于中国政治的前途感到悲观。所以，他十分悲观地说：“今日之中国，除此多数势力者自身顿觉，推诚相让，守法入轨之外，实无救亡之法。”[1]这也是张东荪后来决意舍弃政论的原因，尽管对他来说这是多么的无可奈何，多么的不情愿，也是多么的悲伤。

（六）讨论军政财政和教育问题，提出“统一的主张”

1915年4月15日，张东荪在《正谊》杂志上发表的《吾人之统一的主张》，是一篇经过较长时间的思考而撰写的有代表性的文章。在该文中，张东荪将自己此前关于政治、经济和教育等各方面的见解作一整理和概括，基于中央采取内阁制、地方采取联邦制的基本政治框架，提出了关于军政、财政、教育等方面的“统一的”政治主张。写作的目的，显然含有向世人表明自己对于中国当时若干重大问题的主张，而不至于引起误会。

首先，在军政方面，主张实行征兵制度，限制野心家的军权。他说：“吾人于军政，主张各省自练民兵，以防盗匪;中央常备兵额大加淘汰，驻扎要塞更实行征兵制度，有中央颁布统一之办法，各省执行之。且除盗匪外，中央对于内乱之用兵，须先得国会之同意。若值国会闭会时则必待开会之承认，以明政府之责任。”他认为，防遏野心家必须从军权上着手，军人要“爱国而不爱主，知为国家之公仆而不为一系之私人”。在警政方面，张东荪认为“今日警察于国于民皆有百害而无一利”，“现今虐政莫过于警察”，所以坚决主张“根本废撤”，由各村各乡各市自练团练，以防盗捕贼。

其次，在财政方面，主张划定中央与地方财政范围。其具体办法是：“以国民经济为财政之后盾，而析分为中央财政与省财政；田赋划归省有，而每年以各省富力之程度，决定交出若干款，以供给中央；其款额由议会以预算定之。”这样，一省财政，由一省人民自理，中央财政由各省为之稽查，为之供给，可以使野心家“自无所乘”，使官僚也不能“恃为盘踞之地”。

再次，在教育方面，主张改良教育现状，“分立大学区，合数省为一区，以此诸省之财力办一大学校。各省自立教育行政之机关，凡于省内一切教育事业，由彼以建立之，监督之。大学校之监督则由中央，而中央可设全国教育联合会等之组织体，以谋统一。至于教育宗旨，由议会议决。”[2]

[1] 圣心：《今后之政运观——守法与让德》，《新中华》第1卷6期，1916年6月。

[2] 张东荪：《吾人之统一的主张》，《正谊》第1卷8号、9号，1915年4月15日、6月15日。

坚持立宪与共和立场，抨击袁世凯的专制统治

（一）对袁世凯态度的变化

在民国初年，梁启超领导的进步党人的基本立场是拥护袁世凯统治的，他们与袁合作，对袁抱有极大的幻想，希望通过袁世凯，在中国建立理想的共和政体。当然，这种希望与幻想，决不仅仅是梁启超等进步党人。孙中山、黄兴、宋教仁等领导国民党也同样对袁抱过幻想。当时有人在《大公报》上说："项城者，才足以济变，识足以通时。……其知人不在曾湘乡之下，而得人尤在李合肥之上……顾尤所难者，孙中山则谓其熟有政法经验，以和平手段达到目的；黎宋卿则谓其化干戈而进揖让，大功所在，国人称道不置；黄克强则谓其苦心孤诣，致有今日，其功实不可没。……其雄才大略，真二十世纪中东亚第一等人物矣。"[1] 对于这样一位"盖世英才"，人们怎能不寄以厚望呢？事实上，希望在袁世凯的统治下使中国走上建设道路，这是民国初年相当大一部分知识界和实业界人士都曾有过的想法，这个错误与其说是个人的，毋宁说是时代的。

同时，梁启超拥袁的目的，一是欲借助袁世凯旧官僚派的势力，以与由同盟会转化而来的国民党人相竞争并取胜，而另一个重要的原因是他的"贤人政治"思想，他将袁世凯视为辛亥以后可以维护秩序、完成他所谓的强而善的中央政府的唯一人选，希望通过与袁合作实现自己的政治理想。用梁自己的话说："当时很有点痴心妄想，想带着袁世凯上政治轨道，为国家做些建设事业。"[2] 梁启超拥袁，是为了实现其政治理想和政治目的，与其同流而未合污。

在民国初年，张东荪如梁启超等人一样，对袁世凯也曾抱有极大希望。即使到了1915年袁世凯复辟帝制的企图已昭然若揭时，张东荪也还有"迫之使入正轨"的想法。只是由于他没有直接"干政治"，所以，并没有像梁启超等人那样走得那么远。同时，他虽然对革命党人采取排斥态度，但始终保持一个近代中国知识分子的爱国与报国之心。

1913年春，张东荪之兄张孟劬作《春感》，其中有云："眼昏四海仍兵气，心似孤云为底忙……看花已恨春无主，止酒宁闻醉有乡；如此沧江坚一卧，何须季主卜行藏。"态度消极，对袁世凯统治十分悲观。而张东荪在《和孟劬兄春感》中，挥笔对曰："栏前烟树孤鸿远，门外花枝乳燕忙……朔方云气方成阵，人世羁愁漫有乡；

[1] 《论袁项城被选总统》，《大公报》1912年3月1日。

[2] 梁启超：《护国之役回顾谈》，《饮冰室合集》文集之39，北京中华书局1989年版，第88页。

但问遗编今在否，休怜吾道已深藏。”[1] 这显明地表示了张东荪对袁世凯的统治抱有极大的希望。

尽管张东荪对袁世凯抱有极大的希望，但他也并没有因此停止对袁世凯政府的批评和抨击,这较典型地反映在对待“二次革命”的态度上。对国民党发动的“二次革命”，张东荪持反对态度，指责“乱党之罪，擢发难数”，并谩骂国民党人有“狼子野心”。但他作《乱后之经营》一文，主要是对袁世凯统治表示强烈不满，并提出了严厉的批评和忠告。

张东荪认为造成“二次革命”的最重要原因，在于政府方面“用人不当，致受人以攻击之资”；“用金钱政策买收伟人，孰知狼子野心，反为其利用”。在于政党方面“大多数为官僚所利用,”“时发其作官热,引起一班激烈者之恶感”。在于军队方面，上自政府，下至军官，“均提倡金钱主义，一般军人只知金钱，不知纪律，不知服从。”所以，他认为治疗之法，最重要者在于“政府当反躬自责，一改其金钱万能之迷信。亲君子远小人，以避物议。”[2] 否则，难保不再发生革命。同时，必须对全国军队进行整编，经过详细调查，以定存留；然后，规定全国军事区域，军队数目及分配。

1913 年秋,《中华民国宪法草案》公布后，袁世凯极力反对，藐视法律，他所怂恿的一批官僚政客也群起反对，甚至出现了变更国体的言论。这种现象引起了张东荪等人的警惕和批评。他在《法治国论》中提出，要防止野心家利用法制不严，恢复帝制。他认为国家各机关行动必须以法律为准绳，如果法制不严，全侍人治，“或有野心之枭雄，窥窬其间，以逞其私，则帝制之恢复必在立谈倾耳。”他警告人们说:“国体一度既立，则断不宜仍使之漂摇不定。”“国体非可轻易变更，变更则小之国家损失元气，大之顷刻亡国。”认为“今日之中国决不得再有变更国体之举。”[3] 对那些主张复活君主专制的主张给予迎头痛击。

1914 年 1 月，袁世凯国会解散，成立所谓“约法会议”，“政治会议”，制定宪法。随后，熊希龄、梁启超等人组织的“第一流人才”内阁也在袁世凯压迫下倒台。这些对张东荪的思想产生了较大刺激。他经过短暂的疑虑后,便敏感地察觉到袁世凯有破坏共和、实行专制的野心，于是，他发表《约法会议之商榷》，对政治会议、约法会议进行批评，对袁世凯违反法制，破坏共和的行为进行激烈的抨击。1914 年 5 月，他专门从上海到北京,会晤丁佛言等人,除了商讨创办《中华杂志》事宜外,他们重点交换了对政局的意见。

[1] 张孟劬：《春感》；张东荪：《和孟劬兄春感》；见《民权素》第 1 集，1914 年 4 月 25 日出版。

[2] 张东荪：《乱后之经营》，《庸言》第 1 卷号，1913 年 8 月 1 日。

[3] 张东荪：《法治国论》，《庸言》第 1 卷 24 号，1913 年 11 月 16 日。

这次赴京，对张东荪思想影响很大，他对袁世凯政府政治腐败、官僚平庸的状况有了体会，同时，更重要的是他真正看到了袁世凯专制的野心，基本打消了对袁世凯所抱的幻想，开始为中国共和的前途担忧。应该说，与大多数进步党人相比，张东荪对袁世凯本质的认识还是比较早的。在京所吟的一诗中，他发出了“西山怪底多峥嵘，看尽人间更不平”的感叹[1]；也出现了“我欲渔樵相伴老，人间无复重贻忧”的消极情绪[2]。但抱定“百年兴废属吾曹”的张东荪[3]，并没有真正地悲观与消沉，而是积极努力，加以预防和抵制。所以,此后,张东荪过多考虑的是如何对付像袁世凯这样的野心家专权，如何铲除腐败的官僚政治两大问题。他所提出的“法治国论”、“对抗论”，主张实行“内阁制”、“地方制”、“多数政治”、“社会与政治分离”等等，其出发点均在于此。

（二）对袁世凯专制统治的抨击

1914年3月，张东荪在《正谊》上发表《中国共和制度之最后裁判》，对袁世凯假共和之名、行专制之实的做法进行了揭露和批评。他认为，共和实为善良的政体，其善良处在于：国民之文化进步而有自觉心，国民之能力得以自然发展，国民之各种利益得以调和。他尖锐地指出：“共和之弊不在共和而在共和有真伪之判耳。真共和则绝无弊之可言，伪共和其弊固有胜于专制者也。”[4]中国共和的前途决定于是搞真共和还是搞假共和。民智较低，固然易于导致伪共和，但依人类进化的原理，只有提倡教育开发民智，消除伪共和而进于真共和，绝不能由伪共和倒退到专制。

1914年5月，他创办《中华杂志》后，便对袁世凯的反动统治进行了抨击。与丁佛言不同，张东荪对袁世凯较少称颂，其批评言论之激烈，在当时是很突出的。有人说“深度要算丁佛言，激烈当数张东荪。”[5]这是合乎历史事实的。张东荪着力于缩小与限制袁世凯政府的权利。他认为在中央应采用内阁制，缩小和剥夺总统实权；在地方应实行合乎联邦精神的地方制。为此，他于6月便发表了《地方制之终极观》，率先主张采取联邦制精神，实行地方自治制度。面对袁世凯利用国民党与进步党矛盾破坏共和、加强专制统治的企图，张东荪呼吁人们消除政争，停止攻讦，进行自忏，相互宽容，免被野心家利用，并与破坏共和的野心家和官僚进行斗争。为此，他先后发表了《泣血之言》、《自忏》和《匿敌与第三者之责任》，从自己做起，以期消除政争。

对于袁世凯统治下的官僚腐败等，张东荪站在民主共和的立场上，发表了一系

[1] 张东荪：《游陶然亭》，《民权素》第4集，1915年1月10日出版。
[2] 张东荪：《和张友栋题清凉山扫叶楼诗》，《民权素》第4集，1915年1月10日出版。
[3] 张东荪：《送孙君之金陵》，《民权素》第5集，1915年3月22日出版。
[4] 张东荪：《中国共和制度之最后裁判》，《正谊》第1卷3号，1914年3月15日。
[5] 丁守和主编：《辛亥革命时期期刊介绍》第4集，人民出版社1986年10月版，第523页。

列文章，进行猛烈揭露和抨击。

1915年初，张东荪通过民国建立四年来政治上的经验和教训，对于中国的政情有了新的认识，认识到野心家和官僚是危害民国政治进步的最大障碍。他抨击野心家袁世凯及其官僚、政客的反动统治，指出“野心家之存在，决非国家社会之福。国有一人，其国必无幸，其民必多灾。何以言之？野心家与专制不能须臾离者也。国有野心家，必恢复专制。专制之祸，甚于洪水猛兽。”他认为就是“官僚政治”。官僚政治是“万恶之源”，是“野心家发生之基础”也是“制造专制之根由也。”野心家正是利用官僚政治而推行专制统治的。“于官僚政治之上，无不产野心家者，既有野心家以利用其间，无不立变为专制者。”野心家一人“其所以能压民害国者，半由其下官僚之力。而官僚又非求有如是之一人，不足达其素愿。于是敛财虐民，作威作福。”“官僚与所谓野心家及专制者，实有不可须臾离之势也。”所以，野心家与官僚，“殆如食血之虫，身有此虫，必瘠瘦以死，国家有之，未获不亡。”[1] 由此，张东荪主张：“一、中国安身立命之道，在尽力充量以防遏野心家，苟不能使之皆归消灭亦必削其大权，迫入正轨。二、中国安身立命之道同时亦在尽力充量排斥官僚而不用，务使官治之范围愈小，民治之范围愈张，民有督视官僚之道。”[2]

在《行政与政治》一文中，张东荪对袁世凯统治下的官僚政治进行了更猛烈抨击。他认为，近辛亥以来政局所以发展到不堪回首的地步，就在于官僚政治在作恶。他说：“吾则以为其盘根错节之处，惟可归罪于官僚政治。”“自政府北移，政党朋兴，顾各政党复不能独立发展，欲求其势力之伸张也，必借重于官僚，于是各政党又皆自杀以去矣。凡此皆足证吾国之社会，官僚政治之社会也；吾国之国家，官僚政治之国家也。今日之一切黑暗，一切腐败，政府之妄为，人民之苦痛，皆自此推演而成。谓今日政府之所为，全建筑于此基础之上，殆无不可。”[3] 提出了必须“扑灭官僚政治”的主张：人民自治、以议代政；代表主义，舆论等民意机关；立法、司法来拘束行政而驱入正轨。即“惟在取惟民主义之政治”。“一方以人民自亲政事，是为自治；一方复取代表主义之精神，为之监督。有健全之舆论，以导于前；有充实之司法以救于后，民志既宣，民权亦固；有竞争而不相残，有调剂而无虞诈；凡为一事，避能充情尽量，使社会得其福，国家蒙其利。”如此，方能产生“良行政”[4]。

[1] 张东荪：《吾人之统一的主张》，《正谊》第1卷8号、9号，1915年4月15日、6月15日。

[2] 张东荪：《吾人之统一的主张》，《正谊》第1卷8号、9号，1915年4月15日、6月15日。

[3] 张东荪：《行政与政治》，《甲寅》第1卷6号，1915年6月10日。

[4] 张东荪：《行政与政治》，《甲寅》第1卷6号，1915年6月10日。

（三）反对袁世凯复辟帝制

袁世凯在解散国会，颁布《中华民国约法》，破坏了民主共和政体后，中华民国实际上已经名存实亡了。但袁世凯在取得无上大权后，却走得更远，开始了复辟帝制的罪恶活动。至此，袁世凯假共和、真帝制的反动面目暴露无遗。因此也激起了一度拥袁的进步党人的强烈反对。坚持共和立场、对袁世凯政府猛烈抨击和揭露的张东荪，此时也投入了倒袁的时代洪流中。

1914 年 12 月 15 日，张东荪在《正谊》上发表《复辟论之评判》。他公开声明："不佞反对复辟之一人，夫不佞反对复辟固也，特不佞之确信大异于一班之反对复辟论者。"他提出三点供人们商榷："一、心术与事实不可混同，二、国体与政体不可混同，三、人的罪恶与法的罪恶不可混同。"他认为，"主张复辟者，其心不可问，吾民当相率以排斥之"；若主张共和是由于"苟安往却"，对于腐败现状"不求改良之策"维持现状者，"吾爱国之同胞亦必起而诛之"。国体与政体不同，国体指君主国与民主国，政体为立宪与专制，"存亡强弱之机，不在君主民主，而在立宪专制。""政府与人民隔绝则国必弱，政府与人民亲接，则国始强，特此接近与隔绝不在国体而在政体。"即"立宪与人民接近，专制与人民隔绝。与民亲，则以民意为政，而民无怨焉；与民远，则以独裁为政，而众心叛矣。"他对主张民主万能者与复辟帝制者各打五十大板："主张民主为盲目之动作，而主张君主尤为盲人骑瞎马夜半临深池也。"认为"政府有限制与否，此即立宪与专制相区分之唯一标准也"，他指出，"专制者，私有国家之谓也，立宪者，公有国家之谓也。"由此，他说"吾故敢大言曰：主张复辟者，即主张灭亡中国也；而维持现状的拥护共和者，亦主张灭亡中国者也。"他认为，"无论任何善良之法制，苟无洁白无私之人以运用之，其效必终不可睹也。"虽有良法，而人恶，两良法也无效，"今日政治腐败之原因，未尝不在法，而在人尤居大部分。"他驳斥了那种认为斤斤于恶政来源于法制不善的论调，指出，"主张复辟者，赞成君主制者也，以今日之中央权力言，又何尝不若君主制；各省之巡按，犹前清之督抚，各道之道尹，犹前清之知府，县知事，亦犹知县也。中央之总次长，犹前清之尚侍，佥事参事，亦犹郎中主事等也。夫既等于前清矣，又何为而改为君主制耶？"正因如此，他的结论是："不佞极端反对复辟者也，然对于今之维持现状的共和论者，亦不敢自堕人格，以为附和。"[1]

1915 年夏，《时事新报》载袁世凯致冯国璋专电，中谓"外间遂疑我欲回复帝制，究之，总统制实行又与帝制何异？"张东荪看后颇感刺激，认为袁世凯假共和之名而行帝制

[1] 张东荪：《复辟论之评判》，《正谊》第 1 卷 6 号，1914 年 12 月 15 日。

之实,是对真正拥护共和者的莫大侮辱,乃作《名实与帝制》,对袁世凯假“共和”、真“帝制”的实质进行了无情揭露。他自白道:“吾平生所最深恶而痛绝者,莫过于恶质而居美名,则其恶为名所掩,而常人不之见,乃为其所欺矣。”今日中国的共和,也是如此。他说:“自改变以来,共和之实质久已亡去,所存者‘共和’二字之空名耳。夫吾人何为辛亥之革命乎,必将曰反对帝制而已,愿今日乃竟行帝制之实,又曷为不反对乎。吾知必曰因共和二字未去耳,此朝三暮四之术也。朝三暮四众狙皆怒,朝四暮三众狙皆喜,名实未戏而喜怒为用,夫外揭共和之空名,而阴行帝政之实际,则又何异居帝王之名,以行独裁政治也。故吾以为质恶者宜用恶名,然后其恶始彰,不致为美名所遮巧避人之耳目,彼若以帝制揭出,不啻告人以前所行全为阴险与专制。三年以来,久为帝政天下之人,遂得而共见浅识之士,亦有所悟吾又安得不用其赞成耶。”[1]

1915年8月,袁世凯授意其美国顾问古德诺发表《共和与君主论》,诬称中国民智低下,不适宜实行共和国体,为袁世凯复辟帝制大造舆论。8月14日,杨度等人在袁世凯授意下组织“筹安会”,公开为帝制鼓吹。梁启超、谷钟秀、张东荪等人立即进行了反击。8月21日梁启超写成《异哉所谓国体问题》,于8月底在《京报》发表,31日各报竞相转载,打出反对帝制的旗号。张东荪写了《对于古博士国体论之质疑》,对古德诺的谬论进行驳斥。谷钟秀、徐傅霖、杨永泰、欧阳振声发表《维持国体之宣言》和《对于筹安会之外论》,对杨度等人进行驳斥。

张东荪认为,今日之共和,乃假共和“今真正之共和,为吾民自解散国会以来所未梦见,”古德诺变更共和为帝制之论,“是以今日非牛非马之共和,一变而为即牛即马之帝制”,“此诚直截痛快之事”[2]。张东荪以进化论为思想武器,批驳了古德诺所谓从历史习惯、社会经济状况看中国“以君主制行之为易”的谬论。他指出:历史是时代精神的连续表现,历史习惯,缩存于人民心中,社会组织经济状态,无一而非人民意思之表徵,历史在前进,人民有权力选择新的国体,“谓国民对于国体,无能有所选择,真谬论也。”他对帝制的危害作了揭露,一国之安靖,在于政治修明,不在于一人贤能,更不在于明定“继承之法”,一人而贤,不能永葆其子孙之绝无不肖,子孙为恶,政乃腐败,且无救济之道,必将导致暴力革命。

针对古德诺所谓“教育未遍,民智卑下”的谬论,他诘难说“一旦改君主,其国是否即得永宁?其民是否即得发展?内乱是否即可消灭?”他认为“夫未厉行教育者,

[1] 张东荪:《名实与帝制》,《正谊》第1卷9号,1915年6月15日。

[2] 张东荪:《对于古博士国体论之质疑》,原载《神州日报》,后为美国传教士李佳白所办的《尚贤堂纪事》第6期第9册(1915年9月出版)转载。

惟有厉行教育而已；禁压人民不许参政者，亦唯有复其自由，使其参政而已。若变本加厉，改为专制，适以促成内乱”。所以，他尖锐地指出：“以君主而救济军政府，正如饮鸩自毒”。他痛斥古德诺“立宪以君主行之为易,以共和行之则较难”的论调,“此语直不学无术者之言”；作为美国博士，竟说华盛顿有帝制自为之心，更是“去事实尤远”“直是谰言，殆欺吾国人耳。”所以，他认为，古德诺的论调“节节自相冲突，语语自相攻击。”若不是“迷于一向，因而发言谬误，”必是别有用心[1]。

1915年12月18日,梁启超到了上海,住在上海静安寺。与在上海的蓝公武、黄溯初、吴贯因、黄炎培、张东荪等人积极策划倒袁活动。也正是在此期间，张东荪第一次见到了梁启超，以后来往密切，引为同党。

1915年12月25日,蔡锷等人在云南率先起义,发动了护国战争。1916年3月4日,梁启超带蓝公武、黄溯初、吴贯因等人离沪赴广西，策动陆荣廷倒袁，张东荪继续留在上海进行舆论倒袁的工作，并一度为袁世凯政府通缉，避居租界中。对于自己在反袁活动中的行为，张东荪后来回忆说：“到后来袁世凯要做皇帝推翻共和，反对的我也是一个，不能说有功，但可以说在反袁一幕中对得起自己的良心。”[2]

力主孙梁联合，提出贤人政治

袁世凯败亡，破坏立宪共和的最大障碍消除了，中国政治上的各种力量应该团结起来，为尽快制定和通过宪法、建立共和政体而努力。1916年8月后，北京政府面临的主要问题是制定宪法和对德宣战问题。因为这些问题又与段琪瑞、黎元洪的矛盾、国民党与皖系军阀矛盾、研究系与国民党的矛盾交织在一起，从而形成了错综复杂的局面。掌握北京政府实权的段祺瑞与大总统黎元洪为争夺权利，围绕“参战”问题展开角逐。

在刚刚恢复的国会中，当时两个最大的政党是孙中山领导的国民党和梁启超领导的研究系（进步党演化而成）。由于国民党与进步党在民国初年政见不同，政治立场和态度也有差异，从而两党相互攻击，存在着不少矛盾。张东荪认为，袁世凯败亡后，是制定和通过宪法的绝好机会，也是使中国尽快走上民主轨道的大好时机，所以，他极力主张孙中山领导的国民党与梁启超为首的研究系顾全大局，消除争端，进行合作,为在中国建立立宪共和的民主政体而共同努力。对此,他在晚年作诗说:“我谓机莫失，政野宜重分。孙梁应携手，舆论可一新。彻底商国事，列为若干门。首

[1] 张东荪:《对于古博士国体论之质疑》,《尚贤堂纪事》第6期第9册，1915年9月出版。
[2] 张东荪:《论真革命与假革命》,《展望》第2卷24期，1948年10月。

要为选举,迄来皆非真。倘能易其辙,民治始立根。勿急入枢要,理力俱在群。蓝君(蓝公武)韪此议,游说共朝昏。”[1]

然而,张东荪的主张并不被两党要员重视。在国会中,国民党与研究系议员在制定和通过宪法讨论时又进行无谓的争论,延误了许多良机。随着国会卷入“府院之争”,国会再次被解散,并带来了张勋复辟,致使宪法制定功亏一篑。张东荪痛心疾首,引为毕生可叹之事。他说:“倒袁的时候,我以为这个化除政争的好机会。因为到了那时,无论急进缓进,无论集权分权,无论总统制内阁制,而共同的敌人只是帝制。既有共同的敌人便须有联合的战线。联合战线一经组成,则党争便可化除。久而久之,养成一种联合的习惯或同盟的习惯。不料倒袁以后,各方面所得的教训却正是一个反面。他们不但不认与人合作为必要,却反而以为以前的排斥人家没有彻底。于是大家都想来一个彻底的排斥。”[2]

张勋复辟失败后,段祺瑞掌握北京政府实权,决定对德宣战,编练“参战军”。但段为首的皖系军阀只是借此扩大自己的军事势力,对外只是“宣而不战”,并未派兵赴欧参战。对此,张东荪进行了批评。他坚决主张应该派兵赴欧参战,一方面可以提高中国的国际地位,增强中国军队的战斗力,另一方面可以将北洋军阀的武装力量移向国外,避免内战。对此,他后来追忆说:“我曾持异议,力主是兵援。长函致宗兄(张国淦),力陈诸要端。诚以拥兵者,专为自相残。何以绝固势,驱之国际前。战术与战略,观摩得其全。器械与士气,旧习不再沿。归来成劲旅,非复私人专。军队无分裂,立国乃可言。”[3] 张东荪的这个主张并没有为北京政府采纳。

袁世凯帝制败亡后的政局,对张东荪刺激很大。他痛感北京政府政治的腐败和行政上的无能。此时,张东荪虽对政治也产生了厌倦情绪,并开始逐渐将注意力转向文化运动方面,但还是力图对腐败无能的政治加以补救。这样,张东荪经过认真的思考,公开怀疑与批评议会制度,提出了“贤人政治”的主张。

“贤人政治”的思想,张东荪早在民国初年便已经产生,但当时并没有公之于众。“吾人蓄此思想于心者有年”,但直到1916年初,他才在《国本》一文中正式提出。

张东荪认为,中国纯粹采取民主政治,是行不通的,因为人民的智力和道德不能有实质性增加,“吾民无立宪之道德”,在这种情况下,将国家托命于“此辈无立宪道德之庸众之手,则政治前途必不能有进步。”但如果纯粹实行议会政治,也是

[1] 张东荪:《三叹事》,见《草间人语》(未刊)。

[2] 张东荪:《党的问题》,《再生》第1卷3期,1932年7月20日。

[3] 张东荪:《三叹事》,见《草间人语》(未刊)。

不行的，因为人民的知识和道德程度仍然不够。议会政治所需要三要素，如选举人互相信任、有冷静头脑、有理性判断等，中国一般民众并不具备。那么，适合中国国情的政治便是“贤人政治”，“吾中华民国之国本当在贤人政治。”[1]

所谓“贤人”，就是社会上“贤俊”之士，有知识有能力同时又有很高道德程度的人士，与它相对的是“庸众”。所谓贤人政治，就是使这些贤俊之士执掌政治，即“所有之贤者悉集于上，而不肖者安于下，且此贤者起而为国家之重心，社会之斗南，国家之大命即托于此一部分人士之手。”[2] 他认为，政治的大忌，一是世袭的专制，二是无知的庸众同预政事，前者流为少数人专制，后者成为庸众政治。“贤人政治”与两者都不同，是介乎两者间而又吸收两者优点的政治运作方式。对于这种政治，张东荪说：“贤人政治者，由积极言，以国内一部分贤俊是而支掌政局；由消极言，一班人民对于贤俊，非惟不阻挠其活动，抑且敬服之，常能认识贤者，举以任事；由法度言，权力分立之形式具，凡立宪政治与民权制度无一不备，使所有之人于法制前，皆有发展其个性之平等机会;由社会言，则一班通常之人，必具有崇贤任能之德，虚衷顺从之性，一方面又常能辨别贤愚，凡贤者所为皆盾乎其后，俾其力厚而功伟；他方面则不为非分之争以停滞政治之进行，而召内部之分裂，此贤人政治之大概也。”他强调，贤人政治不是一种政体，只是一种政治的运作方式，“即以贤者运用政治也”[3]。

可见，张东荪最初提出“贤人政治”，其动机是为解决如何使政治运作更合理、如何提高行政效率问题。在当时民众知识水平普遍不高的情况下，他反对实行彻底的民主政治，认为那样只会导致一批庸众执政，降低行政效率，带来政治的腐败和政府的无能。所以，只有将政治托付给那些“贤俊”之士，由他们来执掌政权，才会避免像袁世凯统治时期那样的腐败与无能。从表面上看，张东荪反对实行民主政治，似乎是一种思想上的退步，实际上并非如此。他并没有否定人民的各项权利，他主张“贤人政治”，是在坚持法律面前人人平等的前提下提出的，承认人人都有发展个性的平等机会，国家的主权仍然属于人民，只不过将政治的具体操作权交给少数“贤人”而已。

1917 年 11 月，经过反复的思索，张东荪将民国初年形成的“贤人政治”思想逐步系统化，在《东方杂志》上发表了长达 3 万多字的《贤人政治》，进一步阐述了“贤人政治”的政治主张，使这一主张更具理论色彩。他在解释写作该文的动机时说：“此篇乃著者

[1] 圣心：《国本》，《新中华》第 1 卷 4 号，1916 年 1 月。
[2] 圣心：《国本》，《新中华》第 1 卷 4 号，1916 年 1 月。
[3] 圣心：《国本》，《新中华》第 1 卷 4 号，1916 年 1 月。

十年来思想上之产物也。辛亥之岁，曾函告友人，与相辩难。其后以民权论之狂澜日高，不愿以此挑战。迨丙辰（1916年），审国人已饱受苦痛之教训，破迷知返，遂稍稍揭橥其旨于杂志日报。虽多反响，而颇见赞成。以为此乃适当机会，可以讨论矣。”[1]

张东荪把政治思想上支配国家政治的根本原理，分为两大系列：一为庸众主义，即民主主义，二为贤能主义。他将庸众主义与贤能主义的区别概括为：庸众主义为多数决主义和代表主义，贤能主义为少数决主义和自由意思主义；庸众主义为平等主义和单调主义，而贤能主义为等级主义和复杂主义；庸众主义为非个性主义和齐进主义，而贤能主义为个性主义和率引主义或保育主义；庸众主义为个人本位主义和人民主义，而贤能主义为社会本位主义和国家主义；庸众主义为旧进化主义、功利主义和空想主义，而贤能主义为新进化主义、理性主义和历史主义。

在张东荪看来，庸众主义，就是近代平民政治，发源于希腊，其能够实行，有特别原因。一是雅典为城市国家，其范围甚小，容易统治。二是有少数杰出之士，非真听命于群愚也。所以，他断定：它是“希腊雅典人之特产物”，近代以后培根、洛克、孟德斯鸠、卢梭等思想家作了进一步发挥，便成为近代民主政治。并且近代平民政治，只是“庸众主义之程度的实现”，“皆为有限之平民政治”[2]。

张东荪通过对近代所实行的“有限的庸众主义”的分析，对民国以来中国所实行的西方式议会政治提出了质疑和批评。他断定：“以近代采取平民政治之诸国之历史为证，则但见其弊，不见其利。”[3] 这是因为：

第一，议会是代表民意的机关，但国会议员“以私利为前提，措国事于腐败，或卤莽灭裂焉，或费时偾事焉，或议决不利国家前途之法案，或打消福国利民之政策。”所以，议会制度“自国家言，则不足以谋福利；自民德言，则奖励罪恶，风俗日媮；自民意言，则多数垄断，紊淆是非，政党操纵，无复自由；自政治言，则一切进行，必多停滞。”[4] 近代国会制度“堕其信用”，在国家政治生活中不再居于重要地位。

第二，政党是议会制度不可缺少的，为“运用国会与内阁者也”。然“政党之弊，不可枚举”。政党政治必须依靠“多数之金钱”来运作；而其金钱取得的方法“要不离乎秘密与黑暗”，所以，猖獗、专擅、自私、轻率等等恶德，“皆与党俱存”。由于政党是代议制度所必需的，那么这样的恶德和弊端也就不可避免。所以，国会制

[1] 张东荪：《贤人政治》，《东方杂志》第14卷11号，1917年11月15日。
[2] 张东荪：《贤人政治》，《东方杂志》第14卷11号，1917年11月15日。
[3] 张东荪：《贤人政治》，《东方杂志》第14卷11号，1917年11月15日。
[4] 张东荪：《贤人政治》，《东方杂志》第14卷11号，1917年11月15日。

度丧失信用，主要是由于“党弊”。

第三，选举是表达民意的手段，即“所以宣达民意者也”，但选举制度的施行，并不能真正表达民意。选举过程中出现的“强迫”、“卖买”现象，“不惟选举不足以代表民意，抑且反致民德日堕于卑劣也。”人民选举代表，不是以人民为本位，而是以政党为本位，便使选举制度“其间不能无贿赂，不能无轻率。”选举制度同样弊端丛生。

由此，张东荪得出了结论：“庸众主义所有之诸制度，皆不免于有弊，其弊乃与制度俱存，无法除免”[1]。

张东荪指出，由于“庸众主义”存在着种种弊端，19世纪末到20世纪初，世界政治思潮发生了重大变化，庸众主义和平民政治遭到思想家的批评，出现了一个“平民政治之反动时代”，“贤能主义”成为新的世界性政治思潮。

他认为，贤能主义的先驱者是柏拉图，故贤能主义，也叫“柏拉图主义”。其基本思想体现在他所拟定的《理想国》中，就是“以具有特别高深教育之一阶级为中坚，常使其勿堕；严立登庸制度，以继其后。同时使此具有特别教育之中坚阶级，与军队合为一体，则有精干忠勇者，以捍卫邦国。”所以，国家之成立，“必赖有一专以政治为职业之阶级，具特别教育，致有特出之才能，与独厚之操守，专以发扬国力为天职，百计以强其国，不暇他顾。盍国家之强，与其自身有密切之关系也。”实际上就是主张“专家政治”。

张东荪认为，“一国政事之进行，恃贤能主义；而群众之安宁，则恃庸众主义。”所以，必须将两者调和好，用贤能主义提高政治效率，以庸众主义宣泄民意。中国目前的当务之急，一是如何“焕发其贤能”，二是如何“宁息其庸众”，处理好了两者的关系，便会达到“夫贤能导靳于上，群生安息于下”的理想政治。正是在这样的思路指导下，张东荪调和“庸众主义”与“贤能主义”，提出了“贤人政治”的具体政治主张：“以专职政治与议会政治并行是已”[2]。

张东荪指出，专职政治有两个要素：一是官吏，二是军人。“苟全国之人才皆入此二途，政治未有不修明者也。”他认为，官僚政治带来了许多腐败和不良弊端，但却不能说官僚政治就完全不足取。随着庸众主义的破产，西方各国开始走上“官僚政治”之路：德国所以强大，是由于“第一等人才咸入官署，或为军人也”；“英之所以强，乃正赖专职政治也”；“美之所以有今日者，纯恃此专职之政客，以政治为阶级，得展特长耳”。“专职政治”的长处在于，“一方既有才能，足以发展，他方付以权限，无所阻挠，”

[1] 张东荪：《贤人政治》，《东方杂志》第14卷11号，1917年11月15日。
[2] 张东荪：《贤人政治》，《东方杂志》第14卷11号，1917年11月15日。

使国家政事，托命于“专职之一阶级”，此阶级“隐然为国家之柱石”[1]。

如何实行“专职政治”？张东荪提出，“专职政治之养成，第一在有一定阶级之官僚，第二在造精练之军队。”而这两件事，“又必恃国内本有之特别势力，本此固有势力以改善，足以造成善良之兵队，亦足以陶育专职之社会。”这就是说，必须依靠国内已经形成的“本有之特别势力”，国家的兴亡，就寄托与此势力身上。“兴亡之机，唯在固有势力之自觉与否而已”。张东荪此处所谓的“固有势力”，显然是指当时执掌北京政权的北洋军阀势力。他认为，此“固有势力”应为“政治的中心”，“贤人”应该聚集在它的周围。张东荪不主张推翻“固有势力”，认为“推倒固有势力，乃谬计之尤者也。”只主张用改良的方式对于“固有势力”加以警告，促其醒悟，“力自振作，趋于日新”[2]。

张东荪认为，议会在法律上是国家的一个机关，但在政治上，应该成为宣达社会上各种意见、沟通民众与政府联系的不可缺少的机关，起一种“宣泄社会上各种意见之作用”。所以，他主张“议会之职守，在为社会陈情，使在上者与在下者常得沟通，而无隔阂。”使它成为“社会之缩型”的民意机关，而不能成为政治的中心，因为政治的中心在于“固有势力”，“即务使一等人物由固有势力继承而出。凡优秀之最者，悉入固有势力之系统下，为政治之中心”。议会的作用只是“为社会陈情”，最多也只能“以政治之镜鉴，补政治中心之不足”[3]。正是由于议会变成了“为社会陈情”的民意机关，所以，议员便成为民众宣达意见的“委托者”，而不是政治上的“代表者”。这样，自然克服了过去“议会政治”的种种弊端。

利用“议会”作为纯粹的民意机关来宣泄民意，利用“专职政治”提高政治运作的效率，将政治的中心由“议会”转移到“固有势力”，使“贤人”集中在“固有势力之系统下，为政治的中心”。一方面，“有以政治为专职之一阶级，隐然为社会之中心，国家之柱石。具殊特之经验，受独有党教育，自成一系，忠勇为国。”另一方面，“则设庶议之机关，使外此一切社会上之意见，得藉以宣泄，且收稽查之功。”[4]这样，政治常进，幸福日增，中国便成为“贤能导引于上，群生安息于下”的“最良国家”。

张东荪对议会政治的批评是相当激烈的，他也的确发现了议会政治的种种弊端。从民国初年主张立宪共和，赞同议会制度，到对议会制度怀疑和批判，是张东荪政治

[1] 张东荪：《贤人政治》，《东方杂志》第14卷11号，1917年11月15日。

[2] 张东荪：《贤人政治》，《东方杂志》第14卷11号，1917年11月15日。

[3] 张东荪：《贤人政治》，《东方杂志》第14卷11号，1917年11月15日。

[4] 张东荪：《贤人政治》，《东方杂志》第14卷11号，1917年11月15日。

思想的一个重大变化。民国初期西方民主制度在中国尝试过程出现种种弊端，民主制在西方国家的破产，对北洋军阀势力的幻想，建立资产阶级民主共和国理想一次次破灭的现实的刺激，降低目标、委曲求全的资产阶级软弱性，成为张东荪提出“贤人政治”的主要原因。从总体上看，“贤人政治”的主张，是张东荪政治思想的退步，是建立民主共和政体异常困难的情况下，降低自己的政治要求，企图通过对“固有势力”的某些让步和妥协，换取一些资产阶级“贤人俊士”参与政治。也正是由于他抱着对“固有势力”的妥协态度,他才会主张“贤人俊士”集合在他们的系统下,通过对固有势力的“改善”来缓解政治腐败和行政上无能的状态，才会不赞同打击“固有势力”的企图。

当然，应该看到，张东荪的妥协是有限度的，并没有超过其原则。他尽管对近代民主政治和民主主义进行了批评，主张将政治托付给少数“贤人”，但他并非要牺牲人民的各种权利,相反,是以承认和保持人民的基本民主权利为前提的。他曾说:“政治上有格言曰：人民之政府，即为人民而设之政府，亦即人民而成之政府，此庸众主义之所诠也。而柏哲士易之，曰：人民之政府，即为人民而设之政府，亦即由人民之秀者而成之政府；此贤能主义之所诠也。二者之不同，仅限于此。”[1] 由此可知，庸众主义与贤能主义并没有实质性的差异，贤人政治与民主政治，其精神也是一致的，只是在政治机构的具体运作上的不同而已。实际上，自动并没有放弃资产阶级民主主义的基本原则，只是感到要对近代的“议会政治”进行修改而已。张东荪对“议会政治”的修正和补救，到30年代便发展为所谓“修正的民主政治”。

张东荪是民国初年非常著名的、有独立个性的政论家。他所提出的许多政治主张，在当时思想界、舆论界产生了巨大影响，但却并没有对现实的政治产生应有的效力。他所提出的“贤人政治”，也同样不会被“固有势力”——北洋军阀政府采纳。随后，研究系又在国会大选中惨败，张东荪等人在中国建立资产阶级立宪共和政体的希望彻底破灭。1918年12月26日，梁启超游欧前在上海与张东荪等研究系骨干会晤。他后来回忆说：“是晚我们和张东荪、黄溯初谈了一个通宵，着实将从前迷梦的政治活动忏悔一番，相约以后决然舍弃，要从思想界尽些微力，这一席话要算我们朋辈中换了一个新生命了。”[2] 从此，梁启超、张东荪等研究系便彻底告别了政治活动，开始致力于文化事业和文化运动。

[1] 张东荪：《贤人政治》，《东方杂志》第14卷11号，1917年11月15日。

[2] 梁启超：《欧游心影录》，见《饮冰室合集 · 专集》之23，北京中华书局1989年版，第39页。

三　决然舍弃政治，致力文化运动

在致力于文化运动的时期里，张东荪先后主笔《时事新报》，创办《学灯》副刊和《解放与改造》杂志，组织共学社与讲学社。在五四时期，以梁启超为首的研究系在上海有两个重要的文化据点，一是张东荪主持的时事新报社，另一个是张东荪代任校长的中国公学。其中，中国公学培养毕业生数千人，或留学欧美，或服务社会，成绩堪称优秀。中国公学能培养如此多的毕业生，无疑推动了中国近代教育事业的发展。

[主笔《时事新报》,创办《学灯》副刊]
[发刊《解放与改造》,组织共学社与讲学社]
[主持中国公学,经营文化据点]

三　决然舍弃政治，致力文化运动

主笔《时事新报》，创办《学灯》副刊

民国初期几年的政论生涯，使张东荪极感失望。1917年后混乱的政局，更使他感到自己资产阶级共和国的理想难以实现。政治革命为什么屡遭失败?痛定思痛，张东荪意识到，中国所以不能如西方那样建立共和政体，主要是由于中国缺乏必要的社会基础，即政治革命太速，而社会革命太迟。早在1914年，他便在《政治革命与社会革命》一文中指出，“政治革命若离社会革命而独立，则为全无意味。故政治革命已告成而社会革命方在进行中者，其功用隐微而不易见。”主张“政治革命必与社会革命同时而存在”，“社会革命者，政治革命之根本也，政治革命之后盾也。”中国政治革命所以未获成功，实在是由于“政治革命太速，社会革命太迟耳。”[1] 所以，张东荪产生了分社会与政治为二、努力发达社会组织的思想。他后来的“政治与社会分离”论，就是有见于此而提出的。但在较长时间内，张东荪对于政治抱有极大的期望，对政论有着极大兴趣，所以，他并没有将主要精力集中于社会革命方面。1916年后，政治方面的一系列失败，使他对政治日益失望；同时，也使他感到在军阀统治的局面下，很难再通过评议政治、以言语文字对政治产生多大的影响。这样，便开始将主要精力放在文化运动方面。对此，他在1916年6月发表的《今后之政运观——守法与让德》中说：“国家庶政之兴废，恒视各都督之意向，以为依违之准绳。于此状态之下，倡分权，不能更益之也；倡集权，不能以削之也；倡联邦，不能为联邦也；倡统一，不能为统一也；倡法治，不能遽行也；倡议会大权，亦不能遽行也；倡军民分治，更不能遽行也。于是吾人于此必大大醒觉者，即须知中国此数年来之政变，皆未尝以言论为因果，实以历史上之因果为因果也。”[2] 言论还能对政治起多大的作用?这样，张东荪对政治失去信心和希望，是顺理成章的。

张东荪的所见，几乎是当时有识者的共见。在此之前，陈独秀创办《青年杂志》，发动新文化运动，便开始将注意点由政治方面转移到思想文化方面了。张东荪虽较

[1] 张东荪：《政治革命与社会革命》，《正谊》第1卷4号，1914年4月15日。

[2] 圣心：《今后之政运观——守法与让德》，《新中华》第1卷6号，1916年6月。

早意识到该问题，但转移得较晚，直到1917年接办《时事新报》时，才开始将兴趣和精力转移到思想文化方面。

对于将注意力由政治转移到思想文化方面而不再关注政治、评议政治的原因，张东荪在1925年所写的《联邦论辩》中解释说："我近来久不作讨论政治的文字，因为精神集中于他方面，所以无暇及此。"即转移到哲学和文化方面。他又说"我也不愿再讨论此类政治问题，因为政治究竟是一件实施的问题，若所谈与所主张均不能见诸实行，而实际反相距渐远，则谈时安能有兴味呢？我所以不愿论到政治，纯因现实状态不成样子，完全离了轨道。若所言不求切于实际，便是在脑中自造一乌托邦，当然不算讨论政治。可见现在中国的政治真是无法讨论了。"[1] 这是张东荪不愿再评议政治的主要原因。

1917年初，张东荪接替张君劢任《时事新报》主笔，开始致力于文化运动。

《时事新报》是1911年5月18日由著名出版家张元济、高梦旦等筹组创办,由《时事报》和《舆论日报》两个小报合并而成。《时事报》于1907年12月5日创刊于上海，主编汪剑秋；《舆论日报》于1908年创刊，为早年维新派的宣传机关。民国初年的《时事新报》，以编译中外报章、介绍西方资产阶级学术文化为主要内容。该报坚决反对袁世凯复辟，发表了许多倒袁文章。1915年黄群主持笔政时，与北京的《国民公报》相呼应，公布了当时袁世凯企图复辟帝制的一些密电，在当时舆论界声誉鹊起。梁任公称上海的《时事新报》为护国军时期"唯一之言论机关"。1916年4月，张君劢从欧洲回国，兼任《时事新报》主笔，讨袁态度坚决，言论也十分激烈，《时事新报》日益成为上海很有影响的报纸。年底，张君劢北上时，将此职交给了张东荪。1917年开始，张东荪主笔《时事新报》，一直到1924年春辞职，前后达8年之久。

张东荪主编《时事新报》后，积极改善版面，亲自主持"论说"栏和"时评"栏，对国内外重大事件进行评述，表示研究系和张东荪对当时政治、经济和社会问题的见解。它成为张东荪议政、论政的主要舆论阵地。《时事新报》与北京的《国民公报》和《晨报》相呼应，成为梁启超领导的研究系在上海的主要喉舌和势力据点。张东荪经过艰苦努力，将它办成了"议论最真实，消息最灵通，材料最丰富，为人人必读之唯一大日报"[2]，在国内舆论界享有盛誉。

除了评议政治的社说和时评栏外，张东荪主办的《时事新报》注意介绍西方各种新的社会和哲学学说。从1918年1月1日起，柏格森的《创化论》由张东荪翻译，

[1] 张东荪：《联邦论辩》，《东方杂志》第22卷6号，1925年3月25日。

[2] 《解放与改造》第2卷14号封页。

在《时事新报》上连载，达三个月之久。

为了更广泛地介绍新学说，指导和反映文化教育界情况，经过几个月的筹备，1918年3月4日，张东荪创刊了五四时期影响深远的《时事新报》副刊《学灯》，致力于宣传新思潮。《学灯》一开始便用白话发刊,风格与北京的《晨报》副刊很相似。

《学灯》开始每周一次,5月间每周两次,12月起每周三次,1919年1月起改为日刊，星期日休刊。从1921年5月10日起,《时事新报》增辟《文学旬刊》；1921年9月16日，又增辟《社会主义研究》旬刊。每逢这些副刊出版时,《学灯》就休刊。《学灯》的版式也几度改变。最初每期只占大半版，1919年2月起扩充为两版。1922年后改为4开4版的附张。从1924年10月开始,《文学》和《艺术》等副刊的第4版辟为《教育界》附刊,《学灯》的篇幅只占三版；1925年7月后更缩小为两版。但同年11月11日起，又与《教育界》合并为四版。

《学灯》最初由张东荪负责编辑。但他一面忙于撰写每天的社说和时评，一面编辑《学灯》，还要为《学灯》写大量的文章，因此，颇感劳累。不久，张东荪便聘请匡僧主编《学灯》。1919年4月，匡僧因脑病被迫辞职，张东荪请好友俞颂华（瞻庐）负责。1920年后，张东荪以《时事新报》名义资助俞颂华与瞿秋白赴苏俄采访后，便又聘请好友郭虞裳（曾任上海南洋商业专门学校校长）主编。1920年1月起，张东荪请著名哲学家李石岑接编,直到1921年7月底。1922年2月,改由柯一岑负责，直到1923年初为止。此后徐六几和郭梦良都曾担任过主编，张东荪也一度亲自主编《学灯》。这些编辑，在当时均是学有专长的知识分子，他们“或多或少是受张东荪的影响的。”[1]

张东荪在阐述创办《学灯》的缘由时指出：“方今社会为嫖赌之风所掩，政治为私欲之毒所中，吾侪几无一席之地可以容身。与其与人角逐，毋宁自辟天地，此学灯一栏之由立也。”这是他创办《学灯》的主要原因。他接着说明了《学灯》的宗旨：“一曰借以促进教育，灌输文化；二曰屏门户之见，广商权之资；三曰非为本报同人撰论之用，乃为社会学子立说之地。”[2]实际上,《学灯》创刊时，主要内容是评论学校教育和青年修养。在这三项创刊宗旨中，“屏门户之见”、“为社会学子立说之地”只是表示对待思想自由的态度，只有第一项“促进教育，灌输文化”，才是真正的宗旨。

在创办《学灯》初期，张东荪主要是通过议论教育问题来灌输新文化的，所以它

[1] 中央编译局编：《五四时期期刊介绍》第3集（上册），生活·读书·新知三联书店1959年12月版，第271页。
[2] 东荪：《学灯宣言》，《时事新报》副刊《学灯》，1918年3月4日。

在当时是一个以教育为主题的刊物。这在张东荪历次所发的征稿启事中，可以窥得一斑。1918 年 4 月，张东荪发表《学灯》启事：内称“近来吾国教育弊端百出，如学制之荒谬，教员之堕落，学风之卑下，此外邪说披猖，道德陵夷，尤为伤心之象。苟有人焉，以铸鼎燃犀之笔，为之一一揭发，与纰缪之主义激战，以其文字投诸本报，当敬为披露，并愿以优厚之酬资，为定交之纪念。”1918 年 4 月 15 日，张东荪又刊《学灯》启事：“本栏征求下列各稿：一、征求学艺上之意见；二、征求教育上之意见；三、征求对于近来出版物之批评；四、征求对于全国各学校之批评；五、征求教育上之讽刺画，六、征求学生关于修养之实验。”在 1918 年 4 月张东荪所发的另一《学灯》启事中，又说：“本栏征求全国中等以上学校调查报告（详述历史沿革及现在状况，如能将校长照片及校舍摄影附寄，尤所欢迎）。诸君如以平日参观所得，赐稿敝报者，无任欢迎。”可见，张东荪一再表示欢迎介绍各地中等以上学校的历史和现状、批评和揭露教育界的黑暗、讨论青年修养和教育理论的稿件，而且也的确大量发表了关于这些方面的文章。《学灯》前后开辟过“教育小言”、“教育研究”、“教育界消息”、“学校指南”、“学校消息”、“青年俱乐部”等专栏。直到 1919 年后，一般性的“思潮”栏才逐渐代替教育方面的言论、而居主要地位，但有关教育界的报道和评论始终占有很大篇幅。

张东荪特别关注《学灯》副刊。在创办初期，他亲自为“讲坛”和“教育小言”两个栏目撰稿。从 1918 年 3 月到 12 月，张东荪在“讲坛”栏中，连续发表了《国人读书力之缺乏》、《贩卖外国书籍之必要》、《中西思想之绝对相反》、《说鬼》、《运命思想亡国论》、《运命思想余谈》、《论演说》、《论译书》、《论报纸》等 12 篇《随感录》，讨论读书、译书、贩卖西书等问题。同时，在“教育小言”栏目中，他连续发表了《职业教育》、《人格之感化》、《教育与生计》、《教育与教会》、《门户之见》、《竞争之风》、《教授留学》《哲学与教育》、《文艺与教育》、《本栏之提倡》、《秦贺兰之思想》、《只崇洋却不模仿》、《模仿与文化》、《新……旧》、《人格与主张》等文章，讨论当时的教育问题。这些专门讨论教育问题的文章，与当时其他报纸相比，内容充实，思想开明，给人以清新之感，因而受到了广大青年的欢迎。

此时，张东荪及所创办的《学灯》，积极努力于介绍和输入西方各种新思潮，但他却不主张对旧思想进行攻击，极力回避新旧文化的冲突。对此，1918 年 9 月，张东荪在《本栏之提倡》中，明确主张：“一、于教育主义，提倡道德感化之人格主义，以为职业教育之实用主义之辅助。二、于教育制度，反对抄袭的制度与反对固执不化的制度。三、于教育事情，揭穿各种教育流弊。四、于教师，主张改造以身作则之良教师，反对现在与恶社会同流合污之教师。五、于学风，主张改造活泼朴实之学风，反对现在萎靡不振之学风。六、于原有文化，主张尊重，而以科学解剖之。七、于西方文化，主张以科学与哲学调和而一并输入，排斥现在流行之浅薄科学论。”[1] 按照张东荪的设想，进行新文化运动，只需要单纯地输入新的思想，而不必去碰旧的思想，新思想进来多了，旧思想自己就会消灭。他说:“我们若认定中国今天既需要新道德、新思想、新文艺，我们就该尽量充分的把他输入，不要与那旧道德、旧思想、旧文艺挑战,因为他自然而然会消灭的。”[2] 他认为这种看法才是符合“新陈代谢”的道理的。张东荪对待中西文化的这种态度和观点，贯穿其所办《学灯》的始终。

正是基于这种认识，张东荪对陈独秀创办的《新青年》激烈地反对旧文化、与旧思想进行论战的态度和做法表示不满。1919 年 1 月，傅斯年等北大学生创办了《新潮》杂志，张东荪立即发表了《新潮杂评》，对该刊输入新思潮的做法表示欢迎，希望它也能够如《学灯》一样，站在中立、稳妥的立场上，只做输入新思潮的工作，而不要像《新青年》那样向旧文化挑战。他说：“现在中国的情势，要求新道德，新思想，新文艺的输入，非常之殷，恐怕是没有人不晓得的。但是有一班人，他虽是做这输入的事业，然并不是将新文艺、新道德、新思想，多多益善的输入进来，却在那里专门想打破旧文艺、旧道德、旧思想，终日里做了许多驳难痛骂的文章。”又说：“我以为这个样子，与那新陈代谢的道理，颇不相合。譬如一个瓶，藏满了旧空气，如要改为新空气，虽是终日拿这个瓶来摇动，那旧空气依然不出来的。所以我们若认定中国今天既需要新道德、新思想、新文艺，我们就该尽量充分的把他输入，不要与那旧道德、旧思想、旧文艺挑战，因为他自然而然的会消灭的。”[3]

但傅斯年所办按《新潮》显然与《新青年》站在一起，主张一方面输入新思想，一面破坏旧思想。在《新潮》1 卷 2 期上，傅斯年作《破坏》一文，对张东荪只注意输入新思想与不破坏旧文化的观点进行了批评。他认为，“若是中国并没有旧思想旧道德旧文艺，那么只用介绍新的就完了，不必对于旧的打击了。只是中国本来有一种道德思想，文艺，大家对它信服的很，以为神圣似的。若果不发现了他的不是，不能坠大家对他的信仰心，自然不能容新的，还用什么方法引新的进来?一个空瓶子，里面并没有多量的浑水，把清水注进就完了。假使是个浑水满了的瓶子，只得先把浑水倾去，清水才能进来。中国是有历史文化的国家，在中国提倡新思想，新文艺，新道德，处处和旧有的冲突，实在有异常的困难，比不得在空气无所有的国家，容易提倡。所

[1] 《本栏之提倡》，《学灯》1918 年 9 月 30 日。

[2] 张东荪：《新与旧》，《学灯》1918 年 12 月 14 日。

[3] 张东荪：《新潮杂评》，《时事新报》1919 年 1 月 21 日、22 日。

以我们应当一方面从创造新思想，新文艺，新道德著手，一方面应当发表破坏旧有的主张。这是势必处此的办法。”[1]

傅斯年的批评，特别是骂张东荪的议论“竟是似是而非不通的很”，激起了张东荪的强烈不满。从其一贯主张的将精力放在输入新思想、不刺激旧思想的观点出发，他立即在《时事新报》上发表时评《破坏与建设是一不是二》，对傅斯年的观点进行反驳。在《新潮》1卷3期上，傅斯年发表《答〈时事新报〉记者》，也很不客气地对张东荪进行批判。傅斯年认为，张先生的脑里，当然是饱有西洋的活灵魂的。又何妨抬出什么柏格森的《创造进化论》和《时间与自由意志》等，做盔甲，著上一篇“不骂不破坏论”，他又说：“张先生是和北京大学惯作对头的，我们对他当然无所用其客气。”“他一向对于《新青年》是痛骂的，至于痛骂的理由，无非说《新青年》骂人，居然以骂人两字，把《新青年》上建设的事业一笔勾销。即以张先生《白话论》而论，其中各节，何尝不是《新青年》当年讨论过，现在实行的。”[2]论战中双方显然都夹杂着有不少感情的因素。

张东荪在遭到傅斯年的痛骂后，仍坚持其“不骂不破坏论”，拒绝与傅斯年进行过多的争论，仅在《时事新报》上发表《不骂主义之胜利》[3]，坚持自己的观点。

傅斯年与张东荪之间的讨论，是新文化阵营内部激进派与稳健派的争论。张东荪对《新青年》激烈地反对旧文化、旧思想不能理解，更不能赞同。他认为，现在主要的任务是输入新思想，不是与旧思想进行论战，整日忙于论战，便会无暇做新文化的输入工作，并且引起旧思想的反对，从而人为地为新文化运动增加阻力。他着眼于长远的未来，着眼于新文化的建设，固然表明其一贯的温和、渐进的改良态度，与不敢与旧势力与旧思想作正面斗争的软弱性，但也的确是有其想法，是从新思想能否真正地在中国思想界扎下根来立论的。张东荪所谓的“瓶子与空气”的比喻，与傅斯年的“瓶子与水”的比喻相比较，似乎更有道理。因为思想是看不见的观念性的东西，不是实物，要抽出瓶中的旧空气，看来只输入新空气，不失为一种办法。通过与傅斯年的论战，可以看出张东荪在五四新文化运动中的立场：主张彻底输入新文化，进行思想启蒙，但不主张过多与旧文化进行争论，不愿进行过多的时论性的东西，应该说与《新青年》、《新潮》在实质上并无差异，所不同的只是激进与缓进、干预现实政治与单纯进行思想启蒙的区别。

张东荪所办的《学灯》副刊，在五四时期曾产生过极大影响，在介绍和宣传新思

[1] 傅斯年：《破坏》，《新潮》第1卷2期，1919年2月1日。
[2] 傅斯年：《答〈时事新报〉记者》，《新潮》第1卷3期，1919年3月1日。
[3] 张东荪：《不骂主义之胜利》，《时事新报》1919年3月20日。

潮方面起了极大的作用。同时,它还对当时许多人们关心的、国内外重大问题进行讨论,因此颇受人们关注。1919年五四运动后,除了介绍新思潮和讨论教育问题外,《学灯》还特别注意讨论人们关心的社会、劳动、妇女等问题。1919年6月17日《学灯》启事:"本栏特别欢迎关于(一)社会问题、(二)劳动问题、(三)产业组合、(四)妇女问题以及其他社会改良问题之著作与译稿,倘蒙见投,凡本报认为可登者,当尽先披露。"[1]此外,《学灯》甚至好注意到了妇女问题,经常刊出《妇女》及《妇女评论》两专栏,很受时人欢迎。

由于张东荪等人的努力,《时事新报》副刊《学灯》成为五四时期非常有影响的介绍新思潮的刊物。《学灯》与民国日报的《觉悟》副刊、《晨报》副刊,并称为五四时期的三大副刊。对于张东荪主笔《时事新报》和创办《学灯》的影响,后来俞颂华追忆说:"他办过《时事新报》、《解放与改造》杂志,对于介绍新思想是很有贡献的。在五四运动时读过他的报与杂志的人,想必还都肯为我这话作证。"[2]

《时事新报》虽然是一个具有相当影响力的日报,但始终面临着财源上的困难。倒袁时期,因为受袁政府的压制,报纸不能行销租界以外,月亏2万余元,幸赖黄群、张嘉敖等人鼎力赞助,才得以维持。张东荪主笔《时事新报》后,一直在极力维持,苦苦支撑。这种经济上的窘状,可从1922年夏张东荪给梁启超的一封信中窥得一斑:"报馆经费已得亮伎报告,仅有三月之粮,唯此时即闭门亦万无此办法。日前与溯初、云雷、放园会商,先行节流,已大裁员,即荪亦捐所入之一部分,于是每月省去五百元光景,尚不足两千,或可支持至年底亦未可知。"[3]梁启超复函提议增资改组,甚至将它出售。他认为:"现在情形除此亦别无办法……不管能售与否,周刊之改组此时便当预备。鄙意须由东荪负全部编辑之责,(放园主张用我名义,亦无不可,但事实上须东荪总揽耳。)每周出三张,第一张政谈及中外政治之纪载(经济状况及其他杂件),由东荪、君劢主任。第二张即学灯变相(学行及教育事项),由我主任。第三张文艺,请志摩主任。若能鼓起兴致办去,必有异彩。现在请东荪即行计画,先编一预算"[4]。张东荪与陈敬第、黄群等曾商议增资改组。在黄群、蒲殿俊、张君劢等人的努力下,《时事新报》得以继续维持。1924年春,张东荪辞去《时事新报》主笔。1927年8月,该报由上海

[1] 《启事》,《学灯》1919年6月17日。

[2] 俞颂华:《论张东荪》,上海《人物杂志》第2年第6期,1947年6月20日。

[3] 张东荪:《致任公先生书》,1922年6月30日。丁文江、赵丰田:《梁启超年谱长编》,上海人民出版社1983年版,第960页。

[4] 梁启超:《与叔同、溯初、东荪、君劢诸公书》,1923年3月18日。《梁启超年谱长编》,上海人民出版社1983年版,第990～991页。

报界组织的合记公司承办。从此，张东荪彻底脱离了报界。

发刊《解放与改造》，组织共学社与讲学社

相约脱离政治，致力于文化运动，是梁启超欧游前夕与张东荪达成的共识。当张君劢、蒋百里等研究系的骨干随梁启超赴欧后，这一工作便主要由留在国内的张东荪承担。除了主笔《时事新报》和创办《学灯》副刊外，1919 年 9 月 1 日，张东荪又创办了《解放与改造》杂志。

《解放与改造》是张东荪以"新学会"的名义创办的。新学会是张东荪与梁启超、蒋百里、张君劢等人于 1918 年秋发起成立的学术团体，其宗旨是想从学术思想上谋根本的改造，以为新中国的基础。它最初的参加者有梁启超、张东荪、张君劢、蒋方震、郭虞裳、余颂华等约 20 人。张东荪在《新学会宣言书》中，对该会详细情况及该杂志的性质和内容作了说明："我们现在创办这个'新学会'，就是抱定上文所说的两层意思。第一，我们现在承认国家的革新是没有取巧的捷径的，是必须经过那条思想革新的大路的。第二，我们承认学术思想的革新有一条捷径，那条捷径就是研究欧美先进国几百年来积聚所得的最后的结果，就是本会简章所说的'研究世界新思潮新学说'。我们的希望是研究世界最新的思潮，最新的学说，用来作为我们研究中国种种问题的参考材料，再尽我们的能力把这种学说传播出去，使全国的人都添无数参考印证的材料，使中华民国的思想有一些革新的动机，使中华民国的新生命有一个坚固的基础。"[1]

新学会成立后，按梁启超的意思，应该努力筹备发行新的定期期刊。但很快，当时梁启超、蒋百里等人游欧出国，该团体主要由张东荪主持，筹办新刊物的工作也自然由张东荪负责。经过几个月的预备，1919 年 9 月 1 日，张东荪与俞颂华等人在上海创办了《解放与改造》杂志。张东荪在《解放与改造宣言》中，对创刊宗旨作了揭示。

在《解放与改造》创刊号上，张东荪发表了《第三种文明》，表示了他创办该刊所要努力的方向。他将人类的文明，分为三个时期：习惯与迷信的文明、自由与竞争的文明、互助与协同的文明。第一期文明是宗教的文明；第二期文明是个人主义与国家主义的文明；第三种文明是社会主义与世界主义的文明。张东荪认为，"在事实上，这第三种文明，因为大战的缘故，方才出芽。"又指出："我们说大战比如春雨，第三种文

[1] 张东荪：《新学会宣言书》，《解放与改造》第 1 卷 1 号，1919 年 9 月 1 日。

明的萌芽经了这春雨，自然茁壮起来。”[1]那么，中国所应做的，自然是“依第三种文明的原则来改造”，培植第三种文明的基础。他说：“所以我们现在应当准备着，以待大改造的临头。”如何培植第三种文明的基础？张东荪指出，必须首先开展文化运动。即“要提倡互助的精神，要培植协同的性格，要养成自治的能力，要促通合群的道德。”[2]

此后，张东荪主办的《解放与改造》，便是本着这个“文化运动”的主旨，致力于中国社会的解放与改造。他在该刊上发表一系列的文章，如《罗塞尔的“政治理想”》、《指导竞争与运动》、《中国知识阶级的解放与改造》、《奥斯氏社会主义与庶民主义》、《头目制度与包办制度之打破》、《为什么要讲社会主义》、《妇女问题杂评》、《青年之烦闷》、《职业自由的要求》、《评资本主义的办事方法》、《利害冲突背后的人性观冲突》等。这些文章集中讨论的问题，一是介绍社会主义思潮，二是评议当时的社会问题，努力于社会改造的准备。

在五四运动前后，中国社会产生了“改造社会”的强烈要求，并围绕着如何“改造中国与世界”进行了激烈的讨论。在这样的背景下，张东荪创办了《解放与改造》，竖起起了“改造社会”的旗帜，在当时思想文化界产生了较大影响，对推动五四新文化运动的深入开展，对中国广大民众的思想解放，无疑都起了极大的促进作用。

但值得注意的是，张东荪从其一惯坚持的社会改良立场出发，坚决反对采取激进的革命方式实现社会的改造，只是主张社会的改造应该采取渐进的改良方式。这种观点在 1920 年 3 月发表的《改造要全体谐和》中得到集中阐发。他认为，社会改造，实际上就是在“做一个社会的修整（socital adjustmant）”的工作，即“把社会全体来修整一下，虽则成了一个新社会，但这个新社会仍旧是一个谐和的全体（a harmonious whole）”所以，我们要改造社会，“必定预定一个全体谐和的计划。若是只注目在一部分，将来必定有自相矛盾。因此我主张改造虽是一步一步的进行，但不是由小而大的单纯堆积，乃是按着全体预定计划的逐渐填补。”他认为目前应该分三步进行：“第一步须得使人人都知道社会非改造不可。第二步是须得使人人对于改造社会的全体方案都去绞脑想一想。第三步是须得把大家共同研究的结果做一个普遍的信念，然后大家一齐的向此猛进。”[3]张东荪所从事的“解放与改造”工作，就是依照这三步计划循序渐进地进行的。

梁启超等人游欧期间，与张东荪等人保持着较密切的联系。这可以从 1919 年

[1] 张东荪：《第三种文明》，《解放与改造》第 1 卷 1 号，1919 年 9 月 1 日。
[2] 张东荪：《第三种文明》，《解放与改造》第 1 卷 1 号，1919 年 9 月 1 日。
[3] 张东荪：《改造要全体谐和》，《解放与改造》第 2 卷 5 号，1920 年 3 月 1 日。

春夏期间，张东荪与张君劢等人往来书信中有所反映。他在给张君劢等人的信中建议说："据荪妄测，此次欧会恐于我一无所得，所希望之种种，恐皆成泡影，设其事已非，似宜另打主意，否则人将以种种无稽之言相加也。最好将此中内幕彻底宣布，免致国内人生疑。至学校计画，尤望进行。又世界大势已趋于稳健的社会主义，公等于此种情形，请特别调查，并收集书籍，以便归国之用，未识以为然否。"[1] 稍后，他在接到张君劢等人的回信后，又复函说："邮片及通信均收到，比来通讯渐疏者，室由无可告语耳，卖国风潮已熄，大学计画闻已由北京寄上矣。公等此行不可仅注意于和会，宜广考察战后之精神上物质上一切变态，对于目前之国事不可太热心，对于较远之计画不可不熟虑，否则专注于和会，和会了便无所得，未识以为然否。至于国内和议，大概可了，国会问题不外乎先行制宪，宪成解散南北两会耳。苟且之谋，无一顾之价值也。"[2]

1920 年 3 月 5 日，梁启超等人从法国回到上海，与张东荪等人进行了多次商谈[3]。按照梁启超在欧洲时的设想，他回国后主要从事张东荪已经在国内进行的"文化运动"，并拟定办几项事业来推动："一、中比贸易公司。二、中比轮船公司，此二事虽二而实一。三、月报及印刷所。四、大学。五、派留德学生。"[4] 具体而言，就是创办中比公司，办好《时事新报》及其副刊《学灯》，接办中国公学，组织共学社和讲学社等学术社团。除了第一项外，张东荪参与了其他几项文化事业的兴办工作。

梁启超回国后，认为张东荪所办《解放与改造》虽然影响很大，但还是不够旗帜鲜明，便与张东荪商议改组杂志社，并让蒋百里与张东荪等人负责改组事宜。5 月 25 日，张东荪致函梁启超，认为《解放与改造》杂志"改名称与改体裁，均有问题，非慎重出之不可。"[5] 随后，张东荪与蒋百里积极进行改组杂志社筹备事宜[6]，议定《解放与改造》易名为《改造》，由过去的"新学会"主办，改为新成立的"共学社"主办。

[1] 张东荪：《与君劢、子楷、百里、振飞四兄书》，《梁启超年谱长编》，第 893 页。

[2] 张东荪：《与君劢、子楷、百里、振飞四兄书》，《梁启超年谱长编》，第 893 页。

[3] 梁启超在 3 月 25 日给女梁令娴函中说："15 日抵沪，诸友来迎者颇众，馆于张菊生家，叔通、东荪、溯初屡作深谈。"《梁启超年谱长编》，第 903 页。

[4] 张君劢：《致黄溯初书》，1920 年 1 月 12 日，《梁启超年谱长编》，第 896 ～ 898 页。

[5] 张东荪：《致任公先生书》，1920 年 5 月 25 日，《梁启超年谱长编》，第 910 页。

[6] 1920 年 6 月 28 日，蒋百里致梁启超书，商杂志和派留学各事，其中有及张东荪处："接东荪来函，寄来杂志体例一纸（此纸请寄回），附奉。"《梁启超年谱长编》，第 911 页。7 月 30 日，蒋百里致书梁启超，论《改造》杂志文章事，涉及张东荪处"东荪昨有信来催稿也。"《梁启超年谱长编》，第 914 页。可见，两人为筹备《解放与改造》曾进行过认真讨论。

1920年4月，共学社成立，社址设在北京石达子庙，宗旨是“培养新人才，宣传新文化，开拓新政治。”主要工作为编辑新书，奖励名著，出版杂志，选送留学生。首脑人物除梁任公外，有蒋方震、张君劢、张东荪等人。蔡元培、王敬芳、蒋梦麟、蓝公武、赵元任、张謇、胡汝麟、张元济、张嘉敖、丁文江、梁济善等社会名流均在发起人之列。该社社立评议会，徐新六、杨维新、吴统续、叶景莘、舒新城、杨适夷、陈敬第、傅铜等人为评议员。为保障经费来源，凡加入共学社者均在财力方面有所赞助。梁启超捐助4000元，王敬芳3000元，胡汝麟2000元，蓝公武等人各1000元。此外富商穆藕初、聂云台等也有捐助。

张东荪积极参与了共学社的组织活动，负责在上海吸收会员，并与梁启超以通信方式讨论《共学社章程》。这可以从1920年4月梁启超《与东荪兄书》中窥得。梁启超在信中说："共学社章寄上（请以一份交菊生）。此间社员已有20人（原单外加入数人），沪上更得几人耶？编译书目已列单，请社员自认，汇齐当奉尘，顷读公致志先书，何忽悲观至是，然为道日损之说，却是切实受用，愿共勉之。"[1]

经过几个月的筹备，1920年9月1日，从3卷1号开始，梁启超与张东荪等人将《解放与改造》易名为《改造》，由蒋百里负责主编。名称虽改，而其精神却与《解放与改造》相同。在梁启超、张东荪、蒋百里等人集体讨论所定的《发刊词》中，他们公开申明：要将社会主义的精神向“实际的方面”贯彻。此后，《改造》杂志积极宣传温和的社会主义，主张社会改良。在随后张东荪、梁启超等人与陈独秀等马克思主义者的“社会主义论战”中，张东荪、梁启超、蒋百里等人在《改造》上发表了许多反驳马克思主义者的文章，积极鼓吹基尔特社会主义，成为研究系重要的舆论阵地。

共学社成立的主要目的，是专门组织翻译国外各种新思潮的著作。在它成立后，梁启超、张东荪等人便积极从事于这项译书工作，张东荪与蓝公武等人专门开列了所要编译新书的书目，并建议梁启超“先生事繁，宜另觅一人专办关于编书之事务”[2]。而编译新书，也成为共学社最大的成就。经梁启超出面与商务印书馆主持人张元济接洽，张元济专门拨出3万元作为共学社译书的开支，并由商务印书馆负责印行的“共学社丛书”。这套丛书计分时代、教育、经济、通俗、文学、科学、哲学、哲人传记、史学、俄罗斯文学十类，每类又包括许多种。据初步调查，1922年即出版40余种，总计当不下百余种。他们选书的标准，“以浅近简明为主”，但“有特

[1] 梁启超：《与东荪兄书》，1920年4月，《梁启超年谱长编》，第906页。
[2] 张东荪：《致任公先生书》，1920年5月25日，《梁启超年谱长编》，第910页。

别需要之名著"，经过评议会决定者，亦可提请社员翻译出版。在社会学、哲学方面，出版了介绍克鲁泡特金的互助论、基尔特社会主义、马克思主义和无政府主义的书籍。"所以论共学社译书所发生的影响，不能以一派的好恶而下断语。"[1]

梁启超、张君劢等人游欧期间，接触了西方各种新思想，也会晤了一些欧洲著名学者。他们感到，要提高中国学术思想的水平，促进中国社会和思想的解放与进步，必须彻底输入西方的思想。而输入的方式，除了编译西书、介绍西学外，最直接、最有效的方式是直接聘请西方学者到中国来讲学。于是，他们便力谋组织一个社会学术团体，专门做聘请外国著名学者来华讲学的工作。这个组织，便是1920年9月成立的讲学社。

讲学社名义上是私人学术团体。梁启超、张东荪等人在发起讲学社时，便决定不完全仰赖北洋政府。它的经费来源除了教育部每年补助的2万元外，主要靠梁启超、张东荪等人向社会各界募捐所得。该社董事会主要由当时的社会名流、著名学者及与梁启超关系密切的原进步党人和研究系骨干组成，其中包括汪大燮、蔡元培、王宠惠、熊希龄、范源濂、蒋梦麟、王敬芳及张伯苓、严修、张謇、张元济、黄炎培、郭秉文、胡汝麟、林长民、陈小庄及梁启超等20多人。这些董事的捐款，是讲学社的主要资金来源。如罗素来华讲学的主要费用，就是由共学社和讲学社成员、研究系的骨干王敬芳及胡汝麟等人负担的。

讲学社的宗旨是邀请西方学者来华讲学，每年一人。这在当时梁启超致张东荪的信中有所反映："一、组织一永久团体，名为讲学社，定每年聘名哲一人来华讲演。一、讲学社董事暂定以下诸人，伯唐、孑民、亮寿、秉三、仲仁、任公、静生、梦麟、搏沙、陈小庄（高师校长）、金仲蕃（清华校长）、张伯苓（南开校长），尚拟邀范孙、季直、菊生，尚未得本人同意，想必乐就也。一、经费政府每年补助二万元，以三年为期，此外零碎捐款亦已得万元有奇。"[2]随后，梁启超又致函张东荪说："讲学社规约及董事名单寄上，请登报。第二年所聘之人，已由董事会决议为倭伊铿矣。"[3]

罗素来华，张东荪等人在上海负责接待与组织工作，这在梁启超的信中也有反映："一、罗素所乘之船，改期10月12乃到沪。一、讲演或先在南举行最佳，搏沙

[1] 张朋园：《梁启超与民国政治》，台北食货出版有限公司1981年11月版，第156页。

[2] 梁启超：《致东荪兄书》，1920年9月5日，《梁启超年谱长编》，第919页。

[3] 梁启超：《致东荪兄书》，9月10日，《梁启超年谱长编》，第920页。

日内到沪，面罄一切。”[1]因为此时梁启超在天津，本打算来上海迎接罗素但忙于写作《前清一代中国思想界之蜕变》，“一出游又恐中缀”，所以“决作罢矣”，便委托张东荪等人迎接罗素来华讲学。张东荪为此作了精心准备，特地聘请著名语言学家赵元任为翻译，并制定了罗素来华讲演的计划。不久，梁启超又告诉张东荪：“本拟南下迎罗素……其实对罗素亦不必行亲迎礼也。顷促百里代行，惟赵君处最好能由南中要求彼往迎，能由公及黄任之、陈仲甫、沈信卿联名致一电与赵及金（清华学校）最妙，望速办。或约人费时日，则用上海学界同人名义发电亦可。”[2]但当罗素到达上海时，梁启超还是前往迎接。

在讲学社之前，北京大学已经聘请美国著名哲学家杜威在华讲学，并且有1年多了。第二年，杜威便名义上由讲学社续聘，成为讲学社聘请的第一位西方学者。讲学社聘请的西方学者，有英国哲学家罗素（1920—1921年）、德国哲学家杜里舒（1922—1923年）和印度著名文学家泰戈尔（1924年4月至5月）。由于讲学社经费来源困难，而北京政府又未能继续拨款，1925年后讲学社便无力再延聘西方学者来华。但按照梁启超、张君劢、张东荪等人的计划，他们拟邀请哲学家柏格森、倭伊铿，经济学家凯恩斯，自由主义者霍柏生等人，柏格森、霍柏生、倭伊铿、凯恩斯等人皆因故未能来华。

对于讲学社聘请外国著名学者来华讲学的影响，有人这样评价说：“虽然应讲学社邀请来华讲学的学者不过四位，他们都是名重一时的哲学家和文学家，对中国思想界的影响是难于估计的。综合言之，讲学社的活动是很有意义的，日后国人约请外国学者来华，直接间接均受讲学社倡导的影响。知识分子思想的改变，与这一类的活动有着密切的关系。”[3]张东荪作为这些活动的参与者和具体负责者，无疑作出了重要贡献。

主持中国公学，经营文化据点

五四时期，梁启超为首的研究系在上海有两个重要的文化据点，一是张东荪主持的时事新报社，二是张东荪代任校长的中国公学。

中国公学原为收容反对日本取缔留学生规则的归国学生而设，发起于1905年。当时，留日学生反对取缔规则，归国者近千人，谋自建学，以免邻辱，得郑孝胥助金千元，乃于1906年春择地沪上，租屋开学。由于仓促成校，没有一定的经济预算，干事

[1] 梁启超：《致东荪兄书》，1920年9月5日，《梁启超年谱长编》，第919页。

[2] 梁启超：《与东荪书》，1920年10月4日，《梁启超年谱长编》，第920页。

[3] 张朋园：《梁启超与民国政治》，台北食货出版有限公司1981年11月版，第161页。

姚宏因此愤而投江自杀，激起了绅士熊希龄、郑孝胥等人的援助，王敬芳、王家襄、胡汝麟等亦相继解囊，公学得以维持，无形中变成了立宪派的事业。张謇、熊希龄等皆任维持，赞助者日众，开始粗具规模，推郑孝胥为校长，王敬芳、黄兆祥、张邦杰，分任斋务、教务、庶务各科干事。学生也达 300 多人，除办有中学外，还附设了师范、理化、英文、算学各专修科。后经王敬芳努力，两江总督端方任中国公学维持，开始每年捐助 1.2 万元，又拨吴淞公地 100 余亩为校址，开始建筑新校舍。民国成立后，南京临时政府要员孙文、黄兴等加入维持之列，筹款开校，并添招政、法、商专门科。1913 年夏，二次革命爆发，校舍被革命军占据，学校被迫停课。二次革命后，公学董事会迁到北京，推汤化龙为董事长，王敬芳为校长，派刘星楠为总务干事。1915 年，王敬芳与校董胡汝麟与河南福中公司商议，决定由福中公司每年捐助公学 2 万元。这样，公学的经费得以保证。1916 年夏，政、法、商各班毕业，仅余中学数十人。这时护国战争结束，尚在上海的梁启超被公学推为校长。中国公学将所办中学学生转学到上海市内各中学，专门筹办大学。但不久，教育部请暂借校舍于同济医工学校，梁启超又北上进京，中国公学又中途停顿。1919 年春，董事熊希龄、夏敬观、梁维岳、王敬芳等催教育部归还了中国公学的校舍，刘秉麟、李荫依、安殿磐、高阳、王开疆等校友也在经费上鼎力相助，中国公学先借威海卫路德国人旧办小学校舍内开课。重集董事会，推熊希龄为会长，王家襄为副会长，王敬芳为校长，范源濂、胡汝麟、袁希涛、夏敬观、叶景葵、梁维岳、王敬芳等为常务董事，以李荫依为事务长，刘秉麟为教务长，分代校长职务。议定开办商科专门及中学，翌年迁回本校[1]。经过改组，公学董事会大部分是旧日的立宪派或进步党人物。所以，中国公学便成为研究系在上海的一项文化事业。

由于梁启超与中国公学的这种关系，当他于 1920 年春从欧洲归来到上海后，立即便被公学请去演讲。此时校长王敬芳兼任河南福中煤矿公司的总经理，不能两头兼顾，刘秉麟留学英国，李荫依辞职归蜀。梁启超立意要从事文化运动，正想以中国公学为推进文化事业的基地，有意接办中国公学。于是，王敬芳欲将校长一职让给梁启超。蒋百里认为，梁启超只宜教书，而不宜做校长，加上公学的财务非王敬芳支持不可。这样，本来跃跃欲试的梁启超，只好作罢。于是只有变更办法，选派自己亲信者去主持。经过反复考虑，梁启超决定让张东荪出任教务长，代理校长；王敬芳挂着校长的名义，继续在财力上有所支持。

[1] 《中国公学一览》（1925 年 6 月），《近代史资料》第 69 号，中国社会科学出版社 1988 年 8 月版。

对于接办中国公学，张东荪的心理是很矛盾的。一方面他认为这是研究系从事的文化运动非常重要的事业，也是造就人才、培植团体基础的工作，更是将自己对于教育制度上的新见解付诸实施的大好时机。所以，他颇想接办。但另一方面，他也有不少顾虑：一是因为自己主笔《时事新报》及其副刊《学灯》，并任《解放与改造》主编，办刊办报，事务繁忙，已经耗费巨大精力，没有太多的精力和时间顾及中国公学，心有余而力不足；二是由于中国公学经费来源不足，担心勉强为之，无法使自己的办学计划付诸实施。所以，张东荪尽管也想接办公学，但并没有立即应允。1920年9月5日，梁启超《致东荪兄书》，劝张东荪赶快就任中国公学校长："一、中国公学教务长望公决任勿疑，经费顷方有某方面可以进行，容续报。其办法则与百里所商讲座之说最妙。"[1] 这样，张东荪才打消顾虑，复函梁启超，决定就职。梁启超立即复函表示赞同，并安慰张东荪是可以同时办好《时事新报》和中国公学的："公决任教务长，甚喜，惟同时摆脱报务，却可不必，挂名主持，大事乃过问，不碍事也。改大学今年已来不及，须俟来年暑假否，抑中途尚有改进之余地，请示复。"[2]

如何办好中国公学？张东荪与蒋百里对中国公学的办学方针曾进行过认真讨论。

1920年10月，蒋百里《与东荪吾兄书》，提出了自己的关于主办中国公学的意见：一、"万不可用'大学'二字，我辈谈教育亦须有一种特别精神，就是唤起人的研究心，不是仅仅贩卖货物，授人以学，如其一挂大学招牌，则内容无论如何，精神即为此二字掩住。"二、把主要精力放在创办高深学问的学府上，即"精"的方面，由学府而发生深入的影响。他说："精的方面，即是研究学问方面。吾以为苟办中国公学十年，而欲造就一个真正学者，目的已经圆满达到，故对于此方面应当用全力以教得少数人，比如此次以2万元派10人往欧，就是一种混合办法，此后办学，万不可如此。与其以2万元成一半的10个人，不如以2万元养成一个完全的学者，此关于高等教育中之方针。"三、主张梁启超在学院中教书，"把任公的活泼一个人格的研究精神做基础"，采用中国古代书院和近代英国式的讲座制。他说："中国公学如其要扩充，早稻田、庆应都不足法，白鹿洞、诂经精舍倒大大的有可取的价值也。"[3]

张东荪在回复蒋百里的信中，认为在"办教育之决心"上，"来书所言，与荪意无大出入"，但在办学方针上，与蒋百里存在着一定分歧：一、不赞成蒋方震的讲座制。他说："荪以为近代学术与古代学术不同，故近代教育与古代 Academic（讲学舍）

[1] 梁启超：《致东荪兄书》，1920年9月5日，《梁启超年谱长编》，第919页。

[2] 梁启超：《致东荪兄书》，1920年9月10日，《梁启超年谱长编》，第920页。

[3] 蒋百里：《与东荪吾兄书》，1920年10月，《梁启超年谱长编》，第924～925页。

不尽相同，故前言之讲座办法，实调和近世大学与古代讲学舍而具其微，若夫纯采讲学舍办法，在今日必不足号召，则学生来者稀也。”二、主张办学的目的在建党，应当以“一团人之人格为中心”，发挥团体的精神。“弟不赞成以任公一人之人格为中心，而以为应以‘一团人之人格为中心’，此团不限于吾辈固有之分子，但求志趣相同者足矣。”他指出，“办学之目的有二：一曰对于学生，诚如公言，须精与普并进，而精则如沙里淘金，不必求多也。二曰对于教员，盖许多学者非设法养之不可，不然其学者之地位失矣，故以教员之方法而养人材，亦为办学之目的也。”[1]

张东荪与蒋百里的观点，实际上与原先梁启超创办大学的计划是一致的，其分歧只是办学的规模和大小而已。张东荪与蒋百里经过反复讨论，确定中国公学的办学方针为：改制大学，添办高中，兼顾高深和普通。

按照梁启超、张东荪的设想，他们想将中国公学办得与北京大学、东南大学鼎足而三的第一流大学，要在公学中造出“一种特别精神，特别色彩”；同时，他们又视公学为他们进行文化运动和社会事业的重要方面。所以，张东荪接办公学后，聘请国内优秀教授，积极进行教育制度上的改革，对学制大加改良，中学改用新制，商科升为大学。并在中学采用新的“三三制”，由好友舒新城主持。张东荪为代理校长期间，“课程内容逐渐改革，中学实行三三新制，商科亦分银行、会计、秘书、贸易各门讲授，以期实用。”[2]他锐意改革，力图将中国公学办出特点来。

但张东荪主持中国公学，并不顺利。他遇到了两方面的困难：一是学生风潮，二是经费短缺。特别是经费不足，使他的宏伟办学计划无法完全实施。

张东荪视职不久，公学便发生了学生风潮，不久即告平息。但经此学生风潮，加上经费较为紧张，张东荪对接办公学的前景一度有点悲观。1921年11月间，公学再度发生风潮，这次比上次严重，并引起了梁启超的密切关注。梁致函张东荪、蒋百里等人，主张勉强办下去，不宜放弃：“公学事现在解决程度未知如何，鄙意谓但使勉强可办得下去，则此校断不宜舍弃。搏沙无论如何总属我辈，有事可以商量，最多再闹风潮一两次，愈闹一次则阻力愈减一分，在吾辈持之以毅而已。”[3]张东荪、舒新城与王敬芳一起，和平解决了公学的风波。

关于这次中国公学风潮解决的情况，据舒新城向梁启超报告说：“校事现将逐渐解决，为首学生已由搏沙令其退学，主事之教职员亦决计辞退，已辞职之八教员，

[1] 张东荪：《复百里书》，1920年10月，《梁启超年谱长编》，第925～926页。
[2] 《中国公学图书馆募捐启》附有《史略》，《近代史资料》第69期，中国社会科学出版社1988年版，第145页。
[3] 梁启超：《与百里东荪新城诸公书》，1921年11月19日，《梁启超年谱长编》，第938页。

现正设法由学生挽留，虽不能全留，但亦可留一半以上，至城个人本学期不再入学，职务请新同事代理，预定明年2月15日开学，1月1日放寒假，以修理房屋为名，令学生一律出校。城拟于此事解决后，即在外面考察教育、物色人物，在开学前将一切应办之事概行办妥，先期通告学生，告以办法，使其来校有一定规章可遵，能于校内无问题也。”[1] 风潮发生后，张东荪有意撤手，梁启超劝他“持之以毅”，加上找不到更合适的人来替代，只好仍负其责。据蒋百里说：“公学与东荪两者都嫌目标太大，此后不能保其无意外……东荪只能能安一日进行一日，将来南陔归来，必请其先担任商科一部，而后渐移于全部则甚佳矣。”[2]

当风潮平息后，张东荪在很艰难的情况下继续改革教育制度，将公学改造为大学，同时筹办高中，兼顾两方面人才的培养。张东荪自己负责大学部的筹备和改制，1922年春，张君劢自国外回到上海，张东荪因为事务繁忙，便推举张君劢为筹办大学主任。中学部原由舒新城负责，后因舒新城推行的三三制受到公学部分师生的抵制，舒氏被迫辞职。1922年秋，恰值陈筑山从美国学成回到上海，张东荪立即邀请他主持公学高中部。这样，张东荪第一次主持中国公学约有1年多的时间。

由于经费短缺，张东荪第一次主持中国公学，只做到了部分改制专科及添设高中。1922年秋，首将原有专门商科提高程度，改升大学。1923年夏，“以商科大学来学者日盛，势不得不力图扩充，又因添办高级中学，吴淞校舍实不敷用，故将商大迁移上海。”[3] 专科部比较有成就的是商业科。

改制大学最重要的还是经费。中国公学一开始便感到经费困难。此时，除了王敬芳每年中福中公司拨予的2万元外，并无其他经费来源。张东荪、梁启超等希望得到政府所发行民国元年公债200万元的利息（每年16万元）为经常费，但却迟迟未能实现。这样，张东荪在中国公学的改制的计划便无法全部实现。梁启超除一面与王敬芳向政府交涉拨公债利息补助外，同时又发起募捐。私人的捐助虽有所得，但为数并不多，根本无法满足办学需要。在这种情况下，张东荪内受学生风潮刺激，外受经费短缺困扰，处境十分艰难。

对于向北京政府交涉的情形，后来曾任中国公学校长的胡适说：“民国11年，常务董事会呈准政府依据元年国务会议原案，拨元年六厘公债100万元为补助金。此款由财政部于民国12年及13年，曾先后拨给整理公债票40万元。此项债票未经指

[1] 舒新城：《致任公先生书》，1921年12月11日，《梁启超年谱长编》，第941～942页。

[2] 蒋百里：《致梁任公书》，11月26日，《梁启超年谱长编》，第940～941页。

[3] 《中国公学图书馆募捐启》后面附有《史略》，《近代史资料》第69期，第145页。

定的款付息，故在市场上几于全无价值。后经王敬芳先生等呈准财政部领到第一期至第九期的利息二万元，以供偿还积欠及扩充图书馆之用。第十期以下应付利息，也会由公学呈请财政部，指定在福中总公司每年缴纳统税照十万元项下分四期缴纳，每期六千元，每年计二万四千元。此案虽经财政部公函（十四年财字二五五六号）照准但不久河南即成战区，福中矿务停顿，不但不能由矿税项下发款付息，连每年二万五的助款也完全停止了。”[1]

1923年，张君劢出长吴淞自治学院（后改为国立政治大学），由陈筑山继任中国公学代理校长，将原有商科专门提高程度，改升大学。同年夏，因添办高级中学，校舍不敷用，故将商科大学迁设上海。此时大学（主要是商科）在上海，而高中在吴淞，陈筑山来往于两地之间，十分辛劳。中国公学便重新请张东荪来主持大学部。1924年，废除代理校长，改设学长，仍以张东荪任之，“协助校长总揽全校大政”[2]。1924年夏，董事会推张东荪任商科学长，陈筑山先生专办高中。“十三年夏，陈筑山以病不克常川到沪兼顾商大，商准董事会，推张东荪任商大学长，陈筑山专办高中。”[3] 这是张东荪第二次主持中国公学，直到1927年公学被国民党接办为止。

张东荪再次主持公学后不久，即1924年秋，江浙战争爆发，浙军占用吴淞校舍，高中遂又停办一年。战争结束后，张东荪积极推动公学的各项工作。1925年春，他将商科从上海迁回吴淞，“同时延约海外名彦，计画添设哲学、政治、经济诸系，期于一二年间陆续开办，酌采伦敦大学之经济政治学院之精神，取其志在谙习实务者，得自由以窥得学理。且此制得随时放大，自成专科，应时代之要求而有新课之增设也。”[4] 张东荪雄心勃勃，拟仿照伦敦经济学院制度，将中国公学办成中国第一流的社会科学大学。

张东荪特别注意两方面，一是聘请好的教授，二是丰富图书，搞好图书馆的建设。他认为，本大学最重要的有两点：一是有好的师资，二是有丰富的藏书。为将公学办成国内一流大学，他在当时经费比较困难的条件下，着力从这两方面下手。

在聘请教授方面：张东荪广延名师，不拘年龄，不分党派及政治背景，凡是学有专长者，都大胆聘用。他主持中国公学期间，曾聘请过余颂华、刘秉麟、徐广德、高践四、郭德华、陈其鹿、陈伯庄、童瑗逊、李祖虞、金侣琴、余颂华、郭传治、霍

[1] 胡适：《校史》，《吴淞月刊》第3期，1929年9月15日。

[2] 《组织大纲》第3条，《近代史资料》第69期。

[3] 《中国公学图书馆募捐启》后面附有《史略》，《近代史资料》第69期，第145页。

[4] 《近代史资料》第69期，第128～129页。

俪白、陆鼎揆、傅子馀、章经芳、郭颂馀、岑德彰、谢冠生、黎纯良、黎照寰等，约20多位教授。

在丰富图书方面，张东荪主要将有限的经费投入到图书馆的建设中。1926年6月4日，《王敬芳请中华教育文化基金董事会拨款函稿》上，对张东荪力主兴办公学图书馆的情况及1925年左右中国公学图书馆情况作了说明："夫图书馆之设立，有附于学校中者，有独立者。独立者固可供人浏览，使一班人皆得亲版籍；而附于学校者，则可供师生专门之研究。二者功用虽异，而性质实同。前者趣旨在博，后者目的为专，其于文化之贡献，实不得谓后者较前者为不切要也。敝校有鉴于此，以为学校当为研究学问左所，非徒传习而已，遂于一九二二年将旧有图书馆力事扩充，并颁行特别捐图书：凡教职员薪水每月五十元者抽一元，百元者抽三元，二百元者抽八元，学生每学期须缴三元，共计年可得约四千五百元。加以向各处募捐，自去岁实行后，所藏西书已由一千余进至三千余种以上。中文书除原有一千余种外，近得陈嘉庚先生认捐《四库全书》一部，一俟出版即可送来。"[1]

按照张东荪和王敬芳等人的设想，公学要在5年内建设成一个专门图书馆，"不仅供本校师生研钻之用，且可供校外关心经济问题者之用。盖若敝校图书馆此类书报独多而且备，则凡欲研究此问题者必相率而来，届时敝校即将此图书馆公开也。"由于公学经费有限，王敬芳便曾向中华教育文化基金董事会申请拨款，"除已自筹得五千元左右外，敢请贵会拨助每年八千元，以十年为期。"[2]

然而，由于缺乏必要的经费，张东荪创办一流"社会科学大学"的努力，显得异常艰难；他的这个办学目标，并未能够实现。张东荪早就意识到，要办好公学，必须在经费上给以保障，所以，当他再次主持公学时，便与陈筑山致函梁启超和王敬芳，期望得到经费上的保障。梁启超、王敬芳为了筹集经费，四处活动，其艰难远超过张东荪第一次主持中国公学时。对此，王敬芳在1931年《致胡适函》中说："民国十二、三年间，中国公学大学部与中学部分立在上海与吴淞两处，因此费用浩繁。当时由张君东荪、陈君筑山分担两部分的主任，函电交驰，催为筹款。我当那个时候，还有挪借的力量，除托上海福中公司向浙江兴业银行、升和煤号各代公学借款数千元外，又在北方向各方挪借之款约有四、五万元，内有陕西督军刘镇华君捐给梁任公先生之文化学院一万元，文化学院未办成，此款由公学借用。"[3] 这些借款，勉

[1] 《王敬芳请中华教育文化基金董事会拨款函稿》（1926年6月4日），《近代史资料》第69期，第61～63页。

[2] 《王敬芳请中华教育文化基金董事会拨款函稿》（1926年6月4日），《近代史资料》第69期，第61～63页。

[3] 《近代史资料》第69期，第164～165页。

强维持着公学的正常运行。正是利用这些有限的经费，张东荪除了将中国公学的商科扩大外，还办起了中国文学、政治经济学、哲学等系，扩大了公学的规模和影响。

对于中国公学经费上的困境，还可以从张东荪与梁启超等人的通信上得到反映。1924 年 4 月间，张东荪与陈筑山致函任公，促其尽力与政府交涉付予公债利息。梁启超曾会同王敬芳与财政总长王克敏交涉，一无所得，气愤而归。他复书张东荪说："吾为此事……与叔鲁曾三度言之，毫无着实结果。搏沙为公学几于彼挥拳矣！仰面求人，总不足恃，徒呕气，奈何！"[1] 筹集经费困窘至此，张东荪主持中国公学的困难更可想而知。

中国公学是梁启超、张东荪为首的研究系在上海的重要文化据点，梁启超等人力图将它办成研究系在南方的大本营，所以尽管遇到了经费和学生风潮等各方面的困难，研究系并不愿放弃它。在张东荪的苦苦支撑下，它一直维持到 1927 年北伐军到了上海，才由倾向于国民党的何鲁接收过去。自此，中国公学为国民党控制，张东荪等研究系在中国公学的影响便减少了。

对于中国公学在教育方面的成就，梁启超说，在此 10 余年，"毕业学生数千人，或留学欧美，或服务社会，成绩称优越。"[2] 培养如此众多的毕业生，无疑推动了中国近代教育事业的发展。对于张东荪主持中国公学的工作，曾在公学任教的俞颂华后来评价说："他也办过中国公学，他办学时候，据我所知道，有两大特色：一是毫无党派成见，专门聘请好的教授；一是积极充实图书设备，提倡自由研究的学风。这话是在那时中公毕业及读书的校友都能负责证明的。所可惜的，那时经费有限，而且他主持校政的事件亦不够长。不然，我相信中公一定能如北大和燕大一样有悠久的卓著的成绩。"[3]

[1] 梁启超：《致东荪筑山两兄书》，1924 年 4 月 23 日，《梁启超年谱长编》，第 1017 页。

[2] 转引自张朋园：《梁启超与民国政治》，台湾食货出版有限公司 1981 年版，第 174 ～ 175 页。

[3] 俞颂华：《论张东荪》，上海《人物杂志》第 2 年第 6 期，1947 年 6 月 20 日。

四　鼓吹基尔特社会主义，引发社会主义论战

早在民国初年，张东荪便注意到社会主义问题，并在1920年4～5月间参加了陈独秀召集的关于建立共产党的秘密集会。然而，由于张东荪认为中国远远不具备实行共产主义的条件，更没有实行马克思主义的社会基础，不赞同立即在中国建立共产党，随后，他退出了建党的筹备工作。张东荪等人与马克思主义者之间的巨大分歧，在1920年下半年达到白热化，终于爆发了影响巨大、意义深远的“社会主义论战”。当时，在马克思主义者方面，陈独秀、李大钊、李达、蔡和森等人都参加了激烈论争。

四　鼓吹基尔特社会主义，引发社会主义论战

介绍社会主义学说，参与筹备共产主义小组

民国初年，张东荪注意到社会主义问题，认为社会主义不适合中国，提出以资本主义发展实业的主张。他说："至于劳动，则中国今日正不患劳动者之多，但患工场之少耳。工场兴，贫民得其生计，则盗贼自然减少。语云：衣食足然后知礼义，殆不刊之言也。至于社会主义，更无发生之余地。资本家立工场必为劳动者所大欢迎，决无有反对资本主义者，有之则一二妄人，故为立异，以求糊口。即使其劝说传播，然亦决无影响及于实在之社会组织也。"[1]

然而，数年以后，张东荪却大张旗鼓地介绍起社会主义来，这的确使人惊异。实际上，张东荪在五四时期致力于介绍社会主义思潮，是基于他对世界思想发展趋势敏感而准确的把握上的。具体而言，是由于以下两方面原因促成的：

一是认为社会主义是世界思潮发展的趋势。这在张东荪于《解放与改造》创刊号上发表的《第三种文明》中得到集中体现。张东荪认为，人类的文明，自有历史以来，可以分做三个时期，第一期文明是宗教的文明；第二期文明是个人主义与国家主义的文明；第三种文明是社会主义与世界主义的文明。由于第一次世界大战，第二种文明破产了，国家主义与资本主义已到了末日，不可再维持下去。于是，"在事实上，这第三种文明，因为大战的缘故，方才出芽。""我们说大战比如春雨，第三种文明的萌芽经了这春雨，自然茁壮起来。"这样，全世界"依第三种文明的原则来改造"，便成为世界历史发展的必然趋势。处于世界大改造中的中国，也"现在应当准备着，以待大改造的临头。"尽管中国"大多数的人仍逗留在第一种文明与第二种文明之交。不但没有第三种文明的资格，并且也没有第二种文明的陶养。这个真是苦痛极了。"然而张东荪并不感到失望，"我对于我们中华民族的前途，是很乐观的。因为世界改造以后，必定是取互助主义与劳动生活。"而当务之急就是从事"文化运动"。具体而言就是"应该专从第三种文明去下培养工夫。要提倡互助的精神，要培植协同的性格，要养成自

[1] 张东荪：《中国之社会问题》，《庸言》第1卷16号，1913年7月16日。

治的能力，要促通合群的道德。”[1] 顺应世界思潮发展的趋势，介绍社会主义学说，从事“文化运动”，培植第三种文明的种子，自然成为五四时期张东荪努力的方向。

在稍后发表的《我们为什么要讲社会主义》中，张东荪继续发挥了在《第三种文明》中的观点，认为社会主义是一种“新文明”，他所以要在中国宣传社会主义，就是要顺应世界新文明发展的趋势。他说“须知社会主义是包括的。就是新文明的总称。这个新文明虽则从世界上一二处发源，但必定总汇起来，布满了全世界，方能完全实现。所以不可把社会主义认做那一国对于他的特别状态下的特别政策。他乃是全人类反对现在状态的一个共通趋向，不过顺着这个趋向，往前走，各有快慢的不同罢了。可见得我们今天讲社会主义既不是专讲未来而抛弃现在；也不是专讲世界而抛弃中国。我们既认中国是世界的一部分；要改造世界，便不当遗漏了中国。况且改造中国，非就从现在预备起不可。”[2]

二是为了防遏所谓“过激主义”。1919年1月15日,张东荪在《时事新报》上发表《世界共同之一问题》，被认为是防治马克思主义在中国传播的“罪证”。为什么张东荪要反对“过激主义”？所谓过激主义，就是指当时的“布尔什维主义”，即马克思主义。在张东荪看来，列宁领导的布尔什维克党所实行的，是一种革命的、激进的社会主义，它可以在俄国实行，但却不适合中国，因为中国缺乏这样的经济和社会基础，一旦传入中国并在中国勉强实行，将会贻害无穷。张东荪敏感地看到了十月革命后“布尔什维主义”在欧洲传播的事实，他说：“过激主义产于俄，传于德，今则浸浸而播至英法日矣，是过激主义亦如西班牙伤风症，流行于全球也。”对于过激主义之侵入，是断然拒之？还是极力压抑？张东荪认为，“盖完全拒绝之，为势既不能，完全承诺之，其果亦不良。则舍调和外无他策矣。”又说：“据吾所见，压抑之法必属无效，盖抑之犹激之也，是火上加油，益其燃耳。”那么高明而正确的方法是：“当采纳其主义中之含有至理者，先行改良社会组织，使人民于经济上得相安，于心理上得其平。然后对于过激之谬说提起正确之舆论以宰制之,则其势必渐杀也。要之，一方面于经济制度社会组织先自改良，此为釜底抽薪。他方面于思想研究，致其精微明辨，则人民有反复之思维，能自辨是非，则感情之论不足以动之也。易言之，即过激主义之稳健化。”在文章最后，他强调：“吾知过激主义不来中国则已，来则必无法救药矣。”[3] 张东荪以其对于西方思潮的敏感，意识到社会主义思潮必然要影

[1] 张东荪：《第三种文明》，《解放与改造》创刊号，1919年9月1日。

[2] 张东荪：《我们为甚么要讲社会主义》，《解放与改造》第1卷7号，1919年12月1日。

[3] 张东荪：《世界共同之一问题》，《时事新报》1919年1月15日。

响中国；他鼓吹社会主义，主要是为了“防遏过激主义”；而防治之法，不是从正面阻止宣传社会主义学说，而是在中国介绍稳健的社会主义，即“过激主义之稳健化”。

正是基于上述两种原因，张东荪一方面密切关注着欧洲社会主义运动的发展情况，另一方面，积极在国内宣传稳健的社会主义学说。1919年4月，张东荪建议正在欧洲游历的梁启超、张君劢等人注意研究欧洲社会主义问题。他在《与君劢、子楷、百里、振飞四兄书》中说：“又世界大势已趋于稳健的社会主义，公等于此种情形，请特别调查，并收集书籍，以便归国之用，未识以为然否。”[1]

本着顺应世界思想发展趋势的要求，张东荪积极介绍社会主义学说；本着“过激主义之稳健化”的目的，张东荪所致力介绍的社会主义必然是“稳健”的社会主义。1919年4月28日，《学灯》发表关于“社会主义”征文的启事，内容包括：赞成说、反对说和译述三部分，强调这些介绍社会主义的文章“总以朴实说理为限，但本报认为有碍治安者不为揭载”。此后，张东荪在其主办的《时事新报》、《学灯》和《解放与改造》上，发表了许多介绍社会主义的文章。《学灯》上的文章主要有：《劳动与资本》（7月25日起转载《晨报》上的文章），《河上肇博士关于马克思之唯物史观的一考察》（12月6日起），《马克思的唯物史观》（河上肇，5月19日起），《社会主义之进化》（6月11日起），《马克思社会主义之理论的体系》（8月5日起）等长文；也发表了刘秉麟（南陔）的《社会党泰斗马格斯之学说》（5月12、13、14日），《社会主义两大派之研究》（6月23、24日），《社会改良与社会主义》（7月7、8日）等。在《解放与改造》上，张东荪亲自撰写了《罗塞尔的“政治理想”》（1卷1号）、《奥斯氏社会主义与庶民主义》、《为什么要讲社会主义》（1卷7号）等文章，其中以《我们为甚么要讲社会主义》最为著名。

1919年12月，张东荪在《解放与改造》上发表了《我们为甚么要讲社会主义》的长篇对话体文章，除了解释自己介绍社会主义的动机外，较全面地阐述了他所介绍的社会主义的内容：

在张东荪看来，社会主义本身是多方面的，不是一个单纯的经济问题，也不是一个单纯的生活问题，更不是一个单纯的阶级问题，“社会主义乃是一种人生观与世界观——而且是最进化最新出的人生观与世界观。”作为一种社会改造的学说，是要改造人的全体生活——从个人生活到全体生活，从精神生活到物质生活，都要改造。“是总改造，不是特改造。”[2]

---

[1] 张东荪：《与君劢、子楷、百里、振飞四兄书》，1919年4月，《梁启超年谱长编》，第893页。

[2] 张东荪：《我们为甚么要讲社会主义》，《解放与改造》第1卷7号，1919年12月1日。

正是基于对社会主义含义的这种理解，张东荪虽然也承认社会主义发展到马克思时便得到了“科学的基础”，但指出：若是说社会主义以马克思的学说为止境，“无论什么人都不能承认这句话”。他认为，“现代的社会主义是经过无数的修正，无数的扩充的最后结果，不单是马克思一人的学说了。”张东荪对马克思的社会主义作了自己的修正和发挥，提出了所谓“浑朴的社会主义”。他说：“说到这里，便知道我们主张社会主义既不像工行的社会主义（Guild Socialism 前译为自活的社会主义似不甚妥）建立一个全国的工行（National Guild）；又不像多数的社会主义（Bolshevism）组织一个无产者专制政治（Proletarian Dictatorship）；更不像无治的社会主义（Anarchism）废去一切机关；复不像国家的社会主义（State Socialism）把所有生产收归国有。乃是浑朴的趋向，却是唯一的趋向。……这个趋向就是逆现社会的——现社会的逆向。”

张东荪不满意马克思只注意社会物质生活上的改造的观点，认为社会主义的改造应该包括精神生活方面的改造在内。“因为单纯主张经济改造的社会主义一旦实行到实际上，便需要二个条件，一是非把个人的精神生活改造不可。二是非全地球的旧制度一齐推翻不可。”这样，社会主义便是从“唯物主义”移到“精神主义”；从“一阶级主义”移到“全世界主义”。“因为精神方面的思想不解放，道德不改造，那物质方面的经济组织是不能改造的。又因为世界上全部的旧制度不推翻，一个阶级的障碍是去不掉的，既然是精神解放与世界改造，那便不是一个阶级的事，乃是各阶级共通的事了。”[1]

基于这样的分析，张东荪断定：中国目前所采取的社会主义，便只能是一个“浑朴的趋向”，而不能是具体的社会主义制度。张东荪认为，既然社会主义首先一种新的人生观和宇宙观，是一种精神上的革命，然后才是一种社会制度，那么实行社会主义的第一步，是进行精神上的改造，然后才是物质上的具体制度的改造。因为中国社会发展的程度远较欧洲为低，还远远没有到达“选择制度的境地”，所以，中国人的第一步“用不着做具体的规画，但要提倡一种社会主义的人生观与宇宙观，先使中国人的精神革了命再说。不久到了第二步，自然就有讨论具体制度的必要了。”这样，中国目前所采取的社会主义，便只能是一个“浑朴的社会主义”：“我们只能定方向，而不能定以后的步骤。因为步骤不能预定，非走了第一步，不能有第二步。”目前的当务之急“就应当先把第一步的工夫做完了，不必急急讲第二步。”[2] 即用社会主义人生观进行精神上的改造，而不必采用社会主义制度。

[1] 张东荪：《我们为甚么要讲社会主义》，《解放与改造》第1卷7号，1919年12月1日。

[2] 张东荪：《我们为甚么要讲社会主义》，《解放与改造》第1卷7号，1919年12月1日。

这样，张东荪十分明白地宣布了自己努力介绍社会主义的动机和所要介绍的社会主义的主要内涵："我们讲社会主义不是从物质方面破坏现在的制度入手，乃是从精神方面传播一种新思想、新道德、新人生观、新生活法入手，也就是先从打破现在社会上资本主义的习惯入手。不是对于中国问题做单独解决，乃是对于中国问题用解决全体人类问题的共通方法去解决他。不是对于中国前途的自然破坏去促进他，乃是预先指出将来所不能逃避的自然破坏起来了以后的建设方向。所以不是专讲未来而抛却现在，也不是专讲世界而忘记中国。"[1] 中国现在所应努力的，只是朝着"社会主义"这个浑朴的趋向渐进，致力于文化运动，为将来采取社会主义的具体制度奠定基础，而不必进行具体的社会主义运动，更不应进行社会主义革命。

由此可见，张东荪在当时所宣传的社会主义，并不是马克思的社会主义，而是所谓"浑朴的社会主义"。这种"浑朴的社会主义"，表面上对马克思主义的观点的修正，而实际上是一种温和型的社会主义，是一种资产阶级社会改良主义。张东荪对马克思主义"过分强调物质而忽视精神"、"过分强调一个阶级的事而忽视各阶级共通的事"、"单纯的经济改造"等观点进行了猛烈的批评，用所谓"精神主义"、"世界主义"、"道德主义"和"互助主义"来改造马克思主义，实际上抛弃了马克思主义的革命本质，将其"修正"为一种适合资产阶级口味的社会改良学说。同时，他所强调的"因为精神方面的思想不解放，道德不改造，那物质方面的经济组织是不能改造"的观点，很明显地暴露了其唯心主义的本质。

张东荪对马克思主义的批评，其中有很多误解和歪曲之处，但在当时未引起马克思主义者必要的批评。这主要是因为：当时人们对于社会主义的认识正处于十分幼稚的水平上，尚缺乏对于各种社会主义应有的辨别力。对于当时人们对社会主义模糊的认识的情况，瞿秋白的比喻最能说明问题："社会主义的讨论，常常引起我们无限的兴味。然而究竟如俄国19世纪40年代的青年思想似的，模糊影响，隔着纱窗看晓雾，社会主义流派，社会主义意义都是纷乱，不十分清晰的。"[2] 也正是在这种思想界普遍缺乏必要辨别力的特殊条件下，张东荪不仅成为当时介绍和主张社会主义的风云人物，而且他一度被陈独秀邀请为中国共产党的发起人。然而，张东荪所主张的"浑朴的社会主义"，与马克思主义有着天壤之别，他与李大钊、陈独秀等马克思主义者实际上已经存在着巨大的思想分歧。随着社会主义思潮在中国介绍的深入、马克思主义在当时思想界的广泛传播、人们认识的深刻和辨别力的增强，

[1] 张东荪：《我们为甚么要讲社会主义》，《解放与改造》第1卷7号，1919年12月1日。

[2] 瞿秋白：《饿乡纪程》，《瞿秋白文集》第1集，人民出版社1954年版，第23～24页。

张东荪与马克思主义者关于社会主义问题上的这些分歧，便不可避免地暴露出来。

这种思想上的分歧，最初体现在张东荪与陈独秀等人筹备成立中国共产党的实际活动中。

五四时期，张东荪是介绍社会主义思想的著名人物之一，也是在当时上海思想文化界和新闻界颇有影响的人士。他与陈独秀、李达、茅盾（沈雁冰）、周佛海等人保持了较好的关系。所以，当1920年陈独秀在上海筹备成立共产主义小组时，张东荪也被邀请。

1920年春，共产国际代表吴庭斯基来华，在北京先会晤了李大钊，商讨了在中国建立共产党的事宜。由李大钊介绍，吴庭斯基来到上海，会晤了在上海的陈独秀。李负责在北方筹建共产主义小组，陈独秀负责在南方筹建共产主义小组。当时上海思想文化界介绍新思潮、鼓吹社会主义的著名期刊，有陈独秀主办的《新青年》，张东荪主办的《学灯》和《解放与改造》，沈玄庐主办的《民国日报》副刊《觉悟》及戴季陶主编的《星期评论》等。当时，吴庭斯基有意让陈独秀、张东荪、沈玄庐、戴季陶等人出面，利用他们在上海思想文化和新闻界的广泛影响，联络一批激进的鼓吹社会主义的青年，发起成立中国共产党。1920年4—5月间，张东荪参加了维经斯基和陈独秀召集的关于建立共产党的秘密聚会。然而，在酝酿过程中，张东荪认为，中国远远不具备实行共产主义的条件，更没有实行马克思主义的社会基础，所以，不赞同立即在中国建立共产党，进行社会主义的实际运动。这样，在参加了几次秘密商谈后，张东荪便退出了建党的筹备工作。

关于张东荪参加酝酿组织中国共产党的情况，周佛海在《扶桑笈影溯当年》中回忆说：1920年夏，“张东荪告诉我，陈仲甫（独秀）要见我。仲甫本是北大教授，主办《新青年》鼓吹新思想，为当时的当局所忌，所以弃职来沪，《新青年》也迁沪出版。有一天，我和张东荪、沈雁冰，去环龙路渔阳里二号，去访仲甫。当时有第三国际远东代表俄人维丁斯基在座。维丁斯基当时讲话的大意是：‘中国现在关于新思想的潮流，虽然澎湃，但是第一、太复杂，有工团主义，有社会民主主义，有基尔特社会主义，五花八门，没有一个主流，使思想界成为混乱局势；第二、没有组织，做文章、说空话的人多，实际行动，一点没有。这样决不能推动中国的革命。’”所以，维丁斯基“希望我们组织‘中国共产党’”。“当天讨论，没有结果，东荪是不赞成的，所以以后的会议，他都没有参加。我和雁冰是赞成的。经了几次会商之后，便决定组织起来。”在《我逃出了赤都武汉》一文中，周佛海又回忆说：当时，张东荪约他一起面晤陈独秀等人，“当时同他（指张东荪——引者）到环龙路渔阳里二号晤陈，这是我会见陈独秀的第一次。当时谈话的人，除我及张、陈二人外，还有沈雁冰（即茅盾）和第三国际代表吴庭斯基及翻译杨明斋等。”“谈话时，吴庭斯基主张中国即刻组织共产党，张东荪似不赞成，他和沈未发言。后来陈独秀又约我谈话，说上海方面有邵力子、沈玄庐、陈望道、李汉俊等人，均主张即刻组织，请我加入，我便答应了。”[1]

后来，张东荪在回忆自己参加中国共产党的筹建工作时说：“在民国十三年光景，我和陈独秀先生来往甚多，彼时他们虽明知我是赞成社会主义，但在组织共产党的时候却不敢来约我，因为他们亦未尝不知我反对在这样工业未发达的中国鼓动阶级斗争的罢工与怠工。所以我始终是一个‘非党派者’。”[2]

张东荪虽然参加了中国共产党的发起工作，但由于他认为中国根本就不具备建立无产阶级政党的经济和阶级基础，所以反对组织共产党；他虽然宣传和介绍社会主义，但根本反对在目前便实行社会主义运动，所以与陈独秀等马克思主义者在社会主义问题上的分歧很突出地暴露出来了。这样，张东荪很快便退出了上海共产主义小组的筹备工作，继续鼓吹其“温和型”的社会主义，从而加剧了与马克思主义者的思想冲突。

内地旅游得“教训”，引发社会主义论战

张东荪退出了中国共产党的筹建工作，本已引起了那些倾向马克思主义的朋友们的不满，也表明张东荪与陈独秀等马克思主义者间关于社会主义的理解上有着巨大的分歧。这种分歧，到1920年下半年达到白热化，终于爆发了影响巨大、意义深远的“社会主义论战”。

1920年10月，英国著名哲学家罗素应讲学社的邀请来华演讲，张东荪负责接待。他对罗素来华抱有极大的期望，希望倾向温和的社会主义的罗素能够为中国指出一条光明的出路。继陪同罗素到杭州、南京等地游历和演讲后，按照预先的计划，张东荪与杨端六等人又亲自陪同罗素到湖南演讲。湖南经济的落后、官吏的横行等现实，给张东荪留下了非常深刻的印象。11月初，当张东荪回到上海后，立即在《时事新报》上发表《由内地旅行而得之又一教训》的时评。

张东荪根据他到内地的实际观察，认为“中国的唯一病症就是贫乏，中国真穷到极点了”，“中国人大多数都未经历过人的生活之滋味。”这样，中国所要努力的方向，自然“当在另一个地方”，即应该是“使中国人从来未过过人的生活的，都得着人的生活，

[1]《陈公博、周佛海回忆录合编》，香港春秋出版社1967年版，第113～114、139～140页。

[2] 张东荪：《理性与民主》序论，上海，商务印书馆，1946年。

而不是欧美现成的甚么社会主义、甚么国家主义、甚么无政府主义、甚么多数派主义等等”。他引述了罗素、舒新城和陈筑山对中国问题的意见和感想后说出了自己的看法:“救中国只有一条路,一言以蔽之,就是增加富力。而增加富力就是开发实业。”[1]这是张东荪通过内地旅行而得出的“很切实的”教训。故此,他劝告那些倾心于宣传社会主义者不要好高骛远,而应把重心放在实际上。

救中国的道路不是“空谈主义”,而是“开发实业”、“增加富力”,这既是张东荪自己得到的宝贵教训,是他对自己过去大讲社会主义的自我批评和忏悔;同时,也是对当时积极宣传社会主义学说的人们的忠告。这篇小文,表明张东荪的思想突然发生了转折,由大谈社会主义变为攻击社会主义,由大力宣传社会主义一下子变为发展实业。尽管从张东荪思想发展的情况来看,张东荪提出这样的意见是顺理成章的,但如此公开地批评社会主义宣传活动,是那些正在积极为成立中国共产党进行筹备的马克思主义者所不能接受的。他们一致认为:张东荪的思想后退了,应该给予坚决的批评。更让社会主义者恼火的是,张东荪一度是高谈社会主义的人,现在突然不仅不谈了,反而认为谈社会主义是错误的,并批评社会主义者所进行的宣传工作,这是他们不能容忍的。于是,张东荪的文章刚发表,便受到马克思主义者的猛烈批评。

11月7日,李达便署名“江春”,在《民国日报》副刊《觉悟》上发表《张东荪现原形》,斥责张东荪是个“无主义无定见的人”,只会“学时髦”,“说几句言不由衷的滑头话”。该文充满了对张东荪态度转变的愤恨和不满,对张东荪所谓增加富力、开发实业、使大家都过上人的生活的观点进行批评。但并没有太多的理论色彩,只是表明了马克思主义者的批评态度而已。

同日,陈望道在《觉悟》上发表《评东荪君底〈又一教训〉》,将张东荪的《我们为甚么要讲社会主义》与《又一教训》作比较,用前者来批评后者,对张东荪提出了一连串的质疑,认为张东荪的思想“转向”了,而《由内地旅行而得之又一教训》的时评“就是转向的宣言”[2]。他与李达一样,只是对张东荪提出了批评和质问,即“两君有一相同点,即都根据东荪君平日主张社会主义的论文施以反诘,”[3]还没有从正面提出自己的意见。

次日,邵力子在《觉悟》上发表《再评东荪君〈又一教训〉》,除了批评张东荪

[1] 张东荪:《由内地旅行而得之又一教训》,《时事新报》1920年11月6日。

[2] 陈望道:《评东荪君底〈又一教训〉》,《民国日报》副刊《觉悟》,1920年11月7日。

[3] 邵力子:《再评东荪君底〈又一教训〉》,《觉悟》1920年11月8日。

的观点外，明确提出了马克思主义者与张东荪分歧的关键问题：“中国贫乏的原因在那里？谈论甚么社会主义等是否足为开发实业的障碍？”他不反对张东荪所说的“增加富力”与“开发实业”，而且也认为这是必要的，但认为问题的关键不在是否增加富力和开发实业，而在用什么方法去开发实业。他说：“因为‘增加富力，开发实业’，在谈论社会主义的人，不但从来没有反对过，并且也认为必要；不但认为救现在的中国应当如此，并且认为谋人类幸福本须如此。社会主义者和资本主义者不同的地方，只在于用什么方法去增加富力、开发实业，而不在应否增加富力、开发实业的问题。现在社会主义者，都能预想到社会主义实行以后，工业怎样普遍发展的情形，并且深信，要在社会主义下面的开发实业，方才能使一般人都得着‘人的生活’。”邵力子主张用社会主义的方法来开发实业。这样，便开始接触了问题的实质。

张东荪在《由内地旅行而得之又一教训》中提出了“开发实业”的问题，但并没有明确指出开发实业的方法。由于他不主张谈社会主义、国家主义等等，便使马克思主义者误认为他是不主张用社会主义的方法。因为没有提出用社会主义的方法，实际上是仍用资本主义的方法。陈望道在《评东荪君底〈又一教训〉》中，已经提出了此质疑：“东荪君！你现在排斥一切社会主义……却想‘开发实业’。你所谓‘开发实业’，难道想用‘资本主义’吗？你以为‘救中国只有一条路’，难道你居然认定‘资本主义’作唯一的路吗？”而邵力子则对用资本主义的方法开发实业的观点进行了更激烈的批评，说明只有社会主义方法开发实业后，才能使大家都能过上人的生活，否则只能造成更多的罪恶。他说：“东荪君难道也认定了社会主义便不能开发实业么？中国穷到极点，原因在那里，是由于谈了社会主义的缘故么？振兴实业的话，也不知使了多少年，东荪君不去推求所以至今贫乏的原因，偏要归罪于一二年来谈论主义的人么？中国除了开发实业以外无以自立，这是小学生也知道的，用不着引用罗素先生底话。……现在中国穷到极点，和谈论社会主义毫不相干，谈论社会主义者也正急欲救穷；这种很浅显的道理，我敢断定东荪君也是很清楚的。”[1]

李、陈、邵三人对张东荪的批评，表明了马克思主义者的立场，使他们与张东荪关于社会主义问题的分歧公开化。他们所以要对张东荪进行批评，旨在坚持社会主义宣传的必要性，坚持只有社会主义能够救中国。不仅将来需要社会主义，而且现在照样需要社会主义。但公正地说，他们对张东荪的批评有失公允。事实上，张东荪此时并未反对社会主义道路，更没有排斥和诅咒社会主义。

---

[1] 邵力子：《再评东荪君底〈又一教训〉》，《觉悟》1920年11月8日。

张东荪在受到李达等人的批评后不久，便著《大家须切记罗素先生给我们的忠告》，一则补充说明他在上文中的意见，二则作为对李、陈、邵等人的答复。张东荪引述了罗素在“讲学会”的答辞中谈到的有关中国问题的话，“中国第一宜讲教育，使无知识的有知识，使有知识的更进一层。第二是开发实业救济物质生活。至于社会主义不妨迟迟。”根据罗素的话，张东荪提出了自己的意见：“我对于教育与实业两层自然是完全赞同，至于劳农主义，我以为不患他不实现，而只患他实现得太早，故很以罗素先生的话为然。”他承认自己的主张没有新意，但这种主张“贵在实行”，他呼吁大家应该切记罗素的话“而要去切实的实行”[1]。可见，张东荪并没有从正面反对社会主义，而是强调先发展教育和实业，至于社会主义的理想，则不妨迟迟。

张东荪的时评发表后，也立即引起了陈独秀的关注，陈独秀致函张东荪，提出了两个问题：“(一) 社会的工业有没有成立的可能性？(二) 先生所谓在通商口岸与都会理得着‘人的生活’的，到底有多少人，这班人属何阶级，他们是否掠夺他人之劳力与得此较好的生活？”1920 年 12 月，陈独秀在《新青年》8 卷 4 号上开辟了“关于社会主义的讨论”专栏，刊出了讨论社会主义的文章和通信 13 篇。除了上述 4 篇外，还有《正报》记者爱世先生的《“人的生活”训》，陈独秀致罗素先生的信，张东荪《答高践四书》，张东荪的《长期忍耐》，张东荪的《再答颂华兄》、张东荪的《我们与他们》、杨端六的《与罗素的谈话》、张东荪致陈独秀的信，以及陈独秀复张东荪底信等 9 篇。其中以陈独秀与张东荪间的书信最重要。

张东荪在致陈独秀信中，发挥了他在《又一教训》上的观点，认为中国的急务是发展实业，第一次公开提出了增加富力的方法：“我以为中国现在贫困到极点了，第一个急务就是增加富力。至于增加富力的方法，或用 Cooperation 或用资本主义，不妨各据当地的情势而定。在这种现状之下，中央政府与地方政府（省与县）绝对不会变成强有力；政府而不能强有力，则劳农主义永远不能实行。所以我们不能拿欧洲何种现成的(三字下有圆点)主义来无条件地应用。”他将自己的意见归纳为四点：“一、我不相信以地域如此广大交通如此不便之中国，能实行一种主义。我以为中国以后总不外乎地方自决。二、勿论地方如何自决，而以中国民族的根性与时代的趋势，决不会产生强有力的地方政府。无强有力的政府，则劳农主义不能全部实行。三、中国物力太穷乏，而穷乏的原因不是纯由于资本主义。故救穷乏也不当专在打破资本主义一方面下工夫。四、但我深信外国资本主义是致中国贫乏的唯一原因。故倒

[1] 张东荪：《大家须切记罗素先生给我们的忠告》，《新青年》第 8 卷 4 号，1920 年 12 月 1 日。

外国资本主义是必要的。若以倒国内资本主义而为倒外国资本主义之手段，其间是否有密切的关系，我尚未敢断言。”[1]

张东荪回避了陈独秀提出的两点问题，所以，陈独秀颇不满意：“先生来信对于我质问底这两要点没有回答一字，却把论点移到地方自决、物力穷乏、外国资本主义上去，我实在有点失望。”实际上张东荪认为，中国并不排除用资本主义的方法发展实业的可能，宣传社会主义，从事社会主义运动，打倒国际资本主义，并不一定要打倒中国幼稚的资本主义。

陈独秀在回复张东荪信中，断定张东荪与杨端六、罗素一样，也是持只有资本主义才能发展中国实业观点：“但杨端六先生、罗素先生虽然不相信资本主义完全是好，同时又觉得政府及劳动阶级都不可靠，结果仍归到资本家，仍只有希望资本家来开发实业，好补救国民一般的贫困；而且不经过资本主义的阶级，不能实现社会主义。就是先生底意见也是如此。”针对张东荪提出的这个关键问题，陈独秀提出了自己的意见：“如果说中国贫穷极了，非增加富力不可，我们不反对这话；如果说增加富力非开发实业不可，我们也不反对这话；如果说开发实业非资本不可，且非资本集中不可，我们不但不反对这话而且端端赞成；但如果说开发实业非资本主义不可，集中资本非资本家不可，我们便未免发笑。”因为资本和资本家是不同的。他向张东荪提出了三点质问，（一）同是中国人，何以政府及劳动阶级都不可靠，只有资本家可靠呢？（二）有资本主义渐渐发展国民的经济及改良劳动者的境遇以达到社会主义，这种方法在英、法、德、美文化已经开发政治经济独立的国家或者可以这样办，像中国这样知识幼稚的民族，外面政治及经济的侵略又一天紧迫似一天，若不取急进的 Revolution，时间上是否容我们渐进的 Evolution 呢？（三）既不赞成用革命手段集中资本来实行社会主义的生产制，而中国的资本家“向有不愿以财产充资本之习惯”，那么“先生等所迷信的资本主义，仍是一个空中楼阁；而先生等又不欢迎外国资本主义，将以何法来开发中国底实业呢？”[2] 很显然，这三点是张东荪与陈独秀为代表的马克思主义者在“社会主义论战”中激烈争论的焦点问题，也是张东荪与陈独秀等人思想分歧的关键所在：“却是我们重要的争点。”[3]

陈独秀对这些问题，提出了马克思主义的见解：中国可以通过社会主义的方式开发实业，根本不可能用资本主义方式发展中国实业。他说：“所谓中国资本家都

---

[1] 张东荪：《东荪先生致独秀底信》，《新青年》第 8 卷 4 号，1920 年 12 月 1 日。
[2] 陈独秀：《独秀复东荪先生底信》，《新青年》第 8 卷 4 号，1920 年 12 月 1 日。
[3] 陈独秀：《独秀复东荪先生底信》，《新青年》第 8 卷 4 号，1920 年 12 月 1 日。

直接或间接是外国资本家底买办，只能够帮着外国资本家来掠夺中国人，只望他们发达起来能够抵制外国资本家，能够保全中国独立，再过一两世纪也没有希望。”[1]在致罗素的信中，陈独秀又说：“我个人的意见，以为资本主义虽然在欧洲、美洲、日本也能够发达教育及工业，同时却把欧美、日本之社会弄成贪鄙欺诈刻薄，可以良心了；而且过去的大战争及将来的经济的大革命都是资本主义之产物，这是人人都知道的。幸而我们中国才创造教育、工业，在资本制度还未发达的时候，正好用社会主义来发展教育及工业，免得走欧美、日本底错路。”[2]

这样，陈独秀便将马克思主义者关于“社会主义论战”中所持的基本观点阐发出来了。

陈独秀在《新青年》上辑刊了《关于社会主义的讨论》后，马克思主义者与张东荪社会改良主义者关于社会主义的论战便激烈地展开了。

采用资本主义发展实业，鼓吹基尔特社会主义

1920年12月15日，为了答复陈独秀等马克思主义者的批评和质问，经过认真的思考和研究，张东荪在《改造》3卷4号上发表了《现在与将来》的长文，该文是张东荪对与自己社会主义的主张“做一个比较的正式说明”[3]，他“折衷历史的自然阶段说与理想的人为创造说，调和性善的人生观与性恶的人生观”[4]，全面、系统地论述了他在这场“社会主义论战”中的总观点：用资本主义发展中国实业。

在提出自己的主张之前，张东荪首先分析了中国社会的现状和发展的趋势，然后指出了中国所应走的道路。所以，张东荪在《现在与将来》中主要回答三个问题：一是中国现状是什么？二是从现状的潜伏趋势里推测未来呈何状？三是我们的使命是什么？

第一，中国的现状是“四病”交加。张东荪认为，中国社会存在着四种病症：大多数人民无知识，和原始人类的状态差不多，张东荪称其为“无知病”；大多数人民困于生计，因本来物产不丰，加以连年天灾人祸，以致愈贫，张东荪称其为“贫乏病”；自民国以来，连年内战，以致兵匪增多，张东荪称其为“兵匪病”；自前清以来，关税、外交完全失败，外国的国家主义与资本主义合而为一，以压倒中国，张东荪称其为“外力病”。这四种病症，

[1] 陈独秀：《独秀复东荪先生底信》，《新青年》第8卷4号，1920年12月1日。

[2] 《新青年》第8卷4号，1920年12月1日。

[3] 张东荪：《一个申说》，《改造》第3卷6号，1921年2月15日。

[4] 张东荪：《现在与将来》，《改造》第3卷4号，1920年12月15日。

对中国社会影响极大，“无知病”和“贫乏病”，使中国没有形成市民社会，工人、商人数量很少，都不成为有力的阶级，所有的只是处于愚昧状态的农民与人性变态的兵匪；“兵匪病”造成了军阀当道；“外力病”使中国全在外国经济力压服之下，国内民族产业不易发展。在这“四病”中，“无知病”和“贫乏病”是根本的，“外力病”对中国社会起了推波助澜作用，而“兵匪病”则是对中国社会危害最严重的病症，阻碍中国社会进步的主要障碍，也是目前需要解决的主要问题。张东荪的分析，揭示了当时中国社会的一些实情，不能说全无道理，但这些只是社会现象，而不是社会的本质。为何会造成这四种病症?张东荪并没有说明。

第二，关于中国未来发展的趋势，张东荪认为中国不能发生社会主义运动，而只能对劳动者进行改良；中国所走的道路只能是协社主义与资本主义并行的道路；资本主义是利在目前而害在将来。他说：“我从现状中潜伏的原因上推测将来有两种趋势：一，渐造绅商阶级的趋势；二，爆发伪劳农革命的趋势。一缓一急；一必然一可能。”[1]

张东荪在对中国社会发展的趋势进行观察后认为，在四病中，“兵匪病”是最严重的，但社会发展的趋向是军阀趋于分裂并日趋末路，“其消灭之路有二种：一，一部分蜕化为财阀，而他部分为新兴阶级所灭；二，为等于军阀者所灭。”前者是平和的或渐进的，后者是革命的或急变的。他认为，打倒军阀只能用渐进的方式，而又必须依靠正在发展中的“中产阶级”——绅商阶级。他说：“我近年觉中国各地的商会渐渐地增加势力，而交通口岸的商会尤有能力。试看现在的自治运动，便是中产阶级渐起的明证。”中国正在兴起这种新兴阶级，张东荪称之为“财阀”。他们虽有一部分由军阀蜕化而来，但它却是打倒军阀的现实力量，也是中国发展实业的主要依靠者。“我们还要晓得财阀必定亦有和军阀开战的时候，必定亦有一部分军阀是灭在财阀手里，因为财阀可用经济力制垂毙的军阀之死命。更有一因，就是中国的实业，不论中国自己开发与否，外国总是要来大开发而特开发的;不过外国势力一来，中国自己的企业亦必乘势而蜂起。到那时，外国的势力便不啻给中国财阀以保障与后盾，则末路的军阀更无法相抗了。”即财阀与外国的势力合作而制服军阀。“我预料新银团必成，铁路统一必成，这便是外国势力助中国实业家以打军阀的。”这样，财阀与“外力”合作而倒军阀，是一种缓慢发展的趋势[2]。

张东荪分析说，由于绅商阶级“在其迟迟而行的中途”，而“人民贫乏太甚，求

---

[1] 张东荪：《现在与将来》，《改造》第3卷4号，1920年12月15日。

[2] 张东荪：《现在与将来》，《改造》第3卷4号，1920年12月15日。

食不得,不能久持,” 所以,极有可能发生劳农主义。然而,由于中国缺乏实现真正劳农主义的阶级、经济和社会基础,这样的劳农主义必定是“伪劳农主义”。他说:“论到中国,劳动阶级除了交通阜头因为有少数工厂才有工人以外,简直是没有。况且他们要发生阶级意识还不知要经过多少次经验的教训。在他们的阶级意识未生以前,这种未自觉的劳动者,人数又少,直不能有何势力。”又说:“而况现在中国市民阶级方在将自觉而未自觉之间,正想创造成一个阶级,则劳动阶级比较知能低下,当然自觉更要迟一步了。”所以,现在中国根本不具备这种主义实行的条件,若要实行,只会导致伪劳农主义。他反复强调:“中国现在离劳动阶级的完成与自觉尚早,所以纵有人热心运动,然只能缩短程途,而断不能一跃而跻。这是说真正劳动者的国家之组织尚早。”目前实行社会主义是不可能的。至于组织无产阶级的政党,更是无从谈起。他认为,“党是代表那阶级的,若他背后没有阶级,必不成立。”[1] 中国根本就没有有力的劳动阶级,也就谈不上组织无产阶级的政党——中国共产党。

基于这种分析,张东荪更坚决地反对在中国实行无产阶级专政。他认为,中国根本上就不具备实行“狄克推多”(无产阶级专政)的条件,因为:一,国中无人有狄克推多之资格。二,狄克推多不是自己一个人要做即可做的,必须有相当的拥戴者,方能压制反对者。中国劳动阶级为数极少,决不能为拥戴者,即拥戴亦无实力。三,中国民族的根本性虽有狄克推多的倾向,然仍有一个相反的倾向潜伏于其背后。近来加以民治的潮流与自由的呼声,此暗礁乃渐大,必有充足的能力阻狄克推多制之成立。四,近来的新趋势是分化,——由国治降为省治,由省治降为县治,——此趋势与狄克推多相反。五,中国向来没有强固的社会组织可供利用,无法提纲挈领。所以“狄克推多的劳农制不能发生”,如果发生,由于“中国民族的根性最怕大更张”,“中国人习惯向来是求速效,立即反对”和“外国的压迫”三方面的原因,其“必是昙花一现”。

因此,张东荪断言:“真的劳农制度决组织不成,而伪的劳农革命或可一度发生。”一旦伪的劳农革命发生,将会给中国造成严重的灾难,“不能福民而必定是害民”,“不过在已过的许多内乱上再添一个内乱罢了。”“伪劳农主义万一发生,必是纯粹破坏的,绝难转到建设方面,不过在许多内乱上加一个内乱罢了。”[2]

第三,通过上述的分析,张东荪提出了解决中国社会问题的方案。他认为,中国现在既有贫乏病,则开发实业为唯一之要求。用什么方式来开发实业呢?张东荪

[1] 张东荪:《现在与将来》,《改造》第3卷4号,1920年12月15日。

[2] 张东荪:《现在与将来》,《改造》第3卷4号,1920年12月15日。

的回答是明确的：不排除资本主义方式。他说："虽开发实业不限于资本的企业，然在中国现状之下，真正的政治集权共产主义，如俄国劳农制度，决不能发生，则除了资本的企业以外，只有协社的企业。须知协社的企业既然可在资本主义下实行，便是与资本主义可以并行。协社主义既然不能驱逐资本主义，则资本主义以外外国势力的后盾与固有的基础，加以经济学上的原则，必定发展。所以在开发实业以裕民生的大要求下，我们虽可极力提倡协社，然而无法阻止资本主义的进行，这一点是须大注意的。"

为什么要采用资本主义?他认为主要有两方面原因：一是用资本主义发展实业，对于"增加富力及于一班人民"都有好处，"不能说只有资本家得利而贫民丝毫无所增"；对于中国"求生不得"的人民来讲，"即使资本主义的企业发达，终是利在目前而害在将来。我们没有法子破坏他的缘故，亦就在他能利于目前。我们若在此时即破坏他，便是我们认题未清"。二是资产阶级是将来打倒军阀的主要力量，发展资本主义，就是顺应"绅商阶级"渐造的趋势，逐步增大其力量，渐渐地消灭军阀势力。他说："我们对于军阀的推倒丝毫无能力，而能倒军阀的只有他们，因为他们乘着国内的要求与外国的势力，其来不可侮，而有制军阀死命之能力。"三是绅商阶级发展后，劳动阶级也随之壮大，为将来实行社会主义提供必要的基础。他说："我们须得认清这种趋势虽决不是福利人民，但不能说他没有增加富力的事。我们认定这种趋势只是把阶级分明起来，造成一个绅商阶级（即市民阶级，不过市民二字译得不切，亦就是第三阶级），同时造成一个劳动阶级，而把求为劳工而不得的人吸收进去，却是他的好处。"其好处就在于使劳动阶级因资本主义的发展而壮大。四是资本主义虽受到打击，但它是人类社会必经的一个历史阶段，加上世界范围内的社会主义运动未必会兴起，所以，资本主义生产方式仍会对中国产生极大影响，发展实业，非采取资本主义的方式不可。"在生产太缺乏的中国现状下，资本主义的机器生产，实是竞争中之第一优胜者，无论什么他都胜过去的。所以外国经济力能势如破竹而来，便是明证。加以各国共产主义的革命，在近数年内未必发生，则世界的资本主义未消灭一天，则中国一天势必顺着此轨而进。以上是说在开发实业的大要求下，资本主义、机器生产的工厂必日增一日，乃是不可抗的。这事不论我们愿意不愿意，愿意亦是如此，不愿意亦是如此，乃是一个自然的趋势。"[1]

这四方面的原因，决定了中国要发展实业，必须采用资本主义方式。所以，张

[1] 张东荪：《现在与将来》，《改造》第3卷4号，1920年12月15日。

东荪告诫社会主义者说，目前最急要的问题是如何打倒军阀，发展实业。对此，社会主义者应该有自知之明：一是须知自己没有打消军阀的能力；二是须知对于应付贫乏病、以增加生产力，“虽有方法却不及人家的来得有速效。”他强调说：“我们当有自知之明，我们无力打倒军阀而只能眼看军阀与绅商阶级的瓜代；我们无力阻止绅商阶级的发生，纵我们极力鼓吹劳农主义亦不过引起一个伪劳农革命。”所以，现在还不是进行社会主义运动的时代，社会主义“对于现在尚是不合宜”。他批评马克思主义者现在就实行社会主义的观点，认为：“现在中国就要实行社会主义，似乎太越阶了。”而合宜于现在的,就是顺应造成绅商阶级的趋势,发展中国的资本主义。

但资本制度下的生产的确有许多的弊端，如何解决?张东荪显然站在资产阶级的立场上，为资本家辩护：“现在人只听工人一方面的话，自然是只看工人的苦痛。若问一问彼资本家，必亦有一大篇话未尝不是句句实情。在现行制度下，亦不能十二分苛责资本家，因为从井救人总不是人的常性。”他认为，中国企业的所以不能发达原因，全在工头一类的人从中作恶。解决劳资矛盾的方法，便是采用所谓“温情主义”，如资本家在他的工厂里设补习学校、定出分红制度、设立疾病保险金与老年抚养金、在厂里设娱乐的地方等等。“所以我认温情主义比工厂立宪主义在现在中国为有益于工人。”“对于现在的中国却不能不算最适宜。”[1] 这样，便既采取了资本主义方式，又逐渐避免了资本制度的弊端。

这样，目前只有两条出路可供选择，一是现在即宣传社会主义、劳农主义，并进一步组织团体；二是在静待中选择几件基础事来做。前者是陈独秀等马克思主义者所选择的，张东荪认为这是在“制造伪劳农革命”，因而是他坚决反对的，他所选择的自然是后者。张东荪强调，在“静待”中，我们可以做四方面的事来为将来的社会主义实行作准备：一是普通的文化事业，即授人以基本知识、打破旧思想、旧习惯、陶养人格，忠实地介绍西方各种学说和主义；二是推行广义的教育事业，向一般人民普及知识，开发民智；三是切实地研究社会主义学说，做好实行社会主义必要的理论准备；四是协社的实行，他认为“消费协社愈需要，差不多消费协社是唯一的急需物了”。[2]

从表面上看，张东荪的这些主张，与他在《第三文明》中的观点已有了很大的转变。所谓第三文明，指继“习惯与迷信的文明”和“自由竞争的文明”后的“互助与协同的文明”，它显然是指社会主义思潮。但是，到了 1920 年 11 月后，张的思想已

[1] 张东荪：《现在与将来》，《改造》第 3 卷 4 号，1920 年 12 月 15 日。

[2] 张东荪：《现在与将来》，《改造》第 3 卷 4 号，1920 年 12 月 15 日。

经变化了，认为当务之急不是鼓吹社会主义思想，是发展实业，而发展实业的方式就是采用资本主义。张东荪在《现在与将来》中集中阐述的，正是先发展资本主义，而后才能实现社会主义的见解。

若将张东荪的观点与一年前发表的《我们为甚么要讲社会主义》作一比较，便可以看出：在用社会主义还是资本主义发展实业的问题上，张东荪思想的确发生了变化。1919 年 12 月，张东荪在讲到社会主义与发展实业的关系时，不同意将社会主义与发展实业对立起来的观点，认为“提倡实业是正路，社会主义是空谈”的见解是错误的。他分析说，“西方各民族用了组织力来压迫我们：就是那政治方面的国家主义与经济方面的资本主义合并来征服我们。我们好像被一块大石压着，没有活动的余地。在这样的情况下，单靠中国自身发展实业是不现实的，必须在世界上打倒资本主义的压迫才行，这样，便不能不提倡社会主义，抵抗外国资本”。[1]可见，当时张东荪并不反对用社会主义方式发展中国实业。而一年后所作的《现在与将来》，却明确主张用资本主义发展实业，这显然是其思想的重大转变。

但也应该看到，从张东荪对社会主义的理解上看，张东荪的思想又是一贯的。其思想变化仅是表面的，并不是实质性的，因为张东荪根本就没有信仰过马克思主义，他所宣传的社会主义根本上就不是科学的社会主义。况且，他始终认为实行社会主义是将来的事，现在只是作准备而已。这样，他主张目前发展实业要用资本主义的方式，与他过去的见解并无大的出入。

张东荪的《现在与将来》写好后，曾寄给在天津的梁启超，征求梁的意见。梁启超读后表示赞成，立即写了《复张东荪书论社会主义运动》的长文，刊载在 1921 年 2 月 15 日出版的《改造》3 卷 6 号上，详细阐述他对社会主义问题的意见，对张东荪观点作了进一步的发挥。

从总体上看，梁启超的观点与张东荪互为表里：张东荪主张发展资本主义用以救穷，梁启超也强调“不能不奖励生产事业以图救死”；张东荪主张发展资本主义的同时必须注意劳动者利益，梁启超也强调“借资本阶级以养成劳动阶级”；张东荪认为中国工人阶级还很幼稚、劳资对立并不突出，梁启超则提出中国目前不是阶级对立问题，不是“有产”与“无产”问题，而是“有业”与“无业”的问题。他们都主张中国的当务之急是用资本主义方式发展实业。

张东荪在《现在与将来》上阐发的意见，着重论述中国发展资本主义的倾向，

[1] 张东荪：《我们为甚么要讲社会主义》，《解放与改造》第 1 卷 7 号，1919 年 12 月 1 日。

虽然明确地主张中国只能用资本主义来发展实业、社会主义是将来的事，但他仍感到在此文中没有对为什么现在不能实行社会主义问题展开论述。所以，1921 年 2 月，他在《改造》上发表了《一个申说》，“专说我们对于社会主义的态度应该如何”，阐发他对社会主义问题的意见。在该文中，张东荪重点阐发了两个观点：

第一，重申了他所谓的“始终固守的阶段说”：“我的阶段说是什么？简言之，资本主义必倒，而社会主义必兴”[1]，但他强调，社会主义是一个“未来的理想”，“最后的标的”，而资本主义则有它目前的实际利益。因此，他主张：“我们对于资本主义须把实际看得重些，而我们对于社会主义须把理想看得重些；我们对于资本主义须把切近的目前看得重些，而我们对于社会主义须把较远的未来看得重些。更换言之，我们要创造新社会主义不能不把他推得很远。”[2] 所谓“阶段论”的具体含义是：中国目前的前途有“共管”与“赤化”两条路，这两条路实际上都正向着一个方向——资本主义方向前进。这实际上是一个中国必经的“资本主义必兴”的阶段。他强调：“若没有共管一层，绅商阶级是不会勃兴的。至于赤化则无论总是假的。能否把赤化弄假成真，能否使绅商阶级成立，这个关键与其说在中国自身不如说在国际变化。”所以，在这个阶段，“我们必须积极地研究社会主义”，而不是实行社会主义；到了这个阶段之后，方才是实行社会主义的阶段：“不过这一阶段以后必有真社会主义出现。”实际上，张东荪是明确主张现在应该采用资本主义，将来实行社会主义。“我们对于社会主义总当认为最后的标的，宜努力随着各民族的共同研究去创造。”[3]

第二，社会主义必兴，但社会主义派别很多，究竟选择哪种社会主义？张东荪所理解的社会主义，不是具体的哪种社会主义，而是一种趋势；社会主义是一种正在发展中的学说，其中有“比较上最圆满的社会主义”。他公开主张：只有基尔特社会主义适合于中国。理由是：“大凡最晚出的比较上必是最圆满的社会主义”，基尔特社会主义是英国的产物，但其基本原理可以普遍采用。中国原有的“同业公会”制度可以作为引进及实行时的参考。他认为，大凡最晚出的比较上必是最圆满的。“特此所谓社会主义其内容或经多少变化亦为可知，要总不是现在有缺点的社会主义（现在各种社会主义都有缺点，不过，在我看来，基尔特社会主义比较上最圆

[1] 张东荪：《一个申说》，《改造》第 3 卷 6 号，1921 年 2 月 15 日。

[2] 张东荪：《一个申说》，《改造》第 3 卷 6 号，1921 年 2 月 15 日。

[3] 张东荪：《一个申说》，《改造》第 3 卷 6 号，1921 年 2 月 15 日。

满罢了)。”[1] 张东荪将社会主义分为“学问上的社会主义”与“信仰上的社会主义”，信仰上的社会主义等于各种宗教本不需有真理为其根据，只是一种热烈的感情；学说上的社会主义则尚在“创造修改”之中。一般人往往把两个混谈，遂变成了一个学说与信仰相混合的社会主义，马克思主义实际上就是两者混合的产物。张东荪所推崇的，实际上就是所谓“学问上的社会主义”，对此，他说：“我以为我们非把学理上的社会主义推进一步，换言之，即不能创造出来一种更圆满的社会主义。”也就是“基尔特社会主义”。“不但基尔特社会主义如此，其他一切社会主义都是正在研究修正中。”[2] 这是张东荪首次公开赞美基尔特社会主义是“比较上圆满的社会主义”。

早在此之前，张东荪主编的《解放与改造》就已刊出了许多宣传基尔特社会主义的文章，如1卷3号郭虞裳的《基尔特社会主义》，2卷10~11号连载延陵的《廓尔的〈实业界的自治〉》2卷13号上有献书译《基尔特主义的哲学原理》，2卷14号上明权译《基尔特组合员的社会》，《改造》3卷6号上连载延陵《基尔特解决法》和赤笑译《劳动与权力》，在稍后出版的3卷7号上有徐六几的《基尔特社会主义研究》等。在1920年7月，在与张君劢的通讯中，张东荪也已经倾向于基尔特社会主义。“弟近来思想倾向于工会的社会主义原理。工会的社会主义（Guild socialism）之原理实兼收无治主义与工团主义（Anarchism and Syndiealism）一之长。”[3] 但只是到了社会主义论战的高潮时，张东荪才公开亮出了他的基尔特社会主义底牌。

至此，张东荪等人关于社会主义的见解已经基本形成：张东荪等人虽然厌恶资本主义，但认为这是无法避免的，不能超越的历史阶段，所以不能不加以采纳；社会主义虽然是他们欢迎的，但却不是目前要采纳的；马克思的社会主义仅是社会主义的一种，中国所要采纳的社会主义，不是马克思的社会主义，而是温和的社会主义。如果以前只是“浑朴的”社会主义倾向的话，此时，张东荪明白地将“基尔特社会主义”作为这种温和的社会主义的代表，并加以提倡。同时，他声明这种社会主义也是正在“修正”发展中的。这便为以后他“修正”并发展社会主义提供了理论基础。张东荪、梁启超等人的观点，立即引起了当时思想界的热烈讨论。研究系的骨干分子们对张东荪的观点纷纷表示同意，而马克思主义者则对张东荪、梁启超的观点进行了更加激烈的批评。社会主义论战因而达到了高潮。

---

[1] 张东荪：《一个申说》，《改造》第3卷6号，1921年2月15日。

[2] 张东荪：《一个申说》，《改造》第3卷6号，1921年2月15日。

[3] 张君劢、张东荪：《中国之前途：德国乎？俄国乎？》，《解放与改造》第2卷14号，1920年7月15日。

两派争论焦点之评判，社会主义阵营的分野

张东荪、梁启超的文章发表后，立即得到了研究系人们的支持与共鸣，也受到马克思主义者更激烈的批评。

在张东荪、梁启超方面，研究系的干将蓝公武、蒋百里、彭一湖、蓝公彦、费觉天等都参加了社会主义的讨论，支持张东荪的观点。

蒋百里在《改造》上发表《我的社会主义讨论》(3卷6号) 和《社会主义怎样宣传》(4卷2号) 两文，指出："要不是资本主义现在自身走到尽头路，那共产主义抬头的日子还早哩"，中国要实行社会主义，必须具备三个条件:工业能不能社会化，劳动者"精神上的自觉"和"能力上的锻炼"是否具备。所以社会主义在中国的实行是将来的事，目前是"怎样"宣传社会主义的问题。

彭一湖在《我对于张东荪和陈独秀两先生所争论的意见》中认为，张东荪的根本意见是先发展实业，再讲社会主义；陈独秀的根本意见是用革命手段，集中资本，来实行社会主义，发展实业。他公开表示，赞成张东荪的意见。他说："我们除了使资本家拿资本主义来发展实业以外 —— 在资本家生产制度之下，我们也可以要求进步的劳动立法，不必一定让资本主义如何跋扈，这只要实业发达、劳动者一多的时候，是尽可以做到的。"[1]

费觉天指出，社会主义讨论的关键问题，一是今日中产阶级在此军阀政治下，能否发达起来，自成资产阶级，而推翻军阀；二是要发展中国实业，是否必须经过资产阶级，还是可以越级而升，跳过资本主义阶段?他断言："社会主义是应当实行于今日的中国"[2]。理由是：一是就社会主义本身而言，社会主义的目的不仅在讲求分配，而且注重生产，以社会主义方法发展实业，优于资本主义方法。二是从国情方面看，国内武人与国外资产阶级的压迫，中产阶级不仅不能发展变为资产阶级，且流为无产阶级，若欲救济，则除唤醒工农与中产阶级联合起来，一面以经济制军阀，一面实行国家生产以制外国资本家外，别无他法。三是就中国与国际方面而言，今日中国的一举一动，皆与世界相关系，欲问中国应否实行社会主义，当先问今日世界应否实行社会主义，况且今日中国既在受外国资本家压迫，则早是已有资本主义，既有资本主义，则实行社会主义，便不能谓越阶。费觉天的观点，明显受李大钊观点的影响。但费仍认为社会主义的实行，不在今日，而在未来，"自不能

[1] 彭一湖：《我对于张东荪和陈独秀两先生所争论的意见》，《改造》第3卷6号，1921年2月15日。

[2] 费觉天：《关于社会主义运动致蓝志先先生书》，《改造》第3卷10号，1921年6月。

妄为断定”[1]。

陈独秀等马克思主义者方面，陈独秀、李大钊、李达、蔡和森等人对张东荪、梁启超等人的观点进行了更激烈的批评。

1921年初，陈独秀在《新青年》9卷3号上发表《社会主义批评》的演讲，集中论述了为什么要讲社会主义、为什么能讲社会主义、及应讲什么样的社会主义三个问题。明确主张采取共产主义，反对德国式国家社会主义。他强调，一是救济中国断不能不发展实业，但采用在欧美已经造成实业界危机的资本主义来发展实业，未免太无谋了；二是中国全民族对于欧美各国是站在劳动的地位，只有劳动阶级胜利，才能救济中国底危机及不独立；三是欧战以来，资本制度已经大大动摇了，我们正应该联络各国底同志作国际的改造运动；四是在不完全破坏外资相当的利益范围以内，由国家立在资本家的地位经营国内产业及对外贸易，也必不能免绝对的干涉。

1921年2月费觉天在《改造》上发表《对于社会主义争论问题提出两大关键》一文后不久，李大钊写了一封信给他，与他讨论中国今日能否实行社会主义。李大钊的观点可以概括为：中国虽未经自行欧美、日本等国的资本主义的发展实业，而一般平民间接受资本主义经济组织的压迫，较各国直接受资本主义压迫的劳动阶级尤为苦痛；中国国内劳资间虽未发生重大问题，中国人民在世界经济上的地位，已立在这劳工运动日盛一日的风潮中，想行保护资本家的制度，无论理所不可，抑且势所不能；再看中国在国际上的地位，人家已经由自由竞争达到必须社会主义共管地位，我们今天才起首由人家的出发点，按人家的步数走，正如人家已达壮年，我们尚在幼稚，人家已走远了几千万里，我们尚在初步。根据上述三点，他认为中国“要想存立，适应这共同生活，恐非取兼程并力社会共管的组织不能有成”。他的结论是：“今日在中国想发展实业，非由纯粹生产者组织政府，以铲除国内的掠夺阶级，抵抗此世界的资本主义，依社会主义的组织经营实业不可。”[2] 他的立论前提是：要看中国是否已具备实现社会主义的经济条件，须先问世界今日是否已具备实现社会主义的倾向的经济条件，因为中国的经济情形，实不能超出于世界经济势力之外。现在世界的经济组织是“已经资本主义，以至社会主义”了，中国当然应该追随世界潮流，实行社会主义。

李达在《讨论社会主义并质梁任公》中，对梁启超的观点进行了分析和批判。他认为梁启超的观点集中起来有三点：一是“提倡资本主义，反对社会主义”；二是“高

[1] 费觉天：《关于社会主义运动致蓝志先先生书》，《改造》第3卷10号，1921年6月。

[2] 李大钊：《中国的社会主义与世界的资本主义》，《评论之评论》第1卷2号，1921年3月20日。

唱爱国主义，排斥外国资本家”；三是“提倡温情主义，主张社会政策”。李达明确提出了自己的主张：“就中国现状而论，国内新式生产机关绝少，在今日而言开发实业，最好莫如采用社会主义。”努力设法避去欧美资本制产业社会所生的一切恶果[1]。他强调，劳动者没有祖国，所以要谋国际的团结，要扫灭全世界的资本主义，资产阶级温情主义的社会政策是不能达到社会主义的。

李汉俊先后发表了《中国底乱源及其归宿》和《我们如何使中国底混乱赶快终止》两文，对张东荪“社会主义是要物质的条件完备，才能实现”的观点进行批评，认为中国与俄国情况相像，资本主义均未发展，但科学的社会主义就先发达了，俄国社会革命说明资本主义的崩溃是必然的。所以，要使中国混乱赶快终止，就要“努力使中国赶快进化到社会主义”，不一定非经过资本主义不可。“现在中国要进化到社会主义,没有要经过资本主义充分发展的阶段的必要,可以直接向社会主义的路上走去,并且资本主义在现在的中国没有充分发展的可能，以中国现在的环境又有直接向社会主义路上走去的必要。”[2]

许新凯先后发表了《今日中国社会究竟怎样的改造?》、《共产主义与基尔特社会主义》、《再论共产主义与基尔特社会主义》等文，对张东荪鼓吹的基尔特社会主义提出了批评。他批评基尔特社会主义者是“不主张革命的”，是“主张部分的、零碎的解决”。他认为基尔特社会主义，“在英国的特殊国情之下，或者若干年后，能以实现也未可知”，但“在中国，则是一定办不到”，应以“革命为第一步”，“打破资本家底国家，破坏资本家的帮手，解除资产阶级的武装，没收资本家的财产，以转付于全体劳工阶级的公共管理之下”，为达此目的，必须实行无产阶级专政和权力集中的手段[3]。施存统也认为，基尔特社会主义是一种“渐进的、改良的方案”，主张蚕食主义,反对暴力革命;指出张东荪主张基尔特主义是“主张资本主义底别名”，“因为主张基尔特社会主义的结果，势必要去赞助资本主义，延长资本主义的寿命，不然，不但无可食的东西，而且无食东西的‘蚕’。”[4]

此外，当时的社会主义者蔡和森、周佛海、李季等人也著文批评梁启超、张东荪的观点，阐述了马克思主义者的主张。

这样，围绕着“社会主义”问题，当时中国思想界的众多人士参加了争论，在

[1] 李达：《讨论社会主义并质梁任公》，《新青年》第9卷1号，1921年5月。

[2] 李汉俊：《我们如何使中国底混乱赶快终止》，《民国日报》副刊《觉悟》1922年1月1日。

[3] 许新凯：《再论共产主义与基尔特社会主义》，《新青年》9卷6号，1922年7月1日。

[4] 施存统：《读新凯先生底“共产主义与基尔特社会主义”》，《新青年》第9卷6号，1922年7月1日。

当时社会上产生了巨大的影响。在论战中也明显地形成了分别以张东荪和陈独秀为代表的针锋相对、立场和观点迥异的两派。而两派争论的中心问题，概括起来就是：用资本主义还是用社会主义方式发展中国实业？

张东荪等社会改良主义者所主张的基本上是温和型的社会主义，他们虽在认识上也有分歧，如张东荪、杨端六等人主张英国的基尔特社会主义；彭一湖、蓝公武等人主张德国俾斯麦的国家社会主义；张君劢则主张第二国际修正主义派的社会主义，但他们在马克思主义论战中根本观点是一致的：

第一，他们认为，社会主义革命的产生要先具备两个条件：一是资本主义工业发达；二是工业发达结果造成无产阶级队伍，并且他们由于感到“贫富不均”而有迫切的革命要求。中国工业不发达，工人阶级人数少，因此不具备社会主义革命的物质和阶级基础。条件不具备，时机不成熟，若强行实行社会主义运动，则必是“伪劳农革命”。

第二,他们认为,中国问题的症结是“太穷”,为此必须“开发实业”、“增加富力”。“资本主义必倒，社会主义必兴”虽是张东荪等人的共同信念，但社会主义目前只不过是一种理想和趋向，它的实现是遥远将来的事。他虽然也不愿意发展资本主义，希望跳过资本主义阶段而进入社会主义阶段，但经过再三研究与讨论后，认为这是不可能的。资本主义是利在目前，它能开发实业、增加富力，创造将来社会主义革命的条件。因此，他一方面说，在开发实业的大要求下，资本主义机器生产的工厂，必日增一日，乃是不可抗的”；另一方面说，“我们在资本主义的发达上尽一分力，我们就是接近社会主义一分”。

第三，他们认为，就中国现在的环境而言，社会主义“尚是不合宜”。社会主义虽是未来的理想，但须有自知之明，“要知道自己没有打倒军阀的能力”，“我们对于应付贫乏病……虽有办法，却不及人家的来得有速效”，因此现在只能“在静待中择几个基础事来做”，如从事文化及教育事业，以救济无知病；创办消费协社、生产协社，以救济贫乏病；从容地研究社会主义的详细内容，不急于宣传和实行，否则所宣传和实行的便是“伪”的。

第四，他们反对现在即宣传社会主义，并组织团体，认为现在尚不合宜，若勉强实行,则必发生伪劳农革命。告诫马克思主义者不要“瞎宣传,乱提倡”,应该“长期的忍耐”，除了静待以外，组党是无法开展的。

陈独秀等马克思主义者在这场社会主义论战中的观点，可以集中概括为：

第一，分析中国社会状况，驳斥张东荪、梁启超等人所谓中国没有阶级、没有贫富不均、社会主义不妨迟提的理论。中国劳动者所受的压迫比欧美国家无产阶级还悲惨。

第二，为开发实业而发展资本主义，不是救中国的道路。理由为：一是国家的独立富强，固然应该开发实业，但问题的焦点是走什么道路，用什么方法来开发实业，他们指责张东荪的方法是依靠资本家和帝国主义的资助，在中国发展资本主义的目的，只能是为了少数人的利益和快乐。无产阶级开发实业的目的是“谋自己民族的幸福，和帮助旁的民族幸福，进而达到全人类的满足生活”。故最好采用社会主义。二是认为当时中国是万国的商场，帝国主义是不会帮助中国发展资本主义的，资本主义在中国是行不通的。三是认为资本主义在今日不是救济失业贫民的方策，它会导致两极分化，一面发展实业，一面却增加贫乏。所以根本的方法是社会主义。

第三，社会主义是一个没有压迫和剥削的社会，有着比资本主义的优越性，同时，社会主义在全世界已经成为社会发展的必然趋势，世界已经进入社会主义和无产阶级革命的时代，中国当然非依社会主义的方式和组织生产、发展产业不可。

第四，依据无产阶级革命与专政的理论，批评张东荪的基尔特社会主义是一种与资本主义妥协的改良主义，不可能解决社会问题。唯一的出路就是进行社会主义革命，实行无产阶级专政。

这场社会主义论战，不仅在当时产生了巨大影响，而且对以后中国思想的发展也产生深远的影响，直接影响到了当时中国人对中国发展道路的选择。如何评价这场社会主义论战，长期以来是人们讨论的热点之一。

在较全面摆列了论战双方的观点后，笔者认为，对于这场社会主义论战，我们可以从三方面进行考察：

第一，以陈独秀、李大钊等为代表的马克思主义者，坚持走社会主义，坚持建立共产党，坚持无产阶级专政，从大的方向上是正确的，也是这场社会主义论战最有意义之处。当时，世界资本主义已面临巨大危机，社会主义成为世界历史发展的潮流，陈独秀等人坚决主张在中国实行社会主义，坚决接受社会主义思潮中最科学的一种——马克思主义，在原则上是正确的，顺应了当时世界历史发展的趋势，也是应该给予充分肯定的。陈独秀等马克思主义者，开始用初步接受的马克思主义观点分析中国国情，否定中国发展资本主义的前途，认为中国已经有了日益壮大的无产阶级，具备了建立无产阶级政党的条件，驳斥了张东荪、梁启超等人对中国阶级状况的分析，从原则上也是正确的。在论述中国为什么要采取社会主义时，提出了中国民族为无产阶级民族的观点，成为在当时批驳张东荪等人观点的最有力的论据，“无产阶级民族”的概念，便是中国革命是世界无产阶级革命一部分思想的来源。这也是应该给予充分肯定的。马克思主义者坚持用革命的手段来打倒军阀、根本改造社会的观点，显然也是正确的。

然而，陈独秀等马克思主义者在论战中也暴露了自己的一些弱点和不足：

一是他们对中国国情问题认识的普遍忽视。当时，刚刚接受了马克思社会主义的早期马克思主义者，从总体上对中国的国情是忽视的，认识也是肤浅的。坚持中国必须走社会主义道路，但为什么要走社会主义道路？在论证上显然是不充分的；由于对中国的社会实际缺乏必要的了解和透彻的分析，他们面对张东荪所指出的中国缺乏实行马克思主义的阶级、社会和经济基础问题，无法给予有力的回答；他们坚持中国应走社会主义道路，但究竟中国应该如何实行社会主义？他们的主张显然是简单的、不成熟的，其提出在目前就要实行社会主义、开始社会主义革命，显然是错误的，也是行不通的。

二是对于张东荪提出的“中国能否越过资本主义阶段”的问题，马克思主义者给以肯定的回答，但论证显然是不足的。在这个问题上，早期马克思主义者对走社会主义道路、避免中国的资本主义前途是充满信心的，认为世界已经进入了社会主义革命的时代，中国也必然要实行社会主义，不能再走西方资本主义的老路。但问题并没有他们想象得那么简单，在中国这样一个经济落后、封建主义严重的国家实行社会主义，是异常困难的。中国可以不经过资本主义阶段，可以越过资本主义阶段而直接进入社会主义阶段，但中国却无法越过开发实业、发展经济这样的阶段，否则是不可能建成社会主义的，即使勉强实行了社会主义，也会因缺乏必要的经济和社会基础而遭失败。

第二，张东荪等人在世界已经发展到社会主义的时代，仍然要走资本主义，仍坚持采用资本主义方式发展实业，拒绝接受马克思的社会主义，从总体上说是错误的，背向于当时世界思想发展的大趋势。大概张东荪也意识到了这一点，所以他在主张发展资本主义时，并不很理直气壮，而是“犹抱琵琶半遮面”，并且仍然标榜自己并不反对社会主义。张东荪提出了“四病说”，认为解决中国社会问题必须用渐进的和平方式，并将希望寄托于“绅商阶级”，这显然又背向于近代中国发展的趋向，是其一贯坚持的社会改良思想的发展。实践已经证明，近代中国的反动统治者是十分强大的，也是十分反动和愚昧的，他们顽固地拒绝进行一切有利于社会进步的改革，并且极力阻挠和破坏这些改革，斩断了进步人们用和平渐进手段改造中国社会的希望，所以，用革命的手段打倒军阀，推翻帝国主义在中国的统治，是历史的必然。

在这个关键问题上，张东荪暴露了其社会改良主义的本质。

然而，应该看到，张东荪等人的见解虽然从总体上是错误的，但其中包含着许多合理和精辟的见解；他所提出的问题，对后人也是有启发意义的。

一是发展实业的观点，无疑是正确的。张东荪看到了中国社会贫弱的现实，强烈要求发展经济，实现国富民强，这集中反映了近代中国民族资产阶级发展经济的要求，顺应了当时中国社会发展的趋势，是应该肯定的。这一点，当时的马克思主义者并不否认，而关键在于用什么方式发展实业。张东荪虽在五四时期积极宣传社会主义，但却不主张采用社会主义发展生产，因为在他看来，用资本主义的方式发展生产更有效率，更能发挥人们的积极性，虽然资本主义方式在世界上受到了动摇，但中国却非常需要。张东荪这个观点，从总体上看，不一定正确，但当时要发展实业，却的确舍此并无第二方法，因为当时人们对于用社会主义的方式进行生产，还缺乏起码的了解，况且在当时根本也是办不到的。

二是张东荪向中国思想界提出了一个非常有争论价值的理论问题：中国能否越过资本主义阶段而直接实行社会主义？张东荪的回答是否定的，而马克思主义者的回答是肯定的，双方意见针锋相对。这是双方争论的焦点。张东荪经过分析和研究，断定在经济如此幼稚的中国是无法逾越发展资本主义阶段而实行社会主义的。如果从当时张东荪的论述上看，在对中国社会和经济状况、阶级状况等方面的分析上看，张东荪的观点受到了许多人的赞同，也表明当时张东荪的观点的确代表了当时很多人的意见。这个问题在当时引起了讨论，但张东荪没有能够说服陈独秀等马克思主义者，同时马克思主义者也没有能够说服张东荪等人，因为张东荪的观点虽然看起来落后于世界思潮发展的趋势，但因为直接面对了中国的现实国情，用中国的实际落后的情况来作论据，所以也的确有一定的现实依据；加上他又有马克思的五种社会发展阶段论来作理论依据，所以在当时影响还是很大的。马克思主义者当时对国情问题的普遍忽视和总体上认识的肤浅，使其没有提供出有说服力的论证。然而，马克思主义者却从世界发展的趋势上，即从国际方面提供了有力的论证，这就是李大钊所说的“无产阶级民族”的观点：对于马克思主义者的这个理论依据，张东荪也是无法驳倒的，因为他十分清楚第一次世界大战后世界思潮发展的趋势，这也是张东荪承认的，更是他在主张目前当采用资本主义、将来实行社会主义的依据。这样，张东荪等人与马克思主义者双方便各有道理，虽然无法令对方心服，却足以使自己坚定自己的观点。这个问题注定在当时不可能有答案，也注定了在较长时间内还会成为困扰中国人的一大问题。如果去掉形式上的争论，我们可以看出，资本主义的方式的确有其合理和优越的一面，中国可以不采用资本主义制度，但资本主义国家有效的生产和管理方法，是必须采用的；中国可以越过资本主义阶段，却无法逾越发展实业、发展商品经济和市场经济这个“卡夫丁峡谷”。

三是张东荪通过对中国社会现实的分析和发展趋势的观察，提出了“四病说”，虽然对中国社会性质问题没有看透,但也反映了他对国情问题的重视。他的这个观点，多少揭示了当时社会的实际情况，认识到了中国社会某些症结所在，这是应该肯定的。他将“兵匪”和“外力”作为两大病症，并明确地提出了打倒军阀、抵制外国势力侵略的主张，是与近代中国反帝反封建的革命主题相适应的，顺应了近代中国历史发展的主流，是有进步意义的。他的失误处主要在于反帝反封建的方式（渐进的和平方式）和依靠者（“绅商阶级”）方面。当时陈独秀等人由于对国情认识的忽视，还远远没有提出这样的历史任务，还没有对中国革命的对象问题有清醒的认识。张东荪等人的观点，多少对陈独秀等人产生了影响。

第三，这场关于社会主义问题的争论，持续了一年多时间，在当时思想文化界影响巨大。这种影响，主要表现在两个方面。

一是这场论战，从其实际影响上看，马克思主义得到了进一步传播，更多的进步分子选择并信仰了马克思的社会主义；而张东荪等人的“温和”社会主义在中国思想界的影响受到一定的削弱。然而，这并不是说张东荪等人的思想已经完全为人抛弃，相反，张东荪等人的立场却更加坚定，组织更为严密。同时，这场论战，使双方多少都接受了对方的一些观点，认识到自己理论和主张上的某些不足，此后都对自己的观点进行了某些修正和补充，使自身的观点更合乎实际、更严密、更“圆满”。一场思想论战，不比一场军事战争，它无法用“胜利”与“失败”这样简单的术语概括其结果,因为思想的发展自有其规律。思想论战的结果,往往表面上是“不了了之”，而实际上双方都从对方接受了一些观点和启示，对自身的观点进行修正和补充。具体到张东荪与陈独秀等人的社会主义论战，这种现象也是很显而易见的。

张东荪在论战中暴露出的理论问题是：世界思潮已经发展到了社会主义阶段，中国还能单独实现资本主义？还能从容地先经过资本主义发展阶段，然后再实行社会主义吗？在发展实业问题上，张东荪一生的观点未变，但在如何发展实业上，张东荪的思想经过这场论战后，多少发生了变化，他开始在用资本主义方式发展实业同时，渐渐主张可以同时采用社会主义的方式，即国家资本主义的方式。这种思想，在 1922 年 9 月与陈独秀的通信中开始表现，到 30 年代组织国家社会党、提出“修正的民主政治”时，已经公开主张了。

陈独秀等马克思主义者所暴露的问题是：在中国这样一个无产阶级力量弱小、资本主义没有充分发展、经济和社会落后、军阀横行、帝国主义压迫日益严重的国度里，如何才能实行社会主义？如何才能用社会主义方式发展实业？这场论战后，陈独秀等人开始重视对中国国情问题的研究，开始关注现实的政治和社会问题，开始考虑如何在中国具体地进行社会主义革命。这样，在1922年7月召开的中共二大上，陈独秀等马克思主义者在共产国际帮助下，制定了党的最低纲领和最高纲领，提出了"打倒军阀"、"驱逐帝国主义"和"建立统一的民主共和国"三大纲领，确立了目前所进行的革命是"民主革命"，而不是"社会主义革命"；认为发展实业不需要资本主义，但可以用国家社会主义，或国家资本主义方式。这样，张东荪与陈独秀等双方都调整了自己的政治视角，双方的意见虽未根本改变，但都丰富发展了。这种变化，在他们1922年9月的通信中得到体现。

当时，中共二大已经通过了"民主革命纲领"，陈独秀给张东荪的信中说：发展中国实业，只有国家社会主义与私人资本主义两个途径；所谓"国家社会主义"，实际上就是国家资本主义，应该是中国发展经济的途径。他认为，"真的民治主义的政制能否在中国完全实现，弟万分怀疑；因为此时中国资产阶级的力量与无产阶级同一幼稚，这是不可否认的事实。今后的进步，必然是两阶级平行进步，而世界的趋势能否容民主的政制占领长时代而不生急进的变化，乃是一个问题。弟亦以为必经过这个时代，但无很强大的力量，而且不久必生他种变化"[1]。实际上开始正视中国现实，同意张东荪的某些观点。张东荪答复陈独秀时，欢迎并赞同中共提出的"打倒军阀割据"与"抵抗帝国主义"口号，认为这些主张"实在与我的私见相合"。他认为陈独秀所谓的"国家社会主义"与自己所主张的民主主义并没有太大区别，它实际上"以我的真正民治主义为前提"。他劝告陈独秀，不要将革命矛头对准资产阶级，军阀不打倒，"劳动阶级即把资本阶级完全打败，也是不相干的，还不是仍在十八层地狱里么？"[2] 从陈独秀与张东荪的通信中，可以看出了双方观点都开始发生了微妙变化。

二是造成了中国社会主义阵营的分野。在这场社会主义论战中，张东荪等人与陈独秀等人都将各自关于社会主义的观点作了充分的阐述，使人们分清了科学社会主义与温和社会主义的界限：张东荪等人所介绍的基尔特社会主义、议会社会主义、国家社会主义等等，都属于"温和"的社会主义；陈独秀等人坚持的马克思的社会主义，才是"科学"的社会主义。在论战中，双方都力图论证自己所介绍和主张的社会主义

[1] 陈独秀、张东荪：《联省自治与国家社会主义》，《学灯》1922年9月17日。

[2] 陈独秀、张东荪：《联省自治与国家社会主义》，《学灯》1922年9月17日。

是适合中国国情的，自己关于中国社会问题的意见是正确的，都力图说服对方。但实际的情况却是：论战的双方各自坚定了自己的立场和信仰，都认为自己的意见在原则上是正确的。而对那些密切关注这场论战、并倾向于社会主义的青年知识分子来说，他们面对社会主义的分歧，很自然地面临着痛苦的抉择：用社会改良的"温和"社会主义改造中国？还是用"激进"的社会主义"根本改造"中国？其结果，自然造成了此后中国社会主义运动的分化。

这种在社会主义问题上的分化情况，在新民学会内部体现的十分明显。1920年7月6日至10日，留法勤工俭学的新民学会会员在蒙达尼开会，讨论"改造中国与世界"问题时，蔡和森为代表的多数人，主张俄国式革命，阶级战争、无产阶级专政、组织共产党；以萧子升为代表的少数人，认为"世界进化是无穷期的，革命也是无穷期的"，主张"温和的革命"，"以教育为工具的革命，为人民谋全体福利的革命"，主张"以工会、合作社为实行改革的方法"[1]。在国内，新民学会内部引起争论及其分化。1921年1月在长沙讨论，决定选择社会主义问题时，毛泽东等人主张走陈独秀的"根本改造"道路，不走张东荪的改良，主张劳农专政，过激主义，革命的社会主义。而有些人则主张基尔特社会主义，以开发实业、普及教育等渐进的方式，改造中国社会[2]。这样，新民学会内部便发生了分化。

以陈独秀、李大钊为代表的马克思主义者坚定地走"俄国人的路"，组织中国共产党，开始了中国的共产主义运动；以梁启超、张东荪为代表的社会改良主义者，坚定地走"德国式"或"英国式"的路，接受并信仰温和的社会主义，建立了国家社会党，成为社会民主主义或民主社会主义在中国的鼓吹者和践行者。更重要的是陈独秀、李大钊等人坚决组党，走俄国人的路，进行暴力革命，肇始了中国共产主义运动。随后，陈独秀等人对于梁启超、张东荪等研究系进行了攻击和批评。张东荪、张君劢等人，则坚决走渐进的和平的社会主义道路，走社会改良主义道路，也公开表明了自己与陈独秀等马克思主义者主张的差异，从而形成了社会主义的分野——科学社会主义与民主社会主义（或社会民主主义）。

1921年9月，张东荪创办《时事新报》副刊《社会主义研究》，将鼓吹基尔特社会主义的同人集合起来，公开在中国打出了"基尔特社会主义"的旗帜。他说："我们怀抱基尔特社会主义的思想，竖起基尔特社会主义的旗帜，在《社会主义研究》发刊的第一天，宣言我们是基尔特社会主义者。"认定："我们信仰基尔特社会主义

[1] 《新民学会会员通信集》第3集，《新民学会资料》，人民出版社1980年版，第137页。

[2] 《新民学会会务报告》第2号，《新民学会资料》，人民出版社1980年版，第23页。

系出于我们的研究结果，我们信任基尔特社会主义确是民主主义思想的究极，而且是社会改造原理最彻底的一个。”他强调自己所理解的社会主义与马克思主义根本不同：“我们的目的是要根本改造社会全体；我们的要求既不是产业上的自由，又不是政治上的自由，我们实为着人类生活的根本原理而要求自由。……所以我们认为正当的方法,不在于革命的宣传,而在于思想的传播。”基于这种认识,他提出了所谓“职能的民主主义”。其原则为：“(一）公共生活组织的主要基础，一定要依着职能或职业为区别。(二）基尔特必为自治的。(三）基尔特必为分权的。若使不能避免近代社会高度的集权倾向，他们将成为万恶的官僚。”[1]

这样，张东荪等人便沿着温和的社会主义思想发展，走上了一条“德国式”的渐进的社会改良道路。1932 年张东荪与张君劢组织国家社会党，提出“修正的民主政治”主张，实际上正是这种思想的继续和发展。

[1] 同人：《宣言》，《时事新报》副刊《社会主义研究》，1921 年 9 月 16 日。

五 彻底输入西洋文明，沟通与调和中西文化

在如何对待西方文化上，张东荪主张“彻底输入西方文化”，他后来的“西洋文化大部分取得世界文化的地位”、“大部分上含有世界文化的要素”的观点，标志着近代中国人士对西方文化认识的飞跃。此后，张东荪又进一步发展出自己的结论——“沟通”和“调和”后的中国新文化，必定是以西方民主主义文化为主干、仅保留中国“做人方面适用孔孟之道”的文化。

[参加五四文化论战，主张“彻底输入西方文化”]
[提倡“理智主义”，补救社会“畸形状态”]
[增强主体的健全，恢复固有的文化]
[沟通中西文化，划定各自范围]

五 彻底输入西洋文明，沟通与调和中西文化

参加五四文化论战，主张“彻底输入西方文化”

1915 年 9 月，陈独秀创办了《青年杂志》，发动了以传播西方民主与科学、反对中国旧文化为主要内容的新文化运动。它的开展引起了文化保守势力的阻挠，中西文化的冲突，及由此引起的新旧思想论战也不可避免。这样，1915 年后，首先围绕着东西文化异同优劣的问题，思想文化界进行了东西文化论战。

在论战初期，张东荪处于旁观地位，没有参加。因为在他看来，西方文明高于中国文化是不刊之论，无须罗列许多表面现象来加以论证；并且西方文明滚滚而来，是必然的趋势，实在没有讨论的必要，应该注意的是“如何”输入西方文化问题。在《新潮杂评》中，他表达了这种思想。当该文受到傅斯年的批驳后，他仅在《时事新报》上发表了《不骂主义之胜利》，仍坚持自己的主张。后来，他明白地说：“我们对于西洋文明到中国之前途非但不必杞忧，且亦正可预料其必然大兴，这是自然的趋势，即大势所趋，不是任何人鼓吹主张的力量。”又说：“须知西洋文明之输入既排山倒海而来，是阻挡不住的，即反抗亦是百分之九十九无效的。所以我们正不必引为毒害的妖言，特辞然而辟之。”[1] 五四文化论战之初他不参加，甚至 30 年代不参加全盘“西化”与“中国本位文化”的论战，均是受这种思想支配的结果。

然而，1919 年后，形势发生了较大变化。新文化运动的广泛开展极大地冲击了传统文化,新旧思想调和论便应运而出。1919 年秋,章士钊在上海、杭州等地发表演讲,鼓吹新旧思想调和论。主张“物质上开新之局，或急于复旧，而道德上复旧，必甚于开新。”认为新旧思想应该调和，以达到“国粹不灭，欧化亦成”的目标[2]。它实际上是“中体西用”论的翻版，由于它貌似公正、又有科学的依据（移行说），颇具影响力，所以此论一出，“调和”、“折中”之声蜂起。张东荪认为，守旧论不足为害，因为它无法阻挡新思想的输入，但调和论却足以消灭社会改造的动因。所以对于这种调和论他不能不“提出异议”，加以批驳。他在《时事新报》上先后发表了《突

[1] 张东荪：《西方文明与中国》，《东方杂志》第 23 卷 24 号，1926 年 12 月 25 日。

[2] 章士钊：《新时代之青年》，《东方杂志》16 卷 11 号，1919 年 11 月。

变与潜变》、《答章行严君》等文，批评章士钊的观点，申明了自己的文化观。

首先，张东荪运用抵费里（Devrie）发明的“突变”论作为反对移行说的科学依据。他认为，突变是变的意思，潜变是变因的发生，一个生物表面上不变，但变因已潜萌其中，到条件成熟便发生突变。生物是依“潜变——突变”规律进化，并非章士钊所谓的移行。批驳了移行说后，他接着指出，社会进化如生物进化一样，也处于“潜变——突变”中。他用“突变”论说明输入新思想与社会变动的关系：“比如我们鼓吹新思想便是制造潜变（下变的种子），决不能与旧的调和，一调和了，便产不出变化”[1]。

其次，他详细界定了“调和”的内涵。认为：“调和有二个意思，一个是甲乙化合变为丙，一个是甲乙互让，”[2]前者是自然现象，后者是人为的调停；章士钊的“调和”实际上是指人为的调停。他强调，新旧思想的真正调和是双方融合变成丙种新思想，它是按照自然的趋势而变化。根据这样的道理，他说明了当时新旧思想不能调和的原因。输入西方文化是“变的酝酿”，然而“酝酿”是不能调和的，一经调和就把未成熟的新思想消灭了，所以，他指出：“我以为变后可以调和，而未变时的变因不能调和，调和变因便是消灭变化，也就是使变因不发效力，如甲乙调和成丙，必定先有甲，次有乙，现在乙还没有成熟，如何能调和呢？”现在中国处于新文化输入阶段，当务之急是准备变因、培育新机，即输入西方文化，而不是作人为调停工作。所以，他认为“守旧论不足阻害新机，而调和论最危险”[3]，章士钊的调和论，实际上阻挡了新思想的传播和西方文明的输入。

这里，张东荪虽没有直接倡明“彻底输入西方文化”的文化观，但从他主张酝酿变因、培植新机、确认中国现在是“潜变时代”等观点看，实际包含了这个意思。只是他旨在从理论上说明输入西方文化的必要，反对任何阻挡输入新思想的企图，所以，没有机会系统阐述该文化观。此后不久，在批评梁漱溟文化理论时，张东荪将“输入西方文化”的文化观全面展开。

1922年初，梁漱溟的《东西文化及其哲学》出版。在该书中，他把西方文化、中国文化和印度文化视为三种不同“路向”的文化，西方文化是“意欲向前”的路向，印度文化是“意欲向后”的路向，中国文化是“意欲自为调和持中为根本精神”的路向，三种文化平行发展，没有优劣之分。他比较了三种文化后认为，西方文化弊端显著，处于

[1] 张东荪：《突变与潜变》，《时事新报》1919年10月1日。
[2] 张东荪：《答章行严君》，《时事新报》1919年10月12日。
[3] 张东荪：《答章行严君》，《时事新报》1919年10月12日。

不得不向第二种路向转变中，人类文化将“由西洋态度变为中国态度”，未来文化是“中国文化的复兴”[1]。由于梁漱溟是通过比较中、西、印文化后得出的结论，具有较强的说服力，加之又是在第一次世界大战后西方文明危机四伏时提出的，所以，立即得到怀疑和反对新文化运动的人们的赞同。在这种背景下，一贯主张“彻底输入西方文化”的张东荪，感到有从理论上系统阐发自己文化观的必要。1922年3月，他在《时事新报》副刊《学灯》上发表了《读〈东西文化及其哲学〉》，对梁漱溟的文化观进行批评，“在批评中指明批评者的立足点”。此“立足点”，便是其“输入”论的文化观。该文可视为五四时期张东荪系统阐发中西文化观的代表作。

第一，批评梁漱溟研究文化的方法，用民族心理学的成果论证“民族特性”是可以改变的，为输入西方文化提供科学依据。张东荪认为，一个民族的文化并不是由一种哲学产生的，同时文化与哲学的范围亦不相应，所以，梁漱溟把文化还原到一个哲学（儒家学说）的态度，“只能算一种观察而不能算研究文化全体的方法。”既然只是一种观察法，梁据此而得出的结论，自然带有主观臆想成分。张东荪申明：自己要用“科学”方法研究文化问题，“读者须知我是主张用科学（即民族心理学人种学地文学社会学历史学）来研究文化的。”他用美国学者郝金在《人性及其改造》中的研究成果，来论证“人性可以改变”的观点，得出了一个精辟结论：“我们不必因民族有特别本能而就以为不能采用他族的文明了。”[2]即不同民族虽有其根性，但又有相通性，人类文化是可以沟通的，一个民族完全可以学习和采用他族的文化。这实际上暗示：中国虽然有自身的民族性，西洋民族亦有其民族性，但这决不能成为中国无法学习西方文明的依据；恰恰相反，由于不同文化可以沟通，中国必须输入、采用西洋文明来改变自身的民族性。这样，张东荪从民族心理学角度论证了中国采用西洋文明的必要性。中国面临的问题不是能不能采用西洋文明，而是去不去采用和如何采用西洋文明的问题。

第二，批驳梁漱溟对西方文化发展趋势的错误观察，认为西洋文明发展到更高阶段，中国更应输入和采用西方文明。梁漱溟断定，中国的自得其乐主义将代西洋向前奋进主义而兴。张东荪认为，梁的这个观察是错误的。从西方文明的变迁看，西方文化不但没有回到中国文化之路上来，反而进展到一个更高阶段：思想上，科学发展如故，新式机器层出不穷，功利思想仍然发达；哲学上，实用主义是讲淑世主义的，柏格森等思想有接近中国文化的倾向，但他们是主张动的，与孔子自得

[1] 梁漱溟：《东西文化及其哲学》，上海商务印书馆1935年版，第199页。

[2] 张东荪：《读〈东西文化及其哲学〉》，《学灯》1922年3月19日。

其乐主义绝不相同；社会上，现代最大的潮流是社会主义，它只是个人主义的反动，即由个人享乐主义转为社会享乐主义，并不是调节意欲。所以，无论从哪方面，都看不出西方文明向中国文化转变的趋势。

张东荪认为梁漱溟观察失误的原因，就在于“把西洋文化只看作物欲的争逐”。实际上，西方文明并不仅仅表现为物欲的争逐。罗素、基尔特社会主义派虽反对物欲的争逐，反对战争等，但这决不是西洋文明放弃“向前要求”，“这些说只是主张向前追求应改变方法而不是主张持中意欲以自得安分”[1]，所以，西洋文明已由“个人逐物”进至“社会逐物”阶段；其“向前要求”的精神不但未变，而且更强烈了，只是其方法变得更进步了。面对西洋文明的新发展,中国更应摒弃“自得其乐”的文化，彻底输入西方文化，走西方奋进主义之路。

第三，批驳梁漱溟持中意欲的人生观，论证中国应采取西洋奋进主义的人生观。在梁漱溟看来，持中意欲、自得其乐，是中国文化的特点；持中意欲的生活，也是最完美的生活。张东荪则认为，这种生活是违背生活本性的、极不自然的生活，“因为我们若不取顺应生活本来的趋势以奋进便应得息止生活。”只有西洋奋进主义的人生观，才是生活的正态。佛家“灭欲”的生活是一种变态，儒家的“持中意欲”也是勉强的，既不能减轻痛苦又不能满足意志。所以一旦与西洋物质文明相遇，“没有不立败的”。“我以为从此以后中国人没有法子再抑止他的意欲了，因为他本来是饥虎，不看见食物便罢，一旦看见还不要立刻跳出来么?等到已经跳出来了，再讲孔孟之道以为救济，必是劳而无功的了。”既然“制欲”失灵、“持中意欲”的不自然生活已被打破，那么中国人必须改变人生态度。于是张东荪顺理成章地认为，“中国所应采取的自然是除去物欲争逐的奋进主义，换言之，即淑世主义。”所谓淑世主义，就是“一方面虽不控制‘欲’而他方面却极力扩充‘爱’。妙在调和众欲而成大欲，即是不使个人福利相抵牾而成人类的大福利。换言之，即使自利与利他各得其所并合在一起以发展到极高度。这种生活完全是奋进的而不是持中的。”[2] 所以，西方淑世主义生活观必然代替中国“制欲”的生活观，中国理应“彻底输入”并采纳。这是张东荪主张“输入西方文化”的重要依据。

第四，批评梁漱溟“重提中国原有的态度”，断定西方文明已取得世界文化的地位，中国必须采用西方文化。梁漱溟认为，由于东西文化的民族性差异，中国不可能真正习得西方民族的文化，必须“批评的把中国原来态度重新拿出来”，才不失中国文化的

[1] 《读〈东西文化及其哲学〉》，《学灯》1922 年 3 月 19 日。
[2] 《读〈东西文化及其哲学〉》，《学灯》1922 年 3 月 19 日。

民族特性[1]。对此，张东荪坚决反对。他除了用民族心理学的成果论证“民族根性是可以改变”的观点外，还为输入西方文化提供了一条十分重要的根据：西方文明已大部分处于世界文化的地位，代表世界文化发展的方向。他说：“我们须知西洋文化实在已不仅是西洋的了，已大部分取得世界文化的地位。例如梁君所举的科学与民治。就最浅近的而言，我敢问那一个民族能不坐火车点电灯么？如其不能，便是已经跪在科学的面前了。将来人类的交通日密，全地球的人类渐渐同化起来，自然都向这一条路走。因为奋进以征服自然而扩张生活是生命固有的倾向。”中国当然不能例外，必然要按照自然发展的趋势走到西洋文明所开创的道路上来。“西洋文化既是大部分上含有世界文化的要素，则我们采取西洋文化便不是直抄他族的东西。”[2]于是，中国输入并采用西方文化的问题，已转变成中国采纳世界文化的问题。中西文化的关系不仅仅是东西两个民族文化的关系，而是地方性文化与世界性文化的关系，是世界文化主流与次流的关系。这样，他实际上把中国学习西方文化的问题，提到了中国应走向世界、迈向现代化的高度，突破了狭隘的东西文化民族性、地域性观念。这种观点，对梁漱溟为代表的东方文化派以东西文化“性质之异”为由，反对输入和采用西方文化的论调，无疑是一记重大打击。

张东荪的“西洋文化大部分取得世界文化的地位”、“大部分上含有世界文化的要素”的观点，是十分精辟的，它不仅体现了张东荪对西方文明认识的深刻，而且标志着近代中国人士对西方文化认识的飞跃。当时，杜亚泉、梁漱溟等人坚持认为，东西文化是“性质之别”，根本不承认西洋文明在总体上比中国文化优越；陈独秀、胡适等人新文化运动的领导者们对中西文化差异问题的认识，也比较模糊。早在1915年，陈独秀曾说：“近世文明者，乃欧罗巴人之所独有，即西洋文明也，亦谓之欧罗巴之文明。”[3]实际上是主张东西文化为“古今之别”，即“犹古之遗”与“近世文明”之别，未将西洋文明置于世界文化地位；李大钊在《东西文明根本之异点》中，虽提出了“世界新文明”概念，但与张东荪所谓“世界文化”的含义并不同；同时，他强调的是“东西民族文化差异”，即地域性差异，实际上与杜亚泉的文化观颇为相似。胡适在《读梁漱溟先生的〈东西文化及其哲学〉》中，强调中西文化是“古今之别”，侧重于从纵向的“迟速”、“先后”立论，似乎也未从横向上认识到中西文化乃“世界文化”与“地方文化”差异。

较早视西方文明为“世界文化”的是常燕生。他说：“我们大家要晓得世界上

[1] 梁漱溟：《东西文化及其哲学》，第202页。

[2] 《读〈东西文化及其哲学〉》，《学灯》1922年3月19日。

[3] 陈独秀：《法兰西人与近世文明》，《青年杂志》第1卷第1号，1915年9月。

只有古代文明和近世文明，没有东方文明与西方文明的区别。现代西洋的文明是世界的，不是一民族的；是进化线上必经的，不是东洋人便不适用的。”[1] 这其中包含了西方文明处于世界文化地位的意思，与张东荪的观点相似。它们代表了近代中国先进分子对西方文化独立思考后的真知灼见。然而，张东荪与常燕生的见解虽然相似，却仍有较大差别。常燕生的观点带有极强的偏激性:只承认中西文化是“古今之别”，根本否认中西文化有“性质之异”。他说：“我对于世界文化的意见，向来主张世界上并没有东西文化之区别，现今一般所谓东西文化之异点，实即是古今文化之异点。”“西洋近代文明之发展并非基于其民族性之特殊点，乃人类一般进化必然之阶级。”[2] 张东荪承认“古今之别”，但又承认“民族根性”对中国输入和采用西方文化的巨大影响。他说：“我也相信一个民族有他由历史而来的根性，断不是一旦要采取外来的文化而就能立刻办到的。并且外来的文化充分灌入以后，固有的根性也不会消灭，必仍杂然呈露于其间，所以总不免有些变态。”[3]

总之，张东荪通过批评梁漱溟的文化观，不仅公开申明了“彻底输入西方文化”的文化观，而且系统论证了主张“输入西方文化”的理由，而侧重点尤在于阐发输入和采用西方文明的理论和现实依据。由于民族特性是可以改变的、西方文明经过“危机”进至更高阶段、西洋淑世主义是人类生活的正态，更因为西方文明已大部分取得世界文化的地位、大部分含有世界文化的要素，中国不仅能够、而且必须输入和采用西方文化。正因西方文明是“世界文化”，所以，中国学习和采用这种文化“便不是直抄他族的东西乃是吸收人类公同的东西。”这是五四时期张东荪对中西文化的基本态度和根本观点。

作为一种对中西文化的基本态度和观点，五四时期张东荪的文化观，可用“彻底输入西方文化”来概括。他在阐发自己的文化观时，曾用过“彻底输入西方文化”、“彻底输入西洋思想”、“彻底采用西洋文明”、全盘“承受西方文化”等说法，似乎与全盘“西化”论相似或相同。实际上，张东荪是一个西化论者，但决不是一个全盘“西化”论者；他所谓的“彻底”包含两方面意义：一是从时间上看，新思想成熟到足以促成社会“突变”之时，便是输入西方文化“彻底”之日；二是从内容上看，必须把西洋文明的基础——西方哲学输入进来并使之扎根后，方算是“彻底”。他认为，输入西方文化不仅应是西方自然科学，而且尤应指西方哲学。他“主张以科学与哲学调和而一并输入，排斥

[1] 常乃德（燕生）：《东方文明与西方文明》，《国民》2卷3号，1920年10月。

[2] 常乃德：《东方文明与西方文明》，《国民》2卷3号。

[3] 《读〈东西文化及其哲学〉》，《学灯》1922年3月19日。

现行流行之浅薄科学论。"[1] 后来，他又作了进一步阐发："要起中国的沉疴非彻底输入西方文化不可。所谓输入西方文化自然是指科学而言，然而输入科学却非先改变做人的态度不为功。所以输入科学而求其彻底，则非把科学的祖宗充分输入不可。科学的祖宗非他，西洋哲学便是。……我们介绍科学不求彻底则已，如其要彻底，则非充分介绍哲学不可。"[2] 这就是张东荪所谓"彻底"的内涵。

应该看到，五四时期张东荪的文化观，主要是对于西方文化的态度，他实际上是想回避另一个问题：如何对待中国传统文化。他承认固有文化的价值，反对一味乱骂、全盘否定，表明他对传统文化持一种十分温和的态度。这种态度与陈独秀的激进态度形成鲜明的对比。陈独秀说："要拥护那德先生，便不得不反对孔教、礼法……要拥护那赛先生，便不得不反对旧艺术、旧宗教。……若因为拥护这两位先生，一切政府的迫压，社会的攻击笑骂，就是断头流血，都不推辞。"[3] 这是何等的勇猛!而张东荪却根本没有这样的勇气。他所谓"瓶子与空气"的比喻，正形象地刻画出他的温和渐进态度。后来，他又用"盐水冲淡水"来比喻输入西方文化与中国固有文化的关系："这好象以盐水来冲淡水，盐水的成分愈多则淡水中必愈咸了。"[4] 西方文化似盐水而中国文化如淡水，输入西方文化愈多，中国文化便愈少，中国由此渐次走上西方文明之路。这充分说明，张东荪对传统文化抱温和态度：不愿触动旧的文化，不愿向旧势力挑战，担心会激起旧文化势力更大的反扑，阻碍西方文化的输入，使方兴未艾之输入西方文化运动夭折。这固然暴露了中国民族资产阶级的软弱性，但更重要的是：为此后张东荪的文化观向"传统"复归，留下了余地、埋下了伏笔。此后不久，他在阐发补救论时公开为"礼教"辩护，30 年代进一步主张恢复"固有的文化"，不能说与他在五四时期所持的这种态度无关。

提倡"理智主义"，补救社会"畸形状态"

张东荪在《读〈东西文化及其哲学〉》中正面阐发"输入"论的文化观后不久，他的思想便起了变化。1922 年，他在《思想问题》中表示："我们固可以大吹大擂地提倡西方化，但我们却须明白，西方化决不是整个儿地搬到中国。"对五四时期全盘"西化"的偏向公开提出了批评；在回答"中国是否应当走西洋道路"时，他说：

[1] 《本栏之提倡》，《时事新报》副刊《学灯》，1918 年 9 月 30 日。
[2] 张东荪：《初学哲学之一参考》，《东方杂志》23 卷 1 号，1926 年 1 月 10 日。
[3] 陈独秀：《本志罪案之答辩书》，《新青年》6 卷 1 号，1919 年 1 月。
[4] 张东荪：《西方文明与中国》，《东方杂志》23 卷 24 号。

"对于这个问题我也很有些意见，可惜不是这个短篇所能容，只好下次再说罢。"[1]此后数年，或许由于他关注于哲学问题并忙于参加科学与人生观论战，并未公开发表"下次再说罢"的文章。

1926年,他在《东方杂志》上先后发表了《由自利的我到自制的我》《兽性问题》和《西方文明与中国》,终于吐出了在《思想问题》中想说而未说的"意见"。他说:"在十余年以前,我早就主张中国应当彻底采用西洋文明，不过后来我实地察看中国社会情形，知道纯粹走西洋这条路不是决无问题，换言之，即是不如设想的那样简单。"此处所谓"后来实地察看中国情形"，当在1922年发表《思想问题》时或稍后。他公开宣布："输入西方文明不是决无问题。这是我愿促起讨论文明问题的人们注意的。至于我个人的意见，虽则仍主张彻底输入西洋思想，然对于畸形状态却以为亦非有一种补救之法不可。"[2]

这便是20年代中后期张东荪所谓"补救"论的文化观。

按张东荪的解释,补救论是"实地察看中国情形"后提出的,西方文化输入中国后,中国社会出现的畸形状态，就是其现实依据。

张东荪经过对中国社会现状的"实地察看"，张东荪断定:西方文明输入中国后,中国社会出现了严重的"畸形状态"。对此，他从政治、社会及人们的行为方式等方面作了考察。他说："自欧风东被以来，不消说，论政治，只见纷乱不见安靖；论社会，只见摇动不见向荣。……这些还不去说他。最有影响的就是那些经过西洋化的人们，所谓新人也者的做人方法与生活态度。……所以现代的中国是一个 laisse faire，旧道德之不便于本能的弃之唯恐不过，新道德之不便于本能的不愿迎来。"中国社会呈现出"人欲横流"、私欲膨胀的"畸形状态"[3]。"这个社会中只有自私、利用、阴谋、宣传、植党、卖国等，总之，凡生在这个社会的人总是把相与的人们不当'人'而当作东西，供他的利用。"[4]西方文明输入中国后导致如此严重的畸形状态，当然不像张东荪原来"设想的那样简单"，也难怪他会发出"纯粹走西洋这条路不是决无问题"的感慨。由此，他力图探求输入西方文化后中国社会形成畸形状态的原因。

第一，从分析西洋文明构成入手，揭示中国社会畸形状态形成的现实原因。

张东荪认为，近代西洋文明是由希腊文明和希伯来宗教文明构成，希腊文明是

[1] 张东荪：《思想问题》，《学灯》1922年6月23日。

[2] 张东荪：《西方文明与中国》，《东方杂志》23卷24号，1926年12月25日。

[3] 《西方文明与中国》，《东方杂志》23卷24号。

[4] 张东荪：《由自利的我到自制的我》，《东方杂志》23卷3号。1926年2月10日。

主知主义，以为人生缺憾可由知识补足，于是，便有利用厚生的一切设施；希伯来宗教文明对西方社会日常生活产生重大影响。西方许多科学学家，“虽则常本其不知足的心而猛进，却同时又象中国的理学家或道学先生那样乐天而知命地活着。”由此他认为，抑止欲望固然不行，单纯的不知足也是不行的。必须“把增进人生的福利使其在个人方面的与在群体方面的相调和，”才能既达到促进厚生之目的，又不至于陷入“率欲望而前进不已”的“求个人的私利”的窘境。所以，在他看来，社会要进步必须利用厚生，要利用厚生又必须“率欲望而前进”，即“利用厚生却又非以个人思想为推动力不可”，这是社会进步的推动力；但单靠“推动力”也不行，必须设法抑制个人欲望的膨胀，使人们获得“灵魂”上的安慰。所以，必须妥善处理好“推”与“挽”的关系，解决“增进人生的福利使其在个人方面的与在群体方面的相调和”这个难以解决的大问题，才能使一个文明稳步前进，不至于陷入“畸形状态”。近代西洋文明之所以得到平稳发展，其秘密就在于处理好了推与挽的关系。“所以西洋有希腊文明以推之，又有宗教文明以挽之。在这一推一挽之间，他们得了进步又得了安慰。”[1] 这是张东荪研究西方文明发展史而得出的十分精辟、带有规律性结论。

文明的发展需要“推”也需要“挽”,而西洋文明输入中国后却出现了“推”、“挽”失调的情况，这是造成中国社会“畸形状态”的根本原因。从晚清以来，中国输入的西方文化，主要是“奋进主义”的近代西方文化，尤其是五四时期，中国先进分子致力于“促进厚生”、确立“个人思想”为本位，趋向于“沿着生活本来的趋势以奋进”的道路。数十年输入西方文化的努力，使中国已具有一定的“促进厚生”的推动力。然而，在“挽”之方面，中国却发生了大问题。其主要表现在：中国固有文化“已不能担负这个‘挽’的责任了；于是只有‘推’，这势必至于推车撞壁。”[2] 为什么固有文化不能为中国人“促进厚生”提供精神上的安慰？张东荪认为，这主要是因为中国固有文明大部分于无形中“腾化”了。

中国固有文明是受西方文明冲击而无力承担“挽”之责任呢？还是它本身已丧失“挽”的功能？经过切实观察，张东荪断定：“其不始于与外国物质文明接触的时候，而始于与西洋物质文明接触以前。”他分析说：“中国的传统道德传说已早成为具文，只是一个空壳，没有实际的力量。并且社会上所流行的风俗渐渐变得与传统的道德观念不甚相干了。降至今日，所谓礼教除名称外，其实质与现代社会几乎完

[1] 《西方文明与中国》，《东方杂志》23 卷 24 号。

[2] 《西方文明与中国》，《东方杂志》23 卷 24 号。

全无关。……原来礼教是表示道德的含义，后来变为空的仪式，其内容的真义好象水蒸汽一样早已腾化出去了。我因名此为‘礼教的蒸腾’。我相信礼教的蒸腾在西方物质文明输入以前。所以物质文明一来便好象飞入干柴，立即烧起来了。”[1]

由此可见，张东荪所理解的“中国固有文明”，特指维系中国社会存在、规范人们言行的道德、风俗和习惯，即传统的礼教，而非中国文化的全部。礼教本是担负“挽”之责任的力量，其内容的蒸腾，标志着它早已丧失了“挽”的功能。这样，便自然造成西方文明进来后中国社会“推”“挽”失调并导致中国社会的“畸形状态”。由这种分析，张东荪找到了“补救”的途径：重建新的“礼教”——新道德。

第二，从“理智初开”带来流弊的角度，探讨造成“畸形状态”的深层原因。

张东荪认为，中国社会的畸形状态是“理智初开”时的必然结果，“不必大惊小怪”。他从社会进化的角度说，明了理智初开与社会进步的关系。他认为，古代社会是建立在传说和礼俗基础上的，后来因“理智初开”，这些传说和礼俗渐渐“堕其尊严”，古代社会也因而向近代社会转变。理智初开的本性是“抨击的破坏的”，它一方面对于早有定价的东西，另行估定其价值；另一方面对于原无问题的事情，提出疑问。所以，理智初开总是谋求解放、促发自我思想的觉醒。他说：“自我思想是理智发达所附带而起的。理智的初醒与自我的发觉是紧接的。”自我思想的发觉又“很容易陷于利己的流弊。”

理智初开时的流弊，实际上是由利己思想造成的。利己思想由何而来？他说：“利己思想是小我的发觉，以小我为暂时的标准，这便是推翻礼俗的道德所必然附带而生的一种现象。推翻礼俗乃是理智的初醒。这便是由不自觉经半自觉而进于自觉。利己主义乃是半自觉时所起的一种病症。换言之，即这个过渡期间所必现的畸形。”[2]五四以后，随着理智的初醒和小我的发觉，自然会出现利己主义的病症，中国社会的“畸形状态”，实际上就是由小我发觉到大我发现、由理智初开到理智成熟这一过渡时期必然出现的病症。这就是造成中国社会畸形状态的深层原因。由这种分析，张东荪又找到了一条“补救”途径：进一步开发理智。

总之，西方文明输入到中国后，中国社会的确呈现出“畸形状态”，它的出现，并非输入西方文化之咎，而是中国固有文明因早已蒸腾丧失“挽”之功能的结果；是输入西方文化后，中国处于“理智初开”的过渡时期必然产生的“个人利己主义”病症。正因如此，张东荪认识到，在输入西方文化的同时，必须对中国社会的畸形

[1] 《由自利的我到自制的我》，《东方杂志》23 卷 3 号。

[2] 《由自利的我到自制的我》，《东方杂志》23 卷 3 号。

状态加以“补救”。这是张东荪提出补救论的现实和理论依据。

张东荪认为，补救之法应从这两方面入手：一方面固有文明已失精神，需要再建新的“挽”力；另一方面理智初开时的流弊，需要进一步开发理智来消除。而这两方面实际上一致的：必须建立一种以理智为核心的新道德和新人生观，以作为中国人安身立命之所。

在《由自利的我到自制的我》中，他公开声明：“我以为救中国只有提倡理智主义，充分开发知识。”[1] 这是张东荪所谓“补救之法”的主要内容。此处的“救”，当指“补救”——用“理智主义”补救中国社会的畸形状态。

如前所述，中国社会造成畸形状态的深层原因是理智初开时出现的“利已主义”，而利已主义又是理智半自觉时的一种病症。认清了这一点，张东荪自信地说：我们“不但可以对于目前中国这种人欲横流的社会不有何种悲观，并且可以对于中国的前途或许认为有可乐观的地方。”他效仿希腊时代苏格拉底和柏拉图补救当时道德堕落所用的方法，主张“因理智而生的弊病只有再由理智来救之。”[2]

他分析道，利已主义之所以能取巧，是由于多数人浑浑噩噩；如果人人都有充分的知识，断不会有人受愚，有人取巧。而人类的知识总是向“开化”前进，绝不会后退。所以，他断言：“凡是因知识开化而产生的恶果只有由知识更开化一层始足以疗之。断不能因噎废食，将知识淹灭而倒退到无知识。所以凡是因理智开发而产生的恶劣影响，只有把理智再进一步开发方能为之救济。”这就是说，输入西方文化后中国社会出现的畸形状态，只有进一步输入西方文化才能解决。“我们只有把理智促发一步，使其发见大我的存在，便足以纠正之。”他明确表示：“我承认现在中国社会破坏了传统的道德，诚然是比昔日不如，但要医此病却不能使其返古，惟有再推进一层。”[3] 于是，张东荪便顺理成章地得出了结论：补救中国社会畸形状态，只有继续输入西方文化——提倡理智主义。

提倡理智主义，其最后归宿是倡导一种“理智的生活”，即以理智为核心的新人生观。他认为，传统的“节欲主义”生活早已随着礼教的蒸腾而破产，代之而来的是纵欲主义。这种纵欲的生活是中国社会畸形状态的表现之一，也是张东荪所关注的。如何对付“纵欲主义”？他的答案是：“我以为唯有提倡理智，鼓吹养成理智的生活。”何谓理智的生活？他阐释说：它“乃是遇事必自问其是否应做。理智的作用重在辨别

[1] 《由自利的我到自制的我》，《东方杂志》23 卷 3 号。

[2] 《由自利的我到自制的我》，《东方杂志》23 卷 3 号。

[3] 《由自利的我到自制的我》，《东方杂志》23 卷 3 号。

是非，不在计较利害。设著一个人能把理智来控压情感则必不仅有计较利害心。因为计较利害仍是暗中情感奴御理智，换言之，于不知不觉中理智为情感所利用。若真使理智抬起头，不为情感暗中所左右，则决不会仅计较利害而不问是非。”[1] 所以，理智的生活不同于节欲的生活，并不抹杀情感，但与纵欲主义的生活也迥然相异。

理智主义生活，所对付的实际上是“人欲”问题，所以，要实现此“理智的生活”，必须解决“人欲”问题。据此，张东荪提出了“化欲主义”的人生观。他说：“我主张以理智利导情感，就是使情感跟着理智走。情感而能为理智所导引，则情感同时亦得满足。所以我这种主张既不是纵欲主义，又不是绝欲主义，亦不是节欲主义，乃是化欲主义。”何谓化欲主义？他解释说：“所谓化欲主义就是把下等本能升移到高尚方面去，使其亦得满足。”[2] 这里，他显然是用弗罗依德的本能“升华”论作为理论依据的。如何升移人的下等本能？当然有赖于人的文化修养：“升高本能仍以本人的努力为原则，而教育的劝掖亦有力。”这样，理智的生活与化欲的生活密切相关。正因如此，张东荪把它称为“主智的”、“创造的”、“化欲的”（当然也是“自然的”、“乐天的”）人生观[3]。这种人生观的哲学基础固然是他所谓“层创进化”论的宇宙观；但其现实依据，却是解决中国社会畸形状态的迫切需要。在他看来，这种新人生观足可担负“挽”之责任，足可成为中国人安身立命之精神支柱，也无疑是避免中国输入西方文化后出现“推车撞壁”灾难的良药。

这样，张东荪“补救”论，实际上向当时思想界提出了一个现实的问题——如何在中国建立“新道德”（新人生观）的问题。他提倡“理智主义”生活，正是五四后建立新人生观（道德观）的一种尝试。张东荪“主智的、创造的、化欲的、无我的自然的乐天的人生观”，也就是在这种背景下提出并阐发的。其哲学基础是“层创进化”论的宇宙观，而其现实依据，则是五四以后中国迫切建立新人生观的需要。实际上，建立新的道德观（人生观），不仅是五四后张东荪倡行的，而且也是他20年代中后期到30年代初一直关注和努力的方向。除了五四以后发表的《谁能救中国》、《出世思想与西洋哲学》、《由自利的我到自制的我》、《兽性问题》外，1928年4月，他发表了《宇宙观与人生观》；同年7月，出版了《人生观ABC》；1931年，出版了《道德哲学》；此后，又出版了《现代伦理学》、《价值哲学》等书，站在现代西方哲学立场上，本着奋进主义精神，创建了一套新的道德体系和新的人生观，成为五四以后努力创建中国现代资产

[1]《由自利的我到自制的我》，《东方杂志》23卷3号。

[2]《由自利的我到自制的我》，《东方杂志》23卷3号。

[3] 张东荪：《宇宙观与人生观》，《东方杂志》25卷7号、8号，1928年4月10日、25日。

阶级人生观和道德体系的代表者之一。

应该指出的是，张东荪在提出建立新的人生观的同时，也公开为“礼教”辩护。1926年，他在《由自利的我到自制的我》中讲：“现在的中国决不是礼教吃人，乃是私欲吃人。在这种率兽吃人的社会中，礼教是死的陈死人，他不能负责任，物质文明是偶然的闯入者，他亦不能负责。现在所谓新派的人们痛骂礼教固然是不错，而另有所谓旧派的人们诋毁物质文明亦同是大错而特错之”[1]。这里，他虽对新旧两派各打五十大板，貌似公正，但为礼教辩护的态度是明显的，与五四时期“彻底输入西方文化”的态度相比，显然是退步了。在1928年出版的《人生观ABC》中，他又说：“但我的意思仍主张提高文化，醇化人性。详言之，即以理智来改造文化，以文化来陶冶人性，务使已压抑已淘汰的野性兽性不致再抬头起来。因此我不主张反对中国的礼教。我虽承认礼教已失了现实的效力，我亦不赞成照原样恢复起来。不过我总以为礼教于社会没有害处。将来另有新的文化起来虽说不定，然亦决不必尽推翻礼教。二者没有冲突。换言之，即将来有新文化而对于礼教亦不必采革命态度。这是我的意见。至于有人高呼‘礼教吃人’，我以为这是由于他们认为礼教阻碍他们野性的出现。其实造祸于人群，他们的人欲横流的人生观较诸礼教要厉害百倍。他们看见一个女子为了守节而死，便大骂礼教杀人。其实为了自由恋爱而死的比守节而死的要加十倍以上。所以礼教的问题已经不成问题。而当前的问题乃是野性复起的问题。这个问题不仅中国为然，实导源于国外。我名此为禽兽主义”[2]。

在这段文字中，张东荪公开申明“不能反对礼教”的观点，并系统阐述了原因。他最关注的是如何对付“兽性复起的问题”，而其解决办法就是“以理智来改造文化，以文化来陶冶人性，务使已压抑已淘汰的野性兽性不致再抬头起来”。因此，他便得出了“我不反对中国的礼教”的结论。

用理智来对付“野性兽性不致复起”，与“反对礼教”究竟是什么关系？张东荪为何得出“不反对”礼教的结果？从表面上，似乎难以看出其中的“因果关系”来，而实际上他是从两方面论证的。一是礼教于社会没有害处。他的基本认识是：礼教已失去了现实的效力，已不对现实社会发生影响，所以它对社会并无害处，与将来创建新的文化也无冲突，所以不必反对。二是礼教已不成问题，而成问题的“野性复起”即“人欲横流”问题，所以，要采取对付“野性”“人欲”的有效办法加以解决。张东荪建立的“主智的创造的化欲的”人生观，就是对付“人欲”、“野性复发”

---

[1] 《由自利的我到自制的我》，《东方杂志》23卷3号。

[2] 张东荪：《人生观ABC》，上海世界书局1928年7月版，第67～68页。

的办法。

礼教虽失真义，但它毕竟是用来制欲的，现在中国所要对付的仍是“私欲”，礼教固然不能担当此任，而应由与它相通的以“理智化欲”之法解决。反对礼教，实则是反对“以理制欲”，当然与张东荪的“以理化欲”主张相左。同时，礼教毕竟在制欲方面起过作用，过激地抨击礼教，有把“人欲”、“野性”再放出来害人的可能。这是他不愿看到的。所以他才产生了“至于有人高呼‘礼教吃人’，我以为这是由于他们认为礼教阻碍他们野性的出现”的思想。也正因如此，他才会发出感慨：“其实造祸于人群，他们的人欲横流的人生观较诸礼教要厉害百倍。”张东荪由关注并解决“野性复起”问题，很自然地走到了为礼教辩护的地步。

张东荪为礼教辩护是为了对付“人欲”问题，这是无可厚非的。但他对辩护之原因的说明，却体现了他观察中国社会的失误及认识的简单化。同时也可以发现张东荪思想深处的矛盾和困惑。作为“西化”派，张东荪实际上处于两难境地：一方面必须彻底输入西方文化，否则中国将无以立足于世界，这是他清醒的理智所诏示的，因此他主张“彻底输入西方文化”；另一方面，又不主张丢掉中国一切旧文明，因为丢掉中国旧文明后，中国连同他本人也都无处立足。输入西学的目的是为了中国文化的进步，而假如输入西学反掉了中国一切文明，则中国文明的前途更令人忧虑。所以输入西学而不反对封建，这是矛盾的；输入西学而希望不出现利己主义的弊端，也是幻想。按张东荪自己的设想，输入西学是“盐水冲淡水式”的，“盐水的成分愈多则淡水中必愈咸了”，因而他对输入西方文化所造成的后果并未料到。实际上，输入西方文化到中国来决不如“盐水冲淡水”那样平静与简单；中国社会畸形状态的出现更是他始料不及的。正是在这种窘状下，张东荪提出了“补救”论。

既然要补救，实际上就是承认输入西方文化有问题；承认输入西方文化有问题，便不能不承认旧派诋毁西方文明的言论有一定道理；这样，他就不能不与旧派势力作某种妥协，由此，进一步发展到替礼教辩护，也是顺理成章的。同时，因其所要补救的是“畸形状态”，畸形状态又是由“私欲”引起的，所以，无论其补救之法是什么，其补救动机已决定了其所要对付的是“人欲”问题；既然要“制欲”，必须依靠“理智”；因其与传统的“礼教”所对付的问题（人欲）是一致的，这就自然会陷入替礼教辩护的泥潭。一方面要彻底输入西方文化，另一方面又力图补救因西方文化的输入后出现的畸形状态，足见张东荪思想之矛盾与窘状。

增强主体的健全，恢复固有的文化

30年代初，由于中国文化出路这一根本问题仍未解决，所以，中西文化问题仍成为人们关注的热点。此时，中国思想界出现了两种文化偏向。一是以胡适、陈序经为代表的全盘“西化”论。胡适说：中国“只有一条生路，就是我们自己要认错，我们必须承认自己百事不如人，不但物质机械不如人，文学不如人，音乐不如人，艺术不如人，身体不如人。”[1]这里已包含了全盘“西化”的严重偏向。陈序经则公开提出，中国文化的出路“无疑是要从彻底全盘西化着手”[2]。二是那些顽固维护中国固有文明的守旧派与封建势力结合，由诋毁西方文明、整理“国粹”进而赞同并鼓吹“尊孔读经”。1934年，蒋介石在南昌发起“新生活运动”，提倡中国固有的道德（礼义廉耻），陈济棠在广东、何健在湖南也提倡“尊孔读经”，南京政府甚至举行公开的纪念孔子活动。

这两种偏向，均引起了张东荪的关注。1934年12月，张东荪写成《现代的中国怎样要孔子》（原题为《从孔子说到中西文化之异同并论民族复兴之途径》），较系统地申明并阐述了他对中西文化问题的主张。因其声明“该文是自己关于文化问题的总观点”，故可视为30年代前期张东荪关于中西文化观的代表之作。

在该文中，张东荪明确阐述了自己的对中西文化问题的根本主张。他说：“我主张必须恢复主体的健全，然后方可吸取他人的文化。”又说：“今天决不能讨论中国要近代化或欧化与否的问题。因为只有一个如何欧化的问题。我对于这个问题的答案是：一方面输入西方文化，同时他方面必须恢复固有的文化。”[3]

这两段文字虽侧重点不同，但均表达了相同的意思：必须恢复固有的文化，必须恢复主体的健全。这是30年代初张东荪关于中西文化观问题的根本观点。

为什么要“恢复固有的文化”？张东荪认为，这主要是因为中国吸收西方文化的主体资格的丧失。其主要表现在两方面：一是主体消化能力的减退。他明确指出：“须知今天的问题不是中西文化好坏比较的问题，乃是中国吸取西方文化的问题，亦就是一个人吃了东西如何消化的问题”。消化能力是至关重要的，“你只劝他多吃是不相干的，因为吃了未必能消化，而反会生病。所以我以为一个民族若自己没有对于外族的文化。其结果不外为外族所征服而已”[4]。他认为，中国“输入”西方

[1] 胡适：《介绍我自己的思想》，《胡适哲学资料选》（上），华东师范大学出版社1981年版，第345页。

[2] 陈序经：《中国文化之出路》，广州《民国日报》1934年1月15日。

[3] 张东荪：《现代的中国怎样要孔子》，《正风》半月刊第1卷2期。1935年1月16日。

[4] 张东荪：《现代的中国怎样要孔子》，《正风》半月刊1卷2期。

文化后出现的种种问题，均是由于“消化能力”减退的缘故。其具体表现就是：民族自信心的丧失和对西方文化承受力的减退。二是主体承受能力的衰退。他说：“我年来默察中国的情形，实在有些令人悲观，觉得对于西方文化不但不能消化，并且承受的能力亦渐渐衰退了。”中国失去了对西方文化应有的承受能力和反应能力。“其原因不在西方文化之不适于中国，乃只在中国人已缺少了吸取他族文化的‘主体’的资格。”[1]

消化能力的减弱与承受能力的衰退，说明中国丧失了吸收西方文化必须具有的“健全的自主”。主体性的丧失，对中国的危害将是灾难性的。输入西方文化的目的是使中国走上现代化轨道，主体性的丧失，会使中国面临沦为文化殖民地的危机。他说：“须知所谓吸取西方文化乃是说中国人以西方的文明而立国，倘使中国变为殖民地纵是人民都欧化了，这亦不得称为吸取西方文化。”换言之，“吸收了他族文化而自己更发扬起来，才称得上‘吸收’西方文化；如果吸收了他族文化从此不能自振，只能称得上‘征服’。”[2] 所以，他所谓“彻底输入西方文化”、“彻底采用西方文化”和“彻底吸收西方文化”是以保持民族独立并使国家富强为前提的，决不是把中国引向被西方文化征服的殖民地道路。然而，由于吸收西方文化主体性的丧失，中国实际上面临着失去民族独立的危险。

既然自信心的丧失、消化能力和承受能力的衰退，导致了主体资格和自主性的丧失，那么中国首要的任务就是重新恢复民族自信心，重新培植对外来文化的消化能力和承受能力。张东荪公开申明：“我主张必须恢复主体的健全，然后方可吸取他人的文化”。

如何“恢复主体的健全”？他认为，首先应当改变对待中国固有文化的态度，承认固有文化的价值，树起人们对民族文化的自信心，克服严重的民族自卑感。他所谓“其实我们固然必须知道自己的短处，但同时亦不妨承认自己有些长处”，其用意，即在于此。这便意味着必须对中西文化的根本态度作相应的调整。“一方面输入西方文化，同时他方面必须恢复固有的文化”，就是这个调整后的根本态度。

为什么恢复主体的健全必须“恢复固有的文化”？张东荪从两方面作了分析：

第一，恢复主体的健全，是要重铸中华民族的民族性；而民族性之重铸，要以重新树立民族自信心为前提；要树起人们的民族自信心，就必须恢复固有的文化。他说：“须知今日的问题……乃是中国如何吸取西方文化的问题”，又说：“今天决不能讨论

[1] 张东荪：《现代的中国怎样要孔子》，《正风》半月刊1卷2期。

[2] 张东荪：《现代的中国怎样要孔子》，《正风》半月刊1卷2期。

中国要近代化或欧化的问题，因为只有一个如何欧化的问题。”接着他又说：“现在的问题在于如何造成民族性。”从这三段文字的内在逻辑可以推断：如何吸取西方文化、如何欧化与如何造成民族性是三位一体、密切相关的。恢复主体性，就是造成民族性；民族性蕴涵在中国固有的文化中。因此，要造成民族性就必须恢复固有的文化。

他说：“中国有固有的文化，便是有其民族性。无奈中国的民族性是由有到无。泰西各国不然。”正因中国的民族性“由有到无”，所以必须恢复之，使其由无到有。他比较了中西民族性后认为，“他们以民族的国家为最高，把所有教育文化风俗都染上这个色彩，所以他们的民族性是由无到有。换言之，即民族国家主义的产物。……中国以后要竞立于世界各国之林当然除了走上民族国家主义这一条路是别无办法的，但须知凡民族国家主义无不宝贵其国的自己文化。”中国未经此民族国家主义陶冶，尚未铸成近代式的“民族性”。而要铸成“民族性”，则必须首先“宝贵其国的自己文化”，即是要树立起民众对中国固有文化的热爱和尊重，恢复中国固有的文化。

但“恢复”中国固有文化，并不足以树立中国人对本民族的热爱造成民族性，而只能提供一个前提条件。因为“中国的固有文化既不能和西方文化媲美，则如何能唤起其人民对于旧文化的爱护心呢?”即中国文化落后于西方文化，而要让中国热爱此落后的“中国文化”，于情、于理都是不通的。所以，这是一个值得注意的问题。既然这是中国民族主体性的丧失及由此出现的民族自卑感的关键所在，那么，中国今后也要注眼于此。“就是我们必须发见固有的文化有些地方不但不与新人的文明相冲突，并且可以并存而相辅”。换言之，“假使我们对于固有的旧文化不能使其再发生新芽，而只是把外来的新种移植过来，则中国的民族性便无法养成”。所以，民族性的养成有赖于肯定固有文化的价值，“使其再发新芽”。所以，必须对于中国文化从有价值的方面去看，即肯定其价值，这是恢复主体的健全，造成民族性的一个“必要条件”。也正因如此，张东荪才会说：“其实我们固然必须知道自己的短处，但同时亦不妨承认自己亦有些长处”[1]。以此来树立对本民族文化的自信心。

第二，恢复主体的健全，必须恢复中国固有文化中“重心在内”的精华。他说，所谓“主体”，指“重心在内而言，如果‘重心在外’，便不知有我，于是不仅个人为失了自主性，在一个民族，亦是失了自主性。而一个民族失了自主性，则决不能采取他族的文明，而只有为他族所征服而已”。要恢复民族自主性，必须恢复民族的固有文化，因为中国固

[1] 张东荪：《现代的中国怎样要孔子》，《正风》半月刊1卷2期。

有文化中不仅不与输入西方文化相冲突，而且是相辅相成的。以儒家思想为代表的中国固有文化中的“人生哲学”，是十分有价值的；恢复中国固有文化，实际上就是提倡固有文化中有价值的“人生哲学”。张东荪说：“因为中国固有的文化可以儒家思想为代表，他只是讲做人的道理，并且这种人生哲学即从西方眼光看来，仍不失为很有价值的，在西方思想中很难寻到与他相等的，所以这一方面非但不应该打倒，并且应该提倡”。他又讲：“至于做人，中国本来最多讲求，不妨留其精华”，个人有些“人生哲学”则因“重心在内”而不致自卑，民族有此“人生哲学”则会看重自己文化中的优劣精华，树起民族自信心，不至于完全拜倒于西方文化脚下。

张东荪所谓“恢复中国固有的文化”，实际上指恢复儒家思想强调的“人生哲学”、“做人的道理”。

张东荪认为“输入西方文化”与“恢复固有文化”是并行不悖、相辅相成的。中国固有的“人生哲学”可以用于现在，但西方许多方面却必须引入中国。“在许多方面，例如政治经济等，是非用欧洲的方法不行。其实中国对于这些方面向来就没有办法。可见凡是采取欧化的方面都是中国本来缺少办法的方面。至于做人，中国本来最多讲求，不妨保留其精华。”所以，他认为“保存国粹与从事欧化乃是根本上不相冲突的。”[1] 这实际上已含有沟通中西文化之意向。由此，张东荪进一步提出：“我们必须发见固有的文化有些地方（指人生哲学——引者）不但不与新人的文明相冲突，并且可以并存而相辅。换言之，假使我们对于固有的旧文化不能使其再发生新芽，而只是把外来的新种移植过来，则中国的民族性便无法养成。”旧文化之“老树”再发生“新芽”的寓意，是十分深刻的。它包含着中西文化必须沟通、西方文化必借中国文化之老树才能扎根、中国文化之老树必须再生新芽才能生存的思想。

“一方面输入西方文化，同时他方面必须恢复固有的文化”，这是张东荪30年代前期中西文化观的总概述。输入西学与恢复固有文化似乎是两个矛盾着的方面，他所努力者，显然旨在调和“输入”与“恢复”的关系。而两方面调和的结合点，便是中国固有的“人生哲学”。换言之，正是在“人生哲学上，张东荪找到了调和中西文化的结合点。他认为，中国的人生哲学到现在“仍不失很有价值的”，就是“在西方思想中很难寻到与他相等的”，所以“应该提倡”；同时在许多方面，如政治经济方面，中国向来就没有办法，必须采用西方（欧洲）的方法。这样，输入西学与

[1] 张东荪：《现代的中国怎样要孔子》，《正风》半月刊1卷2期。

恢复固有文化这两方面“不但不相冲突，并且是相辅佐的。”西方文化与固有文化各有其所存在的价值和领域，中国在政治经济等许多方面必须“欧化”，但不是全盘“西化”，中国在“做人的道理”“人生哲学”方面应当保留，应当“复古”，但决不是全盘复古，这样，“欧化”与“复古”在“人生哲学”上沟通了。

当然，张东荪也清醒地认识到：中国固有文化是根本落后于西方文化的，无力与之匹敌，在这种情况下，“恢复固有文化”以使人树立民族自信心，的确是困难的。他自问道：“中国的固有文化既不能和西方文化媲美，则如何能唤起其人民对于旧文化的爱护心呢？”这是令张东荪感到头疼的问题。他也无可奈何地承认：“所以问题就在于此”[1]。恢复固有的文化中有价值的部分，造成民族性，是张东荪解决此问题的办法。但究竟如何恢复中国固有文化？如何造成民族性？他只提出了用新的态度和办法整理国故、与躬行孔子精神两种办法。他论证并不充分，说理也不透彻，表明他对于解决此问题也并无善策。这样，“恢复固有文化”，便只能是一种主张、表达一种对中西文化的根本态度而已。此时的张东荪无暇也无力将它全面展开，这也说明张东荪的文化观有待于进一步发展。

沟通中西文化，划定各自范围

1937年初，张东荪在《思想自由与文化》中说：“我常说，中国如果不遇着西方文化，中国本身并无多大问题。无如西方文化的侵入是个必然之势，于是问题乃起。如何调和中西文化，使西方文化进来而又不致推翻中国固有的文化，这是一个大问题”[2]。

他在《思想与社会》中又说，如要彻底把西方文化“移植过来”，“则决不能专靠做输入的工作即可奏效。因为专做输入外来的等于抛弃固有的，而殊不知固有的却极不容易屏弃。倘不加以整饬，便会发生纠纷。所以一味不理固有的乃是对于输入外来的反有不利。故我主张必须根据这样的文化沟通方有办法。”[3]

面对中西文化的冲突，“我们所应努力的不在顺着自然的趋势以助长一方，推倒他方，乃只在于设法使各得相当的安排，互有界限，不出范围，化冲突而为调和”[4]。

从这几段文字可知，30年代后期直到40年代，张东荪着眼于中西文化的“调和”

[1] 张东荪：《现代的中国怎样要孔子》，《正风》半月刊1卷2期。
[2] 张东荪：《思想自由与文化》，《文史月刊》1卷10期，1937年1月20日。
[3] 张东荪：《思想与社会》，上海商务印书馆1946年版，第66页。
[4] 张东荪：《思想自由与文化》，《文史月刊》1卷10期，1937年1月20日。

与“沟通”。将中西文化“各得相当的安排，互有界限，不出范围，化冲突而为调和”。这便是张东荪40年代对中西文化的根本态度和观点(简称“沟通”论,或“调和”论)。

张东荪的“沟通”论，其主旨是协调与沟通中西文化，他所谓的“沟通”，是既接受西方文化又保留固有的文化的折中。具体而言它有以下几层含义：

第一，“使西方文化进来而又不致于推翻中国固有的文化”，这是他调和中西文化致力之处。西方文化之入中国是大势所趋，“其实西方文化之入于中国来正好象从高地的水流向低地一样。中国即是低地则他处如是较高，则水自然会向中国流来，决无法抗阻。……所以我们不能讨论要不要西方文化，而只能研究西方文化之必然传入以后我们如何应付它。”[1]这是五四以后张东荪的一贯立场和态度。他又说：“西方文化之大量传来在今后已早不成问题。所成问题的只是：在这样的形势下中国固有文化是否完全衰亡?如其不然，将如何配置?”[2]他认为，完全推翻中国固有文化，是不可能的，也是没有必要的，“一个人把其所有的历史都抛弃了，在事实上绝对不可能。一个民族亦然。不是不想这样去做，只是没有法做到。一个人的过去历史印在其人的身上，不仅属于心理，并且属于生理。一个民族，其现存的制度在心理上本是一套观念，在结构上就是生活的状态，在由来上又正是传袭而成，如何能一旦斩绝弃尽呢?”所以，全盘“西化”在事实上是不可能的。于是问题就变成“要迎接西方文化的进来，反而必须先将固有的文化振作起来。”即必须把自己固有的文化振作起来，然后从相似或相近的地方以接收西方文化的问题[3]。这样，输入与接受西方文化和振兴与保留固有文化，就应当是相辅相成的关系，人们应当从“调和”“融合”的角度，来看待输入西方文化与保留固有文化。

那么，究竟应当如何调和中西文化呢?张东荪提出了一个基本的原则：“我们今天所应努力的不在顺着自然的趋势以助长一方，推倒他方，乃只在于设法使各得相当的安排，互有界限，不出范围，化冲突而为调和”[4]。这个原则，便是他“调和中西文化”文化观的核心内涵。这种“调和”，意味着要重视中西文化的“配置”，划定各自的“界限”与“范围”，以使双方“各得相当的安排”。

为什么要使中西文化“配置”得当?因为在张东荪看来，中国文化决不是不好，而只是不完备，在某些方面有重大缺陷，但在某点上又特别优良。他形象地比喻说：“如

[1] 张东荪：《思想与社会》，上海商务印书馆1946年版，第182页。

[2] 张东荪：《理性与民主》，上海商务印书馆1946年版，第180页。

[3] 张东荪：《理性与民主》，上海商务印书馆1946年版，第82页。

[4] 张东荪：《理性与民主》，上海商务印书馆1946年版，第173页。

一个家庭的房子，必有客厅、卧室、厨房以及书房、浴室等。中国情形好象只有书房，没有浴室，只有卧室而没有客厅。在书房中洗浴，在卧室中会客，这实在不成样子。虽则书房特别精致，卧室特别宽大，而总是不相宜的。中国文化的不完备的情形即可以此比喻为说明。虽关于个人内心的修养方面特别发达，对于公共制度方面则付之缺如。"这样，中国文化不完备的地方，自然需要西方文化来补充，"对于中国向来所无的而设法补充上去。"但这种补充，应当是认真的严肃的，应当是裁减适宜、配置得当的。正因如此，他才强调："然而却亦必须配合得上，使形成一个整体，不起内部的冲突。"[1]

如何使中西文化"配置"得当？换言之，中国应接受西方文化中的什么内容？应该在哪些方面保留中国固有文化？对此，张东荪作了认真的思考和研究。

他在《思想与社会》中说："西方的学术思想本来极复杂。其中可宝贵者，尚有多种而大概与我们相比却并不见得可贵，而唯独这个当作整个儿文化的民主主义却正是西方道统中最可宝贵的东西。我们要接受西方文化亦只须取来其这一点即足了。因为这不仅是西方的至宝乃且是人类的至宝。"[2]从这段十分精彩的话中，可以看出，中国在政治经济文化社会生活等方面，必须采用西方民主主义的文化，这是中国向来缺乏的。

那么，中国固有的文化应保留哪些呢？张东荪在《思想与社会》中说："因此我主张将儒家的精神只限于为内心的修养而重新提倡起来。……儒家之道是最好的心理卫生方法，最新的心理学亦未必能超过之。尚人人都能把自己弄得因尽性乐道而安安稳稳，则虽只系修身而已兼含有治术在内了。儒家既代表中国道统，则中国的道统便显然是不可废又不应弃了。"[3]在《理性与民主》中，他又明确地指出："中国文化只可大约分为两部分，一部分是具有美术性质的，例如字画、建筑、甚至于诗词，都可算在内。这部分不仅中国人不愿其衰亡，并且外国亦正在嗜好之。即所谓'东方美'，确有恬静与淡雅之风味，故这一部分是不在话下的。另一部分则是儒教。我们对于儒家思想可以分两部分，一部分是关于社会组织的，另一部分是关于个人内心修养的。前一部分因为儒家以封建的极盛时代认为模范社会，乃总不离家族中心，所以到了现代已是完全不相适合了。"[4]

由此可见，张东荪认为，中国固有文化中只可保留两部分，一是"东方美"的艺术，

[1] 张东荪：《理性与民主》，上海商务印书馆 1946 年版，第 125 页。
[2] 张东荪：《思想与社会》，上海商务印书馆 1946 年版，第 179 ～ 180 页。
[3] 张东荪：《思想与社会》，上海商务印书馆 1946 年版，第 196 ～ 197 页。
[4] 张东荪：《理性与民主》，上海商务印书馆 1946 年版，第 180 页。

二是儒家内心修养的方法。除此之外的中国固有文化，都不在保留之列，应当用西方文化来代替，即在内心修养上，中国固有的文化仍有其价值，而在政治经济乃至文化的大部分领域，则是西方文化的地盘。

第二，沟通与融合中西文化，创建新文明。“化冲突而为调和”的调和论，与中西文化的“沟通”是密切关联的。他通过研究文化交流，得出了一个“文化沟通”原理。此原理为他反复强调，不仅成为他力主调和论的主要依据，而且成为调和论的重要内容。他在《理性与民主》中说：“于是我们便得一个定理：就是两个文化交流时，必于其相类似处方能融合，必须有融合方能产生文明”。又讲：“我在上文曾提文化之沟通与混合，必须先其本来就有相接近点方可开始导入……两种文化的接轨必由于其中相类似处乃是因为人们习惯成为第二天性。新的样子太违反旧日习惯，遂不易接受，于是必先由向来习惯不大相反的地方进来。尤其是在观念与思想方面，更是必须如此……所以在理论观念的文化上倘使这个民族对于这一套观念向不谙习，而要真的了解，则确不是一件容易的事，只有一法：即由其平素所谙习的之中折其有与此相类似的地方来作比附，方可得了解一些。”[1]

这几段文字，就是张东荪通过研究不同文化的交流情形后，而得出了定理：两个文化交流时，必于其相类似处方能融合，必须有融合方能产生新文明。

张东荪的这种见解是十分精辟的。由于种种原因，自戊戌以来较长时间内，中国知识分子挣扎在中西文化的冲突之中，在不必要的中西文化优劣高下的争论上，耗费了太多的精力和时间；他们往往把西方文化与固有文化视为绝对对立、互不融通的两种文化模型来看待。当然，中西文化是两种不同性质的文化，本身具有很大的内在差异，也的确处于对立之中，况且西方文化之入中国，又是与帝国主义的侵略相随的，这样，中国知识分子将两者对立来看，也不能说全无道理。然而，两者毕竟还有相通之处。负有文化交流和沟通责任的中国知识分子，为使西方文化在中国扎根、生长，也应当从两者之通似处立论才是。但历史的事实并非如此。他们总是把中西文化当做两个对立的东西看待，要么主张全盘“西化”，要么主张完全中化；即使主张折中论者，亦大多持“中体西用”观点，认为在某些方面应当西化，但在根本上应当保持传统不变。在这种态度下，折中者假定：“东与西”本质上还是有不可妥协，不可融合成为一个新文化系统的地方。因而，他们无力、也无意识去主动地强调沟通中西、寻找调和之道。即便是被迫去作了（如五四章士钊的调和论），

[1] 张东荪：《理性与民主》，上海商务印书馆1946年版，第66页。

也是试图纳西学于中学系统，以中学“同化”掉西学。这样，长期以来形成了中西文化观的分歧与争论，而这种争论又往往流于空泛，没有太大的意义，并未能致力于使西学扎根于中学的沟通工作。所以，张东荪批评说：“因此我对于以往吸收西方文化的态度很引为有些遗憾。就是不从配合方面着眼,而专从冲突方面着眼。”又说:“今天的纷乱,这一班作文化沟通与接触的工作的人们实在不能不负责任。”[1]由此可见，张东荪提出“沟通”论，并批评时人对待中西文化的错误态度，还是中肯切要的。

中西文化“沟通”、“调和”后的中国“新文明”是什么样的文明?张东荪说：西方的民主主义文化是西方文化的精华，“而唯独这个当作整个文化的民主主义却正是西方道统中最可宝贵的东西。我们接受西方文化亦只须取来其这一点即足了。因为这不仅是西方的至宝乃且是人类的至宝，只由于这一条路是正路，而其余一切路径都是邪路。”[2]又讲：“中国必须走上渐进的社会主义的民主主义之途……中国今后要实行民主政治不仅是一个政治上的制度的问题，乃确是涉及全部文化的一个问题，亦不仅是在历史上另划一个新纪元的事情，乃必是把中国从历史的旧轨道中搬出而另外摆在一个新的轨道上”[3]。

“沟通”和“调和”后的中国新文化，必定是以西方民主主义文化为主干、仅保留中国“做人方面适用孔孟之道”的文化。这便是张东荪的结论。

[1] 张东荪:《理性与民主》，上海商务印书馆 1946 年，第 125 页。
[2] 张东荪:《理性与民主》，上海商务印书馆 1946 年，第 180 页。
[3] 张东荪:《理性与民主》，上海商务印书馆 1946 年，第 186 页。

六 尝试建构新哲学，完善多元认识论

1917 年，张东荪将工作重心转移到文化运动方面后，十分注重介绍和研究西方哲学。不同文化的碰撞，在中国引发了一场“科学”与“玄学”的论战，在这场论战中，张东荪初步阐发了自己的哲学见解，特别注重讨论科学与哲学的关系。他的哲学思想，是在介绍西方哲学基础上综合西方各派哲学形成的，有着鲜明的综合折中性，沿着康德的方向以认识论为其体系的起点，创立并完善了“多元认识论”。

[参加“科玄论战”，阐明科学与哲学关系]

[从认识论入手，尝试建立“新哲学”]

[修正康德认识论学说，创立并完善“多元认识论”]

[介绍西方价值学说，提出“文化”的道德观]

六 尝试建构新哲学，完善多元认识论

参加“科玄论战”，阐明科学与哲学关系

张东荪对哲学问题很早便产生了兴趣。1917年将努力重心转移到文化运动方面后，便十分注重介绍和研究西方哲学。

1923年2月14日，张君劢在清华大学作了题为《人生观》的演讲，认为人生观的特点是主观的、直觉的、综合的、自由意志的、单一的，“惟其有此五点，故科学无论如何发达，而人生观问题之解决，决非科学所能为力，惟赖诸人类之自身而已。”这篇演讲在《清华周刊》272期发表后，素以拥护科学为职志的地质学家丁文江认为，这是玄学对科学的一次进攻，对树立科学的权威有害处，因此立即对张君劢的观点进行批评，正如张君劢所言：“读我文后，勃然大怒曰，诚如君言，科学而不能支配人生，则科学复有何用?”[1] 4月12日，丁文江作《玄学与科学——评张君劢的〈人生观〉》，发表在《努力周报》48期和49期上；接着，张君劢作《再论人生观与科学并答丁在君》发表在《晨报副刊》上。这样，关于科学与人生观问题的大论战便开始了。

这场论战所争论的核心问题是：科学能不能解决人生观问题。张君劢认为科学不能解决，主旨是要批评“科学万能”论。他说：“盍二三十年来，吾国学界中之中心思想，则曰科学万能。教科书之所传授者，科学也。耳目之所接触——电灯，电话，自来水——科学也。……一言及科学，若临以雷霆万钧之力，唯唯称是，莫敢有异言。……在此空气之中，我乃以科学能力有一定界限之说告我青年同学，其为逆耳之言，复何足异。”[2] 实际上，张君劢的观点，是梁启超在《欧游心影录》中所提出的：欧洲“纯物质纯机械的人生观”把欧洲社会“都陷入怀疑沉闷畏惧之中”，从而导致了第一次世界大战；科学没有给人类带来幸福，却带来了巨大的灾难，“当时讴歌科学万能的人，满望着科学成功，黄金世界便指日出现。如今功总算成了，一百年物质的进步，比从前三千年所得还加几倍。我们人类不惟没有得着幸福，

[1] 张君劢：《再论人生观与科学并答丁在君》，见《科学与人生观》，上海亚东图书馆1923年版。
[2] 张君劢：《再论人生观与科学并答丁在君》，见《科学与人生观》，上海亚东图书馆1923年版。

倒反带来许多灾难。”所以，他认为，“欧洲人做了一场科学万能的大梦，到如今却叫起科学破产来。”根据这些，他的结论是：“读者切勿误会，因此诽薄科学，我绝不承认科学破产，不过也不承认科学万能罢了。”可见，梁启超、张君劢等人的意思是反对“科学万能”，并不是完全反对科学。但即使如此，梁、张对“科学万能”的批评，在胡适、丁等科学派看来，是阻碍中国社会进步的、不合时宜的，只能有阻于人们对科学的信仰和科学知识的传播。因此，胡、丁等人自然要起而维护“科学”神圣和尊严，对梁、张进行反击。对此，胡适在《科学与人生观·序》上说：“欧洲的科学已到了根深蒂固的地位，不怕玄学鬼来攻击了。……一到中国，便不同了。中国此时还不曾享着科学的赐福，更谈不到科学带来的‘灾难’。……中国人还不曾和科学行见面礼呢！我们当这个时候，增苦科学的提倡不够，正苦科学的教育不发达，正苦科学的势力还不能扫除那迷漫全国的乌烟瘴气，——不料还有名流学者出来高唱‘欧洲科学破产’的喊声，出来把欧洲文化破产的罪名归到科学身上，出来菲薄科学，历数科学家的人生观的罪状，不要科学在人生观上发生影响！信仰科学的人看了这种现状，能不发愁吗？能不大声疾呼出来替科学辩护吗？”[1] 胡适的意见是有道理的。

正因如此，论战开始后不久，梁启超便著《关于玄学科学论战之“战时国际公法”》，提出论战应将问题集中一下，不要牵涉太大，或在枝节问题上纠缠；同时措辞要庄重恳挚，不可有嘲笑或骂语。本来不愿参加的他，还是作了《人生观与科学》，站在张君劢一边；胡适也于5月11日著《孙行者与张君劢》，站在丁文江一边。这样便形成了科学派与玄学派的对垒。

此时任《时事新报》主笔的张东荪，对哲学问题很感兴趣，密切关注着论战的动向。胡适、丁文江主持的《努力周报》，发表了许多支持丁而反对张的文章，如任叔永的《人生观的科学或科学的人生观》，章演存的《张君劢主张的人生观对于科学的五个异点》，朱经农的《读张君劢论人生观与科学的两篇文章后所发生的疑问》，丁文江《玄学与科学的讨论的余兴》，唐钺的《“玄学与科学”论争的所给的暗示》、《一个痴人的说梦》和《科学的范围》等，王星拱的《科学与人生观》等等。张东荪本其“打抱不平”的性格，立即在《学灯》上组织了一批反击科学派的文章，与《努力周报》对阵。对此，他自己解释说：“只因为我有个脾气是不喜欢锦上添花而只欢喜雪中送炭。在丁先生第一篇文章发表时，就有人来报告于我，说丁先生方面已预备有许多人对于张先生自己一个人来‘群起而

[1] 胡适：《科学与人生观·序》，《科学与人生观》，上海亚东图书馆1923年版。

攻之’。(这个话本是谣言，不过《努力周报》迄至今日除张先生自己的文章外，所有谈到‘科玄论战’的无一不是反对张先生的。)我当时听了这个传闻，虽明知不可靠，但却预料丁先生方面(即攻击张君劢的方面)总不会寂寞的，用不着我来凑热闹。于是我决定对于丁先生来烧一烧冷灶。”[1] 他又说：科玄论战，“其事起于张君劢论人生观而有轻蔑科学之言。丁在君起而维护之。一方以为科学不能解决人生，故人生观不能统一。他方以为凡人生无不可入科学，故终可得一定于一尊之科学的人生观。丁在君之维护科学，是也；乃因维护科学之故而侵犯哲学，痛诋玄学为无赖鬼。于是爱哲学者，如屠孝实等，为之抱不平焉。余亦即其中之一人。”[2] 故此，张东荪在《学灯》上除刊载了梁启超的《关于玄学与科学论战之“战时国际公法”》和《人生观与科学》外，还发表了孙伏园的《玄学科学论战杂话》，并为梁、孙两文写了编后按，借此表示自己的观点和态度。随后，又刊载了林宰平写的一篇反击丁文江的重头文章——《读丁在君先生的“玄学与科学”》，并加了按语。但他“继而一想，按语总不十分畅达。因此我把按语拿来改编，”便成一篇，以《劳而无功》为题于6月19日在《学灯》上发表。此后，张东荪又在《学灯》上刊载了陆志韦的《“死狗”的心理学》，署名“穆”的《旁观者言》，颂皋的《玄学上之问题》和张君劢的《科学之评价》等论战文章，进一步推动了这场论战的进行。

这场论战，其核心问题应当是“科学的人生观”是什么、科学能否解决人生观问题。但论战开始后，主要围绕着后者展开，而对什么是科学，什么是玄学，什么是科学的人生观等基本问题没有界定，因而参加论战的人数虽多，发表的文章也不少，讨论也很激烈，但很快便陷入混战中，围绕一些次要和枝节问题进行争论，离开了主题。对此，胡适在后来所作的《科学与人生观·序》中批评道：“君劢的要点是‘人生观问题之解决，决非科学所能为力.’我们要答复他，似乎应该先说明科学应用到人生观问题上去，曾产生什么样子的人生观；这就是说，我们应该先叙述‘科学的人生观’是什么，然后讨论这种人生观是否可以成立，是否可以解决人生观的问题，是否象梁先生说的那样贻祸欧洲，流毒人类。我总观这二十五万字的讨论，终觉得这一次为科学作战的人——除了吴稚晖先生——都有一个共同的错误，就是不曾具体地说明科学的人生观是什么，却去抽象地力争科学可以解决人生观的问题。”[3]

在论战开始，孙伏园在《玄学科学论战杂话》中便向论战双方提出：“我以为现在两方都还没有注意到首先应该注意的三个问题，就是：玄学是什么?科学是什么?人生

[1] 张东荪：《劳而无功》，《学灯》1923年6月9日。
[2] 张东荪：《科学与哲学》，《东方杂志》第22卷2号，1925年1月25日。
[3] 胡适：《科学与人生观·序》，《科学与人生观》，上海亚东图书馆1923年版。

观是什么?”建议两方对这三个名词给予界定。张东荪认为这是个好的意见，在篇后按语中加以肯定，称“这真可谓独具慧眼”，“我本来久想对于双方提出这个忠告，只因懒于动笔，以致未果。”张东荪对“玄学”、“哲学”和“科学”进行了初步的界定：“玄学是狭义的哲学”，科学在哲学之外。基于以前丁张两人论战，均未对科学、玄学和人生观等基本问题作界定，张东荪向双方提出忠告：“就是奉劝两位把这次笔战认为等于运动会的预赛，而不算为正赛。这种预赛即此而止，不再进行。于是重整旗鼓，开始正赛。否则照这样下来，实不能不为两位惜了。”[1]

接着，梁启超在《人生观与科学》中，对“人生”、“人生观”和“科学”作了自己的界定，提出了自己的看法：“人生问题，有大部分是可以——而且必要用科学方法来解决的。却有一小部分——或者还是最重要的部分是超科学的。”张东荪刊载了此文后，也加了《东荪按》，不同意丁文江对科学的界定，丁将科学定义为科学方法，“科学的方法不外将世界的事实分起类来，求他们的秩序。……凡是事实都可以用科学方法研究,都可以变做科学”。张东荪根据自己的理解,给科学作了界定：“科学乃是对于杂乱无章的经验以求其中的‘不变的关系’。这个即名为法式或法则(即许是暂定的)。”他对于丁搞不清玄学与科学的定义表示失望说：“以科学的大忠臣的丁先生，其攻击玄学，未尝对于玄学下明切的定义，诚有可原，乃对于科学亦不能使我们满意，便不能不有些失望了。”[2]

1923年底，亚东图书馆将两方发表在《努力周报》和《学灯》及其他报刊上的论战文章收集起来，编为《科学与人生观》，并请陈独秀和胡适两人作序。陈独秀站在唯物史观的立场上，对这场论战作了批评；胡适则站在科学派的立场上，对论战进行评述，从而将科学与人生观论战推向高潮。张东荪素来对于这些哲学问题感兴趣，关于论战双方的文章，他几乎都进行了研究。他后来说：“论到我个人，我对于这种讨论本来特别感兴味，因为他们所讨论的问题都是我向来想解决而未能解决的，并且是我现在正在努力从事的。”[3] 有这种“哲学癖”的张东荪，自然不会随着论战的告一段落而罢休。科学与人生观论战，加浓了他对哲学问题的兴趣，促发了他对科学与哲学性质的思考。张东荪在论战正激烈时，发表了《劳而无功——评丁在君先生口中的科学》一文,赞成林宰平《读丁在君先生的“玄学与科学”》一文的观点。他说：林的文章“把我的文章十分之九都抢了去了。对于丁先生所应

[1] 张东荪:《玄学科学论战杂话 · 东荪按》,《科学与人生观》，上海亚东图书馆1923年版。

[2] 张东荪:《人生观与科学 · 东荪按》,《科学与人生观》，上海亚东图书馆1923年版。

[3] 张东荪:《科学与哲学》，上海商务印书馆1924年版，第1～2页。

当说的话十分之九既被林先生道破了，我今天所所只是一些余义。”在这篇文章中，张东荪提出了自己对丁文江的三点批评：“(甲) 我认为丁先生不是真正拿科学来攻击玄学，而只是采取自己性质相近的一种哲学学说而攻击与自己性质相远的那种哲学学说。(乙) 我认为丁先生对于科学的真正性质没有说明白。(丙) 我认为丁先生对于科学，与汉学的考证混为一谈，这样宣传科学是有害无益的。”[1] 他认为丁的观点是采取了詹姆士、马赫的经验论观点；对科学的解释也是不圆满的。

然而，张东荪对丁文江的批评，在这篇六千字的文章中并没有表述清楚，用他自己的话说就是：“本来我想说的话在那篇中说出来不及百分之一。”为此，1924 年，张东荪通过自己的进一步思考和研究，便撰著了《科学与哲学》一书，“一则说明那篇的由来；二则补充那篇的不足。”[2]

在这部仅五万余字的小书中，张东荪所重点阐述的是科学与哲学各自的性质和范围，目的是进一步论证两者有着不同的性质和范围、人生观问题并不是科学所解决的范围，而恰恰是哲学所能解决的。后来，他在谈起该书的写作主旨时说：“盖于书专为批评现今论坛上科学与人生观之辨驳而撰也。”对于该书的内容，他归纳为：“余于书中所斤斤言之者即在科学之性质一点；其次则为哲学之性质。以为今之扬科学之大旗往来于闹市者，实未尝真知科学之为何物。”[3]

在该书中，张东荪首先对吴稚晖自然主义的宇宙观和“物欲横流的人生观”进行了严厉的批评。他认为吴氏观察问题的方法就是错误的：“我们对于吴稚晖先生的主张无从讨论其内容，只有从方法上说他是不对的。其不对即在不先以经验的事实为起点，由推理的进路而求原理乃只凭空设立而即演绎下去。”[4] 对于吴氏自然主义的“漆黑一团”论，张东荪认为，这是“最幼稚最素朴的”。他批评说：“所以唯物论的玄学家一方面根据宗教上或哲学上最幼稚最粗浅的习惯来说话，一方面又硬拉科学上所不能移于他处的名词来乱用。换言之，即他不知道后来哲学的进化，同时亦不知道科学的进化。所以唯物论在科学上是入室而未升堂的，在哲学上亦是入门而未升堂的。”[5] 他认为，科学与人生观的论战，由丁文江的实在论到后来吴稚晖的唯物论，“不是进步与发展，乃是退化与堕落。”[6]

---

[1] 张东荪：《劳而无功》，《学灯》1923 年 6 月 9 日。

[2] 张东荪：《科学与哲学》，上海商务印书馆 1924 年 6 月版，第 3 页。

[3] 张东荪：《科学与哲学》，《东方杂志》第 22 卷 2 号，1925 年 1 月 25 日。

[4] 张东荪：《科学与哲学》，上海商务印书馆 1924 年 6 月版，第 9 页。

[5] 张东荪：《科学与哲学》，上海商务印书馆 1924 年 6 月版，第 33 页。

[6] 张东荪：《科学与哲学》，上海商务印书馆 1924 年 6 月版，第 35 页。

张东荪对丁文江的实在论也进行了较系统的批评。丁是依据皮耳生的观点而来的，丁并不是彻底的实在论，最后又与唯物论认同了。他认为这是丁“上了皮耳生的当，因为皮耳生就是这样不彻底的”，“关了前门开后门的实证论与存疑论，不是真正的实证论与存疑论”[1]。

张东荪对科学与哲学的性质和范围进行了阐述。他认为，知识是一种抽绎作用，把具体的变为抽象的，“则科学的性质便可推知，自不外乎根据这个本来的性质而进一步”。他坚持在《劳而无功》上给科学的定义：科学乃是对于杂乱无章的经验求其中的比较不变的关系。他说：“我以为科学是注重在从事象间抽出比较上恒定的关系，自然比皮耳生所说的对于事象分类以求秩序要精密一些了。”[2] 哲学与科学的不同处在于：“我以为科学好象芭蕉一样，一层一层皮叶长大起来，自然一天一天厚肥了。而哲学则是对于已成的芭蕉一层一层剥下来。所以科学是顺进的，哲学是逆进的；科学是经验的堆积与知识的开拓，而哲学则由开拓而逆探其原始，由堆积而返窥其起点。所以从哲学以观科学，便知道科学不是摹写世界，乃是改造或创造世界。”[3] 他又说：“哲学以逆探知识的本性为职志。其结果从知识的本性上发见价值与理想，因为一切价值的根源是所谓甲与甲的同一原理。”[4]

张东荪认为将科学的成果拿来作为构造宇宙观和人生观的依据，正是自然主义和唯物论的弊端，唯物论批评唯心论的依据也正在此。他坚持认为，近代的唯心论与古代的唯心论已经不同了。他解释说：“唯心论并不是说一切实体由心所创生，只是说一切秩序由心所构造。……须知近代哲学已将追求一个终极的实体（entity）或实质（substance）为宇宙根源或万有元素的思想抛弃完了。不在一个东西中求一个东西为其，以为这种思想大部分是错误的，非解放不可。所以唯心论的心并不是指实体或实质而言，乃仍不妨指作用（function）。”由此，他认为：“近代唯心派哲学是专从知识作用的一个小孔中穿出去得着一个柳暗花明又一村。所以和批评的自然主义以及唯物论等不相同，因为这些自命为科学的哲学，都是把科学研究所得的结果拿来构成他们的宇宙观。”但由于科学的进步是无限的，其所得出的结果也是发展的，所以，张东荪的结论是：“所以我说科学的哲学不是真正的哲学。真正的哲学即拿科学本身来批评，即从科学所由成的知识而逆探宇宙的根本。”正是从这个意义上，张东荪将

[1] 张东荪：《科学与哲学》，上海商务印书馆1924年6月版，第43页。
[2] 张东荪：《科学与哲学》，上海商务印书馆1924年6月版，第66页。
[3] 张东荪：《科学与哲学》，上海商务印书馆1924年6月版，第67页。
[4] 张东荪：《科学与哲学》，上海商务印书馆1924年6月版，第69页。

唯物论比喻为"近视眼的哲学，"而将唯心论比喻为"远视眼的哲学"[1]。也正因如此，他将坦白地将自己的哲学意见命名为"存疑的唯心论"，而认为自己的"存疑的唯心论"与丁文江所谓"存疑的唯心论"是根本不同的。"因为丁在君先生根据皮耳生，而皮耳生的主张只是依潘莱的批评，名为生理的相对主义，而不是真正的存疑的唯心论，所以丁在君先生亦只是一个生理的相对主义者。"

科学与玄学论战，张东荪初步阐发了自己的哲学见解，特别注重讨论科学与哲学的关系。通过对科学与哲学关系的论述，张东荪划定了科学与哲学各自的范围，阐明了两者不同的性质，旨在说明科学与哲学有着不同的性质和研究范围，科学再发达，也不可能代替和包办哲学，哲学应有其生存和发展的一席之地。不仅如此，他认为科学是有其价值的："不但不因唯心而诋毁科学，却反而因为唯心乃认科学本身即是一个大理想的实现，且是一个最有价值的精神活动。科学不是描写外界的实在，乃是本于知识所固有的创造性，来改造世界。"[2]这个结论正确与否还可以再讨论，但张东荪依此努力协调科学与哲学的关系，划定了两者的地位，为在科学主义弥漫的时代，为哲学的生存和发展作了有力的论证，其意义是巨大的。从某种意义上说，这场科学与玄学的论战，实际上是要在中国思想文化界摆正科学与哲学关系和地位的争论，张东荪所以参战，并在激烈的论战中不断发表自己的见解，着力论证科学与哲学的关系，固然是他这个当时有"哲学癖"者要"打抱不平"，而实际上也有为中国近现代哲学的生存和发展争取合法地位的意思。如果将张东荪此次参加论战的动机与30年代挑起唯物辩证法论战的动机作一比较，更可看出许多相似之处。如果说科学与玄学论战是中国近代资产阶级学术思想内部的争论，主旨是要从科学主义的潮流中争得"纯粹哲学"的地位，那么，30年代，当马克思主义哲学闯入哲学领域，并对以往的"纯粹的哲学"进行空前规模批判时，中国现代哲学也同样面临着生存和发展问题，对西方哲学十分推崇的张东荪，再次"挺身而出"，起而非难和攻击，维护所谓"纯粹的哲学"，也就再自然不过了。

从认识论入手，尝试建立"新哲学"

中国现代哲学，是在大规模介绍与吸收西方哲学的基础上逐步建立和发展起来的。其最明显的特征就是：一面大规模介绍，一面消化吸收，尝试建立中国新的哲学体系。所以，西方哲学的介绍与中国新哲学体系的建立，是同步的。这个特点，

[1] 张东荪：《科学与哲学》，上海商务印书馆1924年6月版，第71～72页。

[2] 张东荪：《科学与哲学》，上海商务印书馆1924年6月版，第101～102页。

在张东荪的身上体现的较为明显。

张东荪的哲学思想是在介绍西方哲学基础上，综合西方各派哲学形成的。其哲学研究大致分三个阶段：(一) 1929 年前，他广泛涉猎西方哲学，对古希腊哲学到欧美近现代资产阶级哲学流派进行广泛介绍，通过参加“科玄论战”，对一些哲学问题潜心研究，初步建构了其“新哲学”体系；(二) 1929~1937 年，他一面完善、修改其哲学体系的核心——认识论，提出“多元认识论”，一面继续介绍西方哲学，重点是介绍西方的道德论和价值论，拓宽哲学研究领域，撰著《道德哲学》、《现代伦理学》、《价值哲学》，形成了较系统的道德哲学体系；(三) 1937 年后，他侧重于以知识社会学为出发点讨论知识与文化问题，著述《知识与文化》、《思想与社会》及《理性与民主》，建立了独立的知识论体系。

张东荪建构的哲学体系，有两个明显的特点。首先，从思想内容上看，具有鲜明的综合折中性。它是综合西方哲学特别是近代资产阶级哲学的产物。张东荪曾广泛研读过西方哲学，“于西洋哲学之各家学说，几无不窥，”“他不曾到过欧美，然而他读的西洋典籍，据我所知，都比任何一个留学生都多。”[1] 郭湛波当时曾指出：“张先生治学，综合各派，不主一家，如柏拉图、亚理斯多德、中古之唯名论与唯实论，近古之经验论与理性论，现代之新实在论及创化论……无不兼收并包”[2]。张东荪也曾宣称：“我的思想来源总括言之是怀特海一流的实在论，与康德的先验哲学，以及路易斯与席勒一流的唯用主义。”[3] 其次，从结构上看，张东荪一反那种从本体论或宇宙观出发建立哲学体系的传统，沿着康德的方向以认识论为哲学体系的起点。他于 1929 年出版的《新哲学论丛》的第一篇论文《一个雏形的哲学》，就是按照这一逻辑思路建构的。以认识论为哲学体系的起点和核心，由认识论引出了“架构”论和“层创进化”论的宇宙观，又由此宇宙观引出“主智的、创造的”人生观，构成了张东荪哲学体系的基本框架。

可见，张东荪的哲学体系是以综合折中西方哲学特别是康德主义、层创进化论、柏格森主义和实用主义等哲学为基本内容，以认识论为重点，先认识论再宇宙观后人生观为结构形式的理论体系。

张东荪早年留学日本时，专攻哲学，因此有着较深厚的哲学功底和哲学素养，

[1] 张庆元：《认识的多元论》英译本序言，转引自郭湛波：《近五十年中国思想史》，北平人文书店 1936 年 8 月版，第 184 页。

[2] 郭湛波：《近五十年中国思想史》，北平人文书店 1936 年 8 月版，第 184 页。

[3] 张东荪：《条理范畴与设准》，《哲学评论》第 4 卷 3—4 期合刊，1931 年 12 月。

受到过较好的哲学思维的训练。民国建立后，他的主要兴趣和精力在政治方面，但并没有停止对哲学问题的思考和对世界哲学思想发展的关注。1917 年，他将重心转移到文化领域后，立即便翻译了柏格森的《创化论》，并在《时事新报》上连载，接着又翻译了《物质与记忆》，1922 年由尚志学会出版。即使在五四新文化运动中，甚至社会主义论战正激烈时，他也花费较大精力从事哲学研究。1921 年发表了《论精神分析》(《民铎》2 卷 5 期）和《柏格森哲学与罗素的批评——个批评的研究》，批评罗素对柏格森的批评，进一步介绍非理性主义思潮；1922 年，他在《东方杂志》上发表《新实在论的论理主义》，次年又发表《新实在论的研究》，对当时英美哲学界的主潮新实在论进行介绍；1923 年，他发表了《批导的实在论》、《相对论的哲学和新论理主义》、《唯用论在现代哲学上的真正地位》等文，对现代西方哲学新论进行较深入的介绍。在科学与人生观论战前夕，张东荪已经对介绍和研究西方哲学产生了浓厚的兴趣，并且开始有所心得。1923 年 1 月，他在《东方杂志》上发表《这是甲》，4 月在《教育杂志》上发表姊妹篇《知识之性质》。张东荪开始在博采西方各派哲学之长的基础上，以唯用论为基础，对认识论问题进行研究，提出了自己的哲学“愚见”：“理想与生活是合一的；认识与价值是合一的。”他将此见解称为“唯用的合理论”[1]。

值得注意的是，在此文中，张东荪公开揭示了自己对于哲学的态度，即所谓“纯粹哲学的态度”：“即是主张应该有一个纯粹哲学。”所谓纯粹哲学，就是研究哲学有两个条件，一是绝对不杂有丝毫的宗教动机与伦理动机；二是不把哲学完全降服于科学。他申明：科学与哲学在性质上是不同的，“哲学不是科学的总合”，“不是拿科学聚积拼合即可以成立的。所以哲学的材料即是科学，但哲学总体却不是科学的总合。”他在哲学方面的努力方向，就是力图建立这样的“纯粹哲学”。他说：“即我们应当不杂宗教的与伦理的臭味又不专依靠科学以努力建立一个纯粹哲学。”[2]这便是张东荪参加“科学与玄学”论战、并着力说明科学与哲学性质的原因所在。

参加科学与玄学论战，加浓了张东荪的哲学兴趣。此后不久，他便辞去了《时事新报》主笔，先后任中国公学、国立政治大学和光华大学哲学教授，倾其主要精力从事西方哲学的输入和对哲学问题的研究工作。1924 年后,他先后在《东方杂志》上发表《康德杂谈》、《科学与哲学》、《出世思想与西洋哲学》、《初学哲学之一参考》、《由自利的我到自制的我》、《兽性问题》、《名相与条理——唯理派思想之来历及其分

[1] 张东荪：《这是甲》，《东方杂志》第 20 卷 1 号，1923 年 1 月 10 日。
[2] 张东荪：《这是甲》，《东方杂志》第 20 卷 1 号，1923 年 1 月 10 日。

析》、《新创化论》等很有影响的、介绍西方哲学的文章，除了对柏格森的唯意志论、英美的唯用论、相对论的哲学、新实在论、批导的实在论等进行介绍外，还对康德哲学、穆耿的新创化论，以及西方的理性主义思潮进行介绍和分析。

1927年后，张东荪有见于“报纸完全变为他人的喉舌不能说自己的话了”，乃彻底脱离报界而转入哲学领域[1]。1927年4月，张东荪与瞿菊农在北京创办中国第一个哲学研究的专业刊物——《哲学评论》，为中国哲学界进行哲学研究提供了必要的研究和争鸣的园地，极大地推动了中国现代哲学研究的开展和深入。他先后在该刊上发表了《因果律与数理》、《全体主义与进化》（译文）、《休谟哲学与近代思潮》、《快乐论：其历史及其分析》、《严肃主义：其历史及其批评》、《将来之哲学》等有分量的论文，为介绍西方哲学作出了巨大贡献。对此，贺麟在《当代中国哲学》中对他作了很高的评价："他以上海时事新报的名主笔,转而研究哲学。他首先译出柏格森的《创化论》和《物质与记忆》二巨著。后来又译了《柏拉图五大对话》。他又根据阅读数十种西洋伦理学名著的结果，著成了一厚册道德哲学，这书内容相当充实，其性质有似关于西洋伦理思想的读书报告。此外他还撰了不少的论文，介绍西洋现代哲学。对于实用主义，新实在论，批评的实在论，层创论，新唯心论等等，他都以清楚流利的文字各有所介绍。他搜集起来，成为一巨册，叫做《新哲学论丛》。中间有一篇讲述柏拉图的‘理性’的文字，表示他对于柏拉图以及新实在论的共相说，研究的结晶，而且也能见出他的批评与融会能力。那或许要算是民国十八民前后，谈西洋哲学最有价值的一篇文字。”[2] 郭湛波也说：“中国近五十年思想史之第二阶段，一方是中国旧思想之破坏，一方是西洋哲学思想之输入；输入西洋哲学，方面最广，影响最大，那就算张东荪先生了。”[3] 这些评价是比较公允的。

1928年4月，张东荪在《东方杂志》上发表《宇宙观与人生观——我所献议的一种》。对于写作此文的目的，他解释说：“我久想作一篇人生观，藉人生问题说明我所见的宇宙；而无奈我自知学识还是不够，所以迟迟未敢下笔。今天姑放胆来说，却有二因：第一，是因为近来西洋哲学上新起了一派，名曰层创的进化论（emergent evolution），其说颇给我不少助力。第二，是因为我要藉此来整理我自己的思想。”[4] 这篇文章是张东荪多年对哲学问题思索和研究的结晶，也是他在介绍和领会西方

[1] 张东荪：《思想与社会》序论，上海商务印书馆1946年。

[2] 贺麟：《当代中国哲学》，南京胜利出版社1945年11月版，第30页。

[3] 郭湛波：《近五十年中国思想史》，北平人文书店印行1936年8月版，第183页。

[4] 张东荪：《宇宙观与人生观——我所献议的一种》，《东方杂志》第25卷7号、8号，1928年4月。

哲学基础上建构新哲学体系的初步尝试,基本上形成了所谓“新哲学”体系的雏形。1929年8月，张东荪集其十余年对于西方哲学介绍和研究过程中所著的论文而编成《新哲学论丛》，由商务印书馆出版。张东荪在该书的《自序》上介绍说：“近十余年间更不断地翻阅哲学新著。每有所阅，辄取其要点述成一篇。积而久之，居然亦有好多篇。”[1] 张东荪将其加以拼合与删改，汇编为13篇，其中第一篇《一个雏形的哲学》，由前作《这是甲》、《知识之本质》和《宇宙观与人生观》改编而成，“此三种曾大加删正，决非原文旧观”，集中概述了张东荪的“新哲学”体系的内容。“本书总算是著者近数年来的成绩”，是张东荪融合西方各家哲学，尤其是新康德主义、新实在论、新创化论、柏格森主义等派学说，自成一种包括宇宙观、认识论和人生观的“新哲学”体系。

从1928年起，张东荪先后为上海世界书局出版的“ABC丛书”写了《人生观ABC》(1929年1月出版)、《哲学ABC》(1929年初出版)、《精神分析ABC》(1929年5月出版）和《西洋哲学ABC》四书。《人生观ABC》主要以层创进化论的宇宙观为根据评论各种人生观，阐述自己对人生问题的看法，对《新哲学论丛》中所提出的“主智”的人生观作了进一步发挥;《哲学ABC》的前三章主要对哲学作一般的介绍和阐述,最后一部分进一步阐明了自己在《新哲学论丛》中提出的“架构论”和“层创进化”的宇宙观。

张东荪的宇宙论主要包括两层内容：一是说明宇宙没有本质、没有实体，而只是由各种关系组成的层层套合的总架构（即“架构主义”)；二是说明宇宙作为这样一个架构又由简到繁，而复杂至某种程度便因缔结的样式不同而突然创生新种类，从而从物进到生命再进到心灵，如此逐层进化，即所谓“层创进化”(即“层创进化”论)。张东荪这种宇宙观，主要是“采取Morgan Alexander一流之突创的泛架构论”。摩根(即张东荪译为穆耿)和亚历山大(张东荪译为亚里桑逗)，在哲学上都主张一种被张东荪称为“新进化论”或“层创进化论”的宇宙观，即认为宇宙的发展是一个逐层突创出新种类的过程，而新种类的出现又只是由于关系或结构的变化。张东荪继承并修正了摩根、亚历山大的层创进化论而形成自己的架构论与层创进化论的宇宙观。张东荪的宇宙观主要内容为：

第一,宇宙只是空架的结构。张东荪认为,包罗万象的整个宇宙从无机物到生物、心理现象、无一具有实质，都只是由种种关系组成的空架的结构，整个宇宙在总体

[1] 张东荪:《新哲学论丛》序，上海商务印书馆1929年8月版。

上是“无数结构的总称”，“只是空架的结构。”“我们的这个宇宙乃是无数架构互相套合互相交织而成的一个总架构”[1]。

张东荪认为，包罗万象的宇宙万物大致可以归并为五项：物质、心灵、生命、时间和空间。他对这五项逐一进行了分析，认为“所谓物并不是一个实质，生亦不是一个实质，心更不是一个实质。我们必须把‘实质’这个观念完全抛弃，完全打破。须知所谓物，所谓心，只是一个概念”。只有物理而无物质，有生理而无生物命，有心理而无心灵，一切都是架构而无实质。宇宙无一具有实质，都只是由各种关系组成的空架的结构，整个宇宙在总体上是“无数结构的总称”。由此，他概括了“架构论”的宇宙观：“我们的这个宇宙乃是无数架构互相套合互相交织而成的一个总架构；其中无数的架构间又时常由缔结的样式不同而突然创生出新种类来，这个新种类架构的创出，我们名之曰进化。……所谓总架构只是许多架构的互相重叠的总和而言，至于是否形成一个固定的总体，现在尚不敢速断。……我觉得若空间不是绝对的，而是一个架构，则时间便为这个架构中的一个柱子。”[2]

第二，宇宙架构的层创进化。张东荪认为，“进化”必须同时具有两种规定性：一是要有新种类从原有架构中突然创生出来，二是这些先后创生出来的新种类必须表现为一个从低级到高级的过程。新种类的创生是指一个架构复杂至某种程度会突然添上一些新的成分，使原有的架构突然变成一个新的架构。宇宙从物质到生命再到心灵的突创，就是如此。他说：“我们从‘物’的结构而进化到‘生’的结构，从‘生’的结构而进化到‘心’的结构来看，其间显然有些特点。就是物的互相依靠不及生的互相依靠来得紧；物的互相交感不及生的互相交感来得切；物的通力合作不及生的通力合作来得大；至于‘生’之与‘心’亦是如此。换言之，即由物到生，由生到心，这显然的三级，其所以为增进的缘故即在通体合作的性质增加一级，其综合统御的范围增大一层，其活络自主的程度增进一步。”[3] 他强调说：“关于宇宙的构造我们以为既不是呆板的机械论，亦不是先定的目的论，乃是于呆板中逐渐创出来活动，就是于不自由中逐渐创增自由。”[4] 可见，张东荪所谓的“层创进化”，不仅指原有架构时常因缔结样式不同而突创出新种类，而且还必须是一个从简单疏散到复杂紧密，由机械呆板到通力合作并不断向前发展的过程。

---

[1] 张东荪：《哲学ABC》，上海世界书局1929年版，第105页。

[2] 张东荪：《哲学ABC》，上海世界书局1929年版，第104～105页。

[3] 张东荪：《哲学ABC》，上海世界书局1929年版，第108～109页。

[4] 张东荪：《人生观ABC》，上海世界书局1929年8月版，第33～34页。

张东荪的“架构”论和“层创进化”的宇宙观，其合理之处在于承认宇宙是一个从低级到高级的发展过程。其关于一个架构复杂至某种程度便会突然创生出新种类的观点，包含有量变引起质变的合理倾向；但其否认宇宙的客观实在性，则带有明显的唯心论色彩。

第三，“主智的创造的”人生观。依据架构论和层创进化的宇宙观，张东荪又提出了所谓“主智的”、“创造的”人生观。他认为，人生的目的是“把自己弄得圆满完成”，即“人格的自己构成”。人格就是理智，它的构成不仅是“理智的有机化”，而且是“当下的理智”。由此，他提出了“主智的”人生观：“著者相信把人生完全托付与理智乃是最相宜的人生观。所谓完全托付理智就是凡事必以理智为指导。理智以为可则可之，以为不可则不做。”[1] 理智可以改造理智，我们理想的生活便是开发理智，不断改造人性。

张东荪的这一观点是在其层创进化的宇宙观基础上形成的。他认为理智是宇宙进化过程中较晚的突创品，是人生的精华。“人在宇宙中之所以为人即在其有理智，换言之，有人格，因为道德观念本在理智的范围内，所以人之一生只是一个理智的实现而已。”人生的意义就在于发挥理智、构成人格。

“主智的”人生观同时又是“创造的”人生观。根据层创的原理，人生是奋发向上的，是“由素朴人而自己改造以成文化人，而对于文化又不断地在那里改造，去其渣滓……其人是智明更切一层，主宰更强一层，圆活更大一层，自由更甚一层，所以这种人生观又是创造的人生观。”人生的目的是“把自己弄得文化些。换言之，即在自己改造自己。使自己愈变为文化人，其文化愈高，其人格愈圆。”[2]

“主智的”人生观同时又是“化欲的”人生观。他认为绝欲主义、纵欲主义和节欲主义都是不妥当的，只有“化欲主义”或“移欲主义”是合理的。人类的欲望是无法禁绝的，但也是不能放纵的，只能化解和转移。他主张“对于人欲从积极方面是必须把它移到高尚地方去发泄，从消极方面是必须得最小限度的满足。”这便是张所谓积极方面的“化欲”论和消极方面的“最小限度的满足”论。

所谓“化欲”论，就是以理智引导情感，使情感跟着理智走。“所谓化欲主义就是把下等本能升移到高尚方面去，使其亦得满足。”所谓“最小限度的满足”论是指最小限度地满足人们的基本欲望。人生的基本欲望不外乎饮食男女。张东荪说：“岁则吃东西，但不必吃好东西；穿衣服但不必穿美衣服；住房子不必住大房子；

[1] 张东荪：《宇宙观与人生观——我所献议的一种》，《东方杂志》第25卷第7期、8期，1928年4月。

[2] 张东荪：《宇宙观与人生观——我所献议的一种》，《东方杂志》第25卷第7期、8期，1928年4月。

要老婆但不必终日跳舞讲恋爱。这便是我的最小限度满足论。”[1]

总之，张东荪提出的“主智的”人生观，不仅强调理智对人生的指导作用，而且强调人生应该奋发向上，有所创造，故又称为“创造的”人生观。同时，他主张对于人欲只能一方面移欲，一方面给予最小限度的满足，因此它又称为“化欲的”人生观。他尽管又将它称为“乐天的”、“自然的”、“无我的”人生观，但根本上是“主智的”和“创造的”人生观。张东荪抬高理性、贬抑人欲，与宋明理学“存天理、灭人欲”的观点有形似之处。但“主智的”人生观以层创进化论的宇宙观为哲学基础，将人生的目的归于“把自己弄得更文化些”，强调人生的价值在于“其人对于宇宙人生的进化上所贡献的影响大小广狭”，因而主张人生应该是向上奋进的、创造的，这些都是合理的、进步的，充满了近代理性主义、个人主义、创造主义精神，是其人生观中的积极部分。但同时，也带有明显的“自我实现论”的倾向。过分强调个人自我价值的实现，忽视自身所处的社会环境，则自我实现的可能性及价值实现的程度便不能不受到限制。

修正康德认识论学说，创立并完善“多元认识论”

张东荪是一个极具探索精神的哲学家，他并满足于自己已经取得的成绩，而是不断地进行思考和研究，在哲学领域中不断开拓，从而使自己的哲学观点更加深刻。敢于自己否定自己，是他的一大长处；敢于选择艰难的研究方向，是他的特点。在《新哲学论丛》序言中，他说：“近来中国学者有一个大毛病就是不肯向难处去进攻。他们总是想向容易的地方去尝试。所以他们易于成功。至于我则最喜欢向难处研求。愈难愈要追求。”[2] 他在初步形成了自己的哲学思想后，并未停止，而是进一步向难处研求。

在《新哲学论丛》中，张东荪开始从认识论的角度立论，提出“主客交互作用说”，作为哲学体系的基础。这个“主客交互作用”的认识论，是张东荪在综合康德主义和实用主义基础上，本着认识论与本体论一致的基点上讨论了物、生、心的关系而提出的。他说：“因此我主张我们对于外界的认识，不是摄影乃是先以自己的格式吸取外界的材料，然后再变化自己的格式以应付客观的实际，于是格式愈变化而愈复杂，其与客观的对象相交织乃亦愈密”。概括而言，就是认识一方面是“以先天的格式

[1] 张东荪：《宇宙观与人生观——我所献议的一种》，《东方杂志》第25卷第7期、8期。

[2] 张东荪：《新哲学论丛》序言，上海商务印书馆，1929年8月。

左右后天的经验”,另一方面是“以后天的经验改良先天的格式”[1],从而形成主观（格式）与客观（经验）交互作用的逐层展开的过程。

不久，张东荪对认识问题进行了认真的研讨，感到认识现象非常复杂，决不是“主客交互作用”说所能解决的,因为认识中的各种因素既不互相隶属,也非层次递进,而是并列的。因此,他“依然是十分的苦闷,觉得在‘认识论’上,对于秩序（即条理）在内或在外的问题，还未曾寻出一条出路。”于是，他便对康德、休谟和新实在论等派哲学家的认识论学说进行了研究，“我总觉得休谟的主张太偏于无条理了，康德的主张太偏于条理在内界了，‘新实在论’的主张太偏于条理在外界了。这些学说都有些使人觉得不自然”[2]，他决意综合各家学说，据此，他既反对把能知吸收于所知内或把所知归并于能知中的“一元论”观点,又反对把两者简单对立起来的“二元论”观点，也反对康德的感性、知性、理性层层递进主张，创立新的认识论观点，提出了“多元认识论”思想。

1931 年 12 月,张东荪在《哲学评论》4 卷 2、3、4 期上发表《条理范畴与设准》一文,初步提出了“多元认识论”观点。他后来自述说:“在这篇文章中，我提出一个认识论上的主张。我自信这个主张是前人所未言。因为中国哲学向来不注重知识问题。在中国以前自是没有像我这样的主张本不待言。然即在外国,以我所知,亦没有和我一样的议论。我虽不敢说是创见，然至少我可以自白确有些是我自已想出来的。不过我所创造的地方不在于其中那一点是由我作古，而在于把那些相关的各点综合在一起便成了一个从前未有过的整个儿东西。换言之，即我此说之所以为新不在其中的任何一部分，而只在于各部分间的配置与综合。因为综合是新的，所以其所得的结果亦可说是新的。”[3]

1932 年 9 月，张东荪将这篇文章又以《认识论的多元论》为名，在《大陆杂志》1 卷 3、4、5 期上发表,公开提出了“认识论的多元主义”。1934 年 9 月,张东荪出版《认识论》一书，在占全书 2/3 篇幅的第 5 章“认识的多元论”中，他进一步发挥此前两文中的观点，正式形成了“多元认识论”的新认识论思想。此后，张东荪通过思考与研究，对这一主张进行了修改，1936 年 10 月 1 日在《东方杂志》33 卷 19 号上发表《多元认识论重述》；不久，他又对该文加以修改和充实，将其收入 1937 年 1 月出版的《张菊生先生纪念论文集》中，从而使“多元认识论”思想臻于完善。他在该文中的主张，与前文并无不同，只是论证更为严密而已，用张东荪本人的话说

[1] 张东荪：《新哲学论丛》，上海商务印书馆 1929 年 8 月版，第 21 页。

[2] 张东荪：《条理范畴与设准》，《哲学评论》第 4 卷第 3—4 期合刊，1931 年 12 月。

[3] 张东荪：《多元认识论重述》，《张菊生先生七十生日纪念论文集》，上海商务印书馆 1937 年 1 月版，第 95 ～96 页。

就是："我的主张大体上并无变更。不过因为西方学者著论往往有'重述'(restated)之例，现在即仿效之，以成此篇。但亦有些地方是比以前稍加补充。"[1]

张东荪的"多元认识论"，基本上沿着康德认识论的思路而来的，同时用受路易士认识论影响的结果。张东荪曾说："我此说在大体上可以说是'修正的康德主义'(revised Kantianism)。所以大部分与康德相同，尤其是在趋势上是采同一的方向。"[2]所谓趋向上相同，就是张东荪也如康德一样，将认识论置于首位，先从认识论入手，建立自己的哲学体系，即由认识论到出宇宙论，再由宇宙论导出人生观。此即张东荪所谓的"方法论上的认识论主义"。他认为，"我们来今天研究经验的全体，正如对于一个球体，无论那一点都可任意择为起点，无论从那一点起亦都可以走一循环而回原处。"那么，究竟应从以何处为起点呢？他以为应以"便利的程度为宜"，因为"认知"是最根本的、最直接的、最显明的事实，"我们为研究的便利计，应当以这种最直接的、最基本的、最自明的事实为起点，这就是所谓'方法论上的认识论主义'。详言之，即研究哲学我们于方法上主张应以'认识论'为出发点"[3]。

所以，张东荪一反那种从本体论或宇宙观出发建构哲学体系的传统，而循着康德的方向以认识论为哲学体系的起点，并由认识论导出宇宙论，再由宇宙论引出人生观。他于1928年编定、1929年出版的《新哲学论丛》的第一篇论文《一个雏形的哲学》及《一个雏形的人生观》，就是按照这一逻辑路径构造的，但还显得有点模糊，到此时，这种沿着康德的路向建立哲学体系的意图便很显明了。不仅如此，张东荪哲学研究的重心和核心，在较长时间内也集中在认识论方面。对于他的"方法论上的认识论主义"，他后来解释说："于此所谓方法亦就是指居首而言，以认识论居首为方法。但这样的方法却发生很重大的结果。就是势必致于以认识论代替了形而上学。这一点在哲学史上可以说是康德的最大功绩。"[4]

张东荪的认识论趋向虽与康德相同，但又有区别。他认为康德并不完全是把认识论来代替形而上学，乃只是把认识论作为形而上学的"绪论"或"前奏曲"。对此，张东荪解释说："所以我以为康德对于认识论与形而上学的关系依然取传统的见解：即形而上学是在认识论以外。我于此处却不然。我把形而上学中的本体论根本上完全取消。而仅留有宇宙论。不过这个宇宙论却就隐隐约约宿于认识论中。

[1] 张东荪：《多元认识论重述》，《张菊生先生七十生日纪念论文集》，上海商务印书馆1937年1月版，第96页。

[2] 张东荪：《多元认识论重述》，《张菊生先生七十生日纪念论文集》，上海商务印书馆1937年1月版，第96页。

[3] 张东荪：《认识论的多元论》，《大陆》杂志第1卷3、4、5期，1932年9～11月。

[4] 张东荪：《多元认识论重述》，《张菊生先生七十生日纪念论文集》，上海商务印书馆1937年1月版，第97页。

这就是说，我们研究人类的知识即大致上可以窥探宇宙的结构。因为宇宙的结构虽非完全呈现于知识中，然至少二者有若干的相应。所以我们即根据在知识中所呈现的宇宙结构可加以推论而扩大之，便成为一个宇宙论。因此我的认识论同时乃就是一部分的宇宙论。换言之，即同时就是一部分的哲学。再详言之，即依我此说，认识论不是替哲学开先路，乃是认识论中即含有哲学（形而上学）。这是我与康德不同的所在。”[1]

张东荪的“多元认识论”虽来源于康德，但却不限于康德，同时吸收了唯用论、新实在论等西方哲学流派的观点。他自己曾宣称：“我的思想来源总括言之是怀特海一流的实在论，与康德的先验哲学，以及路易斯与希勒一流的唯用主义。”[2]

应该指出的是，张东荪的“多元认识论”主张，是对“主客交互作用”说的进一步发展。当“多元认识论”主张逐步成熟时,他实际上已经抛弃了“主客交互作用”说。对此，他后来在给郭湛波的信中说：“尚有《新哲学论丛》（商务）系汇集旧作，但其中意见已有变化，不足为据（其中一个雏形的哲学一篇即与近作认识论不相同，故为已抛弃之见解）。”[3]

张东荪自认为《认识论》中“认识的多元论”一章阐述的最详明，“此为鄙人最成熟——见解迄今未有变化。”[4] 现主要依据《认识论》和《多元认识论重述》，对其“多元认识论”作一简单评述。张东荪对“多元认识论”的阐述主要包括对“感相”、“外界条理”、“认识上的先验格式”、“名理上的先验格式”以及“经验上的概念”等环节的分别论述和对“结论”的综合论述。

第一，感想（即感觉）。

根据张东荪的论述，所谓“感觉”就是“感相”，即“官觉印象”。他认为“一切感觉的内容都是‘不存在者’,”感相本身“决不表示外物”,它“并非在外界的‘存在者’，但亦非存在于内心。他是一个中间物，而不存在于世界上。这正如和所谓‘幻相’在性质上差不多”[5]。感觉与外物的关系是“一个相关共变的关系”，“只在这个相关的变化一点上我们的官觉与外物仍是相应的”[6]，即“我们的感觉内容不是所与，而感

[1] 张东荪：《多元认识论重述》，《张菊生先生七十生日纪念论文集》，上海商务印书馆 1937 年 1 月版，第 98 页。
[2] 张东荪：《条理范畴与设准》，《哲学评论》第 4 卷第 3—4 期合刊，1931 年 12 月出版。
[3] 转引自郭湛波：《近五十年中国思想史 · 再版自序》，北平人文书店印行 1936 年 8 月版。
[4] 转引自郭湛波：《近五十年中国思想史 · 再版自序》，北平人文书店印行 1936 年 8 月版。
[5] 张东荪：《认识论》，上海世界书局 1934 年版，第 47 页。
[6] 张东荪：《认识论》，上海世界书局 1934 年版，第 48 页。

觉所以变化之故却是所与”[1]。此即是说，虽然感觉不反映外物的真相，因而不表示外物，但感觉与外物并非没有关系，这种关系就是相关共变。因此，在张东荪看来，感觉的产生是由外物界引起的，是“由外而授与”。“外界的变化必然引起感觉发生相应的变化，感觉有了变化则必是外界发生了变化之故，我们知觉上所以有变化不能不承认是由于外界的背境”。只在此意义上“我们的官觉与外物仍是相应的”。由于有这种相关变化，“外界的存在乃能显示于我们心上”，即我们之所以知道有个外界存在正是通过感觉的变化来推知的。“我们能推知感觉尚有背后，尚有所谓刺激在外界以激起感觉，乃只是由于感觉有了变化”[2]，感觉之所以能于外界发生相关共变，在于外界给予感觉以方式或条理。外界给予感觉的只是方式而不是质料，即“不是内容而是条理”，因而感觉只是个“不存在者”，只有感觉发生变化的根据（即条理）才是外界所授予的，而这条理就是方式。所以，从感觉中不能获得材料而只能取得方式，“不是自感相上我们取得材料，乃是自感相中我们取得方式”[3]。

总之，张东荪的感觉论是认为感觉虽然由外物所引起，但感觉的内容却不是对外物的反映，因而决不表示外物，同时也不能在心理上找到根据，所以只能“就康德的立场承认感觉只是一种非心非物又非实有”的不存在者或幻相[4]；感觉中只能得到方式而不能获得材料，或只能得到外界的“不完全的”条理，而不能获得外界的内容。在这里，张东荪力图超越唯物主义与唯心主义的对立。从承认感觉的产生和变化由外界所引起来看，他的感觉论具有唯物主义因素；但当他否认感觉内容的客观源泉，把感觉的内容说成是幻影似的“不存在者”时，具有明显的唯心主义和不可知论倾向。

第二，外界条理（或外在根由）。

外界给与我们的虽然只是方式，然而却不是一切方式都由于外界而来，张东荪把条理分为属于外界的“本有的条理”、“超验的条理”、“假设的条理”。为便利起见，名第一为“条理”、名第二为“范畴”、名第三为“设准”。张东荪认为“本有的条理”难以知道，我们所能知道的有三种：所谓“原子性”、“连续性”、和“创变性”。

张东荪所谓的“原子性”，不是指作为物质实体的原子或其他什么微粒子的性质，而只是指“外物自身有可以分开与断立的可能性”[5]，即外界在构造上的可分

[1] 张东荪：《认识论》，上海世界书局 1934 年版，第 49 页。

[2] 张东荪：《多元认识论重述》，《张菊生先生七十生日纪念论文集》，上海商务印书馆 1937 年 1 月版，第 119 页。

[3] 张东荪：《认识论》，上海世界书局 1934 年版，第 50 页。

[4] 张东荪：《多元认识论重述》，《张菊生先生七十生日纪念论文集》，上海商务印书馆 1937 年 1 月版，第 118 页。

[5] 张东荪：《认识论》，上海世界书局 1934 年版，第 56 页。

性、可间断性。关于“连续性”，他说:“我认为外界的条理固然有分断可能的原子性，然同时必亦有不断可能的连续性。前者是说一个东西可分为若干小块；后者是说虽分为若干小块而依然只是整个儿的东西。凡一个东西能够成为整个儿的，必是具有连续性。”[1] 对于“创变性”，张东荪认为只是指有新奇发生而言，它“亦只在架构上而不关于内容”，是属于外界的[2]。虽然我们得到关于新东西出来的知觉有主观的因素起作用，但“决不能说所以有这个新奇是纯粹出于我们主观的构造。因此我们必须把新东西所以出来的根由归于外界确有与其相应者”[3]。

在提出外界的原子性、连续性、创变性三个条理后，张东荪力图进一步解决“我们如何知道这些条理在外界”的问题。他认为，外界条理要进入我们的认识必须经过我们的主观认识所固有的一套认识格式，这些认识格式就好像几重帘幕把我们与外界条理隔开，或者说“我们对于外界实是隔了好几重的帘幕”，因此，外界条理通过认识格式为我们所认识，就“好象阳光之透入重帘，透入的实是很少很少”[4]。而“这些稀少的透入便是上文之所说的三种条理。除此以外我们实在无法再有所知”。这就是说，我们是通过固有的认识格式间接地认识外界条理的，由于这些格式像重帘一样的遮蔽作用，外界条理只有原子性、连续性、创变性这三种进入我们的认识。

张东荪关于外界或自然条理的论述，一方面肯定作为外界条理的原子性、连续性、创变性不是人类的主观认识作用所产生，确实是外界所本有，是引起我们的感觉或知觉变化的“外在根由”，在这一点上“确乎不是唯心论”[5]；另一方面，他又认为外界条理不能脱离人的认识作用而独立自存，外物只是结构方式，不是物质，于是外界条理作为一种没有内容的结构条理，只能是一种唯心主义的虚构。

第三，认知上的先验格式（或直观上的先验方式）。

张东荪认为，外界条理要进入我们的认识必须经过几重帘幕，即主观认识上固有的先验格式。他将这种格式分为两大类：一类是与直观有关的，叫“认知上的先验格式”或“直观上的先验方式”（亦称直观上的先验格式），另一类是与名理有关的，叫”名理上的先验格式”或“思维上的先验方式”。他指出，与直观有关的先验格式有三种：空间、时间、能所关系或主客关系。

[1] 张东荪：《认识论》，上海世界书局 1934 年版，第 57 页。
[2] 张东荪：《认识论》，上海世界书局 1934 年版，第 60 页。
[3] 张东荪：《认识论》，上海世界书局 1934 年版，第 61 页。
[4] 张东荪：《认识论》，上海世界书局 1934 年版，第 63 页。
[5] 张东荪：《多元认识论重述》，《张菊生先生七十生日纪念论文集》，上海商务印书馆 1937 年 1 月版，第 121 页。

康德认为，后天的感觉材料必须经过空间与时间这种先验直观形式而成为感性知识。张东荪采取康德此说，认为空间与时间在认识论上“不是经验上具体的大小与先后，乃仅仅乎是一个格式”[1]，他断言“空间与时间只是认识上属于主观的。换言之，即只是能知者施行认识时所必须的条件，而与外界仅有相关而决非一致”[2]。所以，在张东荪的认识论中，空间和时间只是人们认知事物所必需的一种与生俱来的先验格式。

张东荪认为，主观和客观也是人们认知事物的先验格式。他说：“主观与客观亦只是所谓格式,并不是具体的东西”,“主客的分别之发生是很自然的。这一‘自然的’一语即可为其先验的之注脚”[3]。他强调，只有这些先验格式把感相材料组织起来才能形成经验知识，即“在认识上凡有直观，其材料虽是感相，然而却必先具有此种格式。因为没有这种格式，则感相虽印在我们上，但不能组成经验”[4]，经验认识是通过主观与客观、空间、时间等先验的格式组织、感性材料而形成。

第四，名理上的先验格式（或思维上的先验格式）。

在认识多元论中，除了直观上的先验格式外，还有名理上的先验格式。所谓名理上的先验格式有两个方面：一是静的，即是一组一组的“设准”或“范畴”；一是动的，即所谓“相涵关系”，主要是所谓先验名理基本律。

所谓“设准”，张东荪认为就是康德所谓“范畴”，是人们观察事物时预设的一种假定。他在《认识的多元论》中列举了七组30多对设准,如“一——多”“部分——全体”“有——无”“必定——偶然”等等。他指出：“设准本来就是概念，但却与其为概念以外尚有另一种性质”[5]，即设准是我们观察事物时的一种预先假定，可以作为观察事物的工具和方法来使用，在方法上它便成为我们观察事物的条件。张东荪强调，设准并非完全是先验的，因为它是文化的和社会的，受文化的影响。它和直观上的先验格式(即空间主客)所以不同,“在于空时主客是任何知者所不可缺的;而设准则视各种民族的文化而有增加或变化”。正因为“设准”是文化的,所以它“不是纯粹在经验以先的，仍只是在方法上不妨先如此假定一番而已”。张东荪将之称

[1] 张东荪：《认识论》，上海世界书局1934年版，第68页。

[2] 张东荪：《认识论》，上海世界书局1934年版，第77页。

[3] 张东荪：《多元认识论重述》，《张菊生先生七十生日纪念论文集》，上海商务印书馆1937年1月版，第115页。

[4] 张东荪：《认识论》，上海世界书局1934年版，第82页。

[5] 张东荪：《多元认识论重述》，《张菊生先生七十生日纪念论文集》，上海商务印书馆1937年1月版，第106页。

为“半经验半先验的设准”[1]。

名理上的先验格式的另一种是所谓“相涵关系”或“涵义关系”。张东荪把含义关系分为四种——即相等的相涵、大小相异的相涵、部分的相涵、相反的相涵，进而又分为八种——直接的含义、相齐的含义、传递的含义、自返的含义、交替的含义、不联的含义、不相齐的含义、不传递的含义。在他看来，这种含义“是一切判断之基础，亦是一切推论（Inference）之基础。没有了涵义则任何命题（Proposition）不能成立。因为凡命题都是涵义的形式表示。凡判断，凡推论都是基于涵义”[2]。因此“涵义是名学之根本。若没有了涵义则逻辑便为不可能了”，即“涵义是逻辑之先在的基础。这个基础不能再用逻辑来分析、来推演、来证明，因为一切分析、一切推论、一切证明必先设有涵义在存在然能出来”[3]。关于这些逻辑规律的来源和在认识中的地位，他指出“我们实在无法发现他是从那里出来的。不得已我们只好把他看为最根本的，换言之，即是认识时，下判断，有分别，成思想，就非先有他不可。他不是后起的，不是假设的，不是制成的，而乃是先验的基础的”[4]。可见，张东荪对名学上的先验格式的论述，总体上仍是先验唯心论和实用主义的综合。

第五，经验上的概念（行为因习惯而定型化的符号）。

张东荪把概念分为形而上学的最高概念和物理学、心理学、生物学、名学、伦理学等方面次高概念。认为一切概念都是经验的，因为它们都是由经验概括而来的。他说：“概念不是对于外物之写真，而却是自己对付外物的行为之总括……所以概念不是代表外物的符号，而乃代表我们对付外物时许多行为的符号”[5]。而且这许多行为都“因为由习惯而变为比较固定，遂可以名为一套动作之定型”[6]。这就是说，概念是人们对付外物的许多行为或一组行为因习惯而定型化的符号。后来在《多元认识论重述》中，他改变了“概念不能包括设准”的观点，认为先验的即设准，其余大部分概念则是经验的概念。经验的概念仍是人们的行为和习惯而来的，因而他称之为“由习惯与行为而造成的所谓‘经验的概念’”[7]。

---

[1] 张东荪：《多元认识论重述》，《张菊生先生七十生日纪念论文集》，上海商务印书馆 1937 年 1 月版，第 107 ～ 108 页。

[2] 张东荪：《认识论》，上海世界书局 1934 年版，第 90 页。

[3] 张东荪：《认识论》，上海世界书局 1934 年版，第 91 页。

[4] 张东荪：《认识论》，上海世界书局 1934 年版，第 93 页。

[5] 张东荪：《认识论》，上海世界书局 1934 年版，第 112 页。

[6] 张东荪：《认识论》，上海世界书局 1934 年版，第 118 页。

[7] 张东荪：《多元认识论重述》，《张菊生先生七十生日纪念论文集》，上海商务印书馆 1937 年 1 月版，第 124 页。

此外，关于概念的归类或分类问题，张东荪认为："我们一切的分类都是暗中有所根据"，但又断言，这个根据"不是在外界的自然性质而乃只是我们对付其物的经验态度"[1]。这样，概念的分类只能随着不同的人所具有的不同经验态度而转移，概念自然成为主观随意的产物。这实际上与他否认概念是"对于外物之写真"的观点在逻辑上是一致的。

第六，关于"知者"与"所知"中间那一段（结论）。

张东荪把"多元认识论"的研究对象确定为研究"知者"与"所知"中间那一段。他说：在知者与所知中间，"普通认为没有东西存在，换言之，即好像是空的。所以能知与所知得以直接发生关系。我则以为在这个中间却有许多东西，换言之，即是复杂的。两端独简单，中间独复杂。并且可以说是半透明的，不是全透明的（当然不是不透明的）。因为这个中间是半透明的，所以能知之及于所知就好象一个光线经过几层有色的玻璃，然后再射于外面那个东西的本身之上。我的工作就是分析中间那一段，以明其共有若干层，以及各层如何互相作用。至于两端的背后，则完全超出我们的可知界了。"[2]

张东荪认为，外界的条理、交界的感觉、内界的范畴与设准、经验上的概念，"本来是一个连环的圈子"，不可强分。他说："我以为在根本上是五种互相独立的，由感觉不能知外物，由范畴不能知感觉，由设准不能知范畴，由概念不能知设准。"知识乃是由条理、感觉、范畴、设准和概念多种因素综合作用形成的。这就是张东荪的"多元认识论"的基本内涵。具体而言就是：

对于"知识的由来问题"，张东荪认为，在知者与所知中间，有自然条理、感相、概念、设准、含义（先验名理基本律）以及直观上的先验格式（时空、主客）等许多具体复杂的环节。"知识乃是感相与格式及设准等'合并的产物'。离了感相无知识，离了格式亦无知识，离了设准亦无知识。但有感相，则其后必有条理。"[3] 这是张东荪 1934 年对多元认识论的概述，因没有将经验上的概念和名理上的含义明确包括进来，所以这一概括显得较粗糙。在此后的《多元认识论重述》中，他又作了较完整的概述：我们的认识"实在是一个最复杂的东西。其中有幻影似的感相；有疏落松散的外在根由；有直观上的先验格式；有方法上先假设的设准；自然而然分成的主客，有推论上的先验名理基本律，更有由习惯与行为而造成的所谓'经验的概

[1] 张东荪：《认识论》，上海世界书局 1934 年版，第 114 ～ 116 页。

[2] 张东荪：《认识论》，上海世界书局 1934 年版，第 124 ～ 125 页。

[3] 张东荪：《认识论》，上海世界书局 1934 年版，第 123 页。

念'。"[1] 这些环节间的关系是互相平行的，没有层次的递进，所以，认识就是有由这些并列的因素构成的。

关于"知识的性质问题"，他认为，知识是由许多要素混合而成，不是"为了行动而始生的"。他"虽采唯用论之说"，但不同意实用主义"以知识为行为的工具"的观点，认为"知识固然与行为不能分离，甚且为行动所限制，但知识的自身却不是为行动所产，亦专为行动作工具。我主张知识与行为有密切关系，而不成人行为可以吸收知识。"[2]

关于"知识标准的问题"，他认为，"相应"说、"符合"说与"效用"说三者可以调和。相应说"只限于知觉的知识"，即一种知识要成为真理，必须在知觉上能够推知其背后有个相应的外在根由存在，知觉能够与之发生相关变化；"符合"说指一种认识如果能与已有的知识系统相符合则为真理；"效用"说是指"一种知识要成为真理，必须对于人们的行为是有用的"。张东荪主张把这三个标准合并起来，认为"凡一个真理必是在所对上是相应的；在系统上是符合的；在未来上是有用的。倘使只有一个标准适用，则这个真理便不完全。"[3]

总之，张东荪的"多元认识论"，主要是关于"知者"与"所知"两端中间的认识理论。它反对把人的认识简单化，认为人的认识包括各个复杂的环节，并综合康德主义、实用主义的理论对各个环节进行了系统深入的分析，对促进人们对认识问题的研究具有积极意义。他反复强调认识的各个环节（因素）是相互并列的，并因此反对康德关于从感性到知性再到理性层层递升的观点，这是"多元认识论"的显著特点，也是张东荪自认为发展了康德认识论之处。

介绍西方价值学说，提出"文化"的道德观

30 年代，张东荪哲学研究的重点集中于两个方面:一是进一步探讨认识论问题，提出并完善"多元认识论"；二是继续介绍西方哲学，其着重点是西方的道德论和价值论，并系统地阐述自己的道德哲学。

张东荪通过研读西方现代哲学，了解到"现代哲学研究的趋向大体是集中于价值论的研究，尤其是以价值论来吸收伦理学"[4]，所以张东荪从 20 年代后期开

[1] 张东荪:《多元认识论重述》，《张菊生先生七十生日纪念论文集》上海商务印书馆 1937 年 1 月版，第 124 页。
[2] 张东荪:《认识论》上海世界书局 1934 年版，第 126 页。
[3] 张东荪:《认识论》，上海世界书局 1934 年版，第 126 页。
[4] 张东荪:《价值哲学》序，上海世界书局 1934 年 7 月版。

始将其介绍西方哲学的重心集中于对西方道德哲学和价值论的介绍。张东荪“根据原著提取需要”、“藉问题之迭变以明思想之变化”、“根据阅读数十种西洋伦理学名著的结果”，撰成《道德哲学》一书，1930年由上海中华书局印行。该著二易其稿，并在光华大学作讲义“以为试验”。它共分序论、快乐论与功利论、克己论与知觉论、厌世论与自主论、同情论与进化论、完全论与自我实践论、结合论与结论等七章。在该著中，张东荪在详细介绍西方各种道德流派基础上，提出了自己基于综合派理论之上的见解，即“文化”的道德论，形成了教系统的道德哲学（伦理学）体系。该著出版后，在当时哲学学术界引起较大反响，曾多次再版。贺麟曾评论此著说“这本书内容相当充实，其性质有似关于西洋伦理思想的读书报告”[1]。1934年7月，张东荪根据自己在燕京大学的讲义，由高名凯根据笔记整理而成的《价值哲学》，由世界书局出版。在该著中，张东荪进一步介绍了西洋伦理学，内容包括新知觉论派的穆尔、亚历山大论著第三性，奥国学派（上）、奥国学派（下）和欧本之调和论的价值论等5章。在该著的序言中，张东荪把哲学史视为探寻人类“连接不断”的“思想线索”，——并用本体论认识论——价值论来贯穿人类哲学史。

此外，张东荪还主编了世界书局出版的《哲学丛书》。丛书分上下两卷。上卷共8种，各册“可当哲学概论读”，包括《哲学与近代科学》（张东荪校、张抱横著）、《进化哲学》（瞿世英著）、《形而上学》（瞿世英著）、《价值哲学》（张东荪著）、《道德学》（黄方刚著）、《美学》（李安宅著）等。下册各册“可当哲学史或哲学代表思想读”[2]；包括《柏拉图》（张东荪校、严群著）、《亚里斯多德》（严群著）、《笛卡尔斯宾挪沙与莱伯尼兹》（施友忠著）、《洛克巴克莱与休谟》（张东荪校阅、郭本道著）、《康德》（南庶熙著）、《黑格尔》（张东荪校、郭本道著）、《现代哲学》（张东荪著）、《中国思想》（蒋维乔校、杨大膺著）等8册、这套丛书系统地介绍了西方哲学史及西方哲学概况，极大地开阔了中国哲学界人士的视野，促进了西方哲学包括现代西方哲学在中国的传播。此外，张东荪在这一时期还编著出版了数种哲学著作，如1934年出版了《现代哲学》、《现代伦理学》、《从西洋哲学史看老庄》，1935年与姚漳合编《近代西洋哲学史纲要》等。

1931年初，张东荪以层创进化论为指导，综合和折中西方各种伦理学流派，对道德现象和道德问题进行了系统探讨，出版了《道德哲学》一书，形成了独特的道德哲学体系。因其是从文化的角度，将道德置于人类进化的文化层面上考察，并且

[1] 贺麟：《当代中国哲学》，重庆胜利出版社1945年版，第28页。

[2] 张东荪：《价值哲学》封面，上海世界书局1934年7月版。

"用文化做目标去解决道德的问题",故其道德观称为"文化"的道德观。

所谓道德哲学,又称道德学、伦理学、人生哲学。张东荪将它的内容界定为:"(1)以自然科学态度研究道德观;(2)以哲学的批评态度,分析道德问题;(3)以玄学的揣测态度,说明道德基础;(4)以实用的技术态度,指示人生所以教人之抽象普遍原理"[1]。他认为,自然科学在研究道德现象上可见其长,但只能以观察中去研究道德现象;哲学可以比观察深一步的加以批评和分析,但却不能说明道德的基础何在,只能就观察的问题上去分析及批评,而说明道德之基础,只能用揣测的方法去研究。道德现象、道德问题与道德基础构成的道德体系是道德哲学的核心。但它们并不能作为人生的普遍原则,而只有靠实用的技术来指示人生所以做人的抽象原则。可见,道德哲学不仅是"学",即关于道德现象、道德问题与道德基础的研究,而且也是"术",即用实用的技术使道德指导实际的人生。道德哲学便是亦学亦术的综合学问。

根据这种定义,张东荪将以往道德学分成10个派别,即快乐论与功利论,克已论与直觉论、厌世论与自主论、同情论与进化论、完全论与自我实现论。其中有些派别中又分出实在论、良心论、解脱论等较可独立的学型。同时,他将人生哲学的派别如厌世论、解脱论也列入道德哲学。他认为,这十种派别都有缺陷,较理想的是德国心理学家翁德(今译冯特)代表的综合论。该派把个人心理与民族心理、社会心理相结合,形成以"文化解释道德"的文化哲学。张东荪主要根据翁德综合派理论,从道德的位置、道德的进化、道德的性质、道德的性格等方面阐述其"文化"的道德观。

第一,关于道德的位置。张东荪首先用层创进化论阐述了"文化"的形成。他指出,宇宙可分为若干层,"粗分之有三层:曰物,曰生,曰心"。"心之一层中其最高层为文化"[2],也称"社会文化层"。文化层又分为若干小层。最低级的是"经济价值"(即经济的文明),其次是"政治价值",即所谓"政治文明",它的作用是"维持此群力使其不致溃散",即维持社会安定[3]。此外还有美的价值,信仰的价值,理智的价值等。美的价值为美术,信仰的价值为宗教,理智的价值为学术。在社会文化层中,除了经济政治美术宗教学术以外尚有一项,这便是道德,"道德者文化价值也"。所以张东荪认为,人类现实生活受限制于时空之交切点,人生的目的在于超

[1] 张东荪:《道德哲学》,上海中华书局1931年版,第13页。
[2] 张东荪:《道德哲学》,上海中华书局1931年版,第583页。
[3] 张东荪:《道德哲学》,上海中华书局1931年版,第575页。

越此交切点，“凡向此超越之架力，堆积其共同者名之曰文化。文化有种种，对于物质需要则有经济；对于合群之维系则有政治；对于条理之审知则有学术；而对于行为方面有所律者厥曰道德”[1]。

由上述定义可知，张东荪是以层创进化论为基础，从文化的角度阐明道德在宇宙中所处位置的。他认为，人类生活有时空的限制，生活的目的在于超越这种限制，为此而努力，以求变化环境超越放大。自有人类以来所有对于生活扩大之努力由共同而堆积的结果便形成了文化，文化是属于宇宙进化中“心”之一层，并且是心之最高层，即社会文化层。社会文化层也分若干层，最底层是对于物质需要的经济，其次为对于合群之维系的政治，然后是美术、宗教、学术，而对于人们行为方面有多规范的便是道德。可见，道德是文化的一种，处于社会文化层中较高的一层，其作用在于对于人们行为有所规范。

第二，关于道德的性质。人类创造了文化层，同时栖息于其中。但文化常有不足或缺陷，人们也常有所堕落。由此，张东荪又进一步阐述了道德的性质，认为道德具有伸张性和拘束性，即道德可分为“伸张的道德”和“拘束的道德”。

所谓“伸张的道德”，即为“道德之伸张方面”，也称“创造的道德”。张东荪认为，生活之理想极其辽远，生活之目的极其远大，人类所努力而成的文化也仅属初步。文化层是“时时以超越生活为目标而求增加其接近目标之程度”。因此文化对于其理想常有不足和缺陷。同时，文化的进化不是由于“自进”，而是由个人精神为其代表，“个人精神有所创造足于原有文化之总体有所增加者此种创造即代表文化之前进”。这便是个人精神的创造,这种创造“于行为方面则为道德”。这便是所谓“创造的道德”，也叫“伸张的道德”。伸张的道德对文化和道德的进化至关重要，“不有伸张的道德，则文化无进步，道德无发展”[2]。

所谓“拘束（抑禁）的道德”，也称“道德之抑禁方面”。张东荪认为，拘束的道德是由于人在文化层中有堕落之势而出现的。“以人常有在文化层中向下堕落之势故不得不有拘束的道德。拘束的道德无他，即禁人之下堕是也”[3]。拘束的目的是为了避免人的堕落。为何文化常有堕落?张东荪指出，“吾人欲以理想超脱现实则必须改变原性。而此原性虽经修改仍常有复现之势。故无论如何高尚之个人其中不能绝对无世俗之欲念”。同时，“无论如何开化之社会，其中不能绝对无富群之

［1］ 张东荪：《道德哲学》，上海中华书局 1931 年版，第 576 页。
［2］ 张东荪：《道德哲学》，上海中华书局 1931 年版，第 583 页。
［3］ 张东荪：《道德哲学》，上海中华书局 1931 年版，第 585 页。

分子。诚以人性之中有肉欲，社会之中有社会性，皆为不可免之事也”。所以人沐化于文化中，虽其原有性情已改大半，然究不能无所遗留，所以于个人必须“修德克己”，于社会必须“奖善惩恶”。道德的拘束应与法律的制裁相结合。“盖吾人欲其不自文化而下坠，非有道德为之拘禁不为功”。“道德在一方面为绝对不可缺，而在他方面又不能仅恃道德一端。吾人欲使文化常进而其中之个人无有堕落，则惟有以道德与法律教育等相辅而行”[1]。

第三，关于道德的性格（道德与个人的关系）。所谓道德的性格，是指“以道德而铸成性格也”。因为道德是沐化于文化中而铸成的，“故道德的性格即为由文化而造成之天性”。由此，张东荪阐述了道德与造就人问题的相互关系。他指出，天禀如凹处，文化之铸如水之流入，水之流入视凹形的大小圆曲而异其势，所以人的个性不是纯由天然而生成的，也不是纯由文化而造成的，“乃二者有相关之点也”[2]。他认为，个人之具有道德大半可为先天的；种族或人类之具有道德大致皆为后天的，就是说“道德在个人有先天的痕迹，其在种族或人类则概为后天的赢得”[3]。

张东荪认为，一旦经过文化与道德之铸就而使人具有“道德之性格”即“道德感”，则无异于人之第二天性。这种天性就是所谓“第二性”。他说，“道德既由铸成之性格而自然表现，则此种道德的性格之在人身正犹绿色之在草木，坚性之在钢铁。”“人而失其道德之性格则亦必不复能为人矣”[4]。所以他将道德的性格如忠诚恕仁等视为“有自具之性不可还无至他种性质”的第三性。“惟人具此第三性，故人为文化之所铸就者；故人为栖息于文化层中；故文化层为在宇宙中各层上之最新一层。”[5] 充分肯定具有道德性格的人对于社会文化的作用。

张东荪将人的道德感视为非天生的，而是由于后天文化沐化造成的，认为天禀与文化合力铸造了人之道德性格，同时肯定人所具有的“第三性”对于文化进化的巨大影响，正确阐明了文化与道德在铸造人问题上的相互关系，这些都是其道德哲学的精华和合理之处。但不能否认，他的所谓“个人之具有道德大半可为先天的；种族或人类之具有道德大致皆为后天的”论断，目的是在于说明道德是由天禀与文化合力造成的。但就具体的道德而言，其谬误是明显的，这与其所谓个人道德是由后天文化铸成的观点显然是矛盾的。实际上，个人之具有道德尽管有天禀之影

[1] 张东荪：《道德哲学》，上海中华书局 1931 年版，第 586 页。

[2] 张东荪：《道德哲学》，上海中华书局 1931 年版，第 588 页。

[3] 张东荪：《道德哲学》，上海中华书局 1931 年版，第 589 页。

[4] 张东荪：《道德哲学》，上海中华书局 1931 年版，第 589 ～ 590 页。

[5] 张东荪：《道德哲学》，上海中华书局 1931 年版，第 591 页。

响，但大半是后天环境造成的。因为作为社会行为规范的道德在个人降世前便存在，其降世后便受其熏陶习染而受之影响。

第四，关于道德的进化。道德是文化之一种，文化是宇宙进化中较高的一层，所以道德必随文化的进化之进化。张东荪指出，“道德在文化之整体中，文化进步则道德亦必进化。道德之进化与其相关者（即经济、政治、学术等）之进化相辅而行”[1]。

张东荪认为，道德与风俗习惯等尽管有密切关系，但却有本质区别，风俗习惯只是“形式”，而道德则在于“意义”[2]。既然风俗为具体事情而道德为抽象概念，所以道德之进化为“范围扩大与涵义加深”[3]。道德虽为文化之一种而日有进化，但却有最初的根本道德，即所谓“起码之道德”。“起码之道德”是“诚”和“仁”。而其他一切道德德目都是由此演化派生出来的。张东荪指出，道德进化是渐变的，是“不以革命之方法出之”，“在甲种境况之下觉得乙种方法较甲为善。于是在甲种境况时，吾人之一举一动，一施一舍而有合于乙种境况者或近于乙种境况者，则名之曰‘善’，以之养成性格则名曰道德。……迨既完全达到于乙种境况，则又有丙种较之为高”[4]。道德就是这样一步一步渐进着。

总之，张东荪从“道德之位置”、“道德之性质”、“道德之性格”、“道德之进化”等方面阐述了其对道德问题的见解，展开了其道德哲学体系。他的道德哲学体系，概括而言就是：从层创进化论出发，认为道德来源于“超越界”，由生活之目的在于超越而推出文化层，用以说明道德在文化层中的地位；由文化常有所不足或缺陷，人类也常有所堕落而分析道德的性质，认为道德具有“创造”（伸张）与“拘束”（抑禁）两方面特性，接着他阐明道德与个人之关系，认为道德的性格是由文化和个人天禀合力而成的；正因人是栖息于文化层的，而且文化进化是无穷的，所以道德进化也是无穷的。其哲学体系的重心是将道德置于文化及文化进化中考察，并且用文化做目标解决道德问题。也正是从这个意义上，张东荪的道德哲学可简称为“文化”的道德观。

[1] 张东荪：《道德哲学》，上海中华书局1931年版，第600页。
[2] 张东荪：《道德哲学》，上海中华书局1931年版，第601页。
[3] 张东荪：《道德哲学》，上海中华书局1931年版，第606页。
[4] 张东荪：《道德哲学》，上海中华书局1931年版，第527页。

七 非难马克思主义哲学，挑起唯物辩证法论战

在上世纪30年代初，马克思主义在中国广泛传播，在思想界产生了较大影响。对此，张东荪是反感的。为了捍卫“纯粹哲学”，他发起了30年代著名的“唯物辩证法论战”，并对马克思主义的唯物史观进行猛烈批评。不过，这场论战主要限于哲学领域。应该说，张东荪对于马克思主义哲学存在理解上的误区，但论战对其思想确实影响很大。此后，他开始加深对马克思主义的研究，对马克思主义的态度也发生转变，并直接影响到其后期思想。

[非难唯物论，攻击唯物史观]
[捍卫“纯粹哲学”，挑起唯物辩证法论战]
[批评阶级斗争学说，反对无产阶级专政]

七 非难马克思主义哲学，挑起唯物辩证法论战

非难唯物论，攻击唯物史观

尽管张东荪早在五四时期便接触马克思的社会主义，但张东荪并不信仰它，认为它不适合中国的国情。对于马克思主义哲学,张东荪也同样持批评和反对态度。在“科学与玄学论战”，张东荪除了对吴稚晖自然主义的宇宙观、“物欲横流的人生观”及丁文江的实在论进行了严厉批评外，还对陈独秀坚持的唯物史观进行非难。

在科学与玄学论战中，陈独秀站在马克思主义的立场上，以唯物史观为武器，对张君劢和丁文江的观点都进行了批评，认为“丁在君不但未曾说明‘科学何以能支配人生观’，并且他的思想的根底，仍和张君劢走的是一条路。”要科学地解决这个问题，只有用唯物史观:“我们相信只有客观的物质原因可以变动社会，可以解释历史，可以支配人生观，这便是‘唯物非历史观’。”[1]对于陈独秀的意见，张东荪进行了非难和攻击。他认为，“唯物史观与唯物论是两个东西。原来马克思关于唯物史观的话只是散见各书，换言之，即只是东一句西一句的，并没有系统的说明。”[2]于是，后人解释虽有各种，然大部分的解释者如考茨基、马莎利、郭泰等，“只认为是‘经济史观’，而和哲学上的唯物论无密切关系。”[3]所以，他说:“陈独秀先生责备胡适之先生，说他对于唯物史观的理论不大清楚。其实我看陈独秀先生自己就先没有弄得清楚。”[4]他指出，陈独秀的“经济一元论”与物质一元论并不完全一样，并不能解决科学与人生观问题:“陈独秀先生所提出的唯物史观是本来与科玄论战上的宇宙观与人生观没有多大关系。我们只可认为是共产党的广告，原来药房的广告可以登在戏院的幕上，可见登广告本是不问什么地方的。”[5]

1931年1月，张东荪出版了《道德哲学》一书。在系统地阐述了自己“文化”的道德观后，他认为，“马克思之道德论止可谓一种推翻道德论，吾书既主张道德之

[1] 陈独秀:《科学与人生观论战 · 陈序》，上海亚东图书馆1923年版。

[2] 张东荪:《科学与哲学》，上海商务印书馆1924年版，第90页。

[3] 张东荪:《科学与哲学》，上海商务印书馆1924年版，第91页。

[4] 张东荪:《科学与哲学》，上海商务印书馆1924年版，第93页。

[5] 张东荪:《科学与哲学》，上海商务印书馆1924年版，第94页。

确立，势不能不对于此种破坏论加以迎头痛击。”[1] 于是，他专门列了一章（第七章第四节《唯物史观与道德》），对马克思主义的唯物史观进行猛烈攻击。

张东荪首先从正面对唯物史观作了批评。他承认马克思的唯物史观中“实有两点极为普遍而确实之真理。”一是社会的相关性，即社会各方面都互相关系。如政治制度与法律、法律与道德、道德与教育以及法律道德教育与经济等。他认为，马克思的唯物史观就是对这两点加以“改变”而建立的。他说：“惟唯物史观之马克思则对于此二事实加以改变。对于社会之相关性则改为经济一元论。即对于函数关系则改为因果关系；互相关系而为片面制定：即以经济为因，以政治法律思想道德为果。止可由经济而左右政治法律道德思想而不可由政治法律道德思想以影响于经济。对于人类偏见则改为阶级偏见。即对于吾人因各种地位与性格而生之偏见改为因生产关系而生之偏见。换言之，即化多数不同之个人偏见而止限为互相斗争之阶级偏见。可见马克思之唯物史观即根据上述二种事实而加以改窜者也。”二是人类的偏见，即发现了“各人以其所处之地位与其所有之性质皆不能免于偏见。”他污蔑说：“马克思如此改窜事实纯为达到其劳动一元论之目的。欲从一点而包括全局，此固德国思想家之常态。惟马克思之雄心乃较其他人尤大。所惜者其手腕则较其他人更拙。盍彼所改窜者一经分析便无成立余地也。”[2] 张东荪站在自己的立场上，抱着自己的偏见对唯物史观进行了分析。

张东荪反对马克思主义关于“经济基础决定上层建筑”的基本观点，认为经济与政治的关系不是“决定”关系，“止为函数关系而非因果关系。例如政治有变化致法律亦有变化，但法律有变化亦足致政治有变化。经济有变化致政治法律皆有变化，但政治法律有变化亦足致经济有变化。其故由于文化本为一整全者；其中之各方面无不互相影响，互相关联。此实为极真确之事实，无论何人不能否认者也。”[3]

张东荪分析说：就经济与政治法律等的关系而言，在经济未发达时代，政治法律亦未发达；但经济已经发达时代，政治法律亦同发达，“然此不足证政治法律之如此由经济所产生也。须知文化本为浑一体，其内所有各方面本为相制相联。今以互相关系而改为因果关系显属谬误。以为甲因产生乙果，乙果不能逆而产生甲因。若谓经济为政治法律之因则无异乎谓经济能左右政治法律而政治法律不能左右经

[1] 张东荪：《道德哲学》，上海中华书局 1931 年版，第 617 页。

[2] 张东荪：《道德哲学》，上海中华书局 1931 年版，第 622 ～ 623 页。

[3] 张东荪：《道德哲学》，上海中华书局 1931 年版，第 621 ～ 622 页。

济。证以实际事象显有不合。”[1] 此处，张东荪误解了唯物史观。马克思主义认为经济基础决定上层建筑，同时也承认上层建筑的反作用。他所谓的经济一元论、经济决定论，并不是马克思的真正的唯物史观。这样，张东荪对唯物史观的批评和非难便是无的放矢。实际上，张东荪所批评的经济决定论，正是马克思和恩格斯所极力批评的。张东荪从根本上否定经济因素对政治法律道德思想的决定作用，只承认它们是函数关系而非因果关系，显然也是错误的。

张东荪认为，对于人类存在着的偏见，我们应该设法消除，而不应该扩大；同时，人类虽存在着偏见的一面，但同时有公正真实的一面。他认为自己与马克思在“偏见”问题上有三点分歧：一是“吾人谓各人皆有偏见，而不限于阶级。即在同一阶级中因性格不同与习尚不同亦得有相反之见地。”二是“吾人不视偏见即为文化。盍文化为各人之精神生产除去其偏私者而集存其共同者之谓也。偏私者各异不能集存，故不能形成文化。”所以他承认各人于其偏见以外尚有非偏见者存在。三是“吾人以为文化绝不能由偏见而成，换言之，即偏见不能演为制度与风俗。”[2] 据此，张东荪指责马克思只看到了人类有“偏见”的一面，而没有看到“非偏见”的一面。他自信“凡此诸点皆足予马克思学说以致命伤。”[3]

在从正面用自己的见解对唯物史观进行批评后，张东荪对唯物史观内部的“自身矛盾”进行诘难。

首先，他诘难马克思主义者说：“唯物史观为一种精神生产乎？吾知彼等不能不谓然。然则此种精神生产果为何种经济构造所产生乎？”他认为，生活在资本主义社会中的马克思，所见所闻都是资本主义经济制度的现象，“今社会之实有为资本制度，何以马克思之心思独不为其所决定，而竟忽起有与之相反之共产思想耶？”由此，张东荪断定：“是以今即以马克思自身为例，足证实有决定思想之说为非事实，非真理。”[4]

其次，对马克思所谓“社会上支配人心之思想为统治阶级之思想”这一论断，张东荪提出了诘难：“试问离却实际而专论思想，所谓支配以何标准乎？”他认为，所谓支配，不外乎人之信其中有真理与否。然而，无论何种思想皆有其信徒。虽信徒有多少之别的不能说“某种思想绝对支配人心，某种思想绝不支配人心”，因为

[1] 张东荪：《道德哲学》，上海中华书局 1931 年版，第 624 ～ 625 页。

[2] 张东荪：《道德哲学》，上海中华书局 1931 年版，第 626 页。

[3] 张东荪：《道德哲学》，上海中华书局 1931 年版，第 627 页。

[4] 张东荪：《道德哲学》，上海中华书局 1931 年版，第 630 页。

这些思想“皆支配人心，不过稍有程度之等差耳。”支配与得势，只能用之于实际而不能用之于思想，只能“惟藉实力而现”[1]。然而，凭借实力而现之思想，也未必都是支配人心的思想。

再次，他继续诘难说：即便是支配思想以外尚有未支配之思想，也是由于资本制度本身含有矛盾。这样，在现实的环境中便会产生推翻现状的反对思想，“试问此反对之思想是否由于生产关系总和之社会的经济结构所产生?”张东荪认为这是马克思主义者不能解释的。因为“所谓社会之经济的结构者乃系一整体，其所产生之思想即为维持现局之思想，决不能再产生相反之他种思想也。无已，惟有改谓生产关系中各阶级产生各种不同之思想。此说显与马克思原意不合，而于吾谓人各有偏见者稍稍近之。”因此，他断定：马克思的唯物史观“亦止为无产者之偏见而已，正犹有产者之主持资本主义也；岂能独为真理耶?”[2]很显然，张东荪是机械地曲解马克思主义，根本就没有理解马克思的本意，正暴露了他对唯物史观的无知和偏见。

复次，对马克思“决定”含义，张东荪将它译为“制定”，作“左右之”解。通常谓原因制定结果,“试问此种决定果为何种状态乎?”他认为,所谓“因”实含歧义，因分启发因与产生因两种。“试问经济之制定思想为产生因乎抑为启发因乎?换言之，即试问思想为本有者而随经济之变化亦变化乎，抑为本无其物而为经济所产生乎?由后之说谓人类本无思想，然则生产方法之变化又何来乎?”[3]

根据上述分析和诘难，张东荪认为唯物史观根本上不合乎形式逻辑规则。于是，他又从逻辑学的角度对唯物史观提出了非难，认为“唯物史观之说根本上犯名学之数种谬误。”一是“歧义之谬误”，如马克思所谓的“意识形态”，是指一切思想学术文化呢?抑仅指社会上最得势之思想与主义呢?实际上马克思表面上指后说而暗中兼指前说。马克思正是“以偷关漏税之法遂置人类之全部精神文化于物质的经济构造上。”他污蔑马克思“乃故意制出暗昧之名辞，俾可得伸缩之两解。其用心亦太狡矣。”[4]二是“分合之谬误”，如马克思所谓社会的经济构造明明是一合称名称,迨其所产生之思想与主义有种种不同,遂又变为分散名辞。这是犯了“分合之谬误”,其目的“亦在伸缩,得以欺人。”三是“言辞之谬误”,如马克思所谓“社会之实有决定吾人之心思”，此决定（或制定）一词，就含有歧义。张东荪分析说，

[1] 张东荪：《道德哲学》，上海中华书局 1931 年版，第 631 ～ 632 页。
[2] 张东荪：《道德哲学》，上海中华书局 1931 年版，第 633 页。
[3] 张东荪：《道德哲学》，上海中华书局 1931 年版，第 635 页。
[4] 张东荪：《道德哲学》，上海中华书局 1931 年版，第 637 ～ 638 页。

其初似指“左右之”而言，继而又暗含“产生之”意义。前者是变易，后者实为创造。究竟吾人心思为社会之实状所变化呢？还是创生呢？马克思在这里“又以暗昧含浑见长”，其目的在于“俾人攻其前说得遁入后说，攻其后说得遁入前说也。”四是“居心不良之谬误”，张东荪认为马克思提出唯物史观，是在国际共产主义运动失败后，“为坚其党徒之迷信计，不得不擅作预言，谓资本制度行将自行溃灭。而为证明此预言计又不得不创有此种史观。”他断定唯物史观只是“一种手段”，“与真理学术无丝毫关系”，根本否定了马克思学说的科学价值。不仅如此，张东荪认为马克思的学说根本不值一驳，“此种自相矛盾之谭居然列为学说，诚人类之奇耻，思想史上之大污点也。”[1]

最后，对于唯物史观关于道德的见解，张东荪认为这是“窃取达尔文与斯宾塞一流之进化论而已，固未尝有何创见。”唯物史观者视风俗与道德为一、视一切道德都是相对的，说明马克思根本“未真知道德之性质”。张东荪误认为马克思主张道德只是阶级的工具，随经济关系之社会的经济结构而变，没有人类道德。所以，他批评说：人类存在着普遍适用的道德，仁慈、宽厚等道德，不仅是一国通行的，而且也可以行之于国际间。所以“不得谓国家道德与国际道德为截然两种。阶级亦然。决非诚实，勇敢，勤勉，仁慈，廉洁，公正，直爽等仅能行之于资产阶级而不能行之劳动阶级。实则劳动阶级所需要之德即正为资产阶级所需要之德。故视劳动阶级之道德与资产阶级为两种不同之道德实为根本上不合于事实。”[2]

通过以上分析，张东荪得出了结论：“马克思之说在学理方面本不为真理。彼之意止在谋有遂其心愿。故彼之说虽貌似高深学理而实则不过供其徒党为社会运动之助力而已。盍纯为一种手段也。彼以明知而故为之。余谓此辈之居心不可问即在于此。”他也认为马克思主义者有“阶级仇忌之观念”，是一种“疯癫症”[3]。

张东荪对唯物史观的批评，是带着对马克思主义的偏见来批评的，缺乏冷静而客观的审视。张东荪对唯物史观的认识，也是非常肤浅的，他并未弄明白唯物史观的真正内涵，甚至对唯物史观的一些基本概念和基本原理也没有弄清，更谈不上理解。所以，张东荪对唯物史观的批评虽然非常激烈，却并不能站得住脚。同时，他的有些批评和诘难，似乎也有一定道理，但基本上是他对于被误解的所谓马克思主义“学说”进行非难和攻击。虽然张东荪在非难马克思的唯物史观时也提出并阐

[1] 张东荪：《道德哲学》，上海中华书局 1931 年版，第 639 页。
[2] 张东荪：《道德哲学》，上海中华书局 1931 年版，第 645 页。
[3] 张东荪：《道德哲学》，上海中华书局 1931 年版，第 646 页。

发了一些有启发意义的观点，但因其批评充满了攻击性语言，带有谩骂式的讥讽，缺乏冷静的态度，所以并不能令人信服。对此，连叶青也批评说："他对于物质史观的态度，完全不是学者底样子，一味地轻视谩骂。"[1] 这个批评是切合实际的。张东荪的这些批评及诘难，有利于我们从反面加深对唯物史观的理解，也使我们体味到马克思主义哲学在中国传播的艰辛。

捍卫"纯粹哲学"，挑起唯物辩证法论战

如果说五四时期发起社会主义论战，是由于张东荪认为马克思的社会主义根本就不适合现阶段的中国、因而要加以阻止的话，那么30年代张东荪反对唯物辩证法的依据究竟是什么？

很显然，张东荪挑起"唯物辩证法论战"，首先是为了阻止马克思主义哲学的传播。

30年代初，马克思主义哲学在中国广泛传播，宣传介绍和研究唯物论辩证法的文著急剧增加，在思想界产生了较大影响，"赞成唯物辩证法的书籍现在大有满坑满谷之势"[2]。为什么会如此呢？贺麟先生的分析是有道理的："辩证法唯物论盛行于九一八前后十年左右，当时有希望的青年几乎都会受此思潮的影响。那时的中国学术界，既没有重要的典籍出版，又没有伟大的哲学家领导，但青年求知的饥渴，不因此而稍衰，于是从日本传译过来的辩证法唯物论的书籍遂充斥坊间，占据着一般青年的思想。这情形不但中国如此，即欧美先进国家亦如此，意大利有一个新黑格尔学派的大哲学家自述其年轻时代研读马克思而笃信其说，至于狂热，历经许多年才把他自己的思想转变过来。而以当时的社会政治文化等环境来看，青年之沉溺于此理论中，自无足怪。因为当时青年情志上需要一个信仰，以为精神的归宿，行为的指针。辩证法唯物论便恰好提供了一个主义的信仰，不能从实验主义那里得到的。不但这样，这新思潮既有实际的方案，又有俄国革命成功为其模范，国内又有严密坚固的政治组织，凡此都是不能从实验主义那里得到的。在理论方面，辩证法唯物论也自成体系，有一整套的公式，以使人就范。同时辩证法唯物论又似乎有科学的基础，此即十九世纪最发达的经济学和社会学。足见辩证法唯物论之吸引青年决不是偶然的。"[3]

随着马克思主义哲学的广泛传播，中国思想学术渐渐受其影响，唯物论辩证法

[1] 叶青：《张东荪道德哲学批判》，《二十世纪》第2卷8期，1934年。

[2] 张东荪：《唯物辩证法论战》弁言，北平民友书店1934年10月版。

[3] 贺麟：《当代中国哲学》，南京胜利出版公司1945年11月版，第72～73页。

不仅日益成为广大青年接受的“时髦”学说，而且大有成为中国哲学发展主流的趋势。这些是张东荪极为反感的。因为在他看来：马克思主义根本就不成其为哲学，“在我浅陋的脑中好像俄国最初根本上不要哲学，后来却又想另外造出一个新哲学来，所以我今天说到‘俄国哲学’这个名词似乎有些不妥，然而又似乎亦还说得下去。”[1] 唯物辩证法没有什么有价值的东西；它只是马克思主义者为了政治斗争的需要而制造出来的政治理论而已。他在1936年8月《我对于哲学与政治关系的看法》中说：“我以为马克思派所谓哲学并不是我们所谓的哲学，乃是两个东西。他们的哲学在我们看来可以说并不是哲学。所以他们的哲学可与政治合而为一。我们的哲学却无法办到如此。”[2] 在《十年来之哲学界》中，他又说“辩证法唯物论只是历史理论与社会理论，而不是哲学；换言之，即决不能取哲学而代之。”[3] 就是这样的一套政治理论，居然也堂而皇之地自居为“新哲学”，在中国思想界产生如此大的影响，并且登上了大学的讲台，侵入到所谓“纯粹哲学”的领域，甚至连一些学者也以讲授唯物论辩证法为“时髦”。这是一贯对马克思主义抱敌视态度的张东荪所不能理解的，也是必须起来加以批评和阻击的。

实际上，张东荪挑起了30年代著名的“唯物辩证法论战”，除了对马克思主义哲学的传播阻击、不满马克思主义者的机械应用外，更重要的原因是：有鉴于马克思主义侵入哲学界，威胁到“纯粹哲学”的生存，为了捍卫所谓“纯粹哲学”的神圣殿堂，张东荪起而阻击。他在1935年10月创办的《文史月刊》所作的《发刊词》中，对于这个原因作了集中阐发。

张东荪将西方哲学在中国的历程分为三个时代，第一个时代是用蔡元培先生所翻译的井上圆了的《妖怪学》为代表，代表那个时候中国人对于哲学的态度；第二个时代以《哲学评论》的产生为代表，标志着“中国人对于西洋哲学的认识已入了正轨。”然而不幸的是，这个时代尚未走完，便进入了第三个时代，即辩证的唯物论盛行时代。他认为“在第一个时代是中国人不知西洋哲学为何物，作了许多的误解；在第二个时代是中国人居然对于西洋哲学有了真正的认识，有了同等的研究。但很不幸，乃忽然便无端来了一个第三个时代。”在这个时代，中国人对“本以玄学（即形而上学）与名学为主干”的西洋哲学产生了怀疑：“自从马克思主义侵入了哲学界以来，不屑说玄学成了

[1] 张东荪：《我亦谈谈辩证法的唯物论》，《大公报》副刊《现代思潮》第3期，1931年9月18日。

[2] 张东荪：《我对于哲学与政治的关系之意见——献给习哲学的青年们》，《自由评论》第35期、36期，1936年8月。

[3] 张东荪：《十年来之哲学界》，《光华大学》半月刊第3卷9期、10期，1935年6月、7月。

问题，即名学亦成了问题。于是整个儿的哲学都成了问题。详言之，即在以前哲学是自足的。虽则科学从哲学分出来，抢了大部分哲学的题材，然而终承认科学有及不到的地方。这个及不到的地方便是哲学的领土。科学出来，即自然科学发达了，我们可以说哲学的领域渐渐缩小，却不可以说因此把哲学的性质变化了。因为哲学虽缩小了，却未尝改易其性质。于是哲学与科学依然是对等的。但是马克思主义出来则不然。他不是把哲学缩小，从另一方面看，反可以说他把哲学扩大了。但他所扩大的却不就是我们所谓的哲学。因为他把哲学的性质从根本上改变了。虽则名称未改，而实质却与以前大不相同。”这个不同就在于，“在以前哲学无论如何变化，而哲学自身终只是哲学。迨马派一出，哲学却变为社会思想的产物了，变为代表社会上阶级利益的呼声了，变为经济的结构中自然而然所发出来的东西,好象膀胱分泌小便一样了。”即以社会的“关系”决定哲学的内容。所以，马克思主义哲学“与我们普通所谓哲学不同。”也就是把哲学的性质根本改变了。“在以前哲学好象裁判官，不论他管辖的地方大小，他总可以坐在堂上对于其下的人们宣判。现在却一转为当事人，须得听从裁判官的判决。这个裁判官就是所谓社会学（或马克思式的社会学更较得当）。所以以前哲学是自己至高无上，换言之，即是自主的，自己可以当家。现在哲学变了留声机器，人们唱甚么他方得收进甚么去。这个不同完全起于哲学本身。我实在不懂现在中国一班马迷还要高谈哲学，把哲学捧得高高儿的，而一班研究哲学的朋友亦因为他们重视哲学乃色然而喜。”[1]正因如此，张东荪认为，目前哲学真是到了一个生死存亡的关头。“因此我个人以为马克思主义之突起于人类思想界是一件绝应注意的事。质言之，即等于一个关。若是不能渡过，则不仅哲学从此葬送，即其他高深思想（如高等数学一类）亦同受影响。所以哲学到了今天却是遇着了一个难关。”[2]

在“纯粹哲学”遇到“难关”之时，致力于研究“纯粹哲学”的人们，当然有责任捍卫“纯粹哲学的生存，”起来阻止这种“打倒我们的哲学”的马克思主义哲学。可令张东荪不满的是，当时哲学界却很少有人看到哲学所面临的这种危机；即使有人意识到了，也不敢起来批评唯物辩证法。他说：“至于我们，说起太可怜了。大约一部分人并没有看到这个问题的重要；而凡看到这个问题之为重要的人们立刻即无条件地投降了。”[3]这样，被公认为中国“新唯心派首领”的张东荪，便率

[1] 张东荪：《发刊词》，《文哲月刊》创刊号，1935年10月15日。

[2] 张东荪：《十年来之哲学界》，《光华大学》半月刊第3卷9期、10期，1935年6月、7月。

[3] 张东荪：《十年来之哲学界》，《光华大学》半月刊第3卷9期、10期，1935年6月、7月。

先起来挑起“唯物辩证法论战”，充当了这场论战的主将[1]。

30年代这场著名的哲学论战，可以分为两个阶段：1931年到1934年，主要是张东荪为代表的资产阶级哲学思想与叶青为代表的假马克思主义的论战，论战的主将分别是张东荪和叶青，基本上属于资产阶级哲学内部的争论，表面上是“非难”与“捍卫”唯物辩证法之争，实际上都在程度不同地曲解和攻击马克思主义哲学。1933年到1936年，马克思主义哲学家艾思奇、邓云特（邓拓）等人参加论战，对张东荪和叶青的观点均进行了批判，而张东荪与叶青的论战也趋于白热化，“唯物辩证法论战”达到高潮。

1931年9月，张东荪在《大公报》副刊《现代思潮》上发表《我亦谈谈辩证法的唯物论》，对马克思主义哲学的基石“物质”及“物质之变化”两个核心概念进行非难。他认为，辩证唯物主义只是抛弃了霍布士一流的唯物论，而转到自然主义、实在论的经验论的进化论，“其内容毫无新颖，所有的都是欧美已经早有过的”。他指责唯物论者“主张的内容”是一种偏见，声明“我愿意诚诚恳恳向倾向俄国的人们说一句话：就是如其以感情为出发点，我们决不再多说一个字；倘使真正愿以理论与天下相见，我个人很愿意来共同分析。”[2]向马克思主义者提出了挑战，揭开了30年代唯物辩证法论战的序幕。

而此时，中国共产党的叛徒叶青，打着“捍卫”马克思主义哲学的旗号，充当了“批判”张东荪的主角。1931年2月，叶青创办《二十世纪》，树起“批判”的旗帜，对胡适、张东荪为代表的资产阶级“纯粹哲学”进行了猛烈的抨击。在该刊第3期上，叶青发表《张东荪哲学批判》一文，开始对张东荪建立的“新哲学”体系进行了严厉的批判和驳斥。

为什么叶青要集中批判张东荪？按叶青的解释，概括起来主要有三点：第一，他认为“现在是否定之否定底时代”，是马克思主义哲学对资产阶级哲学的否定时代，这便需要树起“批判”的旗帜，对资产阶级哲学进行“否定”，而张东荪是中国资产阶级哲学的典型代表，是“中国近代哲学底系统建立人”，值得批判。对此，他说：“在

---

[1] 对于张东荪挑起论战的这个原因，台湾学者李达生的观点可供参考：“从民国20年前后起，由于共产党人的渗透，北方学术文化界到处弥漫之浓厚的唯物主义的气息。当时左派分子在平津学术界异常猖獗，他们依据马克思、恩格斯、列宁等人所遗留下来的八股教条，武断地解释中国的历史文化，态度极端蛮横，以致弄到很多反共和非共的胆小鬼噤若寒蝉。这时在北方学术界的著名人物中，只有张东荪先生不惧这种乖戾狂潮的威胁，扮演了中流砥柱的角色。”（《国士：张君劢先生》，转引自朱传誉主编：《张君劢传记资料》第7册，台湾天一出版社1979年版）

[2] 张东荪：《我亦谈谈辩证法的唯物论》，《大公报》副刊《现代思潮》第3期，1931年9月18日。

哲学底否定之否定中的现实意义，在我看来，就是批判张东荪，老实说，别的近代哲学家倒还用不着。”[1]

第二，张东荪哲学主要是在广泛接受众多的西方哲学思想流派的基础上综合而成的，在叶青看来，“举凡古代、近代和欧洲、美洲大哲学家，他都本其涉猎之广，抄起来了。所以他底哲学，恰恰是外国哲学家底篡集、近代哲学没落中的折衷论。”所以，批判张东荪，“等于批判外国底柏拉图、休谟、康德、詹姆士……乃至次焉者的摩而甘一班人了，杜威、罗素……殊不足道。并且要在中国批判观念论、二元论、折衷论，也必须批判张东荪。”[2]

第三，张东荪是在中国介绍西方哲学的重要代表，要对西方哲学进行彻底否定，自然也不能放过张东荪。他说：“对于方兴的中国近代哲学尤其张东荪底‘新哲学’，和随他而来之外国古今底非同派的谬误哲学，不加以针对的批判，听其流行，也未免不对吧。”

如何批判张东荪？叶青自称：“讲到我所使用的方法，那完全是科学的。并且一切论据，均以科学为依归。虽则在哲学上，我是以自己所宗的去批判张东荪；但我之宗它，因为它是真理，并非为它而宗。既然我之宗它是服从真理，没有派系主义底思想，所以我底批判不出于派系底偏见，而是站在真理底立场，与错误的思想奋斗。因此，我在这里所干的，不是派系底企图而是真理底努力。”[3] 而实际上，他是用歪曲了的所谓马克思主义哲学来批判张东荪，是用自己所谓的“新物质论”“哲学消灭论”等来批判张东荪，根本没有“科学”可言，更谈不上“服从真理”。

叶青在发表《张东荪哲学批判》后，期望张东荪能够与他正面讨论，从而展开一场大规模的对张东荪哲学的批判运动。但张东荪并没有接战，因为在他看来，叶青是一个“不懂哲学而想诬蔑哲学的人”，张东荪也想“对于《二十世纪》杂志上所主张的正面议论加以检讨”，[4] 但很快便改变了主意，认为叶青的观点根本就不值一驳。所以，只是在《再生》杂志上刊载南庶熙的《与二十世纪记者谈谈哲学》并加了一个《东荪附识》，作为答复。

但张东荪并没有停止对唯物辩证法的批评。1932 年，张东荪在青年会所设的读书互助会演讲会上演讲《辩证法的各种问题》。他认为马克思“不是纯从哲学来立论，他自己本人的话很少，倒是他的徒子徒孙的话居多，他的目的只在于用这一个

[1] 叶青：《张东荪哲学批判》序言，上海辛垦书店，1934 年 4 月 15 日。
[2] 叶青：《张东荪哲学批判》序言，上海辛垦书店，1934 年 4 月 15 日。
[3] 叶青：《张东荪哲学批判》序言，上海辛垦书店，1934 年 4 月 15 日。
[4] 张东荪：《东荪附识》，《再生》创刊号，1932 年 5 月 20 日。

正反合的程式于社会变化。”即“想发见一个决定论的公式以说明一切历史。”基于这种认识，张东荪对辩证法从五个方面进行诘难：

第一，辩证法是一个方法呢？还是一个行历呢？或是二者兼而有之呢？张东荪认为，柏拉图、亚里士多德都把辩证法当做一个“方法”，黑格尔将它视为一个“行历”，即“逻辑上的历程”，马克思的辩证法只是历程或行历，含有几分时间性。张东荪认为“这便是马克思误解黑格尔的所在了，亦可以说马克思把黑格尔的原义改坏了。”第二，辩证的行历是否与进化相同？张东荪指出，马克思主义者将历程视为进化的，“实在是表示他们自身的无知识”。在张东荪看来，进化与辩证是对立的，“有辩证即无进化，有进化即无辩证。”第三，辩证的现象是否普遍的？黑格尔的意思是一个思想的法则，马克思将它改为“存在”的法则。张东荪认为不是一切存在都能嵌以这样的程式。他指责马克思主义者将物理上的阳电与阴电、日与月、黑与白等视为辩证的现象，是“头脑混淆”，脑子“糊涂到万分”的标志。第四，正之后有反，是否正为因，而以反为果呢？张东荪断定：黑格尔的正反合是同时存在，没有先后，而马克思的正反合之间有前后可言。“所以黑格尔是真以辩证为行历；而马克思是辩证无名而因果律其实。”第五，辩证法自身是不是亦具有“内在的矛盾”，亦是由于有相反者相争而始生？他诘难说：“倘使辩证法不如此，则世界至少便有一个东西是不含有内的矛盾的了。则世界上至少有这个辩证法是不相反而相成的。”[1]

张东荪认为马克思主义者对辩证法的实质并不了解，“实在是不思之甚。”因而，他非常自负地扬言：“老实说，我们若为使思想进步起见，首先便应把这些混淆的东西加以剖解。但这乃是哲学家的工作，决不是社会革命家的工作。所以别的问题我们可以不谈，而论到辩证法是甚么似乎非请教研究哲学的人们不可。”[2]张东荪的这个演讲，暴露了他自己对于马克思辩证法根本就不理解，更没有理解马克思对黑格尔辩证法进行革命性改造的实质，充满了对唯物辩证法的误解和歪曲。

1933年1月，张东荪又写《动的逻辑是可能的么?》，进一步从逻辑学角度攻击辩证法，认为“辩证法在自身确实有种种不可解的难题与难关。”它“在人类思想史上学术史上成了过时的古董，只好陈列在博物馆中了”[3]。

该文发表后，一直未得张东荪正面答复的叶青，立即在《新中华》上发表了《动的逻辑是可能的!》一文，对张东荪的观点进行反驳和批判。1934年6月，张东荪在《新

[1] 张东荪：《辩证法的各种问题》，《再生》第1卷5期，1932年9月20日。

[2] 张东荪：《辩证法的各种问题》，《再生》第1卷5期，1932年9月20日。

[3] 张东荪：《动的逻辑是可能的么？》，《新中华》第1卷18期，1933年9月25日。

中华》第2卷第10期、11期连载了《思想的论坛上几个时髦问题》，对《动的逻辑是可能的么?》一文中的观点展开论述。他具体列举了“辩证法能代替同一律么?”“相反是矛盾吗?”“凡变化都是消留吗?”等6个问题，进一步攻击辩证法。针对当时流行的认为旧式名学不够用、必须以辩证法来代替的观点，张东荪提出了相反的观点：“拿辩证法来代替思想律，是不可能的了”。他的总结论是：“不但辩证法不能代替思想律的同一律，并且辩证法若要变成言语来表现时（以言语来表明辩证法是真理时），还得托命于思想律的同一律。”针对马克思主义者把“相反”视为“矛盾”的看法，他提出了反驳：“辩证法的人们对于这一点始终弄不清楚。总是主张凡相反都是矛盾。这显然是误会了逻辑上的‘矛盾’意义。矛盾只是逻辑上的概念，决不可移到别的地方。”他认为，凡变化并不都是消留（aufheben），即“奥伏赫被”，“奥伏赫被在方法上是不能用的，并且又是不必用的。须知这只是黑格尔的特别把戏，他人决不能胡乱借用。”至于所谓“哲学是有党派的”观点，张东荪更是坚决反对。他认为，哲学与党派是不同的，哲学上的争论与政治上的党争更是不同，哲学思想比较上注重于立异，而不在乎求同，政治上的党派则注重求同。“在哲学上各人的意见总有小异之点，遂使组党为不可能的了。”所以.他坚决反对哲学具有党派性，认为“哲学之所以能存在，完全是靠着思想自由，无自由思想即无哲学，使‘哲学’二字与‘党派’二字联缀成一句，即等于取消哲学而只留党派，这种在党派之下的哲学虽名为哲学，而其实并不是哲学”[1]。

1934年3月，叶青将自己批判张东荪的文章集中起来，加以补充，使之系统化，编成一巨著《张东荪哲学批判》（上、下两卷），对张东荪的哲学思想进行系统批判。鉴于张东荪在较长时间里不直接回答自己的挑战，3月19日，叶青写了《给张东荪一封公开的信》，将它附录在《张东荪哲学批判》之后，连同该书，一起寄给正在燕京大学哲学系任教的张东荪，力图激起张东荪的应战。在信中，叶青说：“我虽然批评了你,但你亦可批评我。因为你之有权利批判我,正同我之有权利批判你一样。”“我正是这样才批判你。同时我亦相信你会实践你这种意见而对于我有一个反批判。”但张东荪却在很长时间内没有对叶青进行“反批评”，叶青认为是由于两种原因：（一）无话答复，只好以默藏拙；（二）摆出有名学者底臭架子，不加理睬。他认为，“但如果这样，那在论战场中便不啻自承失败。这当然也是客观上自承失败的表示。时代将予以答复，它必然要把这种失败者逐出哲学界之外，让真理高唱凯旋!”他以胜利者的姿态，向张东荪下了“战书”：“对于这些，你如果以为然，很可以牺牲你底官

[1] 张东荪：《思想的论坛上几个时髦问题》，《新中华》第10期、11期，1934年5月25日、6月10日。

家学者之尊严，出马应战。倘然你仅是暗地指使一些同派人出来，只要你不怕出丑，我是没有甚么的。你们打我的堆拳，我并不惧怯。……我批判你的书，已经给你寄一份到燕京大学来了。请你在收到之后，从头至尾看一遍，因为就是发表过的也有添加之处。从今天起，我就静候着你底答复了。”[1]

张东荪收到叶青的挑战书信后，无法不正面回答叶青的挑战。他一面组织反对唯物辩证法的人撰写反击文章，一面将自己反对唯物辩证法的观点系统化，于1934年6月25日，撰写成了3万多字的长文《唯物辩证法之总检讨》，对唯物辩证法进行全面批驳。10月，他自己所作《唯物辩证法之总检讨》与南庶熙等10多人批评马克思主义哲学的文章汇集成书，以《唯物辩证法论战》为名，由北平民友书局出版。此书的出版，将唯物辩证法论战推向了高潮。

该书分上下两卷（合一集）共收14篇文章，“上编都是新作的，除傅统先君一文外，余皆以交稿先后为次第;下编则已见各杂志。”另有附录4篇，张君劢作序，张东荪作“弁言”。在“弁言”中，他申明：“本书既名曰论战，则理应登载正反双方的主张。无如赞成唯物辩证法的书籍现在大有满坑满谷之势。而反对论除散见于各杂志外，从无专书。所以本书虽名曰论战，而实际仅登载反对一方面之论著”。同时明白宣称，“本书对唯物辩证法作反对的批评，乃只限于所谓赤色哲学，而绝非对于共产主义全体而言”。该书的英文标题为：“Cricical essays onred philossphy”即“对赤色哲学的批评文集”，可见该书之目的在于批判唯物辨证法，反对所谓“赤色哲学”。他还解释说，“本集的编成并不是一个预计的计划。最初只想把已成的各篇刊为单行本。后来加入的渐渐多了，竟有了好几篇新作。所以本书成为现在的体裁，只是由于著者各人的兴会”，大家虽共同主张反对唯物辩证法，但并没有结成“派别”的意思，“或许我们所见有相同的地方；然而亦尽管是各行其是。因为只限于编成此书，我们是合作的。至于哲学上的主张与相信，我们仍本各人自由分歧发展的原则做去，决不有任何联带关系。”[2]

在《唯物辩证法之总检讨》中，张东荪将自己多年来反对马克思主义哲学的观点系统化，集中地阐述了在“唯物辩证法论战”中自己的观点。这些观点，可以集中概括为：一、他认为马克思主义哲学并没有什么新的意义，只不过是把黑格尔的辩证法“颠倒了一下”，“马克思辩证法所以错误到不可救药，其原因一半在于黑格尔本身。换言之，即黑格尔本身就有错误和糊涂处；马克思不过再加一些新的错误

[1] 叶青：《给张东荪一封公开的信》，《张东荪哲学批判》附录，上海辛垦书店1934年4月版。
[2] 张东荪：《唯物辩证法论战》弁言，北平民友书店1934年10月版。

罢了。”[1] 张东荪目的是抹杀马克思辩证法与黑格尔辩证法的本质区别，借以否定马克思主义哲学的灵魂。二、认为辩证现象并不是天下万物所共有的，所谓辩证法的“变”只是“逻辑的变，而不是空间的变、时间的变、与事物的变”。这种变实际上并不变。他说：由量到质只能一件一件各别事实而言，乃是实验的结果，不能为预立的普遍方法。这种经验的结果除这一件事的本身以外是不保证将来一切其他诸事物皆如此而无例外[2]。三、认为马克思主义哲学的“否定之否定”规律是一种“历史定命论”，反对用它来解释人类历史发展。他说：“我们虽则在以往对于事物常常发见其有正反合，而决不能因此即断定以后所有事物，都必须具有正反合。”[3] 四、认为世界上不存在辩证法所说的“矛盾”，否认对立统一规律是辩证法的核心。他认为“对待”、“负面”和“矛盾”三词的含义是不同的，对待是指有对偶的东西相待而存，负面是指除了这个东西本身外其余的一切，矛盾是指两个命题不能同时皆真而言。“矛盾”与“斗争”的含义也不同，而黑格尔、马克思的错误就在于“把矛盾又一转变而成为‘斗争’的意思了。”[4]

张东荪的应战，使叶青十分得意。1935 年，叶青也仿照张东荪所编《唯物辩证法论战》的体例，将反对张东荪的文章收集起来，编成《哲学论战》一书，并出版了《哲学向何处去》一书，正式形成对垒的两军，从而使论战达到白热化。

叶青主要贩卖的是托派和当时苏联哲学界唯心主义机械论的观点，他的观点概括起来主要为：一、提出所谓“新物质论是观念论和物质论的统一”，新物质论是观念论与物质论调和的结果。二、提出所谓“哲学消灭论”，认为黑格尔是“哲学底高峰”，此后只有科学而没有哲学，马克思“却走向科学、政治、实践去了。”[5] 宗教——哲学——科学是三种“历史的知识体裁”。三、把马克思主义辩证法还原为黑格尔的“三段论”。认为辩证法是一种发展论或发展律,以公式表示就是“正——反——合”；由于合是正与反的综合，所以用数学公式表示，就是正加反等于合。四、把矛盾的同一性与斗争性等同起来，认为“统一是辩证法的综合，承认有主导的东西存在。因此统一对立物是站在某一方面上吸收它一方面的意思。所以统一就是吸收。物质论与观念论底统一论等于观念论底吸收论。”[6] 五、主张所谓“外铄说”，

[1] 张东荪：《唯物辩证法之总检讨》，《唯物辩证法论战》，北平民友书店 1934 年 10 月版，第 144 页。
[2] 张东荪：《唯物辩证法之总检讨》，《唯物辩证法论战》，第 178 页。
[3] 张东荪：《唯物辩证法之总检讨》，《唯物辩证法论战》，第 182 页。
[4] 张东荪：《唯物辩证法之总检讨》，《唯物辩证法论战》，第 172 页。
[5] 叶青：《哲学到何处去》，上海辛垦书店 1934 年 11 月版，第 168、176 页。
[6] 叶青：《观念论不可吸收吗？》，《研究与批判》第 2 卷 7 期，1937 年 1 月 1 日。

认为内因与外因可以无条件转化。他说；“外因与内因互相统一，因而互相渗透、互相同一、互相转化、互相联系。把握其一而排斥其它，都不正确。”[1]

对于张东荪从右的方面对唯物辩证法的非难和攻击，及叶青从“左”的方面对马克思主义哲学的歪曲，当时，中国的马克思主义哲学家艾思奇、李达、邓拓等人，也参加了唯物辩证法论战。他们运用自己掌握的马克思主义哲学理论，不仅批判张东荪等人公开对唯物辩证法的非难和攻击，而且揭露和批判叶青等人的伪马克思主义的谬论，阐明真正的马克思主义唯物辩证法的观点。这样，“唯物辩证法论战”进入了马克思主义者对叶青和张东荪哲学批判的新阶段。

1933 年 12 月,邓云特在《新中华》1 卷 23 期上发表《形式逻辑还是唯物辩证法》,对张东荪的观点进行了批判。1935 年 5 月,艾思奇在《读书生活》4 卷 2 期上发表《关于〈形式逻辑与辩证逻辑〉》;接着,他又发表《几个哲学问题》、《论黑格尔哲学的颠倒》等文章，主要对叶青的观点进行了批判和清算。

针对张东荪对唯物辩证法的攻击，邓云特指出，唯物辩证法是自然、人类社会和思维的一般规律的一般运动和发展的法则，它是从诸现实的历史运动变化的诸现象中获得的，“一切本来是对立统一的，矛盾的运动与变化的，因循发展的。一切事物绝对不是‘不可测’的”，“主管律只是已认识了的客观律。问题只在于这已认识了的主管律是否符合于外界事物的运动变化的规律（客观存在的规律），是否能把握事物的真象。如果能够，这就是主管律与客观律的一致，这就是科学的真理。”[2]

针对张东荪和叶青将马克思辩证法与黑格尔辩证法混为一谈的错误，艾思奇认为，马克思主义辩证法与黑格尔辩证法有质的不同，是对黑格尔哲学进行唯物主义改造的结果，既抛弃了他的唯心主义，又要“改正那被压歪在黑格尔哲学里的辩证法”的结果[3]。

针对张东荪哲学无党派性的观点，艾思奇从正面阐述了马克思主义关于一切哲学都按照对思维和存在的关系问题的不同回答而划分为两大阵营的基本观点，论述了哲学的党派性原则，批判了张东荪把哲学当做“千古不决”的玄学的论点。

针对叶青的“哲学消灭论”，艾思奇认为哲学并没有消灭，它永远有自己独立研究的对象和领域，当然也决不会再像以前那样，成为超乎科学以上的玄学。坚持了哲学与具体科学必将永远存在的马克思主义哲学观。针对叶青的“外铄论”，艾思

［1］ 叶青：《外因论与内因论》，《研究与批判》第 2 卷 2 期，1936 年 5 月 1 日。

［2］ 邓云特：《形式逻辑还是唯物辩证法》，《新中华》第 1 卷 23 期，1933 年 12 月。

［3］ 艾思奇：《论黑格尔哲学的颠倒》，《新哲学论集》，读者书房，1936 年 5 月。

奇坚持马克思主义哲学关于“内因是第一性、外因是第二性”观点，认为“辩证法是把内因看做一切事物发展的根本动力的”[1]。

30年代的“唯物辩证法论战”，是由张东荪挑起、叶青推波助澜、引起当时哲学界众多人士参加和关注的论战。它是近代中国思想界各种不同的思想阵营和哲学流派继“科玄”论战后的又一次大规模交锋，是中国现代哲学发展史上非常重要的事件。它涉及的问题很多，已经不仅仅是辩证法问题，也涉及到形式逻辑问题、唯物史观问题等，所以它也被称为“哲学论战”。

这场论战的情况比较复杂，也比较特殊。一方面，张东荪从资产阶级哲学立场出发，抱着抵制马克思主义哲学传播、捍卫“纯粹哲学”的双重目的，对唯物辩证法进行攻击和诘难，这无疑是反动的；但张东荪始终将它视为一场学术上的讨论，是在理论上反对马克思主义，并不是反对共产主义的实际，并不愿使其扩展到政治领域，也反对以政治势力干预这场论战；这是与反共“剿共”的国民党根本不同的。另一方面，既然张东荪所反对的是马克思主义哲学，当然应该是与马克思主义者进行论战，马克思主义哲学家理应成为论战的主角。但是，由于当时国民党在文化上的“白色恐怖”，实行“文化围剿”，在这样险恶的环境中，中共没有可能及时地、公开地、对等地与张东荪论战，所以只是一些倾向于马克思主义的进步哲学家、能够在当时环境中公开露面的马克思主义哲学工作者，在十分困难的条件下对张东荪展开反击。这样，中共领导下的马克思主义者不仅人数上不占优势，而且在论战中虽克服困难发表了一些非常有力的反击文章，但从总体上看，对张东荪的批判还是远远不够的，在较长时间内没有成为批判张东荪的主角。与此同时，中共的叛徒叶青，在上海创办了《二十世纪》杂志，打着“批判”的旗号，以正统的马克思主义者自居，用所谓“马克思主义真理”，率先批判张东荪的观点，发表了大批的文章，充当了反击张东荪的主角。而实际上，他所谓的马克思主义哲学，只不过是他自己的哲学思想而已，与张东荪一样，也是对马克思主义哲学的另一种歪曲和篡改，只是其手段更加隐蔽和狡猾，更具有欺骗性而已。张东荪似乎有所察觉，故不愿与叶青进行正面的交锋，只是支持南庶熙等人与之对阵。这样，在较长时间内，这场论战是张东荪与叶青之间的对垒；而这场论战，似乎也是张东荪“反对唯物辩证法”与叶青“捍卫唯物辩证法”的争论；似乎张东荪成为资产阶级哲学思想的代表者，而叶青冠冕堂皇地成了马克思主义哲学的代言人。实际上，这是一场资产阶级哲学与叶青假马克思主义哲

[1] 艾思奇：《关于内因论与外因论》，《读书生活》第4卷4期，1936年5月。

学观点间的混战。随着马克思主义哲学家的参战并对叶青哲学进行揭露和批判，叶青假马克思主义的面目很快暴露出来。所以，这场论战的情况是复杂的，参加的人数也是众多的，在当时影响很大。论战的结果，不仅没有能够阻止马克思主义哲学在中国的传播，反而扩大了马克思主义哲学的影响。同时，也暴露了叶青假马克思主义的反动面目。此时正在成长中的中国马克思主义哲学家，在非常艰苦的条件下，努力捍卫马克思主义哲学的纯洁性，保障了马克思主义哲学在中国的健康发展。

这场论战是张东荪挑起的，从其发动论战的动机上考察，这场论战的结果完全出乎他的预料。张东荪曾认为“俄国无哲学”、马克思辩证法是黑格尔辩证法的颠倒，这显然是由于他对辩证法的误解与偏见所致。论战的结果，正暴露出张东荪对辩证法和唯物史观的无知。当时有人便尖刻地指出：“单就导演而兼主脚的张东荪来说，已经是个不称职的演员。因为他自从开始反对辩证唯物论直到如今还是一个不知辩证唯物论为何物的聪明人。”[1] 对此，后来张东荪也是承认的：“我研究过西洋古典哲学，形式逻辑等，1931 年曾经反对过唯物辩证法，那个时候我是为几个资产阶级的学者所影响，其实并不了解唯物辩证法的本质,有所曲解,所批判的话都是对于那个曲解的,今天回想,真是可笑。”[2]

本来，张东荪挑起论战的一个重要目的，是捍卫“纯粹哲学”的生存和发展。通过论战，张东荪认识到，挑起这场论战根本就是多事，因为张东荪所谓的“纯粹哲学”与马克思主义哲学两者根本性质上的差异，互相间都不可能理解对方的学说；当初担心“纯粹哲学”受到马克思主义哲学的侵害，也是“杞人忧天”。他在此后说：“我自信我近来有一个发见：就是我发见马克思派所用的名辞都与我们相同，而其意义都与我们不同。他们所谓哲学不是我们所谓哲学（亦许就正是打倒我们的哲学）。他们所谓唯物论不是我们所谓的唯物论，他们所谓辩证法决不是我们所谓辩证法；他们所谓逻辑不是我们的逻辑。他们所谓认识论亦不是我们及所说的认识论。我们来驳他们，他们来骂我们，实在都是无的放矢，非常可笑。”[3] 认为根本就不应该起来对马克思主义哲学进行论战。

张东荪认为，马克思主义哲学不能消灭“纯粹哲学”，“哲学于历史理论与社会理论以外有其独具的问题。这些问题乃是哲学之本有的范围。所以辩证法唯物论只是历史理论与社会理论，而不是哲学；换言之，即决不能取哲学而代之。一切无聊

[1] 沧白：《〈唯物辩证法论战〉读后感》，《清华周刊》第 44 卷 2 期，1936 年。

[2] 《张东荪检讨底稿》（1952 年，未刊）。

[3] 张东荪：《发刊词》，《文哲月刊》创刊号，1935 年 10 月 15 日。

的争论都由于不明这个分别而起。一班辩证法唯物论的信徒总想打倒正式的哲学，其实只是纠扰不清罢了。他们始终不明白马克思主义上所讲的问题与哲学上所讲的问题完全是不同的。可怜亦复可笑。”[1] 实际上，张东荪挑起论战之初又何尝认识到两者的分别？

30年代张东荪挑起的“唯物辩证法论战”，还有另一个意想不到的结果：使张东荪改变了对马克思主义的态度，开始从学理上正视它、研究它，加深了对马克思辩证法的理解，并部分地接受了唯物史观。在论战之前，张东荪将政治与哲学视为互不干涉的两个领域，反对马克思主义视哲学为意识形态的一种并受社会存在影响的观点。他曾说：“我以为马克思派所谓哲学并不是我们所谓的哲学，乃是两个东西。他们的哲学在我们看来可以说并不是哲学。所以他们的哲学可与政治合而为一。我们的哲学却无法办到如此。一班习哲学的朋友千万不可因为马克思派的缘故亦认为哲学与政治能拼成一件事。”[2]

但是通过这场论战，张东荪却接受了马克思主义的这个观点。在30年代后期所著的《知识与文化》中，他说：“故我始终主张哲学只是社会政治思想的假扮出现。中国学者以为谈哲学而可以不涉及政治，在我看来，只是由于无意中想把哲学来作象牙塔。”[3] 再后来又说：“所有社会思想、政治思想、道德原理上的最高概念，无不是有其根底在形而上学的范围内”[4]，他认为政治与哲学实际上就是一回事。这样的观点，显然是受马克思主义哲学观点影响所致。实际上，经过这场论战后，张东荪对马克思主义的态度发生了较大变化，承认其中有许多“真理”的成分，并开始接受唯物史观的部分观点，后来他提出的所谓“唯器史观”、“技术史观”等便是接受唯物史观的证明[5]。可以肯定地说，张东荪后期哲学思想的转变，与他接受马克思主义的唯物史观有密切关系，更与他改变对马克思主义一贯的批评和非难态度有关；而他对马克思主义观点的改变，无疑肇始于30年代的唯物辩证法论战。

应该注意的是，尽管在论战过程中张东荪对马克思主义哲学存在理解上的误解，而且对马克思主义哲学的态度有时也颇多偏见的情绪发泄，但其用心是要把论战限在哲学领域，只限于对后来赤色哲学的批评，“而绝非对于共产主义全体而言”。这场论战之功过是非容后评说，但确实对张东荪思想影响很大。此后，他开始加深对马克

---

[1] 张东荪：《十年来之哲学界》，《光华大学》半月刊第3卷9期、10期，1935年6月、7月。

[2] 张东荪：《我对于哲学与政治的关系之意见——献给习哲学的青年们》，《自由评论》第35～36期，1936年8月。

[3] 张东荪：《知识与文化》，上海商务印书馆1946年版，第65页。

[4] 张东荪：《思想与社会》，上海商务印书馆1946年版，第87页。

[5] 见张东荪后来所著《思想与社会》、《理性与民主》和《民主主义与社会主义》等书。

思主义哲学及其政治理论的了解和研究，对马克思主义哲学的态度也发生转变，其后期思想明显受到马克思主义的影响。这或许是张东荪在唯物辩证法论战中得到的最大收获。

批评阶级斗争学说，反对无产阶级专政

张东荪在挑起“唯物辩证法论战”的同时，也对马克思主义的唯物史观进行批评和攻击。他对唯物史观的批评，集中在对唯物史观的基本范畴和原理，如阶级和阶级斗争学说、无产阶级专政理论核心问题的非难和批评上。为什么会如此?因为在他看来，只有这样的批评，才谈得上对马克思真正的批评，不致落入“圈套”。他解释说：“我看见好些人都是反对马克思的，但他们的思想却都是落在马克思的窠臼中。我以为马克思的可怕不在其主张而在其范畴。人们于无意中不期然而然把这些范畴套在自己的思想，于是便好像孙行者永久跳不出如来佛的掌心了。所以我主张我们不妨承认马克思的主张确有许多地方是对的；但对于他的硬性的范畴，固定的格式，普遍的程序，总之，这些无聊的圈套，却非彻底打破不可。换言之，即我们对于这些东西必须择其藩蓠，破其壁垒。”[1] 他认为，“阶级”、“阶级斗争”、“无产阶级专政”、五种“社会形态”等等，便是马克思的“硬性的范畴”、“固定的格式”和“普遍的程序”。正是基于此，张东荪反对马克思主义，重点集中在对这些范畴、格式和程序进行驳难。

1932 年 6 月，张东荪在《再生》1 卷 2 期上发表《生产计划与生产动员》，便对唯物史观进行批评，认为唯物史观与哲学是风马牛不相及的，断定唯物史观与阶级斗争学说是密切相关的，所以，批评唯物史观，决不能放过阶级斗争学说。8 月 20 日，张东荪在《再生》上发表的《阶级问题》，张东荪集中阐述了自己批评马克思主义阶级和阶级斗争、无产阶级专政理论的观点。他说：“本篇所要讨论的是在于阶级与政治的关系。尤其是在中国的社会情形上。在这个自然亦须要稍稍讨论到新创造派的小资产政治的主张与时代公论派的民族资本家政治的主张。并且还想藉此表明共产派阶级斗争说的矛盾。”[2]

第一,张东荪对马克思的阶级概念进行了分析。他认为,马克思所谓的“阶级”一词,“是一个极不清楚的概念”，“即照马克思派来说阶级，在事实上却没有那么一回事。”[3]

[1] 张东荪：《阶级问题》，《再生》1 卷 4 期，1932 年 8 月 20 日。
[2] 张东荪：《阶级问题》，《再生》1 卷 4 期，1932 年 8 月 20 日。
[3] 张东荪：《阶级问题》，《再生》1 卷 4 期，1932 年 8 月 20 日。

他认为，社会学所诠释的阶级，不是马克思所谓的阶级。“我们平常是为马克思派所蒙蔽。”从社会学讲，阶级只是“社会的分化”(Social differentiation)，社会的分化不限于经济方面，阶级的发生是由“社会的机能”(Social function) 有分化的必要而成。所以，阶级的定义在社会学上是很宽泛的。“社会学上的阶级是广义的，而马克思派的阶级是狭义的。”因为马克思认为生产关系有不同，乃有不同的阶级，换言之：即乃有阶级的分野成立起来，而社会学上的阶级可以有各种各类的。社会学上的阶级是多种的，而马克思派的阶级是“对分的”(dichotomous)。

从社会学的立场讨论阶级之后，张东荪对马克思的“一部人类史乃是一部阶级斗争史”观点加以批评。他认为，如果照社会学的定义，则这句话并没有甚么深厚的意思在内。“因为等于说历史是人类相斫书，说一部历史就是打仗的纪录而已。”他认为，战争是出于人之天性；并不是有永久对敌的两个东西。他诘难说：“国与国的战争，人种与人种间的虐杀，若都是以阶级斗争论，则阶级的意义便不明了。马克思派的惯技只在玩弄名辞：务使一个名辞在这里涵义如此。到那里涵义如彼。一班不学无知之徒遂为其蒙混。”他坚持认为这是马克思“用偷关偷税之法来作搭题文章”的结果：“他对于一名辞始终不肯有严格的界说。我们倘使不许其搭题，则我们便可知一部人类史又何尝尽是阶级斗争史呢!”[1] 张东荪认为，阶级的分野是随着社会进化而来，有阶级的时候却未必尽是斗争。所以“马克思的议论是经不起细分析细研究的”。

第二，对于马克思“社会形态理论”，张东荪认为它并不适合中国国情。他指出，中国的社会情形很复杂，它既不是封建社会，又不是资本主义前期，所以决不能把马克思发明的“五种社会形态”的公式机械地运用到中国来。“这种把历史划成一定的公式来，硬要向一个一个的民族头上嵌去，实在是一件拙笨到万分的事。”他断定：“马克思一流的历史公式，至多亦不过是欧洲各国的落实的共相，而决不能当作一个普遍的范畴，亦完全适用于我们东方。”[2] 根本否定了马克思主义社会形态理论的普遍适用性。

张东荪并不反对阶级的存在，但反对马克思将社会上的阶级明确分为“无产阶级”和“资产阶级”。他认为，社会是复杂的，“在这样复杂的社会内，要使其形成对垒的两大势力是不免于太理想了。”所以，在他看来，阶级的讨论在社会上是一种“研究性质”。他认为马克思的阶级学说，“乃是先有一个目的，然后再以说明

[1] 张东荪：《阶级问题》，《再生》1卷4期，1932年8月20日。
[2] 张东荪：《阶级问题》，《再生》1卷4期，1932年8月20日。

来强勉证明之。”这个目的是社会革命，“以一个阶级为基础来抢政权。”他分析说，“他们只说历史的实际趋势必定到怎样，他们以为无产阶级起而握政权是天然的历史过程。所以以前的改革家是以是非为出发点，自伦理而言；马克思是以定命论为出发点:自历史的历程而言。”这便是“应该论”与“定命论”的不同处。他坚持认为:“马克思派的历史定命论并不是真有见于历史是有固定的历程，乃只是为了使无产阶级起信心起见而硬说如此。”它只是“战略”而不是“学理”，“马克思派的一切理论大部分是为战略而设。只可理论而屈就战略，决不会为了真理而牺牲策术。亦可以说在他们，理论与战略是一个，真理与策略是一个。”

正是在这个历史定命论基础上，马克思建立了他的“阶级说”。张东荪认为，“他的阶级说，其命意是在于立在一个阶级上，把这个阶级作为一种力量来夺取政权。”马克思想以“阶级利害为政治运动的出发点与原动力”，这正是“有鉴于欧美民主政治情形。”接着，张东荪又以中国的实际社会情景证明马克思主义阶级学说的错误。他认为，中共领导的“红军”，其基础不是农民，也不是工人，而是“军阀的散股与土匪的化身”。因为中国的农民，始终还未训练成有阶级意识；工人不能形成一个能左右政治的力量。共产党进行的革命，并不是“无产者的革命”，与欧洲式政治性质根本不同，“依然只是中国历史上的揭竿而起的老套子。”[1]

第三，分析中国社会阶级情况，断定中国远未到实行无产阶级专政、建立共产党的阶段。

张东荪认为，阶级“乃是指社会上由某一种利益与某一种机能而归类的人们而言”。根据这个定义，张东荪分析了中国社会的阶级状况，断定：“中国的社会阶级都具有些东方色彩”。具体而言就是:中国的阶级是以职业划分的，中国所谓“行”，“即指一种职业，而同时即是一个阶级。”中国的行业本来是比较上固定的:种田的是农人；做各种工艺的是工人；业贸迁的是商。这三大类阶级中所余剩下来的，张东荪称它为“余剩阶级”，或“游离分子”，就是“流氓”。这种剩余的人们的出路在历史上只有两种：一个是政界，即入政界去作官作吏；一个是匪界，即作强盗。“即只有政治与盗匪是他们的尾闾。”[2]中国政治所以成为一治一乱之局其故就在于：治是由于这些剩者大部分有了出路；乱即是由于制造这一类余剩者而使之加多。余剩者愈加多遂愈乱得厉害。可见中国的政治始终建立于这个余剩阶级之上。

张东荪发挥了自己在五四时期“社会主义论战”时的观点，认为在中国这样的

[1] 张东荪：《阶级问题》，《再生》1卷4期，1932年8月20日。

[2] 张东荪：《阶级问题》，《再生》1卷4期，1932年8月20日。

国情下，极易发生伪“劳农专政”。他说：“我们对于那伪共产派却得害怕。因为他们的把戏依然在那些余剩者身上演出来。”学生、土匪、军队等余剩阶级，有铤而走险的勇气；有只知自利的私心；而又从来没有定见。所以，张东荪断定：“中国决不会真赤化,但那假赤化的可能性却非常多。”也是根据这些道理,他十分坚决地说:“我敢断言真正的无产政党（共产党）在三四十年内是不会成立的。”[1]因为在他看来，已经成立了10年的中共并不是真正意义上的共产党。

第四，区分阶级意识与阶级利益，论证中国无产阶级意识远未发达，反对无产阶级专政。张东荪认为，阶级利益与阶级意识是不同的，阶级利益是一个阶级普遍而又共同的利害，阶级自觉则比较复杂，决不是有了阶级利益，便有阶级意识和阶级的自觉。工人经过几次的罢工教训，农民经过几次的抗租运动，或许能稍稍启发一些自觉心，但根本上必须有待于教育。他强调，想以一个阶级来建立政权，决不能仅根据阶级利害，而必须诉诸阶级意识。据此，他说：“我承认中国的各阶级有阶级利害，因为这是事实。但事实迫我无法承认中国各阶级已有了阶级意识。于是我们可以说：中国的任何阶级，资产阶级也罢，小资产阶级也罢，无产阶级也罢，都还没有到造成阶级意识的程度，至于我所说的余剩者乃是人自为战之徒，不成为一个阶级，更谈不到阶级自觉了!”根据这个分析，张东荪断定：“我们对于政治的主张不必建立在任何一个阶级上。这是第一点的意思。还有第二点是：我们必须注重于所有的各阶级。这句话的涵义就是说:我们必不可建立在上述所谓余剩者（流氓）之上。”因为政权一旦建立于所谓余剩者上，“想实行生产计划，必定感着极大的困难。因为他所率领的这些人们只能抢饭吃，却不能造产业。”[2]这显然是对中共领导的革命运动的误解和诬蔑。

总之，张东荪对马克思主义的阶级和阶级斗争学说、无产阶级专政理论进行了非常猛烈的攻击和非难。这些批评，完全是站在资产阶级民主主义立场上的，是用自己一套资产阶级政治理论反对马克思主义政治理论，是两套完全不同的政治思想间的矛盾与冲突。张东荪尽管对马克思主义理论也有一些精辟的见解，但总体上是错误的，是对马克思主义理论的误解和歪曲。这些批评和攻击，是张东荪五四时期反对科学社会主义思想的继续和发展。

然而，张东荪攻击和批判马克思主义理论，批评中国共产党领导的土地革命，与当时国民党所进行“剿共”在性质上是根本不同的。张东荪站在民主主义的立场上，

[1] 张东荪：《阶级问题》，《再生》1卷4期，1932年8月20日。

[2] 张东荪：《阶级问题》，《再生》1卷4期，1932年8月20日。

既对国民党的专制统治不满，同时也对共产党的理论不满，所以，他对国民党的揭露远远激烈于对共产党的批评。他对国民党侧重于从现实的政治上进行猛烈的揭露和抨击，而对于中共则偏重于理论上的非难和批评。对此，张东荪明确地说:"老实说，我们对于国民党与共产党是这样分别看待的：即对于国民党的理论以为虽不能说怎样好，然而在其中所含的毒汁尚不算甚多；而一切罪恶却都在国民党的行动，因为国民党的行动与其理论本来是两回事。至于共产党,他的行为尚未大表现,我们不很容易下判断;只就其反对国民党一点而论，我们不但不反对他，却还可以赞成他。独有他的理论则以为其中毒素太重。倘使流毒于下一代的青年人则为可虑，如其道大昌，民族前途便不堪问了。所以我们总想从思想方面纠正他，但除纠正其思想以外却绝不赞成加以任何非人道的待遇。"[1]

这便是当时张东荪对待国民党与共产党的基本态度，也是他既非难和攻击马克思主义，又猛烈抨击和揭露国民党专制统治的思想根源。

[1] 张东荪：《从教育的意义上欢迎共产党的转向》，《再生》第10—11期合刊，1936年6月。

八 组织国家社会党，抨击国民党独裁专制

早在五四时期，张东荪便一再声明脱离政治，基本抱一种“静观世变”的态度，但对于中国的政局，他仍时时关注。然而，1931年“九一八”事变后，国民党背向于当时抗日、民主两大历史潮流，引起了张东荪极大的愤慨。他与人合作，于1933年正式成立了中国国家社会党，重新关注起现实的政治。张东荪起草《我们要说的话》，提出“修正的民主政治”。他积极主张抗日救亡，反对国民党的独裁统治，坚决主张对日作战。

[激于义愤，组织国家社会党]

[起草《我们所要说的话》，提出“修正的民主政治”]

[反对国民党一党专制，抨击蒋介石独裁统治]

八　组织国家社会党，抨击国民党独裁专制

激于义愤，组织国家社会党

早在五四时期，张东荪便一再声明脱离政治，不再谈论政治。1920 年 7 月，他在给张君劢的通信中说："弟对于政治，厌恶已深，以后暂不为政治性质的运动。将以译书著书报答于族众。即杂志与日报之言论事务亦颇思摆脱。将来如有教育事业可为者，弟愿追逐于当世诸公之后。或兄等为社会活动，弟则以教育为助。兄等对于旧势力为炮兵骑兵以事攻击，弟则愿守辎重，或作农夫，为诸公制造粮食也。"[1] 在社会主义论战的高潮中，张东荪再次表示了自己脱离政治、从事文化教育事业的意向：以后"决不为政论，亦不为社会运动，颇思静观世变也"[2]；又说："至于我个人，此后拟研究哲学。只希望将来由上面所谓我们者造成新社会后，做一个分子，尽相当的义务。"[3]

五四新文化运动后的较长时间内，张东荪将其主要精力放在"研究哲学"和"译书著书"和教书上，没有对政治抱有太大的兴趣，对于时局基本上抱一种"静待"的态度，只想从文化教育方面培植中国政治的根基。然而，"好为政论"的他也常常自觉不自觉、有意识无意识地接触政治，即坚持民主主义和社会改良立场，对现实社会和政治不断进行评议。1922 年 1 月在《东方杂志》19 卷 21 号"宪法研究号"上作《宪法上的议会问题》；9 月，他在与陈独秀的通信中表示，既赞同中共提出的"打倒军阀""抵抗帝国主义"的政治主张，又坚持反对建立中共，认为"中国不需要代表一种特定主张的政党"[4]。1924 年 1 月 10 日在《东方杂志》21 卷 1 号上发表《中国政制问题》，站在局外人立场上评议中国宪政问题；1922 年 6 月 23 日在《时事新报》副刊《学灯》上发表《思想问题》；1923 年 6 月 25 日在《东方杂志》20 卷 12 号上发表《谁能救中国》公开声称救中国者唯有"士"——中 国知识阶级。对于共产主义，他持貌似公正客观的态度，主张政府划一块"试验区"，让共产党进行共产主义试

[1] 张君劢、张东荪：《中国之前途：德国乎？俄国乎？》，《改造》第 2 卷 14 号，1920 年 7 月 15 日。

[2] 张东荪：《答高践四书》，《新青年》第 8 卷 4 号，1920 年 12 月 1 日。

[3] 张东荪：《现在与将来》，《改造》第 3 卷 4 号，1920 年 12 月 15 日。

[4] 张东荪：《联省自治与国家社会主义》，《时事新报》1922 年 9 月 17 日。

验，使共产党尝试失败而自行取消“共产主义”[1]。

但总体上说，张东荪对政治基本上抱一种“静观世变”的态度。

1927年4月，北伐军进占上海。由于研究系一贯的反对国民党的立场，在上海的研究系分子受到蒋介石的通缉，张东荪也被目为“学阀”，在通缉之列，他被迫逃到外国租界中躲避。对此，他后来说：“国民党北伐至长江，任之先生与余皆被目为学阀，加以通缉者，不止一次。彼时所谓学阀，即指反对一党专政之民主思想者而言。”[2]他所主持的中国公学也被国民党接收；《时事新报》也通过改组，脱离了研究系的控制；张君劢在吴淞创办的国立政治大学也被解散。这样，梁启超、张东荪等人在上海多年苦心经营的文化事业遭到严重摧残。随后，国民党开始其反动的独裁统治，对全国人民进行思想控制。张东荪有鉴于言论不得自由，报纸不能再说自己的话了，便彻底脱离了报界。“我之所以脱离报界就因为民国16年以后报纸完全变为他人的喉舌不能说自己的话了。”[3]1927年后，张东荪一度任东南大学教授，后任上海光华大学文学院长兼哲学教授，继续从事教书和著书工作。

对于中国的政局，张东荪时时关注。1928年10月，国民党颁布《训政纲领》，宣布实行“训政”，在“训政”期间，由国民党一党执政。不仅如此，国民党还颁布了《暂行反革命治罪法》、《危害民国紧急治罪法》等一系列法令，剥夺人民的民主和自由权利，更不允许国民党以外建立新的政党，即所谓“党外无党”。一贯坚持民主主义的张东荪对此十分反感，坚决予以抵制。对于政治，张东荪素来“是一种打抱不平的态度。虽时时发表政论然从来不计及本身。”他认为，言论自由是人们的基本权利，是创造新文化的必要前提，“我以为没有言论自由就没有文化。我之好为政论不外乎想抵抗那个要毁灭文化的内外潮流。”[4]即抵制国民党实行一党专政的独裁统治。1931年“九一八”事变后，民族危机加深，国民党对内顽固坚持独裁和内战政策，对外实行所谓“攘内外必先安内”政策，背向于当时抗日、民主两大历史潮流。这引起了张东荪的极大愤慨。严重的民族危机，使他无法安心于书斋中的哲学思索和研究。

1931年10月，很长时间内不谈政治的张东荪，与张君劢一起，发起建立了“再生社”；次年5月，创办机关刊物《再生》杂志，1933年正式成立了中国国家社会党，重

[1] 张东荪：《对于中国共产派及其反对者的忠告》，《时事新报》1922年4月1日。
[2] 张东荪：《民主化的机关管理 · 序》，香港《国讯》1卷3期，1947年11月10日。
[3] 张东荪：《思想与社会》序论，上海商务印书馆1946年版，第3页。
[4] 张东荪：《思想与社会》序论，上海商务印书馆1946年版，第3页。

新关注起现实的政治，积极主张抗日救亡，反对国民党的独裁统治。关于组织国家社会党、重新关注和评议政治的动机，张东荪在后来回忆说："至于九一八事变以后，忽然和张君劢先生组织国家社会党乃纯是为了国民党的'党外无党'一句话而激成。我即相信民主主义，当然是反对一党专政。国民党不许另外有党存在，我们民主主义者便不能不另立一个党，以表明我们的思想是自由的。目的不过如此。当时张君劢先生曾与我明白相约，说他日如国民党有一天放弃了一党专政，我们的党便自动宣言解散"[1]。

实际上，组织国家社会党，是梁启超、张东荪、张君劢等人经历了一个较长时间的酝酿和准备后才成立的。

国家社会党，是由晚清立宪派、民国初年的进步党和研究系发展而来的。中国国家社会党人自称："本党的先进，在清末早已从事于宪政运动，至于海外部分，更具有一种浓厚的悠久的民族革命思想。所以假使欲进溯本党的历史渊源，恐怕比同盟会还要早些，也可以说是中国讲宪政最早的一个政党。研究系、进步党、虽然在名字上内容上和今日的国社党并不完全有关连，但未尝不可说是一脉相承。任何一个政党，其酝酿似乎都没有我们这样长久，因为我们大概经过了三十个年头，才有正式的组织。"[2]

民国初期，梁启超组织领导的进步党，后来演变为研究系，积极主张以和平、渐进的方式在中国实行立宪共和,建立资产阶级的政体。当1918年国会大选失败后，梁启超等人深深体会了当时政治的弊端，便相约脱离了当时的实际政治，致力于文化运动。但他们从事文化运动的目的，是看到政治革命缺乏必要的社会基础，政党政治缺乏必要的社会根基，只有从事文化运动，培植社会根基，才能在中国真正实行政党政治。所以，梁启超、张东荪在五四时期致力于文化事业，主要是为新的政治奠定坚实而必要的社会基础的，一旦这样的社会基础奠定了，他们还是要参与政治的。

这种倾向，在当时傅治与张东荪的通讯中表示的较为明显。1920年10月15日，傅治在给张东荪的信中说："政治运动须有基础，先生所谓非候青年团成立，不向一般国民说话，只即求基础之义，治始终笃信而主张之。""故治欲问先生者，即先生所谓之青年团，将由何道以成立耶?前者所采之联络主义，可谓组织青年团之预备，不可谓组织青年团之办法也。至事业方面，则先生所提学校问题，最为切实，望任

[1] 张东荪：《理性与民主》序论，上海商务印书馆1946年版，第5页。

[2] 中国第二历史档案馆编：《中国国家社会党简史》，《中国民主社会党》（档案资料），档案出版社1988年10月版。

公摆脱政治之泛运动，全力从事于此事，社科不必多，惟教授须最高手，藏书楼须极完备，须有一种特别精神，特别色采，此为吾辈文化运动、社会事业、政治运动（间接关系）之重要基本，应早筹备。”[1] 可见，张东荪在与傅治讨论团体事业之前途与办法时，他的意思是先从事文化事业，培植社会基础，然后再组织团体；先组织团体，培植政治基础，然后再进一步组织政党。所以，即使梁启超、张东荪等人脱离了政治，当并没有完全放弃将来要组织有力的政党的努力。梁启超、张东荪、蒋百里等人组织共学社、讲学社等学术团体，创办《解放与改造》、接办中国公学等等，虽然是研究系从事文化运动的重要组成部分，但同时也是为了集合同志，以便形成未来资产阶级政党的核心。

在1923年时，张东荪与张君劢等人便讨论过组织政党问题，认为首先创办理想杂志，集合同志，进而组党。对此，张君劢在日记中说：“与东荪筑山庭锐振铎等十余人，商量办一理想杂志，以唯心史观为中心概念，再提起组党问题。以东荪为主干，六几为编辑。欲为吾国思想界，成一新分野。”[2]

正因如此，梁启超和张东荪尽管表示脱离了政治，但对于当时的政局却是比较留意的。当第二次直奉战后，张东荪还一度鼓励梁启超关注时局变化，只是由于很快看到研究系不可能有所作为，才又作罢。这在1922年6月张东荪《致任公先生书》中可以看出。他说：“公政治兴会如何？荪鼓动公政治兴会诚该打，近得消息知前途黑暗不下于曩日，吾辈速掩旗息鼓为要。黄坡复位必见事实，其来路不正固不待言，而暗中黎派已预存钳制直系之心，将来必重演黎、段之故事。此间旧国会议员早已置制宪于脑后，而专心于阁员之分配。五、六年之旧戏，行将重演，吾辈宜避而远之。”[3] 梁启超在回张东荪的信上说：“时局如奕（弈）棋，吾伎旁观者惟有叹息。东荪来书前热后冷，此间人正复尔尔。但使国宪能成，新选举能现，吾伎正非无活动余地，但恐今尚非时耳。”[4] 他又对张东荪说：“两三月后时局或有意外之大变化，迥非一般人拟议所能及者，今暂取沈静态度可耳。”[5]

这些材料均表明，张东荪与梁启超等人实际上在不断地为组织新的政治团体

[1] 傅治：《致东荪先生书》，1920年10月15日，丁文江、赵丰田：《梁启超年谱长编》，上海人民出版社1983年版，第921～922页。

[2] 王世英遗稿：《君劢先生之言行》，见《张君劢传记资料》（七），台北天一出版社1979年版。

[3] 张东荪：《致任公先生书》，1922年6月1日，《梁启超年谱长编》，上海人民出版社1983年版，第957～958页。

[4] 梁启超：《与溯初、东荪、君劢三兄书》，1922年6月10日，《梁启超年谱长编》，上海人民出版社1983年版，第958～959页。

[5] 梁启超：《致东荪足下书》，1922年6月，《梁启超年谱长编》，上海人民出版社1983年版，第959页。

而作努力。然而，正当梁启超、张东荪等人积聚力量、组织团体，酝酿组织新的政党时，国民革命迅速高涨，特别是北伐战争迅速推进到江浙地区，国民党控制了上海、南京等地，梁启超、张东荪、张君劢和蒋百里等原研究系所苦心经营的文化事业遭到了毁灭性打击。《时事新报》脱离了研究系，中国公学被国民党人接办，张君劢主持的政治大学停办，张东荪等研究系骨干受到蒋介石的通缉。梁启超、张东荪等人的组党工作受到严重挫折。所以，直到1929年梁启超逝世，他们组建新的政治政党的目标也没有能够实现。

梁启超逝世后，组党的任务便由张东荪和张君劢来肩负。国民党实行“训政”，坚持独裁专制，引起了一部分资产阶级知识分子的强烈不满。后来张东荪追述说：“到国民党北伐，我们都曾寄以莫大希望，希望能够从此由本质上来一个全盘的改革，不久这个希望就变成失望。首先看见了第一步是清共，第二步就是一党训政，从民主的眼光来看，一党训政是违反民主的。”[1] 代表这个阶级利益的张东荪等人便积极起来抵制国民党的独裁专制。这样，建立资产阶级的政党，便提到了议事日程。

1930年左右，当张东荪还在上海时，便与尚在海外的张君劢联系，决定在国内酝酿筹备组党事宜。此年秋，张东荪北上、到燕京大学哲学系任教后，便与在国内的原研究的骨干胡石青、王敬芳、汤住心等人酝酿发起中国宪政党，并起草党纲。1931年9月19日，张君劢从海外回到北平，任教于燕京大学哲学系。经过一段时间的准备，张东荪与张君劢“承继了研究系的余绪，在北方保持了一部分势力，主要的基础是大学教授，学者，‘下野名流’”[2]，以此为基础，于1931年10月，首先组织了“再生社”。据张君劢的夫人王世英女士回忆，“先是张东荪、胡石青、汤住心、王拤沙、徐君勉、陈博生等先生，先后在北平汤胡两寓，洽谈组织宪政党，并将政纲党章拟定初稿，以待先生返国再作决定。先生返国平与诸先生晤会后，谓宪政党字样太旧，不如改称国家社会党，众皆赞同，于是由先生及东荪、住心、石青先生四人，正式发起，筹组中国国家社会党。”[3]

1932年初，经过张东荪与张君劢、胡石青等人反复商量，最后由张东荪执笔，草拟了《我们所要说的话》和国家社会党的“九十八条政纲”。他们决定在国家社会党正式成立前，先创办一个刊物，作为国家社会党的喉舌。1932年上半年，由张东荪和张君劢发起，罗文干、诸青来、陆叙百、罗隆基、黄任之父子、胡子笏、万

[1] 张东荪：《论真革命与假革命》，《展望》第2卷24期，1948年10月30日。
[2] 李家襄：《“国社”“民社”骨肉团圆》，上海《新民报》晚刊，1946年8月27日。
[3] 王世英遗稿：《君劢先生之言行》（一、二），见《张君劢传记资料》（七），台北天一出版社1979年版。

武等人相率加入，组织再生社，创办《再生》月刊，由张君劢负责主编。

张东荪为《再生》杂志起草了《简则》。张东荪说："我中华民族国家经内忧外患已濒绝地，维在此断续之际未尝不潜伏有复生之潮流与运动。本杂志愿代表此精神，以具体方案谋真正建设，指出新途径与国人共商榷。"所以，将新创办的刊物定名为《再生》(The National Renaissance)。该刊物的宗旨是："拟一方面根据历史之教训，他方面博征世界之通例，提出另一新方案。以为唯循此途可致中华民族于复生。此方案包括政治经济教育思想于一全盘计画之中。使经济政治教育思想各为此一大系统之一方面。不仅政治制度与经济情形合而为一，抑且教育方针亦与之如两齿轮之相衔接。最后更有一根本思想为其基础。"[1]《再生》杂志的体裁，主要分为:论说、思潮、文艺、通讯、书评、杂载等栏目。其主要撰稿人除了张东荪、张君劢外，还有罗隆基、胡石青、诸青来、潘光旦、王造时、全增嘏、吴文藻、李正刚、金井羊、余颂华、胡子笏、梁实秋、陆鼎揆、陈博生、黄方刚、瞿世英等人。

1932 年 4 月16 日，中国国家社会党于北平成立。1933 年 4 月，中国国家社会党在天津举行第一次全国代表大会，正式通过政纲和党章。国社党组织分中央、支部、分部三级；全国代表大会为最高机构；选举总务委员，下设常务委员，主持党的对内外大计；常务委员不开会时，由总秘书负责。会议选举张东荪、张君劢、汤住心、胡石青、罗隆基、徐君勉、梁秋水、黄任之、诸青来、陆叙百、胡子笏等 11 人为中央总务委员，张君劢兼总秘书，汤住心先生兼组织部长，罗隆基先生兼财务部长。至此，中国国家社会党正式秘密地成立了。1936 年，国家社会党在上海举行第二次全国代表大会，大会发表宣言，主张立即抗日。张东荪仍任中央总务委员，张君劢继续担任中央总秘书，负责处理党务。

起草《我们所要说的话》，提出"修正的民主政治"

1932 年 5 月 20 日,经过紧张筹备,张东荪与张君劢等人在北平创办了《再生》杂志。在发刊词中，张东荪起草了国家社会党的政治宣言——《我们所要说的话》。在该宣言中，张东荪全面阐述了所谓"修正的民主政治"的主张。

张东荪在民国初年便主张在中国实行民主共和，但资产阶级民主共和国的一套政体并没有在中国实现，随着第一次世界大战和俄国十月革命的影响，中国先进的分子把目光集中到俄国人身上，对西方民主政体发生了动摇，倾向于苏俄政体。同时，

[1] 张东荪：《再生杂志简则》（手稿）。

西方民主政体的确存在着效率较低的弊端，加之西方资产阶级内部矛盾重重，很多中国人失去了对西方民主主义的信仰。不仅如此，西方国家在20年代末和30年代初兴起了一股法西斯主义思潮，它无疑是对西方民主主义的有力冲击，由于它高举民族复兴和民族主义的旗帜，有着比较高的行政效率，与此时暮气沉沉的西方民主国家形成了鲜明的对照。这样，在中国，民主主义受到了人们的怀疑和抛弃，中国政治向何处去？西方旧的民主主义？法西斯主义？还是俄国式的社会主义？

对于这种情形，后来张东荪追忆说："当此十年中，思想界已视民主为落伍，自由平等皆认为古董，谓宜束之高阁。所有者以三民主义为可兰经，另一手持剑护之。同时俯拾马克思主义中攻击民主部分，益以纳粹主义（德）与法西斯主义（意）群向民主思想进攻。至谓民主主义已为过时货，无复留恋余地矣。"[1]

张东荪经过反复思考后认定：中国今后仍然要走民主主义道路，不过不是普通的民主，而是经过"修正"后的新的民主政治。

张东荪指出，中国正面临着一个"转机"时期，其当务之急是使民族复兴。"中国这个民族到了今天，其前途只有两条路：其一是真正的复兴；其一是真正的衰亡。""这个转机不是别的：就是中华民族或则从此陷入永劫不复的深渊，或则即从此抬头而能渐渐卓然自立于世界各国之林。"如何使民族返老还童？他认为既不能靠士大夫这一班人，因为"中国所以糟到今天完全是由于士大夫阶级的道德破产。"[2] 同时也不能靠马克思的阶级斗争学说。由于民族利益是高于一切的，所以必须高举民族主义大旗："我们相信民族观念是人类中最强的，阶级观念决不能与之相抗。无论是以往的历史，抑是目前的事象，凡民族利害的达到高度无不立刻冲破了阶级的界限。"[3] 他认为，中国的出路就在于民族自觉心，即民族意识的觉醒。

怎样能使中华民族复兴？张东荪以为必须有下列条件：有一个极大的智慧；是全民心坎中的要求；有由渐而扩大的信用；有最后而决不轻易使用的实力。

所谓大的智慧，按照张东荪的解释就是："必须集合数人的智慧而形成一个极大的智慧。其中有固定的原则；有全盘的计划；有统一的配置；有分层的步骤；且有修改的余地。尤其要包括各方面：例如政治制度，经济政策，教育方针等等。这个大智慧必须是在理论上可称为比较上最圆满的学理，在实际上可称为比较上最合需要的方法。换言之，即不仅是创立一种新制度，想出一种新计划，而且必须有一个

[1] 张东荪：《民主化的机关管理 · 序》，香港《国讯》1卷3期，1947年11月10日。
[2] 记者（张东荪）：《我们所要说的话》，《再生》创刊号，1932年5月20日。
[3] 记者（张东荪）：《我们所要说的话》，《再生》创刊号，1932年5月20日。

新哲学。”张东荪集中这个“大智慧”，提出了一套以“修正的民主政治”为核心，包括政治、经济、教育等方面内容的主张。

（一）消除人们对民主政治的误会，提出“修正的民主政治”

张东荪考察了近代以来中国人对于民主政治的观念的演变，认为人们对民主政治的怀疑是有原因的，这是要对民主政治进行“修正”的动机所在。他说：“在辛亥革命前后，似乎在论坛上的政治主张已趋向中国非行民治不可的样子了。迨后来国会成立，几度令人失望。加以最近国民会议的选举，在这些实例上遂致有许多人对于民主政治的实施不能无所怀疑。国民党公然主张训政，虽是侮辱全民的人格，然却亦有一部人听了不觉得有甚么逆耳，则其故可以长思。因此我们以为民主政治在中国确是十二分重大的问题。”[1]

张东荪认为，旧民主在中国实施过程中暴露出许多弊端，因而人们对它产生了怀疑，发生了动摇，这是可以理解的。然而，决不能因噎废食，放弃民主政治。这是因为一方面人们对民主政治发生了“大误会”，另一方面民主政治是可以修正的。

当时人们对民主的误会之处在于：一是中国人民知识能力不够实行宪政。二是世界各国有实行专政的趋势，似乎“非民治的趋向”是世界共同的潮流。对此，张东荪进行了有力的驳论。

第一，就中国人民知识能力来说，他认为，如果说人民知识能力不及格，“则必是全国的人民都如此。决不能有一部分人民被训，另一部分人民能训。被训的人民因为没有毕业，所以必须被训。试问能训的人民又于何时毕业过呢？何以同一人民一入党籍便显分能训与被训呢？”所以即使人民程度不够，也不可能得出训政的结论。在张东荪看来，民主政治不仅是一种政治制度，而且是一个原则和精神。“须知我们的意思只是主张民主政治仅仅是一个原则。”这样，民主便没有能否实行问题，而只有实行的程度问题。“我们可以不管人民的程度，总得在可能范围内尽量使民主政治为之实现。”所以，人民程度与能否实行民主并无太大关系，“即只能作为实施时酌量的根据，而绝对不能作为反对或延缓的口实。”

第二，民主政治在处理效率与公平问题上有一定困难，是人们倾向与专制政治的一个重要依据。对此，张东荪也是承认的：“我们亦承认普通的民主政治诚有效率迟缓与力量分歧的弊病。”但这不足以作为抛弃民主政治的理由，因为民主政治与“政权的集中”或“行政效率的加高”根本上并不冲突，这只是人们的“一个误会”。

[1] 记者（张东荪）：《我们所要说的话》，《再生》创刊号，1932 年 5 月 20 日。

张东荪认为，民主原则是不能动摇的，但实际的民主政治必定是随着各国的具体情况和当时的特殊情况而变化，即“当局的权限自不能不求其统一与集中与敏活。这是事实使然”，“各国得依他的环境情势与时代要求而设法变化之，以得适应。”[1]这样，完全可以通过对民主政治进行修正和变化而消除这样的弊端。

在解释了这两种“误会”后，张东荪既不同意无条件主张民主政治，也不赞同放弃民主政治。他根据世界潮流发展的趋势，“仍依照民主政治的原则”，主张必须对政治政治进行修正。如何“修正”普通的民主政治？张东荪首先提出了其解决旧民主政治所存弊端的总原则：妥善解决好进步、公平与自由的关系。

张东荪认为，进步、公平与自由，人类文化不可缺少的三要素。为求进步就不能不讲效率；但为了进步又不能损害公平（平等）；为了公平也同时不能损害自由。一个理想的政体，必须兼顾到进步、公平与自由。中国最大的祸患是贫穷，其次是外患。所以首要任务是发展生产，注重社会进步，重视生产效率。“所以必须有一个全体的计划，把政治经济教育军备冶于一炉，对于中华民族所以生存与发展之道作一个大大的推进。于是使政治经济教育军事合成一个大效率。”但在强调进步与效率时，“却又须切切铭记：不可有亏于公平与自由。换言之，即必须在不丧失公平与自由之范围内来提高效率，促进进步。”因为没有自由，则国家便常在变态中；纵有效率得不到真进步。没有公平更是一种社会的病态。所以，中国社会要想在正态中的进步，就不能片面地追求效率，“决不能抹煞公平与自由而专求效率，并且亦惟于平和中可以求得。”所以，无论中国实行任何新制度，都要在注意社会进步同时，注意到公平与自由。“不但必须兼顾公平与自由，并且须使公平与自由各能发展到高度方可。”所以,张东荪在提出“修正的民主政治”时,特别强调“这三个要素须得并重;务使其各不相妨。”[2]

依据这样的总原则，张东荪对于普通民主政治作了一番修正，“去其偏枯、救其过甚”，提出了“修正的民主政治”。他对旧的民主政治修正之处，主要集中在三个方面：

第一，依照民主政治的精神，“有见于党派捭阖之有碍于国家大计一端”，对两党政治作修正。他认为，民主政治的精神在使国家的实际意思即完全等于人民的共同意思。而代表民意的机关，往往为党派所冒名顶替，以致所代表的不是人民的公意，而是党派的意思。按党派的原理来说，只有两党轮替秉政，是最理想的形式。但“从民

[1] 记者（张东荪）：《我们所要说的话》，《再生》创刊号，1932 年 5 月 20 日。

[2] 记者（张东荪）：《我们所要说的话》，《再生》创刊号，1932 年 5 月 20 日。

主政治的精神来说，政党的存在本不是原则上的。换言之，即只是出于运用民主政治时一种不得已的情势。”在这个情势上固然以两党轮流当国为正态，然却亦是可遇不可求。即只可依情势的自然而推演以成，决不能勉强用人力以致之。”[1]中国不具备两党政治的条件，那么在形式上即便是一党执政，只要其精神上合乎民主原则和精神，也并不是不可以。

第二，依据人性差异的事实，提出专家政治。张东荪认为，“普通民主政治太把人性的差异忽视了”。由于存在着人性的差异，便导致了人们在社会上职司的分别。理想的民主政治，应该使个人的差异与他们在社会上的职司相符合，做到“异质的结合”。如何使个人的差异与社会的各种职司相当？

张东荪从横的与纵的两方面进行了分析：一、在横的方面，便要求“以个人的专长而发挥总体的异质结合”，即实行专家政治。他分析说：“国家政治的事情已不是具有常识的人所能应付措置了。政治上用专门家虽始于市政，然而球台已逐渐推广及于全部。近世的政治一天一天向着借重专门家的知识；并且必须使专门家占有地位，这个地位是不为党派作用所左右，或政潮所冲动。这样的主张不仅在于使政务各部都由专门知识来处理；并且亦在于使政务的大部分因为由专家设计，便可比较上成为坚实稳定，不致于时常发生无谓的变化。”这样，便可以在坚持民主政治的原则下，解决普通民主政治中所存在的行政效率不高的问题，做到行政上的“专门化、稳定化、敏活化与统一化”。具体而言，“就是不愿以求行政之顺利而流于专政，但决不愿因开放民意而使行政停滞且招纷乱。在这个兼顾之中我们求得一举两得之路：即注重专门家是已。须知此后的国家政务一天一天趋于专门。非有专门技能与知识不足担任。这乃是趋势所使然。顺着这个趋势而再推进一步，便可把政务的各部变为专门科学，其内人物亦必是专门家。这便是政务各部的专门化。”[2]二、从纵的方面来说，民主政治要求人们权利平等，有选举权与被选举权，“我们以为选举是一切政治的根本。”这是民主政治不能动摇的基本原则。然而，人们毕竟存在着智力的差异和兴趣的分别，这些差异与分别，就决定了民主政治下的人们不可能都要从事政治。所以，张东荪主张应该对被选举者的资格进行分类，依其兴趣和能力作必要的社会分工，做到人尽其用。为此，必须进行真正的选举，不允许特殊势力进行操纵和利用。

针对人们对民主政治下选举的轻视，张东荪强调，选举制度是民主政治的标志，

[1] 记者（张东荪）：《我们所要说的话》，《再生》创刊号，1932年5月20日。

[2] 记者（张东荪）：《我们所要说的话》，《再生》创刊号，1932年5月20日。

它本身并非不好，而是一方面由于有特殊势力操纵和利用，另一方面由于人们对它并不重视。中国要实行真正的民主政治，必须设法修正。他说："我们只可改良选举而不可轻视选举。并且我们以为中国政治所以弄到这步天地决不是因为选举制度不好，实只是因为二十年来从未有真正的办过一次选举。"所以，他提出第一步应得把藐视选举的心先洗掉。必须使人人养成一种习惯，将选举当作一种神圣不可侵犯的天职与权利。只有养成了这种习惯和观念，民主政治才有望落实。这种观念的养成，除了进行公民训练的教育外，必须从制度上给予保障，"即必使选民所投的那一票可以发生影响。"[1]

第三，依照行政更加有效率的要求，对普通民主政治的"三权分立"政体进行修正。张东荪认为，"行政求其敏活"，便要求政权统一；但如没有平衡抵制，就会流于专制。有见于此，他主张"行政愈趋于集中，则司法非十分独立不可"，真正做到行政、立法与司法三权分立,使其达到"平衡与钳制的功效"。张东荪在对普通"三权分立"政体进行长期的研究后以为，由立法来监督行政，往往把行政的稳固化与计划化减低了，不如用司法来担任钳制的作用，即注重于行政诉讼，用行政诉讼来监督行政部门的行动。在张东荪看来，行政诉讼就是应得在各法院中另设一庭，即于民庭刑庭以外另有行政诉讼庭,它不同于平政院。它是解决中国政治弊端——"官吏的贪墨"的唯一有效办法。张东荪强调，国民党的统治，"差不多已弄到中国的官吏没有一个人不是贪赃舞弊的了。这实在是中华民族衰老的征候，亦真是一个极大的污点。"国民党之所以为全国所吐弃，正是由于其党员自身的贪墨以及招纳无数的弄钱的官僚。要将这个弊病彻底铲除，不能指望平政院性质的立法监督，而要依靠行政诉讼，在法律的范围内，对官吏进行严厉惩处。他说：官吏的贪赃"是中国当前的一个大问题，而这问题若求解决又舍诉之于司法没有别的径途。"因此，张东荪对普通"三权分立"政体的修正之处在于:"我们在精神上赞成平衡与钳制之原则;但以为宜由司法任之；至于行政与立法虽可合一，然仍须有相当制限。"[2] 这样的意见，与张东荪民国初年的主张是一致的。

正是基于这样的修正，张东荪在提出的《九十八条政纲》中，规定了政治制度的要点为：

国民代表会议行使国家主权、中央议会为一院制、中央行政院由中央议会选出行政委员若干名组织、行政诉讼隶归司法范围并且检察官可以自行检举起诉、设立

[1] 记者（张东荪）：《我们所要说的话》，《再生》创刊号，1932 年 5 月 20 日。
[2] 记者（张东荪）：《我们所要说的话》，《再生》创刊号，1932 年 5 月 20 日。

全国经济议会作为全国经济计划的咨询与建设机关、议会选举以普选为原则、但同时规定专家应取得最低限度的代表名额、厉行保障与征戒法、另定官吏纳贿舞弊惩处法等等。

总之，张东荪“修正的民主政治”的基本精神是：“必须建立一种政治制度在原则上完全合乎民主政治的精神；在实施上必须使党派的纵操作用不能有所凭籍。于是这种政制，在平时，在拘两党或多党都能运用，即假定无党亦可运用；而在紧急时候立刻可以集中全民的意思与力量，不分党派。我们相信这样的制度不是不能创造的。倘使成立，则民主政治的弊病便减去殆尽了。并且说得极端一些，在这种制度下，万一只有一党，表面上或许有点类似一党专政，而实际上却依然是民意政治。因为这个硕果仅存的党必定是真正民意的表示。所以我们心目中的修正的民主政治一方面固是既打破多党的纷争，又防止一党的专擅；而在他方面他对于多党或一党的事实上存在亦未尝矫揉造作加以不容许。总之，修正之道只在一方面须遵从其自然，而他方面须设法矫正其过甚。”经过这样的修正，张东荪自认为使“民主政治由空想的而趋于科学的”，因此他又将其命名为“科学的民主政治”[1]。

（二）调和资本主义与国家社会主义，实行“混合经济”

早在五四时期，张东荪极力主张开发实业，用资本主义方式发展中国经济。但在社会主义论战后，虽然张东荪发展实业的主张未变，但在用什么方式开发实业问题上，其思想却有了较大变化。他认为，开发实业仍然是中国当务者急，“中国的唯一无二的问题是如何增加国家民族的富力。”但通过什么方式发展实业？经过较长时间的思考，张东荪已经看到，即便国内阻碍发展资本主义的妨碍都铲除，由于国际资本主义的压迫，中国很难如西欧国家那样走上自由资本主义经济道路。他说：“因为国内的种种障碍尚可假定有去掉的一天，而国际的实力断乎不容你一踢而就倒翻。所以想不籍国家的力量而听人民各自企业必不能与外来的压迫相抵抗。因此我们看到顺自然的趋势，走资本主义这一条路是不能得有符合我们希望的结果。就是说，仿照欧美资本先进国家的样子，顺着现在的状态再进一步，变成一个产业革命，这件事是不容易的，并且亦未必很好。”所以，张东荪得出了很令人吃惊的结论：“中国不但不应走资本制度的路，并且亦很难走上这条路去。”那么，中国能否如中国共产党主张的那样，首先以革命方式推翻帝国主义对中国的压迫，然而发展经济呢？张东荪认为，这也是行不通的。他说：“以为前途绝望，非先打倒四围的帝国主义不可，

[1] 记者（张东荪）：《我们所要说的话》，《再生》创刊号，1932年5月20日。

这一种办法亦是幼稚得可笑。但可以总结一句:就是想增加生产必须由民族自己努力。甚么利用外资，甚么联合无产者的国际，这都是有害而无益的。”[1] 中国无法纯粹走欧洲产业革命的道路，也不可能通过打倒帝国主义的革命方式来解决。

那么，发展中国经济的道路在那里？30 年代初，苏联实行的第一个五年计划取得了举世瞩目的成就，与西方国家经济危机的萧条景象形成了鲜明的对比。这样，张东荪如当时许多关心中国经济发展前景的人士一样，也将目光转向了苏联，认为可以采用国家社会主义的计划经济手段。他说：“我们正在苦闷之中，而俄国的有计划的经济颇给予以刺激。”苏联发展经济的方式，是“集产主义（Collectivism)”，或称国家社会主义（State socialism)。在张东荪看来，中国发展经济的道路，实际上采取西方自由资本主义方式与苏联国家资本主义方式的“全盘计划的混合经济”。其要点为：“我们根据大量增加生产的需要，按出身有效的方法，而把国家资本的经济与私营的经济以及合作的经济制定一个相当的比例，在统一计划之下进行。”即国家经济、私营经济与合作经济同时存在，在国家计划的指导下，发展中国的资本主义经济。他相信，目前中国最先要设法解决的问题就是贫穷，“只有采取这样的国家社会主义方是办法。”[2]

如何把国家社会主义的要素加入中国的经济中呢？张东荪提出了三条意见：(1) 国际贸易管理权：必须把一个民族在国际上对外作一个经济单位，所需要的外国货品必须由国家代为采办，依此来对付外国帝国主义的倾销政策。(2) 一切产业通盘计划权：必须把全国的经济由国家来通盘计划，定一个统一的发展方法，国家掌握统筹全国经济的计划权。(3) 国家以公道与和平的方法吸收或移转一大部分私人经济的社会生产上剩余价值，由国家用于再生产。

值得注意的是，张东荪虽然主张用国家社会主义方式发展经济，但却坚决反对中国采取共产主义方式。他强调：“我们所主张的对外贸易由国家办理是和打倒帝国主义的意义并不相同，不可误会。”在他看来，国家社会主义与共产主义是完全不同的。他解释说“因为这种主义的凭藉便是民族主义，以民族的团成一体作一切的根据。其所以与共产主义不相同的地方亦就在共产主义以阶级为立场，而这个主义即以民族为分野。”

为什么要反对共产主义的生产方式？张东荪提出了两点理由，一是一切生产工具收归国有以后，势必都变为官营；官营企业不仅不能促进生产反而会造成更多的

[1] 记者（张东荪）:《我们所要说的话》,《再生》创刊号，1932 年 5 月 20 日。

[2] 记者（张东荪）:《我们所要说的话》,《再生》创刊号，1932 年 5 月 20 日。

弊端。“在中国向来是官营事业的腐败数倍于私营事业。如果中国实行了国营经济，则其积弊会更深。”二是一切生产工具属于社会以后则私营制度必是废除了。

这样，张东荪在经济方面的主张，实际上是将国家社会主义的计划经济手段采纳过来，同时又拒绝了共产主义的政治制度。他自认为这一点上是自己“在思想上的新贡献了”。他认为，计划经济实在是人类的一条新路，有百利而无一害；所可惜的只在于执行的人们恐怕要流于专制，以致妨害大家的自由权。如果能把自由亦设法参纳于其中，“真可以说是世界上最完美的制度了”。如何将两者调和起来？他的意见是：国家对于产业只有全盘计划权，至于经营管理的公务人员不妨即为所委托的同行公会的“行员”，即国家以自定的大计划而从事于开发或整理各项产业，但不需有大批官吏为之经营，仅托付职业团体的各行公会便可以了。这种观点，到后来提出“中间路线”主张时，张东荪仍然坚持。

张东荪反对共产主义的重要理由，是共产主义者主张废除私有财产。他认为，私产所有的观念是根于人类天性，决不是资本制度所创造。他坚持认为“居今日而谈废止私产真是不明经济发展的历程。”私产的存废不是问题；而真问题乃在如何利用科学的发明以逐渐减轻私产的需要。所以，私产是不能用革命手段来废止的。在现在科学的应用尚未充分、生产的工具还十分幼稚的情况下，竟要诅咒和废弃私产，是“妄人妄谈”。张东荪提出，我们不妨即主张承认私产的存在。他认为资本制度所以发生以及其所以演成现在的畸形，其故不是由于私产制度，而实由于放任状态。质言之，即有了私产再加以放任，乃始有资本主义。所以至多只有说资本主义由私产而演出，却决不能说有私产则资本主义必随之而来。所以资本制度的动摇不必完全连累及私产的存在。在社会主义的国家中亦正不妨有私产，因为私产的保留，足以奖励人们从事于生产的努力。

私产的存在，有其利也有其弊。问题是如何消除私产的弊端。张东荪考察了西欧许多的小国产业非常发达的原因后认为，他们都鉴于各先进国的弊病，不期然而另开拓了一条新路。“这个新路就是所谓产业普遍化”，即“普产主义”。这种普产主义，实际上就是利用人们要拥有私有财产的天性，使其对生产资料具有一定的“产权”，从而激发其生产积极性的办法。例如在农业，则划定耕作单位，把佃农变为自耕农；于是大农变为小农，人人都有土地了。在工业上，更可分给工人以股票，则工人便尽为股东。这样的办法虽是一种社会政策。“这完全是国家的一贯方针。本着这个方针，用各式各种的社会政策，累积起来以求达到目的，这便是所谓普产主义。”

这样的产业普化必须有国家公有的财产方可有所调剂，需要将若干产业归于公有。“在私产方面我们主张办到普遍化，但并不是只存普遍化的私产。换言之，即在私产以外必须有公产。”[1] 私产与公产同时并存，相互补充，便形成了混合经济的基本态势。

依据“混合经济”的思路，张东荪提出了发展农业、工业和贸易等方面的具体主张。

第一，张东荪认为，中国本是农业国，所以对于农业的整理应该比工业更切要。他主张土地私有，交给农民所有，但国家有“全盘整理权与支配权并共用征收权”，这就既照顾到了农民对土地的私有权，又便于促进农业生产。具体的办法是：第一应该是田地的所有以实际耕种者为限，变佃农为自耕农，即所谓耕者有其田，废除坐食的地主阶级；第二是田地的多少应该以实际耕地者自力所能及为限，免除雇农，即农工或长工。为了发展生产，必须注意应用科学技术与农业生产的问题，例如改良种子，改良副业，与办水利等等。由于现在农村的困苦全在金融枯窘，所以首先非解决“农业金融”问题不可。其最好的办法就是创办合作社。农业银行与合作社的设立，是解决农业问题的总枢纽。

第二，张东荪主张依照苏联实行计划经济的办法，由国家首先制定一个发展经济的“通盘计划”，它在性质上类似于俄国的几个五年计划：先调查主要的工具体而言就是：“(一) 全国工业必须在一大计划下，分期兴办；(二) 工业区域务必与农业调和，使两者互助，以致都市与田园无极大分别；(三) 在大计划中的各种工业，视其性质，以定那一件归国家创办，与那一件由人民开发而由国家奖励与扶助之。”至于劳动问题，张东荪主张“惟有改善劳工的生活，提高他们的体力与知力，并加以训练，方可以使生产的效率提高。”[2]

第三，张东荪认为，必须改革现有的租税政策，其原则应该是：一、租税必须合于经济学上租税原则；二、租税必须能借此以达到社会的经济公平；三、租税必须不妨碍企业的发展；四、租税必须兼能吸收取私有产业的剩余价值以归公有，为再生产之用。租税的征收方法也必须改变。他主张统一征收机关；不分租税的性质是属中央抑属于地方，亦不论租税的类别，凡可以统归一机关征收的不妨即归一处办理；规定中央与地方所留租税的比例，这样既可减少大批冗员，又可将所得税、营业税、土地税等等统办，还可以使地方不能自由增税。

---

[1] 记者（张东荪）：《我们所要说的话》，《再生》创刊号，1932 年 5 月 20 日。

[2] 记者（张东荪）：《我们所要说的话》，《再生》创刊号，1932 年 5 月 20 日。

（三）实施计划教育，保留思想自由

张东荪认为，中国目前的教育存在着严重的弊端。其表现为：一是现在的学校总是在那里制造毕业生，而不管这些毕业生对于社会是否用处，“是数量的漫无标准与分配的毫无比例”；二是没有钱的人受不到良好的教育，有钱的人又不堪造就，导致“所造就的未必是好的、有资格的又未能造就”的状态；是教育受财产制度的支配不能使人各尽其才；三是教材不切于中国现在的需要，是在制造废物，教授的内容不适应于现时立国造产的急切要求。根据这三点，张东荪提出了一个改革教育的方案，“其精神尤在把教育认为是造成民族团结之唯一方法与再造国民经济之最好途径；于是每人都是生产者。换言之，即我们的目的是把全国的人每个都要变成军事动员之一与生产动员之一。”[1] 即达到军事训练的普遍化、生产能力的普遍化和共同生活的新道德习惯的创造与养成，才是教育的成功。

如何才能实现成功的教育？张东荪主张实行“计划教育”。一是必须人人都受教育，实施强迫教育；二是实行不受经济的限制，即实行免费教育；三是做到生产机能的普遍化，把所有的小中各级学校都与其所在地的产业发生联络，使所有学生同时为生产的实习，且于毕业得有生产机能。四是军事训练的普遍化，其目的在养成民族自觉心与军人生活的习惯。公民教育必须与军事教育合一。务使人人就主动方面都成为良好的公民，作国家主人；而从受动方面，都成为良好的军人，服从命令。张东荪对于教育方面的主张为：“我们的教育必定是有计划的教育；所谓‘有计划的’是指政治经济等统隶于一个计划之下，从政治而言，可以说是有计划的政治制度与运用；从经济言，可以说是有计划的经济分配与发展；所以从教育言，当然是有计划的教育方针与施设。”[2] 他所谓有计划的教育，有两个意思：一是指教育制度自身而言，就是说教育依那个大计划而定；二是主张教育是贯彻大计划的工具，必须依计划来培养人，但同时又必须培养出人来实现那个计划。

实行有计划的教育，并不侵害学术独立和思想自由。张东荪认为，在发展学术事业上，必须仿照欧洲各国的通例，办到学术独立和言论自由。他坚持认为，“政治上效率的提高与社会上自由的开放不但无抵触与矛盾并却正相助相成。因为我们虽则很爱护政治的效率，但我们却更爱护思想的自由。以为无政治的效率则行政失其意义，但倘无思想的自由，则国家失其灵魂。所以思想自由是人民的根本。纵使两者即有冲突，我们亦断乎不可牺牲自由而迁就效率。”所以，张东荪主张为政治效率增

[1] 记者（张东荪）：《我们所要说的话》，《再生》创刊号，1932 年 5 月 20 日。

[2] 记者（张东荪）：《我们所要说的话》，《再生》创刊号，1932 年 5 月 20 日。

高起见，政府权力当然宜于集中，但集中的限度是以行政为界，断不容侵犯到社会上去，把人民的自由亦受管辖。如果政府的权利侵犯了人民的自由权利，那就与民主的精神相违背，就是“古今中外最坏的办法”。正因如此，在提出“修正的民主政治”后，张东荪对国民党损害自由的行为进行了猛烈抨击，反复强调：“我们的意思以为必须做到恰正与他们相反:即政权务求其统一，行政务求其集中，而社会务使其自由，思想务听其解放。”[1]

总之，张东荪依据“确定平等基础”、“保持个性自由”、“力求效能增进”三个基本原则，提出了一套名为“修正的民主政治”的政治、经济、教育方面的主张。这个主张，张东荪将它简单地概括为：“我们于政治是把根据效率的科学与个性差别的科学以与站在平等的民治主义调和为一；于经济是把易于造产的集产主义与宜于分配的普产主义以及侧重自治的行会主义调和为一；于教育是把淑世主义与自由主义调和为一；然后三方面再总综合之，成一整个儿的。”[2]

如何在中国实行这种“修正的民主政治”？张东荪已经认识到了问题的关键，断定其最大的障碍就是军阀与土匪，“军队问题是一切问题的前提”。张东荪提出了两条解决的原则：一方面要大大地提倡对外的军备，提高军人的人格，使他们有一条光明的路可走；另一方面须以全国的力量反对内战，同时大减常备军额；由人民自办民团来维持社会秩序，这样，既可使土匪绝迹，又可消除军阀。他说：“我们所应努力的是（一）如何使现在祸国殃民的军队变为救国卫国保民的工具；（二）如何制定一个国防大计以与经济计划教育方针打成一片。”[3] 正是基于这种考虑，张东荪在《九十八条政纲》中提出了具体的解决办法：一、减少常备兵额，化兵为农工，给予土地或职业；并试行征兵制度。二、设立中央军政机关，以统一制度编制训练并调遣全国军队。三、依国防计划定驻兵地点；并扩充兵工厂使军事制造与普通工业有相当的联络。四、国家规定条例优待军人，但现役军人于军职外不得兼任何官职；军人一切行动应对于普通法庭负责；对于政治不得以通电或宣言或公开谈话发表其意见。五、除中央政府依宪法规定许可外，任何军人不得宣布戒严。六、奖励人民自卫组织之民团；并另定治匪条例，以加重刑罚为要点。

张东荪提出的“修正的民主政治”，是在新的历史条件和环境中提出的资产阶级政治理论。它既代表了张东荪自己的政治思想，又是国家社会党的政治宣言，所以

[1] 记者（张东荪）：《我们所要说的话》，《再生》创刊号，1932 年 5 月 20 日。
[2] 记者（张东荪）：《我们所要说的话》，《再生》创刊号，1932 年 5 月 20 日。
[3] 记者（张东荪）：《我们所要说的话》，《再生》创刊号，1932 年 5 月 20 日。

它集中反映了30年代在西方民主政治受到普遍怀疑的背景下，中国资产阶级民主主义者既不愿走苏联社会主义道路、又反对走法西斯主义道路，而企图一条折中资本主义与社会主义、民主主义与共产主义的新路的迫切要求。从总体上讲，张东荪对民主政治的修正与补充是非常必要的，也有其合理性；在当时民主主义在全世界受到怀疑的情况下，张东荪绝不动摇，毅然坚持民主政治，并对其弊病进行“修正”，这种努力是应该肯定的。他接受了当时苏联社会主义经济建设的一些成功经验，如实行计划经济等，放弃了在五四时期的一些观点，表明张东荪并不墨守陈规，并不局拟于已有的思想定势，而是与时共进，不断调整和发展自己的思想。这正是一个思想家所必须具备的素质。

张东荪的“修正的民主政治”，是继民国初年后又一次较系统阐发的政治、经济和教育等方面的主张。这些主张，既是对此前政治主张的修正和发挥，又是此后政治主张的基本点。如果将《我们所要说的话》与1945年10月发表的《一个提供大家参考的建国方案》略作比较，就不难看出：张东荪在《我们所要说的话》中所阐述和提出的主要观点，到1945年时仍然坚持；换言之，张东荪在《一个提供大家参考的建国方案》中所阐述的主张，还是以《我们要说的话》为蓝本的，只是对其又作了进一步发挥而已。如果将它与后来所提出的“中间性的政治路线”及“新型民主”相比较，则也可以看出，张东荪在此时已经确立了其政治思想的许多基本点，此时所形成的许多思想，都为后来继承并发展。这说明张东荪“修正的民主政治”主张，在其政治思想演变过程中占有十分重要的地位[1]。

反对国民党一党专制，抨击蒋介石独裁统治

成立国家社会党，目的就是反对国民党一党专政。张东荪在《再生》上发表了一系列文章，对国民党的独裁统治进行了猛烈的抨击。这主要集中在三方面：一是国民党的“训政”理论，二是国民党统治的种种弊政，三是国民党内外反动政策及恶果。

（一）批驳国民党的训政理论，要求结束训政，还政于民

国民党坚持一党专政的理论依据，便是所谓“训政”理论。孙中山在《建国大纲》中，曾把建国步骤分为三个时期，一是军政时期，指革命以后实行军政府执政；二是训政时期，对人民进行训练，准备实行宪政；三是宪政时期，制定宪法，组织民主政府。1928年10月，国民党政府颁布了《训政纲领》；1931年6月，又颁布《训政

[1] 张东荪这些主张本身，究竟如何评判，尚须进一步分析，因篇幅所限，兹不多述。

时期约法》，规定：训政时间为6年，到1935年结束；训政期间，由国民党独揽统治权，训练人民行使选举、罢免、创制、复决四种政治权利；人民只有服从国民党才能享受公民权利；国民党可在必要时对人民的集会、结社、言论、出版等自由权利加以限制。由此可见，国民党的训政，实际上就是借"训政"之名，行国民党一党专政之实。张东荪坚持民主主义立场，抨击国民党的专制独裁，便首先将矛头对准了其"训政"理论。

国民党实行训政的借口，就是人民知识能力不够，必须靠国民党来训练，即"好像是说中国等于小孩子，而国民党是保姆。这个小孩子倘使失了这个保姆，则不是夭折便是失学，二者必居其一。"[1] 对此，张东荪从理论上进行了严厉批驳。他说："中国人民知识能力不及格来说，倘使为事实，则必是全国的人民都如此。决不能有一部分人民被训，另一部分人民能训。被训的人民因为没有毕业，所以必须被训。试问能训的人民又于何时毕业过呢？何以同一人民一入党籍便显分能训与被训呢？可见训政之说真不值一驳。所以即主张中国人民程度不够，势必亦得不着训政的结论。"[2]

张东荪认为，国民党训政理论完全是骗人的谎言。它所要实行的，不是民主政治，而是国民党一党专政。他分析说，国民党的一党专政虽然来自苏联，但却与俄国的一党专政根本上完全不同，在张东荪看来，苏联实行一党专政的理由尚可说能以自圆，"因为要实行社会化，所以必须由无产阶级起来专占政权，而共产党即为代表无产阶级的党。"所以俄国一党专政是有这样的理论为其根据。至于国民党实行一党专制的理由是所谓训政，"则并自圆其说都不能办到"[3]。他批评说："自治未办，不能实行宪政，这是人人都承认的。那么就赶办自治好了，为甚么要反而取消已有的人民言论自由权呢？人民自由权即是宪政要素之一。国民党最后的目的既在宪政，为甚么现在必须先把这个已存在的要素的萌芽拨去了呢？按理应该对于已有的萌芽加以培植。可见国民党的训政是等于斩了已生出来的树苗而偏说另外可以种出新树来。"[4] 所以，张东荪尖锐地说：国民党所谓的训政，完全是"骗人欺人"[5]。国民党实行训政的结果，显然是失败的，"以事实来说，不训犹可，一训而失东三省；二

---

[1] 张东荪：《党的问题》，《再生》第1卷3期，1932年7月20日。

[2] 记者（张东荪）：《我们所要说的话》，《再生》创刊号，1932年5月20日。

[3] 张东荪：《国民无罪——评国民党内的宪政论》，《再生》1卷8期，1932年12月20日。

[4] 张东荪：《国民无罪——评国民党内的宪政论》，《再生》1卷8期，1932年12月20日。

[5] 张东荪：《生产计划与生产动员》，《再生》1卷2期，1932年6月20日。

训而增加国债数倍于北洋军阀时代；三训而赤匪遍地，农村成为普遍的破产。”[1]所以，必须尽快结束训政，实施宪政。

国民党将不能实行宪政归咎于“人民自身”，这是很荒谬的，也是张东荪坚决反对的。他认为，“宪政之所以不能实施，其故不在人民方面。换言之，即人民对于宪政的实施本没有甚么大关系。要办选举，假定没有特别势力去操纵，总可以有一个比较上代表民意的结果。要办人口调查，亦是很容易的。至于识字运动在短期间亦可有相当效果。地方自治更不必说了。总之，在人民方面没有可作宪政之障碍的。”那么实行宪政的障碍究竟在哪里？张东荪一针见血地指出，宪政的障碍就在于“国内有特殊势力”的操纵与利用，这个“特殊势力”就是国民党。他说：“中国自辛亥以来始终未上政治轨道，并不是因为在人民方面有何不足，实在是只因为有了特殊的恶势力不愿受宪法与法律的拘束。又是这个恶势力就是政府，又是政府利用这一类的恶势力。……国民党在野时，我们未曾表过同情，亦就是因为早见到他们一旦秉政亦决脱不了特殊势力的恶习。我们当时宁愿与国民党为敌，就只在于此。到了今天，社会上一班人，当恍然明白了罢。国民党之取北洋军阀而代之，完全是换汤不换药。”所以，中国要真正走上宪政道路，必须让国民党放弃操纵与利用的企图，将国民党的活动置于“宪法与法律的拘束”之下。既然宪政的障碍在军阀的割据，官僚的贪婪，武人的拔扈，那么“宪政的不能立刻实行，政治的不能上轨，国民是不负其咎的。”[2]

国民党以实施宪政要有程序为借口，迟迟不愿放弃训政，这也引起了张东荪的极大愤怒。他质问道：“现在决定二十四年开始宪政，我不知道二十四年以前，所有的预备工夫，自国民党看来，是否已经做完了？倘使已经做完，则我敢问是如何做的？”他指出，倘使国民党真有诚心以逐渐推行宪政，便应尽快拟定如何扫除宪政的障碍的步骤，例如如何统一军队、如何统一财政、如何打倒贪婪、如何确立文官制度、如何严守预算、如何审核决算、如何建立地方制度等等；否则，便证明国民党“并不想真以政权还诸国民，他们依然想造成十六年以前的那种假宪政来骗人。”[3]

1935年，国民党在全国各界的压力下，宣布要结束训政，实行宪政。但国民党“所谓结束训政乃只是提出宪法的别名。”这是那些主张宪政的人们所不能接受的。在张东荪看来，实行宪政并不是制定一部宪法便算了事，“宪政的真谛就是在于调剂各种

[1] 张东荪：《国民无罪——评国民党内的宪政论》，《再生》1卷8期，1932年12月20日。

[2] 张东荪：《国民无罪——评国民党内的宪政论》，《再生》1卷8期，1932年12月20日。

[3] 张东荪：《国民无罪——评国民党内的宪政论》，《再生》1卷8期，1932年12月20日。

不同的思想。”“宪政的真义不在宪法而在是否能容忍与能调和。”[1] 为了揭露国民党假宪政的实质，1935 年 11 月，他在《自由评论》上，发表《结束训政与开放党禁》，对结束训政与实行宪政的涵义作了更明确的解释，公开反对国民党实行假宪政。张东荪认为，结束训政即是取消党治，取消党治就是取消一党专政，取消一党专政就是同时允许他党存在,也就是要取消“党外无党”与“党高于一切”,同时也就是取消“党国”。他在分析了国民党对“结束训政,实行宪政”的解释后指出,国民党制定的宪法草案,“只是由国民党的训政变为国民党的宪政。换言之，即以前是以训政为名而国民党实行一党专政，现在则是以宪政为名国民党实行一党专政。所以训政虽然结束而一党专政则仍如故。”[2] 他坚决反对宪法草案规定中华民国为三民主义国家，认为这是“有背于人民言论结社的自由权”，实际上国民党仍是想实行一党专政，根本就不是真正的宪政。

张东荪认为，国民党真要实行宪政，就必须首先结束训政，结束训政应该开始宪政以前。为此，国民党必须在行动上做到两点：“一，由国库支给的党费应该停止。二，在法律上国民党有指导人民运动的特权亦应取消。”他说：“我以为国民党如果真心要结束训政，最好是在这一次的五全代会以后，即把党费由国库支出者完全停止，同时颁布一道命令声明所有民运必须的党部指导的法令一律停止其效力。如此便可算训政真正结束了。”[3] 只有结束了训政，方能召集国民大会通过了宪法，才能实行宪政。

（二）抨击国民党弊政，要求国民党选择新出路

张东荪“是向来反对国民党的一个人，”[4] 面对国民党执政以来种种弊端，他进行了猛烈的揭露。他指出，国民党与北洋军阀一样，也是一个军阀与官僚集团，“国民党来了,依然是军阀化,贪官化与坐地分赃的土匪化。其明争暗斗更加十倍。”[5] 又说:“国民党秉政以来，说得尤其动听，凡好听的话几乎没有一件是他们没有说过的。但他们的行为与他们的说话完全是南辕北辙。可见以后不谋改造则已；否则必须出支票，使受者得现款。若是专门滥发空头期票，而反先要受者贴找一些现款则决骗不了人。”[6] 张东荪尖锐地批评说:国民党反共以后,“政府以前只知自私自利、把军队作为自家的工具，

[1] 张东荪：《国民无罪——评国民党内的宪政论》，《再生》1 卷 8 期，1932 年 12 月 20 日。

[2] 张东荪：《结束训政与开放党禁》，《自由评论》第 1 期，1935 年 11 月。

[3] 张东荪：《结束训政与开放党禁》，《自由评论》第 1 期，1935 年 11 月。

[4] 张东荪：《党的问题》，《再生》第 1 卷 3 期，1932 年 7 月 20 日。

[5] 张东荪：《生产计划与生产动员》，《再生》第 1 卷 2 期，1932 年 6 月 20 日。

[6] 张东荪：《生产计划与生产动员》，《再生》第 1 卷 2 期，1932 年 6 月 20 日。

把国库作为自家的私产，把人民当作奴隶。于是全国离心，已成分崩离析之象。”[1]以至于“共的势力在社会上在实力上只有增而无减。”他认为，在中国这样环境中，国民党排斥异己的政策根本上就是错误的，也是绝对办不到的。因为：“一，中国有所谓租界，在租界未取消一天，则一切政治犯都能得其荫庇一天。二，中国各方面的利害不一致。三，中国迄今并未统一，所以法令不能普遍有效。四，中国各地方情形不同，不能有一律办理的对付方法。五，中国的社会组织太散漫，无从稽查。六，中国的人传统观念是扶弱抑强，对于坑杀异已的方法无不是暗中反对的。七，中国人向来对于当局不易起信仰，所以难得人民与政府合作。因此我们以为这是很明显的：即异已苟不能彻底排尽，则一党决不能独据领导权。”[2]所以，要实行一党专政，消灭异已，根本就办不到。

国民党为了消灭异已，不断进行内战，不仅消耗了国民党的实力，也使国家的元气大伤。他说：“其实连年的内战都是政府酿成的。我尝说北洋派有皖直奉之战，所以北洋派亡了；国民党有蒋桂阎冯之战，国民党在实质上已经亡了。……日本对华的野心本是司马昭之心路人皆知；而况又有济南事件示以预兆。这时候当国的国民党应当如何小心翼翼，如何自己振作，其实即使十分小心，百分振作，亦难免对日不生麻烦，顾乃不然，不旦政权到手，便得意忘形，对外是一味胡闹，对内是尽力内讧。终日打主意想收拾异已，于是造成接连的内战。把全国财力都用于军费，把国家的原气，戕伤殆尽。当此疲敝已极不际，日本自然乘机而入。谓国民党替日本人造机会，谁曰不宜？”[3]正是国民党的内战政策给日本入侵提供了有利时机，使之得以乘虚而入。

对于一个这样腐败无能的政党，张东荪进行了激烈的批评，但同时又给它指出了出路。这个出路，就是：必须顺应民意，改变自身性质，调整内外方针。

第一，张东荪认为，国民党目前要想自救，只有一条路，就是“把国民党所有的军队（尤其关系深的军队，不妨把杂牌军队暂时除外）与所有的党员都立刻站在和十九路军在上海时的同地位便行了。”即进行抗战，以抗日的名义统一国民党，赢得人民的信赖的支持。他说：“我敢说如其国民党全党都和十九路军一样，则全国的人民，无论其中有多少反党的人们，都得跟着走。即连共产党虽心中不愿意，亦没有法子不跟不走。”[4]国民党必须把他军队与有资格的党员统统站在最前线去抵抗，国民党方能把他的整个的党救了。

[1] 张东荪：《教训》，《再生》1卷11期，1933年3月20日。

[2] 张东荪：《党的问题》，《再生》第1卷3期，1932年7月20日。

[3] 张东荪：《教训》，《再生》1卷11期，1933年3月20日。

[4] 张东荪：《党的问题》，《再生》第1卷3期，1932年7月20日。

第二，在政党问题上，放弃排斥异己的政策，实现各党派联合抗日。张东荪认为，解决党争办法只能是:比赛和合作。比赛就是竞争:竞争就是看谁真能为民众谋福利，得民众的欢心，取民众的同情。在非常时期只有各派合作。

第三，国民党必须把国家的制度与党的组织区分开来，不能“以党代国”。张东荪认为，国法与党法必须划分，“国家的制度是属于一国的，是公的；党的组织无论专政与否是属于一党的,是私的。”私的组织乃是为了要运用公的制度才产生的。所以，国家的制度总是表，党的组织总是里。“即国法只是规定国家的制度，在这里决不能规定与党的关系。否则便是国与党的界限分不清楚。我说党只能运用国家乃是说党至多的限度亦只能替国家立一个国家的制度。”而国民党的统治却是国与党始终混在一起，以党治国，以党代国他。他强调，党的决议不能直接作为国家的法律，必须经过国家机关通过；党的机关不能规定在国家的制度中，“务使党的机关不规定在国家的法律上而不与国家的机关混成一个系统。”[1]

第四，国民党必须放弃“世界革命”理论，进行民族革命。他批评说：自从国民党容共以后，“亦东施效颦起来”，也标榜进行什么反对帝国主义的“国民革命”，声称要完成中国对于世界革命的使命。张东荪向国民党猛喝道：“这些议论都是骗死人不偿命的。可怜国民党被骗了，还不自知。”他坚决反对进行所谓“世界革命”，认为这个理论“是共产主义所专有的，必定立于国际主义方可采用。若是以民族自救为立场，实无采取此说的必要。”他认为“党高于一切”的口号、“国民党自十三年改组以来所采取的一套革命理论与一套革命技术完全是共产党的”。国民党反共以后，自身“完全是无理论的，只在那里左支右绌地应付现实而已。”所以，国民党的出路就是首先将其一套不适合中国实际的理论加以整顿，“而必须自身先变化其性质。换言之，即必须把他的血中所存的共产主义要素完完全全抽干净了方可。如此方可对付内忧外患的国难。”所以，国民党的出路不是各派如何与它合作的问题，“乃是国民党如何自己改变方针的问题。”[2]

国民党要想有出路，要想“应付目前的难局”，必须解决好目前急迫的问题，如“对日的问题如何得一个出路”、“如何把武力置在政治力之下的问题”、“如何社会得安定的问题”、“如何生产的问题”等等。前一个问题是对外，后三个是对内。然而须知对外对内是一件事。对内无法解决这三个问题则那个对外的问题亦必不能有办法。所以，张东荪提出了自己对于国民党的期望：应该站在民族主义立场上，“必先维护自己国

[1] 张东荪：《党的问题》，《再生》第1卷3期，1932年7月20日。
[2] 张东荪：《党的问题》，《再生》第1卷3期，1932年7月20日。

家的独立与民族的生存，”“必须改压制人民而为联合人民；改独力支撑而为全国一致的对付。”[1] 他又说：“对国民党的期望，统括上述的话，我以为国民党各派应得各自堂堂正正拿出政纲与政策来，与全国人共见。不要只是躲在空空洞洞的三民主义背后，专想拿武力来摆布。须知国家到了这步田地，已是再经不起几回内战了。”[2]

（三）抨击国民党的对外政策，坚决主张对日作战

1931年，日本发动“九一八事变”，武装占领中国东北，接着向关内进攻，开始了其蓄谋已久的灭亡中国的侵略战争。而国民党当局却提出了“攘外必先安内”的国策，对日政策实施所谓“一面抵抗，一面交涉”，实际上只是一味妥协退让，不敢抵抗。面对国民党这种“勇于内战，怯于外战”的软弱行径，张东荪本着爱国主义热情，对其进行了严厉地批评。他先后发表了《为国家计与为国民党计》、《教训》、《几句忍痛的话》等文章，一面批评国民党对外政策的错误，另一面主张全国各界停止内争，联合抗日。

张东荪认为，日本侵华的野心在1928年的济南惨案中已经暴露出来，但中国当局却不知警惕。后来制造的万宝山事件、中村事件，更进一步暴露了日本的野心，而无能的中国当局却依然是冥顽不灵，毫无准备。所以，东北地方当局和中央外交当局应该对失去东北四省负责，“送掉四省的责任不能不加在他们身上。国民若将来能拿出主人翁的地位来，必须有一天组织国民宣判他们以误国偾事之罪。”[3]

面对日本的进攻，国民党当局应该立刻决定对日最后态度：和或战。但腐败的国民党当局，只是忙于内争，根本就没有将日本入侵当回事。如果国民党要想与日本讲和，就应该在“九一八事变”后确定下来，付诸实施，可是国民党却迟迟不决，一次次讲和的机会丧失了，而当这些机会都错过后，言和无从说起，弄成了一种不战又不和的困难局面。国民党不仅不承认自己的无能和软弱，反而将签订《塘沽协定》称为停战言和，这引起了张东荪的极大愤慨。他一针见血地指出：“现在的停战不是和，乃是城下之盟，乃是屈服，乃是战败的自然结果。”国民党“真是世界上第一等的大说谎家。”[4] 如果国民党决定最后的态度是战，就必须把全国的力量动员起来抗日，既不能把日本侵略当成地方问题看待，更不能仅派遣少量军队来应付。张东荪坚决主张“战”而不是“抵抗”。他认为，所谓战是指以全国力量来拼而言；所谓

[1] 张东荪：《党的问题》，《再生》第1卷3期，1932年7月20日。

[2] 张东荪：《为国家计与为国民党计》，《再生》第1卷6期，1932年10月20日。

[3] 张东荪：《教训》，《再生》1卷11期，1933年3月20日。

[4] 张东荪：《教训》，《再生》1卷11期，1933年3月20日。

抵抗是指以局部力量来抵御而言。面对凶恶的日本侵略者，必须以全国的力量去抵御才是正当办法。而国民党当局却与此相反："他们高标一方面抵抗一方面交涉的政策，于是说，不能战所以抵抗，不能和所以交涉。"这种政策，既不足给日本以教训，遏止其侵华野心，又为日本所轻视，更惹得日本人愤怒而愈骄横。所以，摆在中国当局面前的只有两种选择：一是不与决裂，二是拼命到底。而国民党不战不和的态度是"惹是招非"的"掀起虎须"政策，不但"不足以制虎，结果反为虎所害。"[1]

对于日本的进攻，张东荪坚决主张"不抵抗则已，要抵抗必须变为大规模的战斗，即无宣战形式而实质上必即是作战。这样的大规模抵抗虽未必即得最后胜利，然而却至少使日本有相当的损失。便是使日本付相当的代价，中国于此虽败犹荣。"而国民党政府却采取相反的政策：对于和以为是愈迟愈好，对于战以为是愈小范围愈好，因迟和可以表明他是无可奈何；小规模的战可以不致损失实力。张东荪批评说，国民党的这种态度，是"丝毫不知有责任"。国民党所谓"一方面抵抗一方面交涉"就是可和可战，随时和随时战。这种"始终举棋不定，采取可和可战的方针"，其结果必然导致既不能和，又不能战。"这是一个根本的错误。"[2]

为什么国民党政府不能迅速决定"战"或"和"？张东荪认为，这是因为"这个政府以往的成绩太坏了，他们的历史太坏了。以这样的坏东西来讲和，必定使人疑心其为卖国。"他分析说，人民对于国民党政府缺乏必要的信任，所以人民所怕的只是现政府万一来一个对外大拍卖对内大高压，所以，国民党不可能走上与日本讲和的道路。而国民党又总是"以抵抗为名来搪塞舆论，同时却始终不肯牺牲他自己的真正实力。他以为若拿实力去拚必定有损失，损失了他的地位便无法维持。所以他宁愿日本人占了中国的土地,而不愿自己的实力真有损失。"国民党又不能很快决定对日"战"。这样,便造成了"人民愈主战,政府愈不敢上前"的奇怪局面。造成这种局面,表明"政府与人民成为两橛"，即"政府与人民的利害不一致"。在这种情况下，国民党政府又怎能"毅然决然于或和或战的两途中，任择其一而彻底做下去"？

为什么会造成政府与人民利害不一致？这是由于国民党实行一党专政的结果。然而，令人愤慨的是，国民党不仅不对此负责，反而将外交上的失败与无能都归咎与人民。国民党"不但不更换宰相，并且连罪己诏亦不下，好像他们根本上就没有错一样。""国民党到了现在，四省的土地不知何年何月始能收复，然而却始终在表面上没有向国民认过错。"所以张东荪认为，国民党的政治"不仅是开倒车退到君主

[1] 张东荪：《教训》，《再生》1卷11期，1933年3月20日。

[2] 张东荪：《教训》，《再生》1卷11期，1933年3月20日。

专制的政治，乃并且退溯到古代酋长式的政治。”[1]这种“酋长式的政治”，导致了人民与政府“二者的利害不一致”。所以，中国政治的问题，“在人民方面早已不要求开放政权了”，而是如何抗日的问题。

张东荪认为，要抗日，必须改良国民党的弊政，使国民党改变内外政策。他反复强调：“政治不良则决无法对外”。因为对外总可有办法，或和或战，不是无路可走。所以，“必先在内政上求一条出路”，才能进行对外抗日。这样，“民主”与“抗日”便是密不可分的。改革政治的出路，就是结束训政，实行真正的宪政，废除国民党一党专政。而要做到这一点，又必须停止内争，停止内战，共同对外。他指出，“没有一个专制国遇着了外患，而能够办到一致的。一个国家，其政治愈专制，一旦有了外患，其政府要想去对付，因人民平日不信任的缘故，决不会有结果，势必演成革命。所以外患临头，在政治修明的国家立刻可变为举国一致；而在专制虐民的国家必反而引起革命。”[2]

那么，中国今后的出路在哪里？在于将中国变为一个民主国家。依靠什么力量来变中国为民主国家？张东荪痛心地指出，这样的民主国家是根本不能依靠国民党来建设，因为一个个事实已经证明：“国民党的政府根本无望”，过去对它所抱的种种希望都一次次破灭了。这样，就必须依靠一个“新势力”。他说：“我敢郑重告诉大家说，以后的出路只看中国能不能有一个新势力，这个新势力出来必须把一切旧势力恶势力而廓清之。”就是依靠这个新势力，将中国变成一个民主国家，使人民与政府的利害一致。他自信地说：“只要有一个健全的主体，政府诚心为国，人民的利害与当局一致，则倘不能战即可走和的路。或和或战总可有一条路走。”他又强调：“在现状下，对于和战都无法主张，因为主和便是卖国，主战便是惹事，卖国则永劫不复；惹事则损失更大，所以在现状下，主和的人不一定错；主战的人不一定对，须知主和的人亦不定对，主战的人亦不定错，因为今天的中国已成了一个啼笑皆非之局，因此必须另起炉灶，造成一个新的势力。打开一个新的局面，方能有路可走”[3]。国民党没有希望，别的政治势力也没有希望，“各方面的不悔悟不改过已经证明了”，希望只能寄望于培养“新势力”上。

张东荪对国民党的揭露是非常深刻的，抨击也是十分激烈的。“九一八”事变后，中国的主要矛盾已经由国内矛盾转化为中日民族矛盾，抗日成为最重要的事情。张东荪坚持民族主义立场，对国民党对日妥协的外交方针进行猛烈抨击，坚决主张抗日，顺

[1] 张东荪：《教训》，《再生》1卷11期，1933年3月20日。

[2] 张东荪：《教训》，《再生》1卷11期，1933年3月20日。

[3] 张东荪：《教训》，《再生》1卷11期，1933年3月20日。

应了时代发展的潮流，是应该充分肯定的。要抗日，就必须实现国内和平，停止内战，消除内争;而要停止内战和纷争,国民党就必须开放政权,放弃一党专政,实行民主政治。所以抗日与民主是紧密相连的。张东荪对国民党的训政理论进行了深刻揭露和无情批驳，反对国民党的一党专制，强烈要求结束训政，实行宪政，还政于民，这些主张是合乎历史发展趋势的,在当时具有积极的意义。它反映了在中日民族矛盾上升的情况下,中国民族资产阶级对国民党政权日益失望和强烈不满的情绪。他所提出抗日必须首先改革内政、国民党应该改变内外政策、抗日必须要集合全国力量等主张，显然也是正确的。

30年代，张东荪虽然对共产主义也进行了批评，但其重心显然在于对国民党的独裁统治和对日妥协政策的抨击上。这些批评和抨击，基本上是站在抗日和民主的立场上进行的。而批评和抨击的目的，主要是促使国共两党改变政策，共同抵抗日本的侵略。所以，张东荪虽对共产主义进行了非难和批评，但主要是集中在“理论”上；他对国民党进行的猛烈抨击，主要集中在国民党的“行动”上。同时，也应该看到，张东荪批评国民党的目的，主要还是希望它能够改变政策，并不主张推翻其统治，这与共产党是有区别的。他在解释为什么要抨击国民党时说：“老实说，我们是党外的人，本来不能有所论列，并且亦不愿管此闲事。无奈国民党与国家的关系太密切了。他的一举一动都足以使国家蒙极大的影响。我今天来说几句话原是想使国家的损失少因国民党而加重，人民的痛苦少因国民党而延长，如此罢了。”[1]

正因如此，张东荪对国民党一方面进行抨击，另一方面期望它能够转变政策、结束训政走上抗日民主道路。然而，国民党不愿自动地放弃一党专政、实行宪政的事实，使张东荪意识到:必须另起炉灶,造成一个新的势力,打开一个新的局面,方能有路可走。这个新势力，实际上就是国共两党之外的第三种势力。他的这些主张，与“修正的民主政治”是一脉相承的,其真实目的仍然是在中国建立一个真正的资产阶级民主共和国。

[1] 张东荪:《为国家计与为国民党计》,《再生》第1卷6期，1932年10月20日。

九 积极参加抗战，不屈日寇淫威

张东荪虽然对马克思主义进行攻击，但主要限于理论上的批评，与国民党的“剿共”有着根本不同。在30年代日益加深的民族危机面前，张东荪坚持民族大义，积极支持华北各界的抗日活动，并秘密与中共合作抗日。在1941年底，张东荪等一批燕京大学的教授被日本宪兵逮捕，面对日寇的威逼利诱，抱定“士可杀不可辱”信念的张东荪，不惧淫威，曾四次自杀而未遂，并与日本看守厮打。后获假释，在非常险恶的环境中，他仍与中共地下党保持稳定的联系。

[最早响应《八一宣言》，秘密与中共合作抗日]
[不屈日寇淫威，重新与中共建立联系]

九 积极参加抗战，不屈日寇淫威

最早响应《八一宣言》，秘密与中共合作抗日

张东荪虽然对马克思主义进行攻击，但他主要是偏重于理论上的批评，与国民党的反共“剿共”是根本不同的。30年代，随着民族危机的加深，张东荪坚决主张对日积极抵抗，反对国民党的内外政策，但对中共“反蒋抗日”的政策也不赞同，认为大敌当前，首要的不是进行阶级斗争，不是内战，而是团结起来，共同抗日。当时，由于中共“左”倾路线的错误，没有认识到当时中国的主要矛盾是中日民族矛盾，因而将国民党作为首要的革命对象，提出了“反蒋抗日”的口号，实际上把“反蒋”作为“抗日”的先决条件，因而也偏离了历史的主潮。张东荪等人的批评，也不能说完全没有根据。

1935年7月，共产国际在莫斯科召开七大，制定了建立世界反法西斯统一战线的策略方针。中共驻共产国际代表团立即根据这个精神，起草了《为抗日救国告全体同胞书》，于1935年8月1日在巴黎的《救国时报》上发表，因此也称《八一宣言》。《八一宣言》改变了“左”倾关门主义错误，提出了建立抗日民主统一战线的方针。这个宣言很快传到国内。中共政策的转变，使当时极力主张抗日和民主的张东荪在思想上产生了共鸣，对中共也有了新认识。

然而，令张东荪愤慨的是，由于国民党的新闻封锁和高压政策，这样重要的事件竟没有引起社会各界和各党派的应有重视。张东荪稍后在解释为什么自己最先出来响应《八一宣言》时说：“我所以提出这个问题来讨论是因为这件事在思想界有相当的关系。亦可以说，我认共产党的转向是最近中国思想界上一件大事。但各报各杂志从无论到。这未免是一种卑劣心理的表现。我因为没有人来说话，所以才特别多说几句话。”[1] 于是，张东荪率先发表了《评共产党宣言并论全国大合作》，响应中共的《八一宣言》。

在这篇文章中，张东荪概述了《八一宣言》的内容，对中共在这前后的主张作了比较，认为《八一宣言》是中共政策转变的标志，他明确表示：“一个向来主张除

[1] 张东荪：《关于陶许两封信的感想》，《自由评论》第28期，1936年6月。

私产的党现在居然说保护财产和营业的自由了。以一个向来主张无产阶级专政的党现在居然说实行民主自由了。以一个向来主张完全世界革命的党现在居然说为国家独立与祖国生命而战了。以一个向来受命于第三国际的党现在居然说中国人的事应由中国人自己解决了。以一个向来主张用阶级斗争为推动力对于一切不妥协的党现在居然说愿意与各党派不问已往仇怨都合作起来，这是何等转向，这个转向是何等光明！我们对于这样勇敢的转向又应得作何等佩服！"[1] 赞同中共提出的建立抗日民族统一战线的主张。

同时，张东荪认为中共政策转变的还不够彻底，建议中共为了与其他党派真诚合作，必须放弃"党团政策"。他说："所谓党团作用乃是随着共产党的潜伏运动而生的一件东西。即对于党外的人只讲利用，只认为工具。换言之，即对于党外无真诚只有诈伪。在我们看来这种党团作用实在是一个毁坏人类天真性情的东西。" 据此，张东荪向中共提出了三点补充建议：一，共产党必须声明在国难未度过时期中（至少十年内）放弃共产主义的潜伏运动，以"使一班怕社会革命的人们安心"；二，共产党必须把其军队集中在一个区域，以便万一有事则可担当一面；三，共产党应在其统治区内实行"救灾安定民生"、"废除苛捐杂税"、"整理财政金融"、"加薪加饷"、"实行免费教育"等政策，应承认只有一个事实上的政府，苏维埃政府应变为地方政府。

最后，张东荪向中共表示："我们历来不反对国民党与共产党而只反对一党专政，以为一切罪恶皆由此而生。现在共产党提议合作是显然放弃了专政，这真是一件最可庆幸的事了。" 他提醒共产党人说："大家须知共产主义与三民主义以外实在有很多的人们是于经济赞成社会主义，于政治相信民生主义的。这一类人们虽尚未形成具体的大规模组织却是很有潜势力。我相信有许多同情于共产党的人却其实只是这一类的信徒。"[2] 实际上，张东荪在这里已经向人们暗示：自己是许多同情共产党的人们中的一个。

《自由评论》是由当时思想文化界影响很大的胡适、罗隆基等人在北平创办的资产阶级民主主义分子的喉舌。张东荪的文章发表后，立即在社会上产生较大反响，也引起了中共北方局的重视。此时，刚从陕北到天津担任北方局书记的刘少奇，认真阅读了张东荪的文章。他一方面对张东荪同情和赞同中共主张的态度表示欢迎，另一方面又感到张东荪所提出的问题和意见，"不只是代表先生个人和贵刊；而是中国许多人和朝野各党派在实行全国大合作以救民族危亡的运动中所共同感觉到的问题，所以

[1] 张东荪：《评共产党宣言并论全国大合作》，《自由评论》第 10 期，1936 年 2 月 7 日。

[2] 张东荪：《评共产党宣言并论全国大合作》，《自由评论》第 10 期，1936 年 2 月 7 日。

我们必须明白公开的答复先生；并要求先生作更进一步的研讨”[1]。4月13日，刘少奇化名“陶尚行”，给张东荪写了一封长信。张东荪敏锐地感觉到，“陶尚行”决不仅仅是一般的共产党的同情者，而是一位中共北方地下党的负责人。刘少奇在信末对张东荪说：“望先生将这封信在贵刊上发表，并在贵刊上答复我。”张东荪认真思考后，决定把此信交给《自由评论》发表，因为感到自己“对于这个问题没有什么话可说了”，就不预备作答复。在张东荪的努力下，刘少奇的信很快被冠以《关于共产党的一封信》的题目，略作删节，发表在《自由评论》第22期上。

刘少奇给张东荪信的主旨，是进一步宣传中共的抗日民族统一战线政策，解释一些被张东荪误会之处。他声明：“中国共产党向来没有主张过：在中国立即要废除私有财产制度，立即要建立无产阶级专政，中国的事不应由中国人自己来解决，而应由他国人来解决，共产党与中国不应为中国民族自由独立与生命而战。共产党也并没有主张过无论什么时候对于一切都不应妥协合作。相反，中国共产党与国民党曾经长期合作过。共产党历来就号召全国人民为中国的完全自由独立与领土完整而奋斗到底！素来就反对他国人对于中国民族内部的事情横加干涉。”此外，刘少奇还就中共目前进行的资产阶级民权革命的性质和任务、土地革命的对象和政策、实现各党派全国大合作的方式、“党团作用”等问题作了解释。最后，刘少奇在信中表示：欢迎张东荪及愿意研究中国社会制度的人们到苏区参观，“就此可以实地考察苏维埃制度是否适合中国的国情，而加以判断。”[2]

刘少奇的信发表后，张东荪又收到了署名“许君”的信，对刘少奇信中的一些观点提出了批评。1936年5月17日张东荪在病中写了《从教育的意义上欢迎共产党的转向》，他坚持认为，共产党的政策是转向了，并且批评刘少奇对中共政策转向的否认和辩护。他指出，“而在我们看来，这种辩护非但不能说明一次共产党的一次宣言不是转向，并且反而更表明共产党在以往是包含有许多的矛盾。”他认为，中共拒不认错，是中国人的“面子”在起作用。他批评说：“我们在局外认共产党转向了，而共产党的代言者偏要说是向来一贯的，不能不令人觉得这是一种怙恶。换言之，即这是由于一种‘面子’作用在那里作祟。”[3]他警告中共：一个革命党若不能打破“面子作用的心理”，则会严重影响它的革命彻底性，劝告中共一定要学会“忏悔”，剔除“讲面子”的恶习惯。

---

［1］ 陶尚行：《关于共产党的一封信》，《自由评论》第22期，1936年4月。

［2］ 陶尚行：《关于共产党的一封信》，《自由评论》第22期，1936年4月。

［3］ 张东荪：《从教育的意义上欢迎共产党的转向》，《再生》第3卷10—11期合刊。

不仅如此，张东荪还坚持认为，中共的转向是随着共产国际方针政策的改变而来的。他说："我们未尝不知道中国共产党的转向又何尝是中国共产党单独自主的行为呢？依然只是受了世界共产党的转向之波及罢了。"但中共却不承认，正是由于它的"红八股"在作怪。他尖刻地指出："因为他们是习惯于生活在指导之下，只知奉命令承教。他们对于上级所发互相冲突的二个使命只可一样去服从，不知其中有矛盾。即使知道有些相反，亦必只好加以强辩，说明其可以联接。这是他们的职务，恐怕亦就是唯一的职务罢。因为不如此，则铁的纪律不能维持。"他将这种现象称为"共产式的思维方式"。张东荪公开声明："我们反对共产党就只是专在于其思维方法的态度。"[1]

张东荪虽然对中共提出了批评，但他写作该文的目的，还是促使人们重视中共的《八一宣言》和政策的转向。他向社会各界呼吁："这个转向在政治上与结果上亦许不十分大，而在思想上与教育上的意义却十分重大。因此我觉得全国教育界对于共产党的这个转向应得重视。"[2]

1936年6月，张东荪又发表了《关于陶许两封信的感想》，坚持认为中共的方针是转向了、"忏悔了"。但他强调指出，中共转向的意义在于纠正了过去的"左"倾教条，表明中共也是赞成民主的。他对中共党内的"左"倾分子提出了激烈批评："只是一批自命为时髦的左派同情者，他们因为怕被骂为落伍，于是拚命地讲辩证法与马克思，其结果徒害了一班无识的青年。现在共产党转向了，很可以给这一班心想出锋头的先生们一个重大的打击。使人知道公理自在人心。民主与自由是人类普遍的要求。唯心与唯物只是哲学上的观点。而与政治社会没有直接的关系。你们讲辩证法与马克思本想有以见好于共产党，却不料共产党反而承认思想自由（与辩证法相反）与民主政治（与一党专政相反）了。所以这个共产党的转向是值得我们考虑与称赞的。"[3]再次表示拥护中共提出的建立抗日民族统一战线的方针。

从张东荪所发表的这几篇文章看，张东荪对中共的态度有了一定改变，开始由过去一味的批评和攻击转变为欢迎并赞同中共提出的建立抗日民族统一战线方针，这是应该给予充分肯定的。但是，张东荪基本上还是站在资产阶级民主主义和民族主义立场上阐述其观点的，在要求抗日与民主的大目标上与中共相同，但所赋予的内涵并不一样。从张东荪对中共的批评、建议和忠告上看，他存在着让中共改变方针政策、

[1] 张东荪：《从教育的意义上欢迎共产党的转向》，《再生》第3卷10—11期合刊。

[2] 张东荪：《从教育的意义上欢迎共产党的转向》，《再生》第3卷10—11期合刊。

[3] 张东荪：《关于陶许两封信的感想》，《自由评论》第28期，1936年6月。

接受一些民主思想的意图。对此，他后来在检讨此时期的思想时说："九一八起，有好几个朋友，例如蓝公武，告诉我，共产党也主张民主，北伐以后，压迫我的不是共产党，只是国民党，由此，我对于共产党的看法才有一些改变，可是，我不了解共产党，我还希望共产党吸收一些旧民主，所以，我在自由评论上发表了一篇文章，建议联合抗战。"[1]

通过对中共《八一宣言》的评论和与"陶尚行"的信函往来，张东荪对刘少奇领导的中共地下党增进了了解。1936年底，刘少奇向中共中央的报告中，认为张东荪的抗日态度逐步明显，是中共团结和联合的对象。此后，张东荪曾通过彭泽湘与共产党联系。彭到延安，并带回了毛泽东给张东荪的亲笔回信。不久，北平地下党派王定南（又名王伯高）负责与张东荪进行秘密联系。关于与中共的联系，张东荪在1952年曾说："抗战前夕，日本人底侵略一天一天猖狂。我和张申府、许德珩一些人组织了一个救国座谈会。我当时写了一篇文章主张联共抗日，过了几天有一个署名陶尚行的给我一封信，非常赞同我底看法，这位陶君我一直不知道是谁，直到解放后有次和刘少奇先生谈起，他说就是他。这是我与中共关系的开始。那时我们的确希望能与中共取得联系，于是我们救国座谈会派了一位叫彭泽湘的去延安。他回来时给我带来一封毛主席的亲笔信。"[2]

张东荪是一个具有强烈民族意识的学者，当日寇不断入侵、民族矛盾日益加深的情况下，他坚持民族大义，积极支持并参加了华北各界的抗日活动。抗战前，张东荪在北平组织了一个主要由平津进步、爱国教授和青年参加的"北方救国会"。它"团结了国共及一切无党派的爱国分子，从事抗日"[3]，参加的人有张东荪、何其巩、汤芗铭、许宝奎、姚曾广等，"同国民党和中共的地下工作人员都有联系。"[4]

"七七事变"后，国共再次合作，大规模的抗战开始了。张东荪和张君劢领导的国社党顺应抗日形势，改变了对国民党揭露和抨击的立场，表示愿意接受蒋介石的领导，共赴国难。1938年4月，国民党召开临时全国代表大会，通过了《抗战建国纲领》，决定成立由各党派、各抗日团体和社会贤达组成的战时民意机关——国民参政会。张东荪决定以国社党领袖的身份代表国社党秘密参加。此时，张东荪正在燕京大学任教。经过较长时间的思考和观察，张东荪初步形成了一套"调和资本主义与社会主义"、

[1] 《张东荪检讨底稿》（1952年，未刊）。

[2] 《张东荪检讨底稿》（1952年，未刊）。

[3] 陈尉：《革命学者张东荪》，《现代新闻》第5期，1947年6月。

[4] 叶笃义：《我和张东荪》，《文史资料选辑》增刊第2辑，中国文史出版社，1987年6月。

调和“共产党与国民党”以共同抗日的思想，正想借参加国民参政会之机，赴武汉向国共两党领导人陈述，促成实现。

1938年5月，张东荪、叶笃义等人到武汉[1]。在武汉，张东荪曾与周恩来、董必武等中共领导人就抗日问题进行过会谈。张东荪原来决定留在大后方做一些抗日工作，广西大学校长白鹏飞也邀请他到桂林任教。据张东荪的家属和叶笃义回忆，与周恩来谈话后，张东荪改变了最初的想法，决定利用自己在燕京大学的合法身份，回北平继续与中共合作，以另外一种方式为抗日作贡献。也正是在汉口的几个月中，张东荪与中共高层建立了联系，与周恩来、董必武等人谈得极为融洽。

在此期间，张东荪会见到了刚从国民党监狱中释放的老朋友陈独秀。据叶笃义回忆说："在汉口期间，张东荪曾约陈独秀谈过一此话。约陈的信是我送给陈的，但我并未参加他们的谈话。事后张东荪对我说，他们谈话没有什么重要的内容，不过是彼此叙一叙近况，陈的情绪很低等等。"[2]

在武汉期间，张东荪对中国的政局进行了冷静观察。思想敏感的他很快便发现，国共之间仍然存在着矛盾和冲突，自己“调和资本主义与社会主义”的意见不会被国民党接受，而留在大后方也无法为抗战作太大的贡献。于是，他在参加完国民参政会后，很沮丧地离开武汉，绕道桂林、香港，于1938年8月底，回到日伪统治下的北平，继续在燕京大学任教，并以此为掩护，从事抗日活动。对此，张东荪后来说："原来在南京沦陷后，政府移到汉口的时候，我在汉口与君劢先生商谈。本有再办一个书院的计划。他托我到桂林去看地，以便造屋。迨我到了桂林，白鹏飞先生要请我在广西大学任课。我以为燕京大学如能存在，不如在沦陷区多照顾几个未能入内地的青年为宜，乃即潜归北平。"[3]

此时，中共派地下党员王定南与张东荪联系。张东荪又介绍叶笃义认识了王定南，并让叶作为自己的代表经常与王接触，相互交换消息，商谈时局发展。王定南经常出入于张家，成为张东荪的常客。这一时期，张东荪通过自己独特的地位，与各方面都保持着联系。叶笃义回忆说："他一方面和中共地下工作人员往还（参加这一方面的除了我而外，还有另一个燕京的学生名叫陈洁，福建人，当时可能也是中共党员），另方面也和国民党地下人员有联系，主要是通过上面我曾经提到的那个姚曾广；同时

[1] 叶笃义是张东荪在燕京大学时的学生，此时恰从天津到北平。在谈到抗日前途问题时，叶强调非同中共合作不能坚持抗战。这一见解与张东荪的观点一致，此后，张东荪便对叶笃义特别信任，并开始介绍叶笃义同中共地下党员联系。

[2] 叶笃义：《我和张东荪》，《文史资料选辑》增刊第2辑，中国文史出版社1987年6月版。

[3] 张东荪：《士的使命与理学》，《观察》第1卷13期，1946年11月23日。

还和汉奸王克敏等来往。我当时对于他的这种作风也曾对王定南和陈洁表示过不满，但我认为他的动机可能是为掩护和便利工作的，没有把它提高原则上来考虑。”[1]

1938年12月，张君劢发表《致毛泽东先生一封公开信》，向中共提出：一、“以八路军之训练任命与指挥，全托之蒋先生手中”；二、“以打破割据相号召，更望取消特区”；三、“将马克思主义暂搁一边”，唯“信奉三民主义”。张东荪看到此公开信后，曾让人转告张君劢：不要过分批评共产党，不能倒向国民党怀抱。许宝揆先生回忆说：“据我所知，东荪先生是靠拢共产党最早的一个人。抗战时期，有一年我去重庆见张君劢，东荪先生要我给张君劢说，不要向国民党靠拢，不要向国民党一边倒，要走中间路线。”[2]

张东荪从汉口扫兴地回到北平后，并不甘心放弃自己的政治主张，便将自己的想法告诉了王定南。王听后很感兴趣，鼓励他将这些想法写出来，并愿意设法传送到西南大后方和延安中共中央。于是，张东荪便将自己的“中间性的政治路线”主张写成文字，抄写三份，一份托中共地下党通过秘密交通线送到延安党中央，另两份托人带到大后方，分别转交给蒋介石和《再生》杂志社。据张东荪后来说：“这篇文章确实送到重庆了，因为我知道有人见到王芸生先生，他说起有这样的一回事，他说他见到我这篇文章，他很同意于篇中的主张，他并且知道这篇文章被检查员扣去，他很叹息国民党的检查员之无政治常识，同时又得着友人牟宗三的来信，知道我那篇文章确为检查员所扣，那时牟氏是在《再生》杂志社。”[3]

1938年到1941年12月太平洋战争爆发前，张东荪为中共地下党做了许多有利于抗日的工作。对此，他在1952年回忆说：“七七事变以后，中共华北局的王君和我经常联系。后来他们就有地工人员与我联系，一九三八年我去汉口参加参政会，当时因为看到参政会并没有大作用，而且又怕后方苦又丢不下家，于是自己觉得还不如回燕京来做一些切实的工作，当时我们通过王君做了两件事情，一是送学生去解放区，一是送医药去”[4]。

一是向中共提供一些关于日伪政权的政治、经济和军事情报。他的甥婿林嘉通，时任燕京大学教务主任，家中有一部高功率收音机，便于收听外界消息。张东荪利用自己与王克敏（华北伪政府头子）、刘玉书（伪北平市长）的特殊关系（早年留日时相识），

---

[1] 叶笃义：《我和张东荪》，《文史资料选辑》增刊第2辑，中国文史出版社1987年6月版。

[2] 笔者《访问许宝揆先生记录》（1996年12月7日）。

[3] 张东荪：《一个中间性的政治路线》，《再生》第118期，1946年6月22日。

[4] 《张东荪检讨底稿》（1952年，未刊）。

获取敌伪情报，供给中共地下党。张东荪1952年在回忆说："在这时期中，我有资产阶级的民族观，我主观上确是极端抗日的，我曾把蒋介石要与日寇媾和的条件交给中共地下人员。……我与汉奸是有往来的，我当时是以他们为保护自己的用途，同时又在他们那儿取得消息供给中共地下人员。"[1]

二是阻止日伪向燕京大学的渗透活动。日本占领北平后，燕京大学内集中了许多抗日人士，成为抗日的一个据点。日寇对此非常恼怒，但日美并未宣战，日本宪兵也不敢公开到燕京捕人。他们便设法通过向燕京大学派遣教授和学者的方式慢慢渗透，以此监视和制约燕京的抗日活动。燕京大学校长司徒雷登得知后，便请张东荪出面做王克敏的工作。张东荪为了顾全抗战大局，便出面说服王，通过王迫使日本人放弃这种企图。

但张东荪后来却因此被人指责有与王克敏勾结的汉奸嫌疑。1952年张东荪就此事作检讨时说："在此时，认识了司徒，又与汉奸往来……汉奸王克敏，我本来就认识，他做汉奸以后，我就不与他往来了。后来，因为日本人要送进日本教官、教授数人，破坏燕京抗日环境，因此，司徒找我去找王克敏，设法阻止。因此，我不能不有些敷衍"。又说："关于王克敏，还在他做汉奸前，我就认识他，也就是普通认识。至于以后为什么他做汉奸后反而有往来呢？当时因为日本人要送进日本教官、教授数人到燕京来，破坏抗日环境，司徒听吴雷川说我认识王，就请我去找他，设法阻止。这事后来成功了。我与王克敏往来是不对的，但是我之所以这样做，主要是为了要保护燕京特殊环境，来做抗日工作。这是实际。"[2]

三是向西山八路军根据地送学生。鉴于北平险恶的环境，张东荪判断日美早晚要开战，燕京大学应尽早做好撤离准备。通过中共北平地下党的关系，张东荪和许多燕京大学的爱国教授如林嘉通、林迈可、邓之诚等一起，秘密做燕京学生的工作，动员爱国学生到中共和解放区去工作，或者转移到西南大后方去。燕京学生去解放区的路线和方式是：由张东荪或燕京大学其他爱国教授以"郊游"的名义带学生到西山去，决定去解放区（或大后方）的学生都准备好，每次去"郊游"的有七八个学生，回来时只有四五个。"留"下的学生由地下党安排并护送到解放区，其余同学都"游玩"后重回学校。1940年以后，向西山送学生的工作更加紧进行。王定南将从北平去西山解放区的路线详细地告诉了张东荪。

1941年初，日美关系逐步恶化，司徒雷登召集张东荪等五位教授代表，开会商

[1]《张东荪检讨底稿》（1952年，未刊）。

[2]《张东荪检讨底稿》（1952年，未刊）。

讨学校应付事宜。张东荪提出，应该尽早解散燕京大学，将教员和学生疏散到中共控制的解放区，或者撤退到西南大后方。他后来追忆说："我在会内与会外曾提出一个主张：就是不必等到正式开战而学校即自己先行解散。把教员与学生依其志愿分别安顿：愿留在北平，则听其留在这里；愿意到重庆去的，设法帮助他们前去；愿意到八路军区去的亦同样设法帮助之。虽然到重庆去的路线比较困难，但到八路军区去却是容易的。"[1]

四是帮助八路军和地下党购买药品和物资。当时，张东荪一家住在京西王家花园，此花园内有两处相距不远的房子，一处由张东荪夫妇及子女住，一处由张东荪的嫡兄张尔田住。居所比较偏僻，不引人注意，便于与外界联络。这里成了中共地下党的一个秘密联络点。据张东荪的家属后来回忆,从西山八路军区来的中共交通员，往往是一副土里土气的农民打扮，来到张家后，经过一番化装，便西装革履地进城执行任务。当时地下党进城的主要任务是购买急需的药品和医疗器械。张东荪除了掩护地下党的活动外，还通过自己在北平的关系为八路军购买药品，有时通过向西山送学生将这些药品和器械转给八路军。据说，张东荪与燕京大学的一位叫吴继文的校医关系很好，并且来往密切。吴继文思想比较进步，自己开有一个诊所，购买医药比较方便。张东荪通过他的关系曾为地下党搞到不少药品。

不屈日寇淫威，重新与中共建立联系

1941 年 12 月 8 日，日本发动太平洋战争，向美国宣战。早晨，燕京大学英籍教授林迈可得知此消息后，立即骑着自行车逃往西山，进入中共的解放区。日本宪兵包围并解散了燕京大学，逮捕了张东荪及林嘉通、陆志韦、赵紫宸、洪煨莲、邓之诚等有抗日嫌疑的燕京教授。张东荪后来说："日本宪兵早把我的行为纪录下来了。他们注意我恐怕有二三年之久。要想作漏网之鱼，那是决无可能的。"[2]

张东荪等人先被关在西苑日本宪兵队，不久被押到设在沙滩旧北京大学红楼的日本宪兵总队。他与赵紫宸关在 16 号牢房。在这里，日军宪兵安达弘数次审讯了他。关于当时的情景，张东荪后来回忆说："到了第二天，我又被传到审讯室。他首先问我：你讲一讲和陈独秀组织共产党的情形。……我不禁愕然。我遂反问：何以知道我组织共产党？他乃拿一个日本文的杂志给我看。那个杂志上有一篇文章关于中国共产党的起源。幸而我看见其中所列的姓名尚有周佛海。我笑向他说：我和陈独秀确是朋友。在五四以

[1] 张东荪：《狱中生活简记》，《观察》杂志第 2 卷 13、14、15、16、17 期，1947 年 5 月 24 日至 6 月 21 日。

[2] 张东荪：《狱中生活简记》，《观察》杂志第 2 卷 13、14、15、16、17 期，1947 年 5 月 24 日至 6 月 21 日。

后，在上海渔阳里确是常见面。但他后来发起共产党未邀我参加。”此后，张东荪又被审讯过两次。“一次是希望我答应与汪政府合作。我便以狡猾的态度对付之。我说：我一向是个国民党的反对者。汪精卫是国民党。决不能与之合作。他亦明知我的意思，便说道：我知道你还是承认蒋介石的。第二次却更为奇怪。是要求我向在拘留中的中国共产党员加以劝诱，使其感化，可以招供。……我遂回答：共产党不是捉、打、杀所能扑灭的。你们日本军何必来管中国的事，因为共产党是中国政治上的一个问题。他听了似还相信，即此作罢。”[1]

1942年1月10日，日本宪兵经过侦察，将被捕同学及教职员数人，以无罪开释。2月10日，张东荪等11人被移到炮局胡同陆军监狱，接受日本军事法庭的候审。在这里，被关了四个月零10天。刚开始时，11人被关一处，1周后，便被隔离，1人1室；4月1日后，又改为2人或3人一室。“如是自冬至夏，又历4月。洪煨莲先生、邓之诚先生、刘豁轩先生首先被释，赵承信先生亦于大病之后相继出狱，陆志伟先生则因重病移养于道济医院，所余张东荪先生、蔡一锷先生、赵紫宸先生、林嘉通先生、陈其田先生、侯仁之先生共6人”[2]。

在狱中，具有中国强烈民族意识并抱定“士可杀不可辱”信念的张东荪，为了反抗日寇的凌辱，曾自杀四次而未遂，并与日本看守厮打，不屈服日寇的淫威。对此，洪煨莲在《六君子歌》中称赞他说：“张公谩骂如狂癫，溷厕败帚执为鞭，佩剑虎贲孰敢前”[3]。赵紫宸也作赋《虞美人·咏张东荪》曰：“论情之子真堪爱，谈笑风流在，只愁孤坐不愁关。拦住白衣胡乱诌温寒。隔墙听去浑如乐，赞美黄金粟，孰知常抱杞人忧，正似乌云重叠满天浮。”[4]

1942年6月9日，日军组织军事法庭，对张东荪等6人进行“审判”，18日宣判。张东荪以“向学生灌注抗日思想，并选拔学生，资送他们到重庆治下，增加抗日力量”等罪名，被判一年半徒刑，缓期三年。他在写了一份保证书（声明出狱后不离开北平）后，由张东荪的夫人吴绍鸿女士暂时作保，接回家中。这样，张东荪终于经受住了日伪的威胁利诱，保持了一个中国知识分子高尚的民族气节。对此，当时人们就称赞说：“日本人的意思是要他和他们妥协，但是‘威武不能屈’是中国自古以来读书人的气节，他预备死在监狱里。日本人没法，终于在监禁了数个月以后，把他放了出来，然而他

[1] 张东荪：《狱中生活简记》，《观察》杂志第2卷13、14、15、16、17期，1947年5月24日至6月21日。
[2] 《燕大双周刊》第2期，1945年12月8日，第3页。
[3] 洪煨莲：《六君子歌》，《燕大双周刊》第2期，1945年12月8日。
[4] 赵紫宸：《虞美人·咏张东荪》，《燕大双周刊》第2期，1945年12月8日。

们暗暗地仍旧派特务监视着他，而他，却也仍旧暗暗和八路军取得联络，供给他们情报，做着他能做的地下工作。并不怕被被人诬为共党分子而不抗日，不争取人民的胜利。这是一个考验，在这个考验中，张先生第一次在人们面前表露了他的庄严的节操。”[1]

张东荪被捕后，在叶笃义的帮助下，张家从王家花园搬到城里大觉胡同，借一个姓刘的房子居住。张东荪出狱后，日本人要求他必须另外找一个正式保人。当时没有人敢为他作保。伪北平市长刘玉书为了拉拢张东荪,便自告奋勇,出面作保。此时，日伪华北政府企图让他出掌北平教育，王克敏、刘玉书经常到张东荪，劝说张东荪，张东荪都以各种借口拒绝了。

在未出狱时，张东荪害怕以后日本人逼迫他出来当汉奸，便萌发了离开北平到中共领导的解放区的想法，后来因病没有成行。他后来回忆说:“当时我有一个意念，就是出狱后立即逃上西山，因为王定南已将路径全早告诉我了。孰知出狱时正大病，一病就有一个月之久。以后却不见日本人来十分强迫去做事，所以亦就无须如此了。”[2]

在张东荪被捕的同时，负责与张东荪联系的中共党员王定南也被日寇逮捕，但很快王定南便出狱。随后，日本人侦知张东荪与共产党地下党有秘密联系。这对张东荪是致命一击，因为日本人在关押张东荪的半年多时间里，虽指控张东荪秘密向西山送学生，等毕竟没有抓住真凭实据，而此时得知张东荪与中共有联系，也感吃惊。然而，比张东荪更吃惊、更害怕的是替张东荪作保的伪北平市长刘玉书。当刘听说后，做梦也想不到一贯反对马克思主义的张东荪会与中共秘密联系。为了说服日本人解除这个疑虑，刘玉书便将30年代张东荪反对马克思主义的文章和书籍收集起来，交给日本人，证明象张东荪这样激烈反对马克思主义的学者无论如何也不可能与中共联系。日本人大概也并没有抓住真实证据，看到刘玉书态度这样坚决地为张东荪作保，也就不再追究。对此，张东荪说：“只是由日本华北派遣军参谋长有未出面，邀在日本大使馆一问，我即扶病而去，到时甚为优待。由日本原田翻译官作翻译。并未问及王定南案，只是劝我参加伪政府。我当时以病为推，即此了事。”[3]

尽管张东荪又逃过了一次厄运，但他对王定南已经失去了信任，与中共地下党的联系也一度中断。对此，叶笃义回忆说：“张东荪被捕以后，王定南也被日本逮捕了。

---

[1] 陈尉：《革命学者张东荪》，《现代新闻》第5期，1947年6月。

[2] 张东荪：《狱中生活简记》，《观察》杂志第2卷13、14、15、16、17期，1947年5月24日至6月21日。

[3] 张东荪：《狱中生活简记》，《观察》杂志第2卷13、14、15、16、17期，1947年5月24日至6月21日。

王定南在狱里设法送出信来，间接通知我赶紧离开唐山。我以母亲病重为借口，向开滦矿务局辞职，离开唐山，搬往北平。王定南在张东荪释放之后也被释放。王定南出狱以后，仍然同张东荪和我联系。他说他在狱里并没有变节，仍然代表党。究竟是真是假，须到解放区去查询。”[1]

在被捕入狱期间，张东荪的学生姚继鸣也被捕。张东荪很快得知他也是一位中共地下党员，便想通过姚继鸣重新建立与中共的联系。但姚表示不能代表中共与他联系，只表示可以代为牵线。通过姚继鸣的介绍，1943 年 6 月，张东荪派叶笃义直接与十八集团军总部联系，并希望能与中共建立一个书面的协定。对此，叶笃义回忆说：“姚继鸣说他不能代表党同我们联系，但他可以介绍我到十八集团军总部去调查王定南是否仍然代表党，假如他已失去了关系，我可以向十八集团军请求调派一个人来同我们联系。由于姚继鸣的关系，我在 1943 年 6 月到了晋冀鲁豫边区十八集团军总部。临离开北平的时候，张东荪对我说，为了同党进一步靠拢，希望和党建立一个书面的协定。”[2] 这样，叶笃义与张云川便代表张东荪前去与八路军总部联系。

关于与十八集团军总部联系的情况，叶笃义后来回忆说：“到达十八集团军总部，彭德怀副司令员亲自同我接头。彭老总答应可以同张东荪签订一个书面协定，并说王定南已失去了党的关系，没有另派一个人同张东荪联系。我代表张东荪（我用的是‘叶茂荪’的名字）同彭老总签订了一个‘七七’协定——1943 年 7 月 7 日签的协定。协定中规定抗日战争期间，双方合作配合军事行动，进行瓦解伪军、伪组织；抗战胜利后，双方合作推行和平民主建国方针。”[3]

叶笃义很快便回到北平，向张东荪作了汇报。1944 年初，中共改派殷之钺（张家人亲切地叫他“小殷”）负责与张东荪联系（直到抗战胜利）。这样，张东荪与中共地下党重新建立了联系。日本投降后，张东荪介绍中共地下党员殷之钺用“殷冷”的名字参加民盟，但不久殷的身份暴露，无法再在盟内工作，被迫调往他处。

张东荪此时在大觉胡同的寓所，是一个进出比较方便的多重院落。小殷是一位很精干的上海青年。他经常与张秘密谈论政局、交换情况，与张家关系处得很好。张东荪此时的主要兴趣是撰著《思想与社会》和《理性与民主》两书。1943 年底，他已经完成了《思想与社会》；1944 年初开始撰写《理性与民主》，到抗战胜利时基本脱稿。据说，

[1] 叶笃义：《我和张东荪》，《文史资料选辑》增刊第 2 辑，中国文史出版社 1987 年 6 月版。
[2] 叶笃义：《我和张东荪》，《文史资料选辑》增刊第 2 辑，中国文史出版社 1987 年 6 月版。
[3] 叶笃义：《我和张东荪》，《文史资料选辑》增刊第 2 辑，中国文史出版社 1987 年 6 月版。

当《思想与社会》写完后，张东荪曾抄录了好几套，以备不测。

日本宪兵虽然假释了张东荪，但仍对他进行秘密监视。日本宪兵安达弘每个月必到张家一趟，主要是劝张东荪出山，为日本人做事;同时，察看张东荪是否逃离北平。张东荪每次都闲谈一番，敷衍过去了事。有时，当中共地下党正在张家时，碰巧日本宪兵安达弘也来，张家人赶快将地下党转移到后院，从另外一个门撤离。在非常险恶的环境中，张东荪与中共地下党保持着稳定的联系。

早在1941年3月,张澜、罗隆基等人在重庆秘密建立了中国民主政团同盟。1943年，张东荪从张云川处得到了一份中国民主政团同盟的纲领。为了与西南大后方取得联系，1944年初，张东荪派叶笃义由北平秘密到重庆，代表自己参加民盟。临行，张东荪让叶将自己所著的一份《思想与社会》(手稿）带到重庆出版，“并送一个稿给周恩来和张闻天”[1]。1944年9月，中国民主政团同盟召开会议，将名称改为中国民主同盟，张东荪被选为中常委，负责组织和领导民盟华北总支部。

1944年底，叶笃义返回北平，向张东荪介绍了大后方的情况，并传达了民盟会议的决定。经过一段时间的筹备，1945年初，张东荪在北平成立民盟华北总支部。总支部委员共六人：张东荪、叶笃义、曾琪、林可玑（曾、林是青年党)、周鲸文、张云川，张东荪为主任委员，林可玑负责组织工作，叶笃义负责宣传事务。民盟华北总支部的成立，为抗战胜利后民盟在华北的发展打下了一定的基础。

[1] 叶笃义:《我和张东荪》,《文史资料选辑》增刊第2辑，中国文史出版社1987年6月版。

十 旧政协的座上客，中间路线的倡导者

抗战结束后，毛泽东亲赴重庆，与蒋介石进行和平谈判。张东荪坚决主张在和平的基础上实现民主，赞同中共提出的联合政府主张。在政协会议期间，国民党极尽手段拉拢张东荪，蒋介石及其要员分别宴请。然而，张东荪没有改变一贯坚持的对国民党的批评立场，拒绝参加国民大会，致力于调停国共两党冲突，并提出了带有明显折中色彩的“中间路线”。只是这一路线尽管在政治、思想和社会各方面影响广泛，却终究无法真正地付诸实施。

[赞同建立联合政府,参加政治协商会议]

[拒绝参加国民大会,努力调和国共冲突]

[折中资本主义与共产主义,提出中间性的政治路线]

十 旧政协的座上客，中间路线的倡导者

赞同建立联合政府，参加政治协商会议

抗战结束后，和平与民主成为世界发展的主流，中国各界人士也极力渴望和平与民主，并为此而努力。1945年8月28日，中共领袖毛泽东赴重庆，与蒋介石进行和平谈判，于10月10日签订了《国共谈判纪要》，两党都表示要在和平与民主的前提下，通过协商方式解决战后问题，建立联合政府。重庆谈判在军队、国民大会等关键问题上虽未有实质性进展，但国民党答应结束训政，实行宪政，"召开政治协商会议，邀集各党派代表及社会贤达协商国是，讨论和平建国方案及召开国民大会各项问题"。1945年8月15日，民盟发表了《在抗战胜利声中的紧急呼吁》，提出了"民主统一、和平建国"的口号。10月初，民盟召开临时全国代表大会，在它所通过的《政治报告》中，确定民盟的任务是"研讨怎样把握这个千载一时的机会，实现中国的民主"[1]。这样，1945年下半年，中国各种政治势力把注意的焦点集中在政治协商会议上。

抗战胜利后，张东荪在北平创办了《正报》，作为自己的舆论喉舌。1945年9月1日创刊，它的有特色处在于"社论"和后来开辟的《社会研究》、《哲思》等副刊。在《发刊辞》中，他说明办《正报》的目的，是使受日寇奴役的华北民众"一吸自由空气"，"目的使其得为大家的公共喉舌"；它的名字"取态度中正、与新闻正确之意"。张东荪认为，抗战是"民主与霸道"之战，抗战胜利是民主的胜利，今后中国应走上民主道路，为此必须特别注重民主习惯的训练，提倡言论自由和理性主义。他说："今后的中国要在民主中生活，要在民主中竞争为最民主者。所以国人……先从自己造成民主式的生活习惯做起。同人不敏，发起这样的一个刊物，其目的亦就在此，就是同人用此为言论自由的一个练习所。"[2] 他指出，民主与和平是今后世界发展的潮流，今后中国必须走上这样的道路，中国今后问题完全在于"民主之正假"问题[3]。随后，张东荪在《正报》上发表了许

[1] 《中国民主同盟临时全国代表大会政治报告》，《中国民主同盟历史文献》（1941—1949），文史资料出版社，1983年版，第71页。

[2] 《发刊辞》，《正报》1945年9月1日。

[3] 《民主主义是一个道德观念》，《正报》1945年9月6日。

多《社论》，指出“唯有大家都行民主政治，世界才能有永久和平。”[1] 他赞同成立联合政府，希望国共双方通过和平谈判解决争端，并提出：“目前政局，应采取以下步骤：(一) 各党派联席会议；(二) 过渡的联合政府；(三) 国民大会；(四) 正式民选政府。”[2] 从10月18日到11月1日，张东荪在《正报》上连载了《一个提供大家参考的建国方案》，继续并发展了30年代“修正的民主政治”的主张。

张东荪分析了中国与世界形势发展的趋势，坚决主张在和平的基础上实现民主，赞同中共提出的联合政府，希望通过国内各种政治势力间的政治协商方式解决战后重大问题。这些主张，触到了了国民党一党专制的痛处，在当时刚刚从日伪统治下解放的北平民众产生了很大影响，自然遭到了国民党当局的嫉恨和压制。从1945年10月1日到12日，不允许刊发《社论》，甚至10月4日被罚停刊1日。11月下旬张东荪赴重庆参加政协会议后，《正报》便被迫停刊。

经过国共两党的反复协商，最后决定政协会议由五个单位38名代表参加。国民党8人，共产党7人，民盟9人，青年党5人，无党派人士9人。张东荪和张君劢以国家社会党领袖的身份，代表民盟出席政治协商会议。11月25日，张东荪向燕京大学请假，到重庆参加政协会议，住在上清寺特园鲜英家，也就是当时民盟总部所在地。他一到重庆，便成为舆论界关注的人物。重庆《新民报晚刊》记者浦熙修首先采访了他。张东荪本其对国民党一贯的批评态度，对国民党在接收中改编伪军、大发横财的腐败与无能行径进行了激烈的抨击，指出国民党“中央接收大员在收复区未能得人心”，表示了对国民党政府的失望和不满。他认为，中国目前急需的是实现“政治民主化”与“军队国家化”，为此，国民党与共产党都要调整其方针政策，“政府和共产党都应有所修正。今天的政府应真正施行民主。国民党该做个真正的民主国家底下的政党。共产党要修正的是军队国家化。但这要双方同时国家化，如一方说不在军队中设党都是不行的。中国无需太多的军队，该赶紧缩编，将来的国防是建筑在集体安全之上。”[3] 这是张东荪到重庆后首次向外界发表自己对于战后政治问题的主张。

从1945年11月到1946年1月政协会议开幕的一个多月里，张东荪与在重庆的众多朋友相聚，交换对于时局的意见，并与民盟、中共各领袖讨论了政协会议的若干问题。12月19日，张东荪与张澜等人访中国政协代表团，与周恩来、董必武等人

[1] 《日本战败的涵义》，《正报》1945年9月3日。

[2] 《国民大会与联合政府》，《正报》1945年9月12日。

[3] 浦熙修：《访问张东荪先生》，重庆《新民报晚刊》1945年11月29日。

就政协有关问题交换意见。他先后参加了中国经济事业协进会、民盟重庆支部茶话会、青年党欢迎会、民主建国会招待会，在与各界人士交流意见的同时，不断阐述民盟及自己对于政局的意见。

张东荪认为和平与民主是中国政治发展的潮流，但在实行过程中，要防止国民党当局实行假民主，并且真正的民主要靠中国人民自己来争取，不应对美国抱太大希望。1945 年底，在谈到马歇尔来华时，张东荪说："中国的事情复杂得很，民主就可能假造。不过，揭露这种黑幕，使假民主变成真民主，这不能靠外国朋友，还要靠国人自己来揭露，来争取，这是中国人民的责任，是责无旁贷的。"[1] 他强调指出，目前要实现民主并非易事，要靠各界争取，不能仅靠政协会议。"我们做代表只能如当哨兵，哨兵打死了，要有军队赶上接替!" 他表示要本着调停国共关系、争取真民主两个原则尽到一个政协代表的责任[2]。他说，"政治协商会议是民主的开端。这是我们争民主的第一阶段，因此我们应予以重视，并表示他们出席政治协商商议是代表盟员的意见，以盟员的意志为意志的。"[3] 他表示在政治协商会议上，"各方固应有忍让精神，但人民基本自由不能轻易舍让，政府到应尽先施行保障。"[4]

1946 年 1 月 10 日，全国各界瞩目的政协会议在重庆国民政府礼堂正式举行。蒋介石代表国民党政府致开幕词，并在各界的压力下向人民保证了四项诺言：保障人民的言论、出版、集会、结社及身体自由，各党派在法律面前一律平等并可以公开活动，实行自下而上的普选，释放政治犯。11 日，召开第二次大会，主要议题是讨论军事问题。先由国民党代表张群报告国共两党停止军事冲突的商谈经过后，民盟代表梁漱溟提出应首先考虑政治民主化，然后再讨论军队国家化。据当时以政协联络秘书的身份列席会议的国社党人蒋匀田回忆："所有在野人士，都认为必先政治民主化，始有军队国家化的希望。所以讨论及政协大会议程问题时，民主同盟代表梁漱溟先生即强调：将督促实施双十会谈纪要中之人民自由、党派合法、限制特务、释放政治犯等项列于议程中。" 国民党代表张厉生、王世杰、邵力子等反对梁的提议。梁漱溟坚持认为：国民党去年也曾宣布保护人身法令，至今毫无动静。为使宣布之事不至落空，必须督促之。若不实施，政协会议必予以延期，必须看了实施才算。因此确保人民自由问题，而引致政协议程问题之争执。张东荪支持梁的提议，向国民党建议说:

[1] 《新华日报》1945 年 12 月 23 日。

[2] 《新华日报》1945 年 12 月 24 日。

[3] 《新华日报》1946 年 1 月 7 日。

[4] 《新华日报》1946 年 1 月 9 日。

“今日议程为国共会谈经过报告，及组织军事考察团人选问题。至于人民自由权利之实施，由政府在一星期内作报告，再定会商议程。”他的建议得到了中共代表周恩来、董必武和无党派代表王云五等人的赞同[1]。

1月14日，政协进行第四次大会，王世杰代表国民党提出了改组政府的方案，强调国民党的领导地位及主席否决权与应急权的重要；却回避了各界关注的人民基本权利的保障问题，因而引起了张东荪等人的强烈不满。张东荪起而发言，提出国民党政府必须首先保障人民自由权利，然后才有讨论政府改组的前提。他说：“在结束训政，开始宪政之时，单谈改组政府不够。因为由一党政府变为多党政府，而不谈人身自由，一般人民对多党亦将失望。假如没有人身自由，即使各党加入政府，亦将无所施为。开幕时当局宣布之四项保障人民办法，在讨论改组政府以前应先做到。那么进行政府改组时，才有很大的帮助。”他向国民党代表质问道：“如何做到保障人民的自由，照议事日程五天交换意见的结果，希望于星期六会议，政府即对此有具体的报告：何种条文已明令作废？政治犯已释放若干？有些法规，经立法院通过者，须经立法院废除。而有经国民政府、中宣部、社会部颁布者，一天内即可予以废止。政治犯可分批释放，特务机关即可明令裁撤。政府对以上应有明白报告。即使不能做到百分之百，也应做到百分之九十或八十。”他坚决反对王世杰在改组政府方案中强调“国民党为第一大党，应有特殊地位”的主张，对邵力子“先要政治休战，方能保障人民自由”的论调也给以批驳，认为“只要政府有决心，强者应先让若弱者。”[2]

张东荪的质询，立即得到了梁漱溟的支持。梁接着质问：“请先告诉我们做了甚么？如得不到报告，不愿谈其他问题。”面对张、梁的质问，国民党代表显得很被动。陈布雷代表国民党回答说：“万不可以人民自由为条件，而不商讨其他各案，此非协商之精神。”认为政府近年“确已向保障人民自由之路努力”，“事情必须慢慢来”。对于国民党代表的辩护，张东荪讥讽他们是“饱汉不知饿汉饥”，并坚定地表示：“对于人民自由之保障，愈快愈好；而对政治事件，倒不妨慢慢的商量。故请政府对保障人民自由之诺言的实施，必须予以报告。”[3]

张东荪提出的尽快释放政治犯的建议，得到了中共、民盟和部分无党派代表的赞同。中共代表周恩来激昂慷慨地向国民党代表表示，希望尽快释放张学良与杨虎城。

[1] 蒋匀田：《中国近代史转折点》，香港友联出版有限公司1976年11月版，第11页。

[2] 蒋匀田：《中国近代史转折点》，香港友联出版有限公司1976年11月版，第19页。

[3] 蒋匀田：《中国近代史转折点》，香港友联出版有限公司1976年11月版，第19～20页。

对于自己在政协会议上的活动，张东荪后来总结说："著者在政协会中除为人民争自由外很少发言，后来亦非万不得已不说话，不外乎总想不要因为个人言论而致民盟在国共桥梁的地位受影响。"[1]

1月15日上午，政协召开第五次大会，大会分为改组政府、施政纲领、军事、国民大会和宪法草案等五组。张东荪分在军事组，该组成员有国民党代表张群、邵力子，中共代表周恩来、陆定一，青年党代表陈启天、杨永浚、民盟代表张东荪、梁漱溟,社会名流代表缪嘉铭、胡霖等共10人。张东荪与胡霖为该组的召集人。同时，张东荪还兼任政协综合委员会成员。分组委员会的委员名单公布后，五项问题协商的重心，便由大会转入小组。

在政协会议所讨论的五项议题中，最重要、争论最激烈的是军事问题。国民党坚持其"军令政令统一"的既定方针；青年党提出《停止军事冲突实行军队国家化案》，表面上主张政治民主化与军队国家化并重，实际上是"军队国家化为政治民主化的必要条件"，与国民党的主张相似。1946年1月初，张东荪发表《政治协商会议与国防新案》，他本着"政治民主化"、"军队国家化"原则，认为"民主是一个具有程度的东西"，现在中国需要的是"民主之起码的基本条件"，他提出了三条解决军队问题的方案："(甲) 寓兵与全民；(乙) 取消所有常备的职业兵；(丙) 使军队等于专门学者（即科学家），超然于政党以外，而给以最优厚的待遇，使其安心任事。"[2] 民盟在1月16日提出的《实现军队国家化并大量裁兵案》，主张："全国所有军队应即脱离任何党派关系，而归属于国家，达到军令政令之完全统一（现役军人脱离党籍）"；大量裁减常备军额。为此，应立即成立整军计划委员会，由国共两党人员参加，可聘美国军事专家为顾问。民盟关于军事问题所提出的方案，与张东荪个人主张基本相同。

周恩来重申了中共在军事问题上的一贯主张，他说：我们同意军队国家化，但是不能"先有军队国家化，然后才能政治民主化"，必须两者同时并进，使军队成为人民的军队。国民党、中共之间的分歧虽很严重，但在小组讨论中并没有发生激烈的论辩，最后在赞同"军队国家化"的原则下，"只是分别提出报告，惟待小组协商时，实现此一目标的程序而已。"[3] 最后勉强达成了《关于军事问题的协议》，通过了"军队属于国家"、"军党分立"、"军民分治"、"以政治军"等原则，但并没有解决实际问题。

---

[1] 张东荪：《和平何以会死了》，《时与文》第3期，1947年3月28日。

[2] 张东荪：《政治协商会议与国防新案》，《民主生活》（重庆版）第2期，1946年1月16日。

[3] 蒋匀田：《中国近代史转折点》，香港友联出版有限公司1976年11月版，第27页。

军事问题达成原则性协议后，国民大会问题成为政协会议争论的重点问题。争论的焦点集中在1936年所选的旧国民大会代表是否有效问题上。国民党坚持旧有代表有效，只同意增加代表名额；民盟与中共代表意见一致，强调旧代表必须重选。张东荪也坚决反对旧代表有效，主张国民代表重新选举。他在大会发言中声明："（一）民主同盟主张改选，并非有意破坏政府的信用，而迫使五五国大延期。（二）旧代表如系代表民意，第二次亦能当选，决不反对任何个人。（三）如自由选举后，国民党仍占多数，众皆甘心。譬若赌博，赢家手法高明，输家自然甘心。如做手术，则输家必不甘心。（四）民主同盟主张改选，并非民主同盟想占多数。"[1]

1月30日，政协会议胜利闭幕。经过各方面的激烈讨论，中共团结民盟及无党派代表，迫使国民党作了较大让步，在改组政府、施政纲领、军队、国民大会、宪法草案五个问题上达成了协议。会议通过的五项协议，基本体现了中共和民主人士的基本要求；会议再次确定了和平建国方针，否定了国民党的独裁内战方针；确定了国会制、内阁制和省自治制的政治制度。这些政治制度，既不同于国民党的一党专制，又不同于中共的新民主主义政治制度，基本上是资产阶级的民主共和国的政治制度，集中体现了以民盟为代表的资产阶级和小资产阶级民主主义者的政治要求。因为它是对国民党一党专政和蒋介石独裁统治的否定，反映了当时全国人民的要求，加之又与中共的新民主主义相似，所以得到了中共的赞同。张东荪作为参加政治协商会议的民盟代表，为达成五项协议尽了一些努力。

在政协会议期间，国民党对通过各手段拉拢张东荪，希望他能够改变对国民党的批评态度，赞同和默许国民党的提案。张东荪刚到重庆，国民党中央组织部长陈立夫便宴请张东荪；政协会议期间，蒋介石及国民党要员张群、吴铁城等分别设宴款待张东荪和张君劢。据罗隆基回忆，"据我所知，国民党反动派当日不仅对我耍了这套把戏。他对民盟其他代表亦派定专人，分别进行拉拢和联络的工作。举例来说，在政协进行期间，国社党的张君劢、张东荪居然成了宾客盈门，应接不暇的红人，国民党除经常派人个别地同他们保持个别接触外，1月21日蒋介石特别设宴款待张君劢、张东荪。1月22日张群、吴铁城又设宴款待国社党的两个巨头张君劢、张东荪。据当时报纸报道，在这两次宴会上都进行了长时间的谈话。张君劢、张东荪两人在此以前并不是政治上的红人，特别是张君劢，在抗战前在上海的时候是被国民党的特务绑过票的。到了现在，蒋介石以国民党总裁和中华民国主席的身份，居然躬

[1] 蒋匀田：《中国近代史转折点》，香港友联出版有限公司1976年11月版，第29～30页。

亲其事地盛宴招待他，这岂是毫无目的的寻常应酬吗?”[1]

然而，张东荪并没有被国民党拉拢去，也没有改变一贯坚持的对国民党的批评立场，更没有放弃自己独立的政治主张。

1946 年 1 月 16 日晚，政协军事问题达成协议后，张东荪与郭沫若在沧白堂政协会议讲演会场报告政协会议情况时，受到国民党特务的捣乱，张东荪拍案而起，怒斥国民党特务的无耻行径。当时《新华日报》是这样报道事件经过的:“张东荪先生说，人民太苦了，抗战结束了，要这些军队干什么，我们要大裁兵，全国军队同时公平整编，以后军队要成为国防军，不能再有党军。张先生话还未完，台下忽然跳出了十几条壮汉，指着张先生说:‘政府军队是国军，不是党军。’几十条壮汉对着张先生同声齐喊，他们以打手姿态出现的这种行为，惹怒了张先生，张先生声色俱厉的说：‘是国民党的党军，不是国军。’在群情激怒之下，特务这才不作声了。……因为国民党特务的挑衅和有计划的捣乱破坏，讲演会就告结束了。”[2]

1946 年 1 月 30 日，政协会议圆满结束，在五个问题上达成了协议。但国民党内部出现了较大的分歧，主战派在随后召开的六全二中全会上，否定了政协决议，执意发动内战。

政协会议达成的五项协议，的确是民主势力的一次胜利，是国民党政治上的一次失败。张东荪清醒地意识到，要把这些纸上的协议付诸实施，还需要加倍努力。1946 年 2 月 6 日，张东荪在中央大学讲演时，他强调说：“现在对于政协会的要求就是希望兑现的问题。”[3] 2 月中旬，张东荪从重庆回到北平，继续在燕京大学哲学系任教。随后，他在为燕大学生作了几次关于时局问题的演讲，强调政协会议决议付诸实施的重要性[4]。

拒绝参加国民大会，努力调和国共冲突

政协会议后，国民党极力破坏五项协定的实施，并悍然发动了内战。在这种情况下，国民党并没有完全放弃舆论攻势，仍然决定召开国民大会，摆出一副“还政于民”的姿态。依据政协协议规定的程序，国民大会的召集应在政协各项协议次第付诸实施后，由各党派协商制定宪法草案，确定召开日期。但国民党却公然违背政协决议，

[1] 罗隆基:《参加旧政协的一些回忆》，《文史资料选辑》第 20 辑。

[2] 《新华日报》1946 年 1 月 17 日。

[3] 《张东荪说：现在对政协的要求就是希望兑现》，《新华日报》1946 年 2 月 7 日。

[4] 见《张东荪先生讲政治协会商议经过》，《燕大双周刊》第 7 期，1946 年 3 月 6 日。

决定1946年11月12日召开国民大会，要求各党派速交参加国民大会代表名单。为了诱使各党派参加，11月12日，蒋介石又宣布国大延期3日，以待中共及民盟交出参加国大人员名单。对于国民党的非法国大，中共坚决抵制，拒绝参加。早已经投入国民党怀抱的青年党公开脱离民盟，宣布参加国民大会；国民党继拉拢青年党脱离民盟后，又企图拉拢民社党脱离民盟，并向民盟施加压力，希望他们参加国民大会，以孤立中共。这样,作为民盟和民社党领袖之一的张东荪,经历了一次严峻的政治考验。

1946年8月，张东荪与张君劢领导的中国国家社会党与伍宪子、李大明领导的主要在海外活动的民主宪政党合并，成立了中国民主社会党，简称“民社党”。张君劢为主席，伍宪子为副主席，张东荪为中央常委。民社党成立后，在是否参加国民大会这个重大原则问题上，立即产生了严重分歧。

民社党骨干徐傅霖、伍宪子、蒋匀田等人主张参加国民大会。“他们缘于渴望中国变成立宪政府多年，所以不愿放弃此一机会，因此敦促君劢先生同意参加。”张君劢一生从事宪法研究，并且是提交国民大会讨论的《中国民国宪法草案》的主要起草者，他渴望在中国通过一部真正的宪法。所以，也赞同民社党参加国大，以便通过宪法。为此，他“乃允予在求得保证通过政协宪草条件下参加。”[1]随后，张君劢致函蒋介石，表示了如果张君劢起草的宪法草案能够在国民大会通过，民社党可以考虑参加。蒋介石立即回复张君劢，保证通过宪法草案。在得到蒋介石的书面保证后，张君劢决定民社党参加国民大会。为了坚定张君劢的决心，国民党当局还动员张君劢的弟弟张公权出面做张君劢的工作。

以张东荪、梁秋水、孙宝毅、叶笃义等为代表的民社党部分党员、特别是华北地区的党员，坚决拒绝参加，不愿使民社党充当国民党的工具。张东荪的理由是:“中共不参加，纵能保证通过政协宪草，宣布为国家宪法，没有对立的政党，制衡的力量，空凭条文，亦罔有实效。”[2]1946年10月，当张东荪闻讯民社党将参加时，便与梁秋水从北平飞上往海进行劝阻。于是，民社党内部围绕是否参加国民大会进行了激烈的斗争，形成了民社党的第一次分裂。张东荪一到上海，便向张君劢、蒋匀田等人解释参加国民大会的危害。他反复强调，“中共不参加，纵能照政协宪草通过，未有制衡的政党力量，亦未必能实行所通过之宪法，而有补于和平建国。况政协闭幕时，蒋主席对政协草案之采仿内阁制，及对无形国大选举总统之规定，皆极表不满，此更不应忘怀。综其过去往事，不知有多少诺言，皆未实行，一封交换保证信，即

[1] 蒋匀田：《中国近代史转折点》，香港友联出版有限公司1976年11月版，第130页。

[2] 蒋匀田：《中国近代史转折点》，香港友联出版有限公司1976年11月版，第130页。

可据以为凭吗?未免太天真了!"[1] 张东荪这番诤辩,"无人可以据理反驳",说服了一些民社党骨干。

但是,以伍宪子、徐傅霖为代表的部分民社党骨干,却坚决主张参加国大。"伍宪子先生毕生追随康梁的立宪运动,不愿放弃制宪机会的意识甚强,坚说任何在野党只应促成国家立宪的机运,焉能放弃立宪的使命呢?面对一党训政多年的过去,今幸或其保证,共同通过极合民主原则的政协宪草,甚为难得。迨其宣布为国家宪法之后,不论其有无行宪的诚意,总予我们在野者以攻击专政之法典的根据,而使其躲闪为难。"这样,在国民大会召开前夕,民社党内部便展开了激烈的论辩。神态激动的伍宪子一度声明:代表海外民社党中委的全数,主张投票决定这一争执的问题。于是双方争论达到极点。

在这个大是大非的原则问题上,张东荪没有退让。长期在张君劢身边的蒋匀田与张东荪进行长谈,解释张君劢的苦衷,希望张东荪能够谅解,并且企图说服张东荪同意民社党参加国民大会。对于这次长谈的情况,蒋匀田后来回忆说:"当晚我同张东荪先生长谈,详述我所深悉君劢先生对此问题彷徨的筹思,及其心理复杂之痛苦。据知君劢先生之弟妹,确曾苦劝君劢先生参加制宪国大。但他们的用心,非缘于讨好国民政府;而缘于君劢先生已过六旬,不愿他再有以往的遭遇。……其弟妹出于手足之爱,回忆往事,当然不愿他再因反对制宪国大,可能又有以前不幸的遭遇,所以恳劝他参加制宪。此系君劢先生对此问题心理复杂第一因素,但不是主因。主因之所在,即君劢先生于民国十一年曾费过心血,起草国是会议的宪稿,结果成空。此节往事,在其所著《国宪议》中,已有记述。此次政协宪草,系经国共双方之请托,皆由我传达,而又经顿挫草成。此一非同小可的历史因素,促使君劢向成的一面设想,而不愿其所草拟的宪稿,再成废纸。此乃情理之常,而造成党中今日复杂局面。"张东荪听后,慨然地说:"你所叙述的往事,我都知道,所以我对君劢现在所存之复杂心理设想,虽不敢苟同,然确能予以原谅。不过事关国家前途,不应只因困于个人的成败心理,以定最后之计。"[2]

蒋乘机向张东荪建议,请张东荪到南京一趟,面晤蒋介石,"恳劝他缓开国大,因那节往事,或可幸邀其考虑,甚至接受,亦未可知"。张东荪表示同意,随即与蒋匀田一起到南京面见蒋介石。"讵知变更我所要求的个人面谈为茶会招待,蒋主席虽亲到现场与东荪先生握话,并劝东荪先生不必回平;但在会众人多的场面,商谈

[1] 蒋匀田:《中国近代史转折点》,香港友联出版有限公司 1976 年 11 月版,第 169 页。
[2] 蒋匀田:《中国近代史转折点》,香港友联出版有限公司 1976 年 11 月版,第 170 页。

政事的机会实无，使东荪先生甚为失意。”[1] 张东荪感到，自己既无力阻止民社党参加国民大会，蒋介石更不可能接受自己的建议，推迟召开国民大会，于是便悄然北返，重回北平教书。

张东荪虽秘密回平、不再返沪参与民社党是否应当参加制宪国大之争论，但民社党内部关于是否参加国民大会的分歧并未解决。张东荪北返后，梁秋水因过去与梁任公的关系，被伍宪子先生说服，不再反对。但“反对参与制宪国大者仍有人在”，与张东荪关系密切的叶笃义、郭虞裳等仍然坚持反对参加国大。这样，民社党便发生了分裂，“结果乃有民社党革新派之分裂组织，而成为党史上悲惨的一页”[2]。

在国民党的利诱下，张君劢决定民社党参加国民大会。当民社党在张君劢主持下通过了《政府保证通过张君劢所提民主宪草》而有条件的参加“国大”的议决案后，就派孙宝刚专机到北平去劝说张东荪和梁秋水，要求他们亲自出席“国大”。同时，张君劢又让叶笃义赴平，约张东荪到南京，“据张君劢说一切尚未决定，专等张东荪来商量。”此时，作为民盟中央常委，张东荪远在北平，无法出席民盟中央常会，叶笃义是张东荪在民盟总部的代理人。

叶笃义是去还是不去？正当他犹豫不决时，周恩来劝说他应该到北平去劝说张东荪不要来南京。对此，叶笃义后来回忆说：“当时我本来是拒绝去的。后来周恩来到民盟总部去辞行，我顺便告诉周恩来这件事。周当时极力主张我到北平，他这样说：‘张君劢的参加是已决定的了，假如叫孙宝刚一个人去，张东荪一定来。张君劢已经下水了，何必又托一个张东荪？’我于是同孙宝刚一同到北平。在孙宝刚未和张东荪见面之前，我单独去和张东荪谈了上面的情况，劝他不要去南京。”[3] 在孙、叶来到北平的第二天，蒋介石打了一个电报邀请张东荪去南京参加伪国大，并表示派专机去接他们。

张东荪是否参加国民大会立即成为人们关注的热点。张东荪听了孙、叶介绍的情况后，更加坚决地拒绝参加国民大会。当燕大的学生特地来探问他要不要参加“国大”时，张东荪坚定地回答：“你们放心，我绝不会使你们青年人失望的，我绝不参加‘国大’”。对于蒋介石的邀请，张东荪复电，借口“燕京课忙，不克分身”，给予拒绝[4]。

[1] 蒋匀田：《中国近代史转折点》，香港友联出版有限公司 1976 年 11 月版，第 171 页。

[2] 蒋匀田：《中国近代史转折点》，香港友联出版有限公司 1976 年 11 月版，第 171 页。

[3] 叶笃义：《我和张东荪》，《文史资料选辑》增刊第 2 辑，中国文史出版社 1987 年 6 月版。

[4] 陈尉：《革命学者张东荪》，《现代新闻》第 5 期，1947 年 6 月。

叶笃义等在北平住了三天便回到南京。临行，张东荪托叶转告张君劢信："民社党交出名单之日,即我事实上脱离民社党之时。"并且致函张君劢的弟弟张公权:"君劢四十年之英名不易，望有以全之。"

然而，张君劢及其领导的民社党参加国民大会的主意已定。11月15日，民社党正式脱离民盟参加了伪国民大会。张东荪闻讯，气愤地批评说:"简直是胡闹，想做官，想做官罢了!"[1] 12月下旬，民盟中央决定，将参加伪国大的民社党清除出盟。

张东荪与张君劢自1907年在日本相识，有着40年深厚的友谊。在从晚清反清、民初倒袁、五四开展文化运动、直到30年代组织国社党、反对国民党专制，张东荪与张君劢政治观点相同，兴趣爱好相投，被人并称为"二张"。即使在艰苦的抗战岁月中，二人虽相隔万里，政治立场仍然相同，政治观点也相似，友谊深笃无比。然而，就是在关于是否参加国民大会这个重大政治问题上，二人意见相左，观点相异，终于"划地绝交"，各奔东西，不相谋面。对于二人的友谊来说，这是非常不幸的，也是他们晚年的一件憾事。

在这场是否参加国民大会的政治原则面前，张东荪克服种种阻力，毅然拒绝参加，经受住了一次严峻的考验。民社党参加国民大会，并没有得到国民党的信任和重用，也加重了内部的分歧和分裂，随后，张东荪发起并支持民社党革新派，继续与民盟一起，进行反对国民党独裁统治的斗争。

民社党参加了国民党的伪国大，而民盟坚持了政协立场，拒绝了国民党的利诱，拒不交出民盟参加伪国大的代表名单，实际上已经拒绝参加了伪国民大会。然而，面对国民党撕毁政协决议、召开伪国大、民社党退出民盟等复杂情况，民盟今后究竟应采取什么方针?为解决这些重要问题、确定今后立场和方针，民盟中央决定召开一届二中全会。

1946年12月底，张东荪从北平南下上海，参加民盟第一届中央委员会第二次会议。从12月23日到1947年1月5日，前后举行了10次预备会，3次中常会扩大会议，到会中央委员36人。会议公推张东荪与张澜、沈钧儒、黄炎培、罗隆基、史良、邓初民、张申府等9人组成主席团，为全会作必要的准备。

1947年1月6～10日，民盟在上海章伯钧寓所召开一届二中全会。张澜在会上先后作了《争取政协纲领及决议的实现要注意迎取同情与加强组织》的开幕词和《要复活被蹂躏了的政协精神》的闭幕词。民盟中央的各工作机构，也向全会作了报告。

[1] 陈尉：《革命学者张东荪》，《现代新闻》第5期，1947年6月。

全会通过了《中国民主同盟二中全会政治报告》、《目前应采取的政治主张及行动》、《关于政府改组与盟员参加地方政府》等有关政治、组织、宣传、财务一系列决议案。

对于政协会议后、尤其是当前时局，二中全会重点作了分析，认为现在和谈不能立即恢复，国共两党各有盘算，国民党的和谈是以和养战，共产党的自卫是以战求和，在此情况下，国事不能用和平协商方式解决，战争势必扩大与延长；但一方面国共双方战争的结果，只会是两败俱伤，任何一方都没有彻底消灭对方的可能，故迟早必趋于和。正是基于对当时形势的这种认识，二中全会确定的民盟的政治方针就是：坚持政协路线，调解国共冲突，恢复和谈。为此，全会提出了恢复和谈的三项先决条件和解决国事的四项政治主张。三项先决条件是：政府应首先切实保障人民的自由；政府应首先终止一切长期战争的准备；政府应切实承认并且尊重党派平等合法的地位。四项政治主张是：努力促成和谈；重新举行政治协商；实行以往的政协决议；成立联合政府。

为了巩固和扩大民盟的组织、从组织上保证政协路线的实现，二中全会通过了《拟定现况下的组织原则》、《政治计划委员会组织规程》、《设立巡视团和特派员》等一系列组织决议案。决定本同盟盟员均以个人身份参加，有绝对遵守本同盟纲领及决议的义务。这样，民盟组织由有党派盟员和无党派盟员的联合体，变成一律以个人身份参加的单一性政治团体。这个决定有利于民盟组织的扩大和巩固，有利于民盟在政治上、组织上保持一致，而对国民党反动派的分化瓦解是一个沉重的打击。正是依据这个决议，在民社党退出民盟后，张东荪以个人名义仍然留在民盟，并在二中全会上当选为民盟中央秘书处主任，华北总支部主任委员。

在拒绝参加伪国大时，张东荪就强调“民社党不参加‘国大’，对国是的前途是较为有利的，好留个余地转圈。”[1] 实际上就是要充当第三种势力，调和国民党与共产党的冲突，使中国重新走上不民主的道路。民盟二中全会确定的恢复政协路线、实现国内和平的任务，与张东荪所提出的“中间性的政治路线”主张相似，也与他拒绝参加伪国大的思路一致。所以，二中全会结束后，张东荪便以民盟中央秘书主任的身份，致力于调和国共冲突、恢复政协路线、实现国内和平工作。

为了抗议国民党非法召开伪国民大会，1946 年 12 月 19 日，周恩来率中共代表团离开南京撤回延安，但还留董必武在南京，表示和谈仍有个藕断丝连的机会。面对这种态势，张东荪认为和平之门还有一线机会。他说：“我们便要利用这个机会，

［1］ 陈尉：《革命学者张东荪》，《现代新闻》第 5 期，1947 年 6 月。

作调人再想办法，以堂堂正正的姿态，不偏于一方，不开罪两边的立场，促进协商团结。作这个斡旋和平的工作，关系国家整个前途，不是闹着玩的事，要完全保持着‘调人的资格’。”[1]

张东荪在上海逗留期间，与中共代表保持了较多的接触，曾与董必武就与国民党进行和平谈判的条件问题进行过商讨。此时，蒋介石请他到南京去晤面。张君劢闻知张东荪在上海参加民盟二中全会后，也托叶笃以转告张东荪，让他一定要到南京去晋见蒋介石。张东荪认为这是调和国共冲突的一个良机，在与董必武交换意见后便同意了。对此，当时陪同张东荪一起去南京的叶笃义后来回忆说："张君劢叫他一定到南京去一趟见见蒋介石，因为在伪国大之前蒋介石曾打电报约张东荪到南京，张东荪推说有病谢绝了，现在到了上海而不到南京去见见蒋，恐怕蒋介石要生气。这次张东荪去南京了，是拉我一同去的。我答应同他到南京，但坚决拒绝同他去见蒋介石。他见过蒋之后，对我说蒋介石曾约他参加蒋政府，他谢绝了。在南京和上海，孙科、雷震、邵力子、孔祥熙等都和张东荪见过面，是在张君劢的招待宴会上见的，这些宴会我都参加了。谈话的大致内容是大家劝张东荪参加政府，张东荪说他最好还是保留一个将来能参加和谈的身份。司徒雷登约张东荪和我吃了一次饭，谈话的内容也大致相同。张东荪对司徒雷登说他还要回到燕京大学去教书。司徒雷登最后说，将来时局发展，希望张东荪再来南京。"[2]

对于与蒋会谈的情况，张东荪后来与其孙子交谈时说：蒋和宋请张东荪吃饭，劝张东荪出席"行宪国大"，参加政府。张东荪拒绝说："最好还是保留一个将来能参加和谈的身份"。蒋介石听后，非常生气。"蒋脸色铁青，气得踢桌子下的狼狗。对这人印象实在不好"。对于这次与蒋会谈，张东荪 1952 年在检讨时说："我后来所以见了蒋匪，是想在中共条件基础上恢复和谈，这事曾与董必武先生商量过"[3]。

此时，随着马歇尔的离华，蒋介石坚定了用武力解决共产党问题的决心，丝毫没有与中共和谈的诚意，更不会听从张东荪的劝告。张东荪在南京呆了三、四天，与国民党的军政要员进行了商讨后又回到上海，住在永嘉路集益里 8 号张澜的寓所中。2 月下旬，蒋强迫中共驻北平、南京、上海、重庆的和谈代表撤回延安。3 月 9 日，董必武率中共代表团离开南京，国共关系彻底破裂，最后一线和谈之门也被国民党关闭了。张东荪被迫重回燕京大学教书。

---

[1] 陈尉：《革命学者张东荪》，《现代新闻》第 5 期，1947 年 6 月。

[2] 叶笃义：《我和张东荪》，《文史资料选辑》增刊第 2 辑，中国文史出版社，1987 年 6 月。

[3] 《张东荪检讨材料底稿》（1952 年，未刊）。

和谈破裂后，为什么张东荪还要调解国共冲突？张东荪解释说："即在政协失败以后，我一个人还奔走宁沪几次，想谋挽回，不外乎想忠告国民党把这个幻想收起来罢，拿出真正的良心来以谋合作，因为破裂的结果，我们早知道国民党并不能得到便宜。几次谈话的结果使我知道他们永远不会有觉悟，于是我乃认定中国非经过一个最悲惨的时期不可了"[1]。在这样的情况下，张东荪投入了反对内战，争取和平的民主运动中。

然而，张东荪并没有完全放弃调和国共冲突的努力。1947 年 7 月，美国派魏德迈来华"调查"中国情况。张东立即发表了《为中国问题忠告美国》一文，批评美国单方面支持国民党，反对硬要拉中国来作反苏基地，认为美国在中国问题上只有一条光明的路：就是"马歇尔初到中国来的时候所定的那条莫斯科三次外长的共同声明。内容包括三点：一是立即停止内战，二是组织联合政府；三是不干涉中国内政。"[2] 随后，他又从北平南下，奔走与南京与上海之间，为实现国内和平而呼吁，并在南京会见了魏德迈、司徒雷登，提出调和国共冲突、恢复政协路线的建议和忠告。随后，张东荪、罗隆基等人在民盟总部邀他的随员司布劳司会谈，主张美国应该使用压力迫蒋下野，使战争早停，恢复谈判，并且希望美国不要与中共对立。但张东荪等人的意见并没有起到改变美国对华政策的目的，魏德迈回国后，美国却决定继续扩大对国民党的援助，支持蒋介石打内战。至此，张东荪调解国共关系的希望彻底破灭。

民社党被民盟开除出盟，而张东荪却仍是民社党中央常委，并且是民盟秘书主任。民社党内部便有人提出开除张东荪民社党党籍。张君劢开始时以"利用张东荪为该党与中共间之桥梁"为借口没有同意[3]，但在徐傅霖等人的压力下，张君劢以张东荪、叶笃义等违反党纪，遂召开中常会，决议停止他们的党权，实际上已等于变相开除。张东荪等人拒不接受民社党停止党权之处分，也不声明脱党，同时表示将另组"独立民主社会党"，以与对抗。张东荪与梁秋水、胡海门等人从北平致函自己在上海民社党总部的代表刘景尧，并转致汪世铭、孙宝刚、郭虞裳等，指出："张君劢背信弃义，卖党求荣，弟等决另行组织独立民社党，希兄等加入共襄盛举，并已约请伍宪子、李大明两兄取一致行动，以资对抗"。但由于伍宪子对张东荪等提议另组独立民主

[1] 张东荪：《日本投降三周年感言》，《中建》半月刊第 1 卷 4 期，1948 年 9 月 5 日。

[2] 张东荪：《为中国问题忠告美国》，《现代文摘》第 1 年第 5、6 期，1947 年 7 月 20 日。

[3] 《党派活动专报》第 14 号，1947 年 4 月 15 日，见中国第二历史档案馆编：《中国民主社会党》，档案出版社 1988 年 10 月版，第 377 页。

社会党事表示不满，他致函梁秋水，责其不可轻举妄动，一切应有详密计划，并促梁即行到沪，共策进行。组织“独立民主社会党”的计划未成事实，民社党内的纠纷也一度平静[1]。

然而，1947 年春，民社党因为参加国民党政府问题又产生了分歧，导致了民社党内部第二次分裂。据国民党中央联秘处关于民社党活动情况的报告称:“改组政府声浪，日益增高，为参加政府问题，该党内部的纠纷，又应时而起。最初是参加不参加的问题。张东荪等仍坚决反对参加，张君劢等则在原则上决定参加。而张君劢所领导下之各首要份子，虽对参加政府的原则表示同意，但对参加的限度，又有不同的见解，张君劢主张参加政府四民意机关：立法院、监察院、国民参政会、宪政实施促进会。后又修改为参加到国府委员会及行政院政务委员会，不主持部务。对于参加政府采渐进政策。”[2] 孙宝刚、叶笃义、卢广声、汪世铭等人，支持张东荪的观点，主张必待政府实施政协各项决议后，再行参加。而蒋匀田等人，则主张立即参加国民党政府的各种机关，包括国府委员会、行政院、各部会以及地方政权等等。张东荪派胡海门、梁秋水代表北方民社党党员南下，劝说张君劢。双方经过商讨，虽然胡海门的态度略有改变，但梁秋水仍坚决主张不参加改组后的政府。最后，张君劢以民社党中常会主席资格，决定参加政府，并于 1947 年 4 月 16 日与国民党、青年党签订三党共同施政纲领，提交了参加政府的民社党人员名单，其中有伍宪子、胡海门、徐傅霖、蒋匀田、李大明等。

然而，伍宪子表示在党内纠纷未决前不愿就职，徐傅霖不愿做空头国府委员，李大明滞美不回，而孙宝刚、沙彦楷、卢广声、汪世铭、汤住心等，因参加政府未被提名，借口张君劢独裁及所提参加政府名单未经中常会通过，公开加以否认。坚决主张参加政府的蒋匀田也不甘示弱，声言孙宝刚等人违反党纪，应予开除党籍。孙宝刚则请张君劢摒弃宵小（指蒋匀田），纠纷越来越大。在北平的梁秋水与在香港的伍宪子先后到沪负责调解。因双方坚持成见，终致破裂。

1947 年 5 月 21 日和 22 日，民社党反对派在上海礼查饭店，召开所谓“党务革新会议”，有党员 90 余人出席，决定组织“革新委员会”。选举梁秋水、万武、卢广声、汪世铭、伍宪子、李大明、孙宝刚、金良本、左林风、卢泽之、罗坚白、姚永劢、徐善祥等 15

[1] 见中国第二历史档案馆编：《党派活动专报》第 13 号，1947 年 3 月 30 日，《中国民主社会党》，档案出版社 1988 年 10 月版，第 373 ～ 374 页。

[2] 见中国第二历史档案馆编：《国民党中央联秘处关于民社党分裂经过概述》，《中国民主社会党》，档案出版社 1988 年 10 月版，第 436 ～ 439 页。

人为委员。当场募集经费5000余万，并通过宣言，(一) 张君劢受宵小包围，逞己私图，专制垄断，已失信于国人；(二) 召开全国代表大会，检讨过去领导政策错误，决定今后方针与政治策略，并清除党内专断分子；(三) 以后凡关于张君劢对党之一切举措，完全属于其私行动，应由其个人负责。张君劢对孙宝刚等人的公开决裂和对自己的激烈攻击，立即展开反击。5月28日，民社党在上海召开第三次组织委员会(即中央委员会)，通过“信任张君劢主席案”，并议决开除孙宝刚、沙彦楷、汪世铭、卢广声四人党籍，决定于7月25日至30日，在上海召开全国代表大会。

面对民社党内部分裂的公开化，张东荪虽不赞同革新派诸人因争权夺利而导致的分裂，但还是站在革新派一边，支持其活动。革新派为了与张君劢筹备的民社党全国代表大会相对抗，希望张东荪出面领导。张东荪深知自己是不适合党派生活的人，所以，他虽支持革新派，但拒绝领导革新派。1947年暑假，张东荪再次由北平南下上海，为在国内实现和平而努力，同时参加民社党革新派第一次全国代表大会。

1947年8月15日，民社党革新委员会发起召开了第一次全国代表大会。会议在上海逸园饭店开幕，出席国内代表40名，海外代表25名，由伍宪子任临时主席。他首先作了开幕词，称：“民社党之分裂，系因政治路线不同，并非私人意见之争”。然后由张东荪以民社党顾问资格发言，希望革新派“应把握政治路线，不能见异思迁，投机取巧，”强调：“此时代之诱惑性大，犹须注意，党员应对党尽义务，而不能希望由党而猎取地位，应避免党内有派，此乃政党扩大常有之病象，应慎之于始创立民主作风”。接着会议推选伍宪子、张东荪、梁秋水、万武、孙宝刚、汪世铭、卢广声、唐才质等9人为主席团，金良本、王屏正为大会正副秘书长，并决定分组审查委员名单。大会选出中央执行委员75名，中央监察委员35名，并互选伍宪子、张东荪、沙彦楷、汪世铭、孙宝刚、卢广声、李大明等15人为中央常委，伍宪子为主席，沙彦楷为副主席。

大会通过了民社党革新派的所谓《党章》、《政纲》和张东荪、孙宝毅、梁秋水等人起草的大会《宣言》，其主要内容为：(1) 张君劢被左右三数利欲熏心之徒所劫持，违背党的宗旨与路线，不承认张君劢所领导之民社党；(2) 希望和平早日实现，争取人权之保障反对以战争为借口作反民主之措施；(3) 应对目前无限制膨胀之通货及不合理之国营管制等有所修正，根据社会主义之原则，保障最近限度之安全生活；(4) 对于美苏两大壁垒之纷争，应抱无所袒依之态度，作美、苏之桥梁，俾对世界有所贡献[1]。这

[1] 《国民党中联处关于民主社会党革新派召开一大经过的报告》，1947年9月15日。见中国第二历史档案馆编：《中国民主社会党》，档案出版社1988年10月版，第469页。

些主张，基本上体现了张东荪“中间路线”的思想。

民社党革新派成立后，张东荪便与民盟联系，希望革新派加入民盟，以扩大民主势力。但由于革新派内部纷争不断，立场不稳，这个计划没有付诸实现。“民社党革新派加入民盟事，曾由张东荪将加入条件秘密交与章伯钧。章氏当与罗隆基提出讨论，章伯钧认为革新派对民盟有利，而罗隆基则认为革新派之产生非为与张君劢之政治意见不同而分裂，是因争权不均而分裂，革新派思想不稳，恐难与民盟合作，故对章之意见当即表示不赞成，于是革新派加入民盟之议乃暂作罢论。”[1] 尽管张东荪未能将革新派拉入民盟，但他极力使它变为反对国民党专制、争取民主权利的政党。他曾致函在香港的负责革新派的伍宪子说：民社党革新派目前时局应采取的方针为:(1) 坚定民主立场;(2) 确保中间路线政策;(3) 如政府须要该派参政时，则须坚持政府应尽量容纳各党派人士为条件[2]。

但革新派内部对于时局的态度并不一致，中常委卢广声主张该党加入民盟最力之一人，伍宪子则态度保守，在其主编的《人道周刊》上，批评中共及民盟。同时，孙宝刚、孙宝毅等与张东荪、卢广声、汪世铭等人主张也不同，从而导致了革新派内部纠纷不断，没有可能形成一股民主运动的强大势力。

折中资本主义与共产主义，提出中间性的政治路线

早在 1932 年张东荪起草《我们所要说的话》时，提出了“修正的民主政治”，实际上就初步形成了折中资本主义与社会主义两大制度、在国际上调和英美与苏联关系、在国内调和国共两党冲突，走一条“中间性的政治路线”的思想。张东荪后来曾解释说：“这个思想的最初发端是我们所提出的所谓修正的民主主义，所谓修正的民主主义亦正是指那个与计划经济的社会主义相配合的而言，这样思想的提出乃是在九一八的第二年”。这个思想，可以调和资本主义与共产主义，使两者“因为有了这样的中间性制度而渐化为淡薄，或最后致于消灭，亦未可知”[3]。抗战爆发后，张东荪更坚定了这种信念，“把国际方面的外交与国内方面的政制治于一炉以求解决”[4]，形成了在中国建立“中间性的政制”的思想。他曾秘密到汉口，

[1] 见中国第二历史档案馆编：国民党中联处：《党派活动专报》24 号，1947 年 9 月 30 日，《中国民主社会党》，档案出版社 1988 年 10 月版，第 373 页。

[2] 见中国第二历史档案馆编：《国民党中央联秘处对革新派活动的报告》，1948 年 5 月，《中国民主社会党》，档案出版社 1988 年 10 月版，第 482 页。

[3] 张东荪：《我们的路线》，《民主周刊》（华北版）第 3 卷 8 期，1946 年 6 月 8 日。

[4] 张东荪：《一个中间性的政治路线》，《再生》第 118 期，1946 年 6 月 22 日。

希望向国共两党陈述，但并未实现。后来写成文章，寄到重庆《再生》杂志社，希望公诸于世，但也未实现。

政协会议是一次采取合法形式的斗争，在当时特殊的环境和条件下，国民党和共产党都作出了较大的让步。政协决议基本上反映了以民盟为代表的中国第三种势力的政治要求。政协决议的签订，使张东荪如当时许多人一样，认为中国有希望走上一条既不同于欧美资本主义、又异于苏联社会主义的“第三条道路”。在政协会议后不久，张东荪便将自己的政治思想条理化，于1946年5月，公开讲演《一个中间性的政治路线》，将自己调和资本主义与共产主义、走中间路线的思想公诸于众，正式提出了“中间性的政治路线”的主张。

张东荪提出“中间性的政治路线”后，立即引起人们的关注。1946年7月，民主建国会的领导人施复亮便发表《何谓中间派?》，赞同张东荪提出的“中间路线”主张,主张中间派的政治路线应是实现英美式的民主政治和发展民族资本主义。他说:“在政治上反对任何形式的一党独裁或阶级独裁”，“在行动上的态度应当是和平的，改良的，不赞成暴力的革命的行动”。1947年春，国共关系破裂，和平之门关闭，民盟为代表的第三方面人士普遍认为，国共双方谁都无法在短期内击败对方，中国的出路在于国共之外的中间道路。1947年3月14日，施复亮在《时与文》创刊号上又发表《中间派的政治主张》，鼓吹中间路线的政治主张。

此时，因调解国共冲突失败的张东荪“胸中积闷”，施复亮在《时与文》创刊号上的这篇文章，使张东荪产生“不少的感想”。他认为“施先生此作是目下最能代表大多数人心理的一篇文字”，他也“愿追说一说我们所以这样中间性路线的用意”。于是，张东荪一口气写了《追述我们努力建立“联合政府”的用意》、《和平何以会死了》和《美国对华与中国自处》三文；随后，他又发表了《我对于当前和平运动的意见》、《为中国问题忠告美国》、《南行见闻杂感》等文章，将自己中间路线的主张系统化。他声明：“本人向来在政治上苟有主张，总是独往独来，所以虽隶属于民盟，而所说的话却不代表民盟”[1]。所以，这些文章只是阐述自己的政治主张。

张东荪“中间路线”主张的主要内容，可以概括为三个方面：

第一，建立一种“中间性的政制”，调和资本主义与共产主义两大社会制度。张东荪历来反对中国走苏联式的社会主义道路，到又敏感地意识到，中国走英美式的资本主义老路也是非常困难的。不仅经济上出现的国民党官僚资本阻碍了通向自由资本

[1] 张东荪：《追述我们努力建立联合政府的用意》，《观察》第2卷6期，1947年4月5日。

主义的道路，而且从欧美引进的资产阶级政治制度也百弊丛生，完全走样。所以，他认为中国应当折中“资本主义与共产主义”，建立“一个资本主义与共产主义中间的政治制度”，即“中间性的政制”。他将这样的政治制度的要点归纳为：“在政治方面比较上采取英美式的自由主义和民主主义，同时在经济方面比较上都采取苏联式的计划经济与社会主义。”这样的政治制度，可以兼采双方之长而避免各自的弊端。他说：“采取民主主义而不要资本主义，同时采取社会主义而不要无产阶级专政的革命，我们要自由而不要放任，要合作而不要斗争，不要放任故不要资本家垄断，不要斗争故不要阶级斗争。”[1]

具体到中国目前的政治状况，张东荪认为，应该在中国两大政治势力——国民党与共产党之间谋求调和，建立一种两者都能接受的民主政体。他说：“姑假定国民党为右，共产党为左，我们决不是主张不要他们，只由中间者来主持，乃是要把他们中偏右者稍稍拉到左转，偏左者稍稍拉到右转，在这样右派向左，左派向右的情形下，使中国得到一个和谐与团结，并由团结得到统一。”为此，他既反对国民党的一党专制和官僚资本，又不赞同中共用革命方式推翻国民党统治及剥夺地主土地重新分配的做法。他公开声明：“我们主张应有一个全国适用的土地改革办法，使耕者有其田之理想由平和方法得以实现。我们同时根本铲除官僚资本，务使工商业依国家所定的全盘计划得由个人努力发展之。”[2]

第二，建立联合政府，改变两党性质，使中国走上民主之路。张东荪认为，国民党是代表“豪门资本与官僚资本”利益的政党，是一个充满了专制与独裁的政治特权集团，根本不合乎近代政党的要求；它所建立的政府，是历史上中国“绝对政权”的延续和发展，仍是一个高度专制的政府，是一个“坏人集团的坏政府”，根本就不是近代民主的“职司政权”。所以，国民党的性质决定了它不可能真正理解近代民主的含义，更不会真心地召开政协会议，成立联合政府，与其他政党真诚合作。它错误地认为，“有了宪法，去办选举，这就是民主”[3]。殊不知国民党独裁专制的性质不改变，宪法只是一纸空文，选举只是形式，中国永远也没有实现民主的希望。

张东荪同时认为，共产党代表了“农工无产阶级的利益”，是一个按苏联共产党的模式建立的革命政党。正是由于革命环境的熏陶，他们的心理“不免于失常，总是疑心人家要来谋我，对任何人很难办到完全相信到底。”“他们的猜疑往往超

---

[1] 张东荪：《一个中间性的政治路线》，《再生》第 118 期，1946 年 6 月 22 日。

[2] 张东荪：《一个中间性的政治路线》，《再生》第 118 期，1946 年 6 月 22 日。

[3] 张东荪：《和平何以会死了》，《时与文》第 3 期，1947 年 3 月 28 日。

过所应顾虑的程度。”[1]其自身的严密组织性、权力的高度集中、革命斗争的坚决性，使它“走上唯武力是信”的道路。这也同样不适合近代民主性政党原则，更不适合中国实行民主主义的要求。

通过对国共两党性质的分析，张东荪断定：“其实中国今天一切的困难无不是归根于有这样的两个党。论党团的本身性质，我们可以大胆说，中国如果要真正变为民主国家，则决不能容许有这样的不适于国家的政治集团在国内为所欲为。当前最切要的一个问题就是必须把国民党有特别政党变为普通政党。换言之，即由民主国家所不能容许的组织变为民主国家所能容许的组织。”[2]

如何改变两党的性质?必须建立联合政府，对两党实行“平衡与钳制”。张东荪认为，“我们因此遂主张各党共存，都能发展，这就是民主。除了各党并存合作以外，另求民主，这不是曲解民主，便是有意造成假民主。总之，各党协商，由共同而得一致，由不同而互相钳制，这乃真是民主。”[3]他又说：“国民党是代表豪门资本与官僚资本的;共产党是代表农工无产阶级的利益的;民主同盟是代表所有中间阶层，例如大学教授，中学教员，律师，会计师，医生，新闻记者，民营厂家与中产商人等等。社会利益亦只能这样的区分，用不着细分为数百数千的种类。如果把这些党派都能调和在一起，便亦可说所有的人民的社会利益都包括在内了。所以各党协商在表面上好象只是党派的事，而实际上却正是实现民主。”[4]中国要实行真正的民主，必须要通过各党协商的方式。

各党协商，成立联合政府，便造成了一个迫使国民党与共产党改变性质的“平衡与钳制”机制与环境。张东荪认为，变更国民党性质的方法有两种：一是由国民党自动；一是由环境来逼迫。“国民党的恶化、腐化、失民心、无能力、已为国内国外所共知的事实”，期望它自己能够改变性质，无异于与虎谋皮。他说：“其实国民党并不怕骂，同时亦决不接受祈祷。它未尝不想改，不过只是在表面上想改头换面，而实质上仍要维持其特殊地位。”在这种情况下，要改变其性质，“必须先创造一个环境，在这个境况中四面有监督与压力，乃逼迫其不得不自己改行向善。”这个环境就是“平衡与钳制”，“而这个平衡与钳制亦唯由联合政府方能实现。”[5]

张东荪认为，联合政府是改变国共两党性质的最好方式。一方面迫使国民党民

[1] 张东荪：《和平何以会死了》，《时与文》第3期，1947年3月28日。

[2] 张东荪：《追述我们努力建立联合政府的用意》，《观察》第2卷6期，1947年4月5日。

[3] 张东荪：《追述我们努力建立联合政府的用意》，《观察》第2卷6期，1947年4月5日。

[4] 张东荪：《追述我们努力建立联合政府的用意》，《观察》第2卷6期，1947年4月5日。

[5] 张东荪：《追述我们努力建立联合政府的用意》，《观察》第2卷6期，1947年4月5日。

主化，另一方面又可以使共产党改变其革命的偏激性，使两者逐渐演变为近代真正的民主政党。对此，他坦白地说："须知苟无各党一致参加政府，则国民党一辈子亦不会民主化。不把共产党拉到大都会大城市来，则其性质不会改变，把它留在外边终究不会得到平安。"所以，张东荪强调："今天的问题其核心就在于使国共两党同时变化其性质与作风，使国民党改去其法西斯的独霸质，使共产党改去其过激党的革命性，则莫妙于创造一个环境，这个环境对于他们双方都有相当的压力，以逼迫其不得不自行改变。环境一天不变，自由分子绝对不会能抬起头来，在国民党高压下固然自由分子失了能力，而在国共战争中自由分子尤无法施展；这个环境就是政协所定的联合政府"[1]。正因如此，张东荪沉痛地指出，"政协的可贵处，就在于那个时候尚能把共产党回来。政协的失败，在这一方面可以说是中国国运上的顶大损失。"[2]为国家前途计，必须把共产党这种"猜疑"心理消除，使它放弃武装斗争，走上和平协商的轨道，在和平的环境中逐步改变其性质。

同时，张东荪强调，联合政府是改造中国旧式政府、建立民主政治的基础和开端。如果国民党、中共、民盟等各党派参加联合政府，联合政府便成为各阶级各阶层人们的共同政府。用它来代替国民党一党政府，便无形中转变了中国传统的政权更迭方式，即政权由靠武力抢来，一下子变成和平演化而来。这样，也会在无形中改变了中国旧式政府的性质，标志着中国真正走上民主政治的第一步。

正因为联合政府是"一石击三鸟"的法宝(改变国民党独霸性质、消弭共产党隐患、转变政权更迭方式)，张东荪才会说："我们的用意虽有这样许多，而其方法只是联合政府一点。所以联合政府是解决一切困难的总匙。"他才会在国共和谈破裂之际仍然强调："联合政府这一药方还不失为一剂永久有价值的起死回生汤。"[3]

这样的联合政府应该靠谁来建立?张东荪寄望于"第三种势力"：在国内就是以民盟为首的中间力量，在国际上就是美国为代表的调解力量。

张东荪认为，在国共以外的第三种势力，就是民盟。民盟是代表"所有中间阶层，例如大学教授，中学教员，律师，会计师，医生，新闻记者，民营厂家与中产商人等等"利益的。张东荪认为，在联合政府中对国共两党实施"平衡与钳制"的力量，自然是以民盟为代表的第三种势力。"在国共的中间这徜使有个势力，十分强大，完全独立，

[1] 张东荪：《美国对华与中国自处》，上海《文汇报》1947年3月30日。

[2] 张东荪：《和平何以会死了》，《时与文》第3期，1947年3月28日。

[3] 张东荪：《追述我们努力建立联合政府的用意》，《观察》第2卷6期，1947年4月5日。

却与平和有决定的作用。”[1] 所以，民盟为代表的中国第三种势力，应该认清自己的使命，“以广大与强盛并富有独立性的第三者人们作为国共的桥梁。将国共两党各迫使其趋于正轨，同时把他们拉拢起来，得到大合作。”[2] 这是中国在内政方面最理想的出路。

在国际上，有能力调解国共冲突并迫使国民党改变性质的，也只有美国。他认为，在国共之间，“则必须有中人保人夹在中间。彼此虽不相信而对于中间的保人却是相信的。具有这样的中人保人的资格的，自然是在国际为盟邦，在国内为第三者。最理想的办法是：(一) 国际的中保与国内的中保完全配合在一起，形成一个力量；(二) 国际的中保亦不限于一国，凡能为国共双方为信任的都可邀约；(三) 国内的中保即第三而又务必尽量把国共以外的各方面都包括在内。”[3] 而要使美国来充当调和国共的“保人”、“调人”，必须在国际上调和美苏关系。所以，中国的内政与世界的局势又是密不可分的。

第三，在国际上调和苏联与美国关系，以谋世界的安定与中国的和平。张东荪认为，国共两党冲突的调和，及中国问题的解决离不开美苏关系的调和。因为在他看来，“今天中国国共冲突已经是不得了了，而其背后却又伏着一个美苏对立，更是不可开交的。”[4] 战后是苏美争霸，中国夹在两者之间，如果美苏发生战争，牺牲的只能是中国。所以，他坚决反对国共两党采取极端的方式，激化美苏矛盾：“本来国民党已趋极端；共产党亦跟着趋了极端；倘再加上一个美国的趋极端与苏联的趋极端，则这个世界便非人所能住的了，中国便成为一大悲剧的导演场所，而人类的末日与文化的沦亡或将从此开始。”[5]

张东荪断定，中国在国际上最理想的出路是：“以整个儿的中国作为美苏的桥梁。在亚东方面把美苏冲突调和下来，藉以谋世界的安定。”

在国际上美国与苏联处于“冷战”状态，中国是它们在远东争夺的焦点。美国与苏联在中国问题上有没有调和的可能？张东荪根据自己的分析，断定只要中国内政上建立了联合政府，执行了中立的外交方针，双方完全有可能妥协。他分析说：“我揣测苏联的动机决不是要干涉中国，乃只是要干涉美国的片面援华。”而美国则是惧怕苏联，怀疑它会支持中共，担心中国也成为苏联式的社会主义国家，所以，对苏

[1] 张东荪：《和平何以会死了》，《时与文》第 3 期，1947 年 3 月 28 日。

[2] 张东荪：《追述我们努力建立联合政府的用意》，《观察》第 2 卷 6 期，1947 年 4 月 5 日。

[3] 张东荪：《和平何以会死了》，《时与文》第 3 期，1947 年 3 月 28 日。

[4] 张东荪：《美国对华与中国自处》，上海《文汇报》1947 年 3 月 30 日。

[5] 张东荪：《美国对华与中国自处》，上海《文汇报》1947 年 3 月 30 日。

联抱有戒心，想利用中国作为反苏的基地。如果设法使美国打消这种疑虑，则美苏便自然会调和。

如何打消美国的疑虑？张东荪认为，关键还在于中国必须建立一个折中资本主义与社会主义的中间性政治制度，建立令美苏放心的联合政府。他强调，联合政府还是调和国际上美国与苏联冲突的理想方式。他分析说："盖我们有见于要使中国成为中和性的国家以介乎美苏之间，则必定先把中国的政府变为联合政府。换言之，即用联合政府以表现中国在国际上的中间性。否则如果不幸竟演为一党政府，我们可料定国民党全胜时，苏联必感不安；而共产党执政了，美国亦决不放心。可见联合政府的反面无不引起国际间纠纷与烦闷。"[1]

他忠告美国说，把共产党拉入联合政府使中国统一而不亲苏，不仅对国民党是有利，而且更有利于美国，美国不必再为国民党从事于长期内战而来作无底的供给[2]。他警告美国，援助国民党就等于支持国民党打内战，"无论那一国苟对于中国作战的任何一方有所援助，便是使中国内战延长与扩大。凡使中国内战延长的外国都是中国敌人，到现在为止，据确实调查，苏联并没有以军火供给共产党。而作战的中央军却都是美国装备。所以美国现行的对华政策是助长中国内战，已有事实证明了，中国人民全数是反对的，当然对于助长战争的不能不愤恨。"[3]

自从政协决议被国民党撕毁后，联合政府已经是"明日黄花"，政协路线也已经被堵死，如何恢复政协路线、建立联合政府？张东荪认为，关键的问题是美国对华政策的转变。而要促使美国政策的转变，就要求中国第三种势力的肩负起时代的使命，劝说美国放弃以中国为反苏基地的企图，放弃对国民党的援助，使他们明白，只有政协路线和联合政府才是对美国最有利的。为此，他提议组织访美团和访苏团。

1946 年 6 月，张东荪在《美国对华政策与中国应有之反应》中建议：中国所有的民主人士，应该以广大的人数，坚决的态度，向美国明白表示：我们只反对美国以中国作反苏基地这一点；徜美国变更了态度，我们对于美国的任何援助都愿欢迎。为此，张东荪提议组织一个包括中共在内的以民主团体为主的访美团，访问美国的朝野，在美国煽起一个"重新认识中国"的运动，必须让美国朝野人士大多数都知道下列两件事：一、中国的反动派想利用美国的恐苏心理，加紧制造美苏的尖锐化，意图自己在东亚替美国担任反苏先锋队，这件事不仅于美国有大害，并且亦是无济

[1] 张东荪：《追述我们努力建立联合政府的用意》，《观察》第 2 卷 6 期，1947 年 4 月 5 日。
[2] 张东荪：《美国对华与中国自处》，上海《文汇报》1947 年 3 月 30 日。
[3] 张东荪：《为中国问题忠告美国》，《现代文摘》第 1 年第 5、6 期，1947 年 7 月 20 日。

于事的。这些反动派既腐化又无能，只能替美国在太平洋岸闯下大祸，使美国受害，而决没有丝毫能力替美国在亚洲作对苏联的屏障。二、中国的民主人士愿意以至诚至恳的态度向美国保证：绝对担保中国于平和成立以后不会偏向到苏联一方面。即无论如何不会投入苏联的怀抱[1]。

到1947年3月，张东荪又提出，中国民主人士不但必须组织访美团，向美国彻底说个明白，并且还得组织访苏团，告诉苏联，中国当前唯一的路是在不反苏的条件下亲美，苏联必须谅解这一点[2]。访美团的分子可以不必定要中共在内，因为以前毕竟是一面和谈，一面战争；现在则是全面战争，没有和谈，情形与以前截然不同。他呼吁，中国一切爱好和平与民主的人们，都要站起来从事于斡旋，“务求美国取消以中国为反苏基地的企图。中国并不要对美苏同等亲善，中国只求不反苏，对美则可作亲善一些，或可说亲美甚于亲苏。”“因为苏联没有余力以资助中国平和后的建设，所以在积极方面，中国希望于美国者甚多。中国今后要复兴，在建设方面只有依赖美国的经济与物资的援助，”[3] 他鼓励中国民主人士，“应该鼓起自信心，不要自己以为渺小，要毅然决然集合力量，冲破这个难关，先从美苏各别疏通与说服入手，采取主动的态度，对于双方作切实的保证。”最后的目标就是“打破美国对苏联的恐惧与猜疑，同时消除苏联对美的不安与防御，”促使美国觉悟，“配合起中国人来，重新拉回政协的老路，自动把英苏两国拉来作共同的担保，”根本解决中国国共冲突和美苏冲突两大关键问题，使中国走上和平民主的发展道路[4]。

张东荪的文章发表后，施复亮接着又在《时与文》上发表了《中间派在政治上的地位与作用》、《中间路线与挽救危局》等文章，在当时舆论界掀起了一股鼓吹“中间路线”的政治思潮。张东荪、施复亮、傅雷等人成为当时舆论关注的焦点人物。张东荪因为致力于呼吁和平，调和国共冲突，与正在欧洲倡议和平的美国副总统华莱士遥相呼应，所以也被时人称为中国的“华莱士”[5]。

张东荪所倡导的“中间路线”，是张东荪30年代提出的“修正的民主政治”思想的继续和发展，是其“社会主义的民主主义”理论在抗战胜利后特定环境和条件下的具体实施方案。它所要解决的问题实质上是：在战后世界和平与民主的潮流中，如何使中国不失时机地走上“社会主义的民主主义”道路。张东荪猛烈抨击国民党一

[1] 张东荪：《美国对华与中国自处》，上海《文汇报》1947年3月30日。
[2] 张东荪：《美国对华与中国自处》，上海《文汇报》1947年3月30日。
[3] 张东荪：《美国对华与中国自处》，上海《文汇报》1947年3月30日。
[4] 张东荪：《美国对华与中国自处》，上海《文汇报》1947年3月30日。
[5] 俞颂华：《论张东荪》，上海《人物杂志》第2年第6期，1947年6月20日。

党专政，揭露其实行假民主真独裁的实质，提出要彻底改变国民党独霸地位和法西斯性质，表现了其坚定的民主主义立场和对大地主大资产阶级反动统治的愤慨。他提出应该建立各党派参加的联合政府、实行阶级合作、铲除官僚资本、保护民族工商业等主张，无疑是正确的，与中共“新民主主义”有相似和相通之处。这正是其“中间性政治路线”的合理性所在。

但是，“中间路线”的政治主张，是一套调和资本主义与社会主义、化解国共冲突和美苏冲突的资产阶级改良思想。它的真正目的，是在调和国内外各种政治势力的矛盾冲突中，建立一个多党合作的联合政府，建立一个既区别于英美、又不同于苏联的资产阶级民主共和国。近代中国的国情决定了中国不可能走英美式的民主主义道路，也不具备立即踏上苏联式的社会主义道路的客观条件，只能首先完成反帝反封建的任务，实现多党合作，建立联合政府，发展经济。这条道路，实际上就是中共提出的“新民主主义”道路。张东荪提出“中间路线”主张，正是看到了这种国情，正是对中国出路问题的一种探索，应该说在思路上与中共并无二致。然而，张东荪始终坚持调和折中态度、社会改良立场，企图通过和平的方式，利用调和国内和国际两大政治势力的冲突，建立资产阶级的民主共和国,显然是一种幻想。因为它根本否定了国民党统治的合理性，国民党政权的独占性固然决定了它会拼死阻挠建立联合政府，分化、破坏甚至镇压中间势力，决不允许出现这样一股力量存在，更不允许走这条中间路线。1947 年它强令民盟解散，不就说明了这一点吗?美国表面上站在“调停”国共冲突的中立立场，实际上偏袒国民党，援助国民党打内战，它根本就不可能听从张东荪等人的忠告改变对华政策，更不会支持民盟恢复政协路线，成立联合政府。1947 年夏魏德迈来华，不仅没有听从张东荪等人的劝告停止援助国民党，反而作出了相反的决策：加大援助国民党内战的力度。这最典型地表明：美国是不会同意走中间路线的。张东荪的“中间路线”主张，虽然在理论上与中共的“新民主主义”有相似处，但在政治、经济等方面却有着根本的差别。张东荪提出的改变中共性质、消除“猜疑”心理的主张，必然遭到批判；在国共和谈彻底破裂、双方展开血战的情况下，还鼓吹和谈、调和等，中共不可能再接受；中共所实行的新民主主义，是中共领导的、以社会主义为前途的，决不允许中国再建立一个资产阶级共和国，也不会赞同走所谓“中间路线”，并且对中间路线不断进行批评。这样，“中间路线”的政治主张，一开始便受到了国民党与共产党的两面夹击之中。

张东荪将建立联合政府，实现“中间路线”的希望寄托给他所虚构的“广大与强盛并富有独立性的第三者人们”,即资产阶级及其知识分子,这既反映了“中间路线”

的阶级实质，也说明他根本没有找到实现其政治主张的社会力量。以民盟为代表的中国第三者人们，虽然在抗战胜利后的势力有所增强，并一度在政治舞台上扮演了重要角色，但从总体上看，不仅没有张东荪想象的那么“广大与强盛”，而且由于自身的软弱性也根本没有他预料的那样“富有独立性”。相反，他们并“不了解中国国运所降下的神圣使命”，并无与国民党抗衡的独立性和力量[1]。在国民党“处心积虑务使中间势力化左右两分，不使其存在”的情况下，民盟迅速分化。不仅青年党投入国民党的怀抱，而且连张东荪手创的民社党也从民盟中分裂出来，充当了国民党独裁统治的政治帮凶。这样软弱的“第三者人们”怎能承担起建立“中间性政制”的重任？

国民党的分化打击、共产党的批评、第三者人们的软弱、美国“自毁其调人资格”，决定了“中间路线”破产的命运。以张东荪为代表的中间势力，无论怎样摇舌鼓唇地说劝,也无论如何奔走呼号地建议,其近乎祈求的和平改良方式根本无法使其“百分之百的美满高尚”的政治理想在中国大地上实现一分。这样，张东荪等人倡导的“中间路线”主张虽一度声势浩大，在当时政治上、思想界和社会上影响广泛，但终究不过是一种无法真正付诸实施的思潮而已。1947 年 10 月，国民党下令解散中国民主同盟，抗战后逐步形成的第三种势力瓦解，“中间路线”破产。张东荪不得不重新调整政治思路。

[1] 张东荪：《和平何以会死了》，《时与文》第 3 期，1947 年 3 月 28 日。

十一　主张“新型民主”，参与北平和谈

国共战争激战正酣，在1947年底至1948年初，思想界围绕中国出路的问题也展开激烈讨论。张东荪主张“新型民主”,赞同中共的新民主主义,并与中共保持联系。1949年，北平和平解放，张东荪等人在关键时刻出城代表傅作义与聂荣臻、林彪谈判，为北平和平解放立下功劳，并在此后受到毛泽东的赞扬。但是，在讨论新中国的外交方针时，张东荪与毛泽东却产生了巨大分歧。毛泽东认为必须实行面向苏联的“一边倒”政策，而张东荪则主张应走“中间路线”，这种分歧，实际上是中共“新民主主义理论”与张东荪“新型民主”主张的冲突。

[讨论“中国出路”问题，提出“新型民主”主张]

[继续与中共联系，参与北平和谈]

[筹备新政协会议，入选中央人民政府]

十一 主张“新型民主”，参与北平和谈

讨论“中国出路”问题，提出“新型民主”主张

1947年底，国共战争进入白热化，而国民党的统治也日趋专制化，但却打着“宪政”的名义，准备召开“行宪”国民大会，还政于民。面对国民党玩弄的“假民主”，一些思想家除了进行反对和抵制外，更多的是对民主政治能否在中国行得通产生了怀疑。1947年10月，主张走中间路线、在中国建立资产阶级民主政治的最大政党——中国民主同盟被迫解散，似乎说明资产阶级的民主共和国在中国行不通。这样，1947年底到1948年初，思想界围绕着中国出路问题，展开了一场激烈的讨论。

1947年9月，梁漱溟在《观察》3卷4、5期上发表的《预告选灾，追论宪政》一文，认为国民党进行的宪政选举是一场灾难，欧美“政党分立的选举竞争之一套”不合中国国情，只有“乡村建设”才是中国政治的出路。

张东荪看了梁文后“深感共鸣”，“他所提出的问题亦正是我久已蓄在心中的问题。这一些成为问题在我心中已将近二十多年了，不过想来想去总得不着一个最满意的解答。近年以来，自己的思想稍稍成为一个系统，于是对于这些问题乃自然而然遂有了一种看法。”[1]随后，张东荪发表了一系列文章，陆续将这些看法表达了出来。

1948年10月，张东荪在《观察》3卷7期上发表《我亦追论宪政兼及文化的诊断》，提出了与梁漱溟不同的意见。梁文使张东荪“深感共鸣”之处何在？稍后他解释说：“梁漱溟先生那篇文章的要点为我所同意的就在于他能毅然揭穿这个缘故，说明宪政主义式的自由主义不足为今后立国建国之依据。……我们必须承认他在消极方面说穿民初的宪政主义在今天又复活起来是不行的，这一点确有价值。我为文表示共鸣亦只注重在这一方面。”[2]

张东荪认为，“梁先生的结论似乎是中国不能走上英美式宪政之路，因而亦就不必勉强去走。”而张东荪得出的结论是：中国不能有真正的选举是由于有“特殊势力在那里利用”，并不是西方民主制度不好，更不能因此放弃走民主主义道路。张东荪该文

[1] 张东荪：《我亦追论宪政兼及文化的诊断》，《观察》第3卷7期，1947年10月11日。

[2] 张东荪：《政治上的自由主义与文化上的自由主义》，《观察》第4卷1期，1948年2月28日。

重点讨论的问题是“今后能不能有真正的选举，和万一永远不能有真正的选举，是不是中国即无法实行民主政治。”

张东荪回顾了民国成立以来所有的选举，认为“除了民国初年还没有发见选举是一个大可利用的东西以外，此后就从来没有一次真正的选举。”“即中国的选举，所以不能办就是因为有特殊势力想来利用。”“都是为特殊势力所利用”[1]。

为什么会出现这种情况？张东荪认为这是中国的国家性质决定的。他指出，中国从来就没有过代表人民意志与希望的政府，现在的国民党政府“只是顺着历史的归路，更加许多外国的新花样与新方法以致更坏，坏到最高度而已。”如果将政府称为甲橛，人民为乙橛的话，张东荪断定：西方近代国家是“把甲乙两橛打成一片，成为一个一元的”；而中国的国家却正与此相反，“可说甲橛完全是坏的”，只注意甲而忽视了乙,因此只是“天下式国家”。如果将“民族国家”所有的制度与办法搬到“天下式国家”来实行，“除了主张天下式国家的政府的权力，使其对人民更高压更榨取以外，没有别的，亦不会有别的。”[2] 这便是西方先进的制度和器具到了中国来以后总是害多利少的根源。

通过这样的分析，张东荪得出了这样的结论：“所以外来的东西，如选举制度、警察制度、统制经济的办法，以及飞机铁路等，本来是中性的，无所谓好坏，而毛病还是出于中国本身。这诚如梁先生所说，是患的严重文化失调症。就中以‘政府病’为其主要症候。”[3] 那么，中国的出路在哪里？张东荪并没有说明。但从他为西方民主制度辩护的态度推测，张东荪的意思是很明白的：民主制度本身没有罪过，中国人选择民主政治也没有错，问题只在中国还没有走上近代民族国家的道路，所以不应该批评或指责西方民主制度，而应该努力改造中国的“土壤”，早日进入民族国家，而决不能走回头路。

既然西方民主宪政的路已经走不通了，中国如何还能走民主主义道路？要走怎样的民主道路？张东荪在此文中没有说明，似乎表明他对该问题还没有考虑成熟。

张东荪的文章发表后，北大教授樊弘在《观察》3 卷 14 期上发表《与梁漱溟张东荪两先生论中国的文化与政治》，对梁、张的观点作了批评，提出了自己的观点。他认为民主政治在中国所以屡屡失败，“就是因为中国永远停留在农业的阶段，无论任何的阶级都不感在维持土地生产力一点上，有舍君主而取民主的必要”，中国将来

[1] 张东荪：《我亦追论宪政兼及文化的诊断》，《观察》第 3 卷 7 期，1947 年 10 月 11 日。
[2] 张东荪：《我亦追论宪政兼及文化的诊断》，《观察》第 3 卷 7 期，1947 年 10 月 11 日。
[3] 张东荪：《我亦追论宪政兼及文化的诊断》，《观察》第 3 卷 7 期，1947 年 10 月 11 日。

如果发展经济，需要由“有计划的集体劳动来领导”。樊弘显然是用马克思主义的观点来说明西方民主政治在中国失败的原因，并认为中国的出路在走苏联社会主义建设的道路。随后，樊弘发表《只有两条路!》，认为中国只有两条路可走，一是反动的路，二是革命的路。“反动的路，在把政权放在剥削者阶级手内”，指出“耶稣、孔子和今日教授们所倡导的第三条路便是这一条路”；革命的路就是“在把社会上被剥削的阶层联合起来，向剥削者阶层以和平的或战争的手段，夺取政权，根绝或限制剥削者剥削的权利，于以保障被剥削者的生命、健康与自由。”他强调。“中国只有两条路，更没有第三条路。”[1] 这实际上对张东荪继续主张“中间路线”进行了严厉批评。

读过樊弘的文章后，张东荪认为，“樊先生对于我似乎是完全误会了”[2]，加上感到自己在前文中没有将自己的观点表达明确，于是便写了《敬答樊弘先生》，进一步阐述自己的观点。他首先声明：“我决不是主张采取儒家的无为哲学。我更没有主张过甚么通儒主政之说。”[3] 他认为自己与樊先生的观点虽有根本差异点，在“主张的态度”上不同，但“樊先生提出集体劳动，在大体上本和我的主张并不相远。不过我更向细微的方面来看。”他指出，中国的出路，“今天中国非但不能照抄苏联的药方，并且亦不能照抄英国的药方。”[4] 因为任何一种制度在实行时都会因“情形不同，不但总和理想相差，并且各地因环境而有不同的实现。”所以，中国的真正问题是“如何在中国的这个国情上使这样理想得实现几分”。樊弘主张的苏联式的“集体主义”（张东荪称为“社会主义”）在中国也不可能完全实行。这样，“集合许多精通中西文化的人讨论一个为中国而特设的制度”便有了根据。各国都有自己的特殊国情，中国将来无论实行何种制度，都不能“照抄人家的制度”中国实行社会主义，也必定有中国的特色。所以，他认为，“今天不是采用那一类的药方之争，（无论如何总是民主兼包社会主义）乃是对于这个药方内容如何加减折衷与其轻重界限之问题。”那么,张东荪给出的“药方”是什么?他并没有将自己的观点充分展开，只是说明了一些基本的原则。他强调，工业化是社会发展的必经阶段：“我亦承认中国今天走以前英美资本主义的老路是困难万状的，但我却以为即使采用集体劳动的制度而须再向工业化推进。所以工业化不是第二阶段，不可中间略过。今天的问题只是到工业化的路途之选择。”[5]

---

[1] 樊弘：《只有两条路》，《观察》第4卷7期，1948年4月10日。

[2] 张东荪：《敬答樊弘先生》，《观察》第3卷16期，1947年12月。

[3] 张东荪：《敬答樊弘先生》，《观察》第3卷16期，1947年12月。

[4] 张东荪：《敬答樊弘先生》，《观察》第3卷16期，1947年12月。

[5] 张东荪：《敬答樊弘先生》，《观察》第3卷16期，1947年12月。

此时，民盟为代表的第三方面力量受到国民党的打击的情况下，民盟所主张的政协路线已经不可能恢复，张东荪所主张的中间路线也没有实现的可能，那么，中国的出路究竟在哪里？中间路线的实践遇到挫折，第三条道路行不通，这实际上说明纯粹走欧美民主主义的路是不行的。但张东荪反对纯粹走苏联社会主义的道路，仍然想走一条介乎欧美民主主义与苏联社会主义之间的中间道路。这条道路，在张东荪看来，就是战后东欧国家所实行的“新民主主义”。于是，他开始调整自己的政治思路，在新的环境和条件下，在坚持“中间路线”基本立场上，对其中的具体观点进行修正和补充。他先后发表了《关于中国的出路——再答樊弘先生》、《政治上的自由主义与文化上的自由主义》、《经济平等与废除剥削》等文，1948 年 7 月，张东荪撰著的《民主主义与社会主义》出版，接着又发表了《增产与革命——写了〈民主主义与社会主义〉以后》，明确地表达了他所主张的“新型民主”观点。

张东荪提出“新型民主”的思路，一方面是受战后东欧民主国家政治制度的影响，另一方面是以一套理论为依据，是对自身思想进行修正的结果。这种修正表现在：承认旧民主主义已经过时，需要新的民主主义；新型民主的思想基础，是将文化思想上的自由、政治经济上的平等和发展生产三者兼顾，调和为一，形成以发展生产为目标，兼顾思想自由的政治思想。实际上就是将计划经济与文化自由兼顾，以达到发展生产与繁荣文化为目标。

张东荪把自由主义分为两种：即政治的自由主义与文化的自由主义。所谓政治的自由主义就是旧式的自由主义，具体而言就是民国初期的宪政论，如制定宪法、进行选举等等。这样的自由主义，在经济方面的放任政策，使资本主义得以发展，从而形成了“贫富不均”、“对外愈趋于侵略”等弊端。世界的资本主义已经到了推车撞壁之时，中国焉能如西方 18 世纪那样实行政治的自由主义？所以，张东荪认为，这种民国初年的宪政主义“决不足为今天战后立国与建设之方针”。他承认：“政治上的自由主义在今天二十世纪已是过去了。”[1] 所谓文化的自由主义，在张东荪看来，“只是一个批评的精神与一个忍容的态度”，而不是具体的主张。他认为，政治上的自由主义，即旧的民主主义已经过时，而文化思想上的自由主义，是“人类文化发展上学术思想的生命线。中国今后要吸收西方文化，进一步要对于全世界文化有所贡献，更不能不特别注重这个自由。”[2]

张东荪通过研究历史，发现了一条教训，即“凡社会改革（或革命）而能使生

[1] 张东荪：《政治上的自由主义与文化上的自由主义》，《观察》第 4 卷 1 期，1948 年 2 月 28 日。

[2] 张东荪：《政治上的自由主义与文化上的自由主义》，《观察》第 4 卷 1 期，1948 年 2 月 28 日。

产增长的就能站得住；反之，使生产降低则必会被反革命所推翻。”所以，政治上的自由与经济的平等，都决定于能否促进生产（张东荪称为“增产”）。如何促进生产？张东荪放弃了用资本主义生产方式的观点，主张用社会主义的计划经济方式。张东荪认为，以计划经济增加生产，并使社会主义制度确立下来，是苏联对于人类的一个贡献，苏联的成功之处在于采用了计划经济来发展生产。他说：“计划经济是社会主义的救命汤。换言之,即社会主义与计划经济相结合乃得到新的生路。”他认为，计划经济是一个中性的名词。资本主义、法西斯都可采用计划经济。只有“用社会主义为原则以作计划方能为进步的计划经济。”所以，中国今后必须采用社会主义的计划经济，“因为只有这样方能大量增产”[1]。

中国为了发展生产必须采取计划经济，尤其必须采取进步的计划经济，但如何处理经济方面的“计划”与思想方面的“自由”的关系？张东荪主张，在采纳社会主义计划经济时，同时保留思想文化上的自由；既要促进生产，又不能损害“自由”。他强调：“文化上没有自由主义，在政治上决无法建立自由主义，中国今后在文化上依然要抱着这个自由精神的大统。文化上的自由存在一天，即是种子未断，将来总可发芽。所以使这二者（即计划的社会与文化的自由）相配合，便不患将来没有更进步的制度出现。”[2] 为了生产既然要用计划经济，则势必影响到政治、教育等方面的自由，如何处理社会的计划性与思想方面的自由的关系？张东荪提出了一个基本原则：“计划是以增加生产，使全体人民生活水准提高为目的的，则凡自由之足以妨害生产提高，凡平等之足以使生产降低，则都应该在限制之列。”[3]

张东荪指出，落后国家面临着双重任务：一是如何从封建专制中脱出；二是如何增加生产。在他看来，要增加生产必须首先“打破封建，推倒专制”，具体而言就是必须先排除官僚资本、豪门资本、地主与放高利贷等阻碍经济发展的障碍。而要从根本上铲除封建与专制的障碍，又必须采纳文化上的自由主义。他说：“对于专制封建的病症要医治莫妙于用个人主义这一剂药。我名此为个人主义的文化。就是养成个人的自尊心，个人的责任感，对于任何权威，无论在思想上或在实力上，不能无故低头，而充分保有精神上的自由。”他强调“必须吃下这一剂药去，方会把整个的民族从专制封建中拉了出来。”[4] 如何增加生产？张东荪认为，必须采用先

[1] 张东荪：《政治上的自由主义与文化上的自由主义》，《观察》第4卷1期，1948年2月28日。

[2] 张东荪：《政治上的自由主义与文化上的自由主义》，《观察》第4卷1期，1948年2月28日。

[3] 张东荪：《政治上的自由主义与文化上的自由主义》，《观察》第4卷1期，1948年2月28日。

[4] 张东荪：《经济平等与废除剥削》，《观察》4卷2期，1947年3月6日。

进的生产方式，就是苏联式的社会主义计划经济方式（也就是樊弘提倡的“集体劳动”），他说：“集体劳动又是在这一方面的一剂良药。”[1]

这样，中国的问题便变得比较明晰了：用“个人主义文化”这剂药根本解决封建专制问题；用“社会主义计划经济”这剂药根本解决增加生产问题。而中国当前要解决的问题实际上只是“这两剂药如何配合调匀”[2]。在经济等方面采用先进的社会主义计划方式，在思想文化方面保持自由，就是张东荪“调匀”两剂药后的结论。调和计划经济与政治自由，发展生产与增进自由并重，这就是中国的出路。这也正是张东荪提出“新型民主”的理论依据。

“新型民主”的观点，张东荪最早是在1948年1月所发表《关于中国出路的看法——再答樊弘先生》，当时他称之为“新民主主义”。他认为，在政治经济制度上，世界上有三种类型，苏联社会主义类型、英国民主主义和东欧国家的“新民主主义”类型。他认为，战后捷克、芬兰、波兰、南斯拉夫等东欧国家所实行的“新民主主义”政治经济制度，应该引起注意。后来，他又将北欧的挪威、瑞典等国也包括在内。

在《民主主义与社会主义》及稍后所写的《增产与革命》中，张东荪明确将这种“新民主主义”称为“新型民主”，并且断定中国只有“新型民主”一条路可走。他说：“故主张只有一条路。如果有些人以为必须加以一个总括的名辞，则不妨姑名之曰新型民主”。张东荪通过比较和分析，认为“东欧式的民主”制度与苏联社会主义制度是不同的，这些制度，正体现了他所主张的“新型民主”的理论原则。“新型民主”，除了在国际上主张中立，即“这些国家在外交路线上可以完全中立”外[3]，主要偏重于内政，其内容可以概括为：

一、在政治上是“多党并存”，各党联合而实行一个统一的政纲[4]；他说：“我则以为新型的民主必须建立于社会各阶级的合作之上。所以议会制度应得被采用，就是可以拿议会来代表社会上各阶层，因此联合政府便有了根据，所谓联合必须是社会各阶层不之联合，决不可为游离性的政客团体之联合。”[5] 二、在经济上是“容纳混合的方式”，即“混合经济”，既有私人资本，又有国家资本，还有合作社经营。对于土地问题，“实行合理的再分配”[6]。三、保留私有财产制度，废除剥削，但“对

[1] 张东荪：《经济平等与废除剥削》，《观察》4卷2期，1947年3月6日。

[2] 张东荪：《经济平等与废除剥削》，《观察》4卷2期，1947年3月6日。

[3] 张东荪：《增产与革命——写了〈民主主义与社会主义〉以后》，《中建》半月刊3卷4期，1948年7月20日。

[4] 张东荪：《关于中国出路的看法——再答樊弘先生》，《观察》第3卷23期，1948年1月31日。

[5] 张东荪：《增产与革命——写了〈民主主义与社会主义〉以后》，《中建》半月刊3卷4期，1948年7月20日。

[6] 张东荪：《关于中国出路的看法——再答樊弘先生》，《观察》第3卷23期，1948年1月31日。

于剥削关系亦只是废除其足以阻碍生产发展的那一部分，至于对于奖励生产尚有一些用处的另一部分则并不要一并加以废除。”[1] 他说："需要革的必须是不得不革的；不需要革的千万不要革，谋国者必须有悲天悯人的心肠。如果不明此理，硬把不需要改革的部分亦加以翻身的处分，则势必把整个社会变成一个大混乱。混乱的结果必致生产反而降低。”所以，他主张只把农村的地主、工业上的官僚资本、政治上的官僚阶层等严重阻碍生产发展的封建残余势力作为革命对象，除此之外，“实在丝毫无立刻改革的必要”[2]。

张东荪强调，新型民主“只是一个大类的共名而已，各国情形不同，必须按照其本国国情自定适宜的办法”[3]，但上述这些原则“都是中国今后所当取法的”[4]。

这种“新型民主”的政治经济制度，实际上是社会主义与资本主义制度的中间性的制度；而实行这种“新型民主”的国家，正是国际上美苏两霸冲突的中间地带。张东荪分析说，战后世界的种种纷乱，都是美国对外政策的错误所致，美国的对外政策是使全世界不安的唯一原因。要使世界得到和平与繁荣，必须在美苏以外，形成一个由美苏共同承认的中间地带。这个中间地带的国家，其政治经济制度由美苏看来，都不感到威胁。东欧式的民主国家，在苏联不感威胁，实际上对美国也没有多大害处。他建议美国“翻然觉悟”，承认有一个中间地带的必要，以作缓冲，则在中间地带的国家们亦只有是这样新民主主义制度的。张东荪强调，今后世界和平的关键，就在于这种“新民主主义”类型的国家能否在美苏两霸的中间存在与繁荣起来[5]。

张东荪提出的要实行东欧式的“新民主主义”，实际上仍是从调解美苏关系、折中资本主义与社会主义两大社会制度出发，仍然坚持了“中间路线”的主张。对此，他解释说“我们要终结资本主义集团与共产主义集团之矛盾与冲突，防止世界暴动与法西斯余孽之再起”，为达到此目标，“一方面提升了资本主义集团的落后性，而另一方面亦可消除共产主义集团的偏差性。在精神上承受资本主义的政治民主而扬弃了其落伍的制度与观念；肯定共产主义的经济平等原则，而却否定了其极权与残暴的思想。”[6] 这是张东荪调和折中社会主义与资本主义两大社会制度的基本思路。

---

[1] 张东荪：《增产与革命——写了〈民主主义与社会主义〉以后》，《中建》半月刊3卷4期，1948年7月20日。

[2] 张东荪：《增产与革命——写了〈民主主义与社会主义〉以后》，《中建》半月刊3卷4期，1948年7月20日。

[3] 张东荪：《增产与革命——写了〈民主主义与社会主义〉以后》，《中建》半月刊3卷4期，1948年7月20日。

[4] 张东荪：《关于中国出路的看法——再答樊弘先生》，《观察》第3卷23期，1948年1月31日。

[5] 张东荪：《关于中国出路的看法——再答樊弘先生》，《观察》第3卷23期，1948年1月31日。

[6] 张东荪：《关于中国出路的看法——再答樊弘先生》，《观察》第3卷23期，1948年1月31日。

张东荪的“新型民主”，在保留私有财产、各阶级合作方面与中共的新民主主义相似。但两者实有本质区别：张东荪只是主张保留私有财产，主张“混合经济”，不主张在新民主主义的经济中社会主义成分占主导地位；只主张政治上多党合作，各阶级合作，不同意无产阶级及其政党起领导作用；新型民主实际上仍是资产阶级政治思想体系，其前途是资产阶级的民主主义，而不是社会主义。同时，张东荪不同意用革命的手段来实现新型民主。这样，张东荪的“新型民主”与中共的“新民主主义”有相似之处，但根本上是不一致的。其相似处，便成为张东荪与中共合作的政治和思想基础，而根本差异处，又成为日后与中共观点分歧的思想根源。这种与中共的政治思想上的分歧，在1949年1月张东荪与毛泽东的会晤中便已经显露出来。新中国建立后，两者分歧加大，最终导致了张东荪与中共合作关系的破裂。

伴随着对“中间性的政治路线”的修正，在反对国民党内战独裁的斗争中，张东荪对于中共的态度，也发生了很大的变化。同时，张东荪将中国实现民主主义的重任放在中国民族资产阶级，即“士阶级”肩上，但民盟的解散和第三方面的分化，已经证明，第三方面力量决没有张东荪所想象的那么强大，他已经清醒地认识到：知识分子不足为社会中坚。他说：“知识分子今天已分化了，直成一个五牛分尸的状态。所以分化的原由乃是由于各人太顾虑自身的利害而把大局的利害置于次要之列，或竟置于脑后。知识分子愈分化，其丑态亦愈显出。这证明知识分子不足为社会的中坚”[1]。那么，张东荪如当时许多民主人士一样，很自然地将革命与建设的希望寄托到中共身上。这样，张东荪对中共的政治态度开始发生微妙变化：一方面仍坚持对中共的批评立场，没有放弃自己独立的政治立场，更没有放弃改变共产党性质的幻想；但另一方面，对中共的许多方针政策表示赞同，由反对中共进行暴力革命，转变为对中共进行革命斗争的理解的同情与理解上;由对马克思主义理论的攻击,转变为承认马克思主义包含了“真理”成分（这种转变在30年代中后期已经开始）；由过去对中共的批评，改为善意的忠告，进而开始政治上的合作。而这种转变，最明显的应该是张东荪对于革命问题上观点的变化。

在《理性与民主》中，张东荪提出，不相信斗争是与人类文明相终始的。而到1947年10月所作的《论政治斗争》中，他却说：“但我现在来讨论斗争，却亦十二分承认斗争是一个铁样的事实。斗争的由来是由于有个斗争的对象。人类社会所以不能达到理想境界就是由于有人或一些人甘心作斗争的对象，来和全社会的福利挑战。”[2] 这显然是张东荪观点的一个变化。

---

[1] 张东荪：《增产与革命——写了〈民主主义与社会主义〉以后》，《中建》半月刊4卷3期。1948年8月20日。

[2] 张东荪：《论政治斗争》，《国讯》第1卷第1期，1947年10月10日。

在该文中，张东荪对中共进行善意的忠告。他说，“我们既承认斗争是一个不可免的事实，则我们便不得不同时讲究斗争的技术。”即必须坚持一条原则：“在一个斗争中，对象最好只限于一个。换言之，即在某时某地，一个斗争中，千万不可把对象变为多个。”张东荪作此文的目的，是劝告中共，在反对国民党反动同志的斗争未终了以前，“千万不可把对象加多”，不要将那些倾向中共的党外民主人士作为斗争对象，“必须把目标使其单简化，凡与对象有关的在可能范围内尽量争取过来”，以便孤立国民党，易于打倒国民党的统治。为此，张东荪不满意中共对民盟在内的民主人士的批评态度，认为这是“感情太冲动的缘故”，是“太不讲求斗争的方法”的表现。他向中共发出了善意的劝告，强调“斗争不限于表示，有时沉默的力量大于多言。”[1]希望中共对民主人士反对国民党的这种独特斗争方式谅解。

1948年7月20日，张东荪在《北大半月刊》第8期上发表《纪念闻李二先生——民主与革命之关系》，他将革命与民主结合起来考察，认为民主主义与革命是密不可分的，表示了对革命斗争的同情。他认为“民主主义与革命就是一件事，换言之，即民主主义本来有革命性的”，所以，西方的民主运动根本是一个革命运动强调指出：“须知民主与革命分开这不是民主的原义，乃只是后来的态度”。他劝告那些反对革命的知识分子说：“须知历史上所有革命期前都有平和改革的尝试，只是因为不能成功，所以才迫得不能不走革命的路，并不是开始即主张革命。民主不易由平和而得，历史早告诉人们了。其实这些知识分子实在是根本不了解民主何由长成，只拿民主的后来变态当作唯一的正态，亦未尝不是由于太忽略历史了。”他断定，“历史上所有民主的实现没有不是由于流血所换的。不流血的革命只是革命的例外，而不是常轨”。[2]

张东荪早就表示，今后一段时间不再写政论性质的文章，因为国民党当局已经没有再劝说的希望,知识分子又不足为社会的中坚,已经没有向他们“说话”的必要。然而，张东荪还是在《中建》3卷4期上发表《增产与革命——写了民主主义与社会主义以后》。他写这篇封笔之作的目的，显然是向中共陈述自己对于革命问题的见解，向中共提出自己的忠告：千万不要将“革命”变成“换朝代”。

在《理性与民主》中，张东荪对革命是持反对态度的。他说：中国要实行民主必须发挥爱的哲学，排除“恨的哲学”，“必须把革命的理论矫正过来。”他直言不讳地批评中共把革命当做目的，当做一种长期的过程的做法：“我敢正告社会主义者中对于民主有感情的人们：我们在马克思与恩格斯的文献上不是寻着建立共产社

［1］ 张东荪：《论政治斗争》，《国讯》第1卷第1期，1947年10月10日。

［2］ 张东荪：《纪念闻李二先生——民主与革命之关系》，《北大半月刊》第8期，1948年7月20日。

会如果万一竟有不由革命亦未尝不可的一类话么?可见他们……始终把革命当作手段。手段之使用与否须看目的之达到如何而定。只须达到目的即不限定必用这种手段,而把革命当作过程,且当作必然的过程。一切弊病即出于此。”[1] 他认为,“不断的斗争与长期的革命都是意在摧毁人民自由的野心家所提倡的谬论。……且须知承认斗争是永久现象的人们把自己置于斗争之中,其所训练于自己的只是如何斗争,势必完全丧失了清明之气。……实则斗争只可为一时的,万不得已而为之。如要建立社会主义亦必先有和平,没有平和则任何建设皆不成功。所以我并不是完全反对斗争,诅咒革命,乃只是反对那种永久斗争的学说而已”[2]。

但1948年后,张东荪的观点发生了变化,公开承认革命有其客观性。他认为,革命的爆发,不是一个理论问题,而是与实际境况密切相关的问题;革命是否使用暴力,是否使用无产阶级专政,乃由革命的实际境况决定。他认真研究了中西历史上的革命运动后,指出:“凡革命以前必先有比较温和性质的改革,等到这样温和的改革失败了方会有革命。这几乎是一条普遍公例,甚少例外。所以革命必须用暴力不是一个理论上的问题,即连与革命是否不可避免亦不是一个理论上的问题。我们决不能凭空讨论人类进化要不要革命;同时亦决不能抽象来讨论革命要用暴力与否。这些问题都是实际上一时境况的需要所决定。”[3] 由此,他认为,马克思主义的无产阶级专政与暴力革命学说,是有实施条件的,应依据“各国各时各地而有不同”。他警告人们说:“倘以为这是一个不拘何地何处的必然办法与人可少的过程,这显然是一个大错误。一切争执与纷纠皆从这个错误而起,不可不加以警惕。”他虽然并没有放弃对中共理论的批评,但已经承认了无产阶级专政和暴力革命的合理性[4]。

张东荪分析了中国历史上“革命”的性质后认为,历史上的农民革命只是“换朝代”而已。这种换朝代式的革命“都是由于军或匪之蹶起”。它之所以对中国不起进步作用,是因为这样的革命并未与社会发展的总目标:发展生产(增产)相联系。也正是没有与生产相联系,没有从根本上解决生产力,所以中国历史上的革命又只能流于“换朝代”,成为政权更易的工具。他极力反对、并力求改变的,便是这种“换朝代”式的革命;他主张的革命,乃是与解放和发展生产力密切相连的革命。

他忠告中共说,革命乃是当生产关系阻碍生产力发展,阻止人类不断增进生活的

[1] 张东荪:《理性与民主》,上海商务印书馆1946年版,第146页。

[2] 张东荪:《理性与民主》,上海商务印书馆1946年版,第142页。

[3] 张东荪:《民主主义与社会主义》,上海观察社1948年7月版,第39页。

[4] 张东荪:《民主主义与社会主义》,上海观察社1948年7月版,第41页。

客观要求下不得不为的。他说："我的意思是说，一个社会或国家到了生产不能再有发展。而救济之法是改变其生产的社会关系中之足以阻碍生产再发展的那一部分。千万不要连累或波及其他本来没有问题的部分，这便是我所谓改革需要的天然界限。"[1]他提出这个"天然界限"，目的在于说明改良是社会存在和发展的常态，革命乃是变异，是被迫的、无奈的、暂时的、局部的。希望中共尽快在革命任务实现后，从事经济建设。

张东荪经过"深长思之"后认为，"为凡能为创开辟新生产天地的，便是成功的革命，否则就是失败的革命。"失败的革命就是所谓"换朝代"。他指出，"一部中国史，所有的革命只是这样性质的换朝代而已。"中国要避免换朝代式的革命，自然应当把革命与增产、革命与建设相联系。他反对那种只知"均贫富"、而不与增产相连的"革命举动"。他认为，"增产"是指以增加生产而求平均；"均贫富"是以再分配而求平均；均贫富是非增加生产总量，并且同时对于增加生产的努力进行上反是一个妨碍。故必须避免这种过激而有害的举动。他反复强调："凡能办到开辟新生产天地的，便是成功的革命，否则就是失败的革命。革命必须与建设相连接，革命是指冲破旧有生产关系中之阻碍其发展的部分而言，亦就是消除这些障碍。建设是指废除了阻碍以后自由发挥本含有的生产力而言，亦就是从事于生产的开拓，以使人人满足其增进福利的天然要求，所以革命而要成功必须紧接着建设，在革命中必须把建设开其初端。初端一开即进为和平，在和平中建设顺利发展下去。"[2]

这些便是张东荪反对"换朝代"式的革命，而赞同真正革命的根本原因，也是解决中国仍走"换朝代"革命问题的关键所在。张东荪不厌其烦地阐述这样的道理，实际上就是劝告中共一定不要将目前正在进行的革命便成"换朝代"，一定要在革命之后将主要精力放在经济建设上来。革命仅是手段，增产才是目的。紧紧抓住了"发展生产力"这一人类社会发展的永恒主题，以"发展生产力"标准来衡量一切革命，这无疑是十分精辟的。

稍后，张东荪在清华大学作演讲时，又进一步阐述了革命问题。他指出："一个国家的政治到了非革命不可的时候也就只有革命这一条路"。革命有真假之分，"换朝代"的革命、没有促进生产发展的革命都是"假革命"。"历史上的革命都是失败的，我们要使整个历史翻过来，"为此，他号召："要打倒假革命才有真革命，革命就是要使中国走上一条崭新的路，决不是历史上任何的旧路。"[3]

---

[1] 张东荪：《增产与革命——写了〈民主主义与社会主义〉以后》，《中建》半月刊 3 卷 4 期。

[2] 张东荪：《增产与革命——写了〈民主主义与社会主义〉以后》，《中建》半月刊 3 卷 4 期。

[3] 张东荪：《论真革命与假革命》，《展望》第 2 卷 24 期，1948 年 10 月 30 日。

主张“新型民主”，赞同中共的新民主主义，对中共进行革命的同情与理解，加上他很早就与中共保持秘密联络，从而使张东荪与中共合作的政治基础和思想条件基本具备。

继续与中共联系，参与北平和谈

抗战胜利后，原来负责与张东荪联络的中共地下党员殷之钺调到他处工作。在停战谈判的一段时间里，由于政治气氛相对宽松，张东荪便直接与在北平军调部的中共代表叶剑英、徐冰等人联系。1946年初徐冰来到北平参加军调部的工作。在民盟华北总支部召开的一次会议上，张东荪把叶笃义等民盟华北总支部委员介绍给了徐冰，从此，叶笃义等人便与徐冰也建立了联系。据后来叶笃义讲：“在此期间徐冰向我提供了中共关于和谈和关于军事调处的情报。关于和谈，徐冰说中共和国民党对旧政协决议的态度大有不同。中共愿意彻底执行这些决议而国民党则是蓄意反对它。关于军事调处，徐冰说中共对国民党和美国有所不同，对国民党采取针锋相对，对美国则是一方面揭露一方面留有余地。”叶笃义自然成为联系中共与张东荪之间的中间人。

1947年3月，北平军调部结束时，中共代表叶剑英、徐冰等人邀请张东荪、关世雄等民盟人士吃饭，把一台美国制造的电子管收音机送给民盟。“民盟利用这台收音机作为武器，昼夜收听解放区新华社的广播，然后抄写、复印、散发”，进行反对国民党独裁内战的斗争[1]。同时，为了帮助张东荪领导的民盟华北总支部开展工作，中共地下党还给张东荪留下了一笔活动经费。此后，张东荪与中共地下党的联系便转入秘密状态。在这期间，张东荪和符定一通过地下党直接致函毛泽东，讨论时局，交换意见。毛泽东收到张东荪的信后，本想回信，但“又怕落入敌手，妨碍他们的安全，”[2] 所以，没有机会给张东荪回信。

1947年上半年，中共在国统区发起了“反饥饿、反内战、反迫害运动”。张东荪支持北平地下党的活动，并以燕京大学教授的合法身份，掩护燕京大学的进步学生和地下党员。据张东荪的家人回忆，当时张家几乎成了进步学生活动的中心，燕京大学学生领袖经常在这里聚会。张东荪告诫学生们不要做无谓的牺牲，有时也向中共地下党提出，这样的运动应该搞，但不宜搞得太多。当一些学生遭到国民党特务

[1] 关世雄：《古城黎明之前——民盟北平市临工会活动追忆》，见《我与民盟》，群言出版社1991年8月版，第95页。

[2] 中央档案馆编：《毛泽东关于请张东荪等民主人士来解放区开代表会议事给刘仁的信》，1948年4月27日，《中共中央文件选集》第17册，中共中央党校出版社1992年10月版，第143～144页。

宪警的追捕时，他与燕京大学一些进步教授一起，设法掩护。为此，他也上了国民党特务的黑名单。国民党特务们曾寄来装有子弹头的匿名信，对张东荪和家人进行恐吓。

1948年春，随着中共军事上的胜利和国统区爱国民主运动的高涨，筹建新的政治协商会议的条件逐步成熟。1948年5月1日,中共中央在《纪念五一劳动节口号》中，发出“各民主党派、各人民团体、各社会宪达迅速召开政治协商会议，讨论并实现召集人民代表大会，成立民主联合政府”的口号。这一号召，与过去以民盟为代表的第三方面的主张一致，所以，立即赢得了中间阶层人士的拥护，他们纷纷通电全国，响应中共筹备召开新政协的号召，发起了新政协运动。

此时，张东荪仍然保持着与中共北平地下党的秘密联系，并设法与中共高层联络。当中共决定筹备召开新政协会议后，毛泽东专门给北平市委书记刘仁一封指示信，请刘仁转告张东荪等人：“我很感谢他们的来信，他们及平津各位文化界民主战士的一切爱国民主活动，我们是热烈同情的。”同时转告张东荪和符定一，请他们参加筹备新政协：“我党准备邀请他们两位及许德珩，吴晗，曾绍抡及其他民主人士来解放区开各民主党派各人民团体的代表会议讨论:(甲)关于召开人民代表大会成立民主联合政府的问题;(乙)关于加强各民主党派各人民团体的合作及纲领政策问题。我党中央认为民主党派及重要人民团体（例如学生联合会）的代表会商此项问题的时机业已成熟，但须征求他们的意见，即他们是否亦认为时机业已成熟及是否愿意自己或派代表来解放区开会。会议的名称拟称为政治协商会议。会议的参加者,一切民主党派及重要人民团体均可派遣代表。会议的决议必须参加会议的每一单位自愿同意不得强制。开会地点在哈尔滨。开会时间在今年秋季。”毛泽东特别向刘仁嘱咐：“上述各点请首先告知张东荪先生，并和他商量应告知和应邀请的是什么人。”[1] 可见,毛泽东对张东荪是很重视的,也是非常信任的。

刘仁领导的北平地下党立即向张东荪转达了中共中央的邀请，请他到哈尔滨参加新政协的筹备工作，并建议尽快准备离开北平，到东北解放区去。张东荪感到此时自己在燕京大学的课程还没有结束，突然离去，比较困难，希望等到学校放暑假时前往。

不久，中共北平地下党通知张东荪与共产党秘密交通员李才接头。为了不引起国民党特务的注意，张东荪让夫人吴绍鸿女士前去。张夫人与李才在东华门附近接头。李才向张夫人交代了中共地下党的指示。李刚走出不远，便被国民党特务发现，

[1]《毛泽东关于请张东荪等民主人士来解放区开代表会议事给刘仁的信》，1948年4月27日。中央档案馆编：《中共中央文件选集》第17册，中共中央党校出版社1992年10月版，第143～144页。

枪声大作，李才受了轻伤，但还是机智地逃脱了。张夫人吓得半天才缓过劲来。回到家中，将此事告诉了张东荪。在此后一段时间里，张东荪与中共地下党的关系一度中断。暑假时，他也没有能够离开北平赴哈尔滨。此后不久，中共北平地下党总学委负责人崔月犁（化名李大夫）负责与张东荪秘密联系。

1948年11月，中国人民解放军发动了平津战役。11月18日，傅作义通过彭泽湘、符定一到石家庄接洽与中共谈判问题。12月17日，傅的代表崔载之、李炳泉与解放军平津前线司令部代表苏静进行谈判。由于双方条件相差甚远，谈判很快陷入僵局。

致力于调和国共关系、促进和平早日实现的张东荪，一直关注着平津时局的发展。他坚决主张国共谈判，以和平方式解放北平。为了打破谈判僵局，中共方面也希望能找一位有影响的民主党派人士参加谈判作为缓冲，并可居中调停。他们首先考虑的人选就是民盟中央常委、秘书主任兼民盟华北总支部主任委员张东荪。因为一方面张东荪数年来一直在国内倡导和平，反对内战，是非常有影响和号召力的民主领袖，另一方面张东荪很早就与中共建立了联系，并在抗战时期为中共做过许多事情，加之思想逐步倾向中共，很受毛泽东的信任。这样，中共便决定让张东荪出山。中共地下党立即劝说张东荪出城谈判。

而此时的傅作义，由于嫡系王牌军35军刚刚被解放军歼灭，也意识到无法抵御中共的军事打击，也想尽快打开和谈局面。12月24日，他的老朋友侯少白向他推荐张东荪作为傅作义的代表出城与中共谈判，傅也感到派张东荪这样一位在社会上有影响的民盟领袖出面，有利于调解双方关系，便于打开谈判僵局。对此，有人回忆说："此时傅作义心情沉重，郁郁不乐，急于寻找出路，他感到非谈不可的时候到了。于是接受高级政治顾问刘厚同（辛亥革命老人。解放后任天津市政协委员）的建议派政工处长周北峰少将与中共接触，他还对刘表示希望找一位民主党派的领导人一起去谈。中共地下党得知这一消息后，中国民盟华北总支部主委、燕京大学教授是一位合适人选，张东荪与我党原来就有来往，经中共地下党动员后表示愿意出城谈判。傅作义也认为民盟是一个大党，有声望、有威信，谈判时民盟作为中间人可起协调双方关系的作用。"[1] 可见，中共和傅作义都对张东荪寄以厚望。

1949年1月1日凌晨2时，中共中央军委致电平津前线司令员林彪，提出了与傅作义谈判的六点方针，并指示说："惟我们希望傅氏派一个有地位的、能负责的代表，偕同崔先生及张东荪先生一道秘密出城谈判。"同时为了保证张东荪的安全，又特别

[1] 关世雄：《古城黎明之前——民盟北平市临工会活动追忆》，见《我与民盟》，93页，群言出版社，1991年8月。

强调："如张东荪出城不能保守秘密，则张可以不出来。"[1]

当李炳泉向傅作义秘密传达了中共中央"军委六条"后，出现了打破谈判僵局的机会。中共方面要求派一名"能负责任、有地位的人"出城去谈，傅作义立即想到华北"剿总"民事处长周北峰和极力主张和平的张东荪是最佳人选，但"因从未张有过接触，故傅先生亲自接见张，观察定夺。"[2] 1月5日下午，傅作义约张东荪在中南海居仁堂谈话。

傅作义开门见山地问："张教授，宜生想与共党言和，你意如何？"张东荪回答："言和是大势所趋，人心所向。傅总司令当机立断，不受他人甚至南京方面的干扰，实在令人敬佩。言和乃光明之途，不走和谈之路，古都危矣，傅总司令也危矣！"

张东荪教授的一番直言，使傅将军很痛快地下定了决心。傅作义说："张兄所言极是，我想请张兄作为我的代表，代我辛劳一趟。如果张兄谈和成功，我傅宜生将感激万分！"张同意向中共方面转达傅的意见，但因为是民盟成员，不便作为傅作义的代表，请再派一名正式代表，与自己一起出城。傅作义答应了张东荪的要求，并提醒张东荪说：这事十分机密，"千万不能向外透露半点分声，否则，不但事情办不成，张先生的安全也将受到威胁，或带来不必要的麻烦！"[3]

据后来张东荪向子女讲，当时会见场面很紧张，傅作义打着裹腿，全副戎装；当张向傅申明利害，表示愿意代他出城与解放军进行谈判时，傅的脸色才逐步缓和下来。

1月6日清晨，华北"剿总"秘书长王克俊，乘车首先来到府右街西侧的穿堂门胡同，接上周北峰，尔后来到李阁老胡同张东荪家。王克俊告诉张东荪："昨天您对傅先生所表示的意见，周北峰先生也赞成，您们现在就乘车出城去谈，路线及联络记号已约定好。出西直门，沿途有人告诉您们怎么办！"王克俊交代完后，匆匆忙忙离去了。此时，负责与张东荪联系的崔月犁走进来对周北峰说："傅先生派您代表他去商谈和平解放北平的事情，解放军平津前线司令部表示欢迎。"然后告诉张东荪和周北峰说："您二位这就走吧！我们也为您们的行动安排好了，出西直门直奔海淀，在那里有我们的人接，联络口号是'找王东'。我接到我党的指示，叫我和你在这里见面，希望您们这次出城，能很好地完成这一历史使命，路上要小心，请张先生用白布缝一个小旗，绑在棍子上，

[1] 北京档案馆编：《中央军委关于与傅作义谈判的六点方针的电报》（1949年1月1日），《北平和平解放前后》，档案出版社1988年12月版，第54～55页。

[2] 王克俊：《和平解放北平》，《星火燎原》第8辑，解放军出版社1987年10月版，第463页。

[3] 董世桂、张彦之：《北平和谈纪实》，文化艺术出版社1991年12月版，第175～176页。

通过火线时摇晃着白旗，就安全了。”[1]

对此，崔月犁后来回忆说：“我约好与他们在李阁老胡同张东荪家见面。我和周北峰先生是第一次见面。他想先和我谈谈，因为出去的路线、时间、暗号都用电报与城工部联络好了，不能耽搁，我让他们马上就动身。周北峰说：‘我们这方面路过的军队管卡好说，到解放军那边怎么办?’我让他们带上一面白旗，准备过火线时用，并告诉了他们要走的路线和联络暗号。很快周北峰和张东荪一起出发了。”[2]

周北峰、张东荪乘车出发，出李阁老胡同西口，经西四、新街口、西直门、直奔万牲园（即动物园）。在白石桥拐弯处，下车步行，他们打着白旗，对上了暗号，通过火线后，由解放军派吉普车送到西山。1月7日，张东荪与周北峰抵达蓟县八里庄。

中央军委对此次谈判非常重视，1月7日，继早晨5时向林彪、聂荣臻电告关于与傅作义代表周北峰谈判方针后，下午3时又致电林、聂：“周北峰、张东荪到后，你们先要他们对我们六点意见表示态度，并与他们商谈具体办法，随即以他们态度及商谈意见电告我们，并留他们住几天”[3]。1月8日，聂荣臻向二人讲述了全国战局及平津前线的形势后，便分别与张东荪、周北峰进行了晤谈。

聂荣臻直截了当地问张东荪：“出城前，傅作义向您交了哪些底，他对这次和谈诚意如何?”张东荪向聂荣臻转达了傅作义的四项要求：“1、平、津、塘、绥一齐解决；2、平津以后能否有其他报纸，不只是中共一家的报纸；3、政府中要有进步人士；这两条都是傅作义冠冕堂皇的陪衬话，实质是他要保留他的报纸，他要参加新政府。4、军队不要用投降或在城内缴械的方式，采取有步骤的办法，即调出城外，分驻各地，用整编等方式解决。如贵军同意此方针，双方派代表协商拟定具体办法。”

当聂荣臻继续询问傅作义的思想动向时，张东荪坦率地谈了自己的看法：“傅称中下级军官多为傅的人，能控制，能保证。如有不遵令者，傅可解决他。依我本人看，基本问题是军队问题，我是外行，请您们仔细考虑!”聂荣臻又问：“傅究竟是什么打算?能否永远站在人民解放军方面来，还是跟蒋介石殉葬，或者还幻想第三条路线?”张东荪回答：“我的观察，傅是决不能打下去了，其原因是主力被歼；美援无望，前不久有一批美援经上海时被国防部换了一批坏货，傅很不满意；城内粮食不能持久。傅一脑子旧东西，不愿在中共下面做事，第三条路线曾经有人活动过，我曾竭

[1] 董世桂、张彦之：《北平和谈纪实》，文化艺术出版社1991年12月版，第175～176页。

[2] 崔月犁：《忆争取傅作义将军起义的经过》，《北平地下党斗争史料》北京出版社1988年12月版，第535页。

[3]《中央军委关于对傅作义代表周北峰应严正表示的四点意见的电报》（1949年1月7日），北京档案馆编：《北平和平解放前后》档案出版社1988年12月版，第56页。

力阻止和破坏，现在傅打消了这一打算。我看傅还是要点面子下台，我把他这种下台称之为‘光荣的交待’。”[1]

张东荪的分析，使聂荣臻基本摸清了傅作义当前的思想动态和谈判的底牌。随后，聂荣臻又和周北峰进行了会晤。周北峰表示：“我是奉命来谈全面问题的，包括平、津、塘、绥的一揽子和谈。”同时，想弄清“解放军对和平解决的条件”。聂回答说：“条件很简单，我们要求他停止抵抗。”周说：“这次叫我出城商谈，我看是有诚意的。这是大势所迫，人心所向，只有走这一条路。当然在具体问题上，还可以费些周折。”聂荣臻以十分严肃的口吻警告说：“傅先生不能取骑墙态度，只能站在人民解放军一方面，其军队只能编为人民解放军，不能有其他名义。平津问题要迅速解决，否则我军即将举行攻击。”

聂荣臻与张东荪和周北峰分别会谈后，立即将会谈情况向中央军委作了汇报，请示谈判方针。毛泽东收到林彪、聂荣臻的电报后，经过反复研究，于1月9日凌晨2时，以中央军委名义致电林、聂：“(一)因为傅作义派人出来谈判，具有欺骗人民的作用，并有张东荪在场，故我们应注意运用策略。你们应回答如下几点：(甲)平津塘绥均应解决，但塘绥人民困难尚小，平津人民困难甚大，两军对峙，军民粮食均有极大困难，故应迅速解决平津问题。(乙)为避免平津遭受破坏起见，人民解放军方面可照傅方代表提议，傅方军队调出平津两城，遵照人民解放军命令开赴指定地点，用整编方式根据人民解放军的制度改编为人民解放军，并由双方代表于3日内规定具体办法，于1月12日下午1点开始实施。平津两处办理完毕后，即可照此办法解决塘绥问题。(丙)政府中有进步人士。平津报纸不只中共一家，是中共民主纲领中原来就有的，故不成问题。(二)估计傅作义对于乙项是不能实行的。如果他能实行将军队开出城外，我们亦有办法将其缴械，故可大胆答应傅方提议，表示仁至义尽，你们即应与周北峰讨论实行此条的具体办法，例如军队出城所取道路、驻地及其他事项，逼傅在12日开始实行，使张东荪看了认为我方宽宏大量，完全是为保全平津人民的生命财产而出此。(三)对于要傅开口子、扣军官，实行里应外合这一点，现在不要提，待攻克天津后再说。(四)如张东荪不愿久待，即可派车送他来中央所在地，并派人妥为照料。”[2]

1月9日上午9时，双方进行正式谈判。周北峰首先代表傅作义提出了和谈条件：

[1] 董世桂、张彦之：《北平和谈纪实》，文化艺术出版社1991年12月版，第180页。

[2] 北京档案馆编：《中央军委关于在与傅作义谈判中应注意的问题的电报》（1949年1月9日），《北平和平解放前后》，档案出版社1988年12月版，第58～59页。

(1)平津塘绥问题一齐解决;(2)傅作义所属部队以团为单位出城整编;(3)对于新保安、张家口、怀来作战中被俘的人员一律释放，不作战俘对待；(4) 文职人员都吸收到新的工作单位继续工作,对傅的军队、行政、文教等人员予以安排,给予生活出路;(5)政治民主、经济平等、言论和信仰自由,《平明日报》继续发行；(6) 对傅作义的所属军政人员已往罪过不要追问。

周北峰提出这六项条件，表明傅作义已经开始与中共进行真诚的谈判。双方的谈判开始进入实质性会谈阶段。

林彪根据中央军委的指示，提出了中共方面的谈判条件，作为对傅作义方面条件的答复："(1) 所有军队一律解放军化，所有地方一律解放区化，即把傅作义军队调出平津两城，遵照人民解放军的命令开赴指定地点，用整编方式改编为人民解放军；(2) 只要傅作义让解放军和平接收平津，允许傅部编一个军，对傅作义不作战犯看待，在政治上给他一定的地位，并允许保存私人财产；(3) 对张家口、新保安、怀来战役被俘人员可以一律释放，对傅部的起义人员一律不咎既往，凡愿继续工作的都可以留下来安排适当的工作，不愿工作而要还乡的人员，都可以资遣，并发给资遣证明书，令其返乡，并嘱咐地方政府，对其返乡后也不予歧视。"聂荣臻分析了当前形势和平津战局后也说："傅先生除了放下武器，把文化古都北平和工业城市天津保全下来，为人民做些好事外，别的再无出路，希望傅先生早下决心，当机立断!"[1]

张东荪听后，非常高兴，连声称赞："把驻守平津的国民党军队全部调出城外，开到指定地点，按照解放军编制、制度，改编为人民解放军，这个办法好，傅先生一定能接受。"[2]

由于谈判双方都有诚意，意见也基本一致，谈判暂行休会。张东荪后来在谈起这次会谈的印象时说：聂荣臻非常亲热，但并没有多少实质性的话；林彪则一直铁青着脸，神色冷峻，一条一条地抠协议条文，直到谈判都结束了，他的脸色才缓和下来。

10日上午,双方就军队如何改编、城市如何接管、人员如何安排等具体细节问题,又进行了一次会谈磋商，并由中共代表苏静根据谈判内容整理了一个《谈判纪要》。林彪、聂荣臻和周北峰都在"纪要"上签了字,张东荪却谢绝在《纪要》上签字,他说:"我

[1] 董世桂、张彦之:《北平和谈纪实》，文化艺术出版社 1991 年 12 月版，第 184 ～ 185 页。

[2] 董世桂、张彦之:《北平和谈纪实》，文化艺术出版社 1991 年 12 月版，第 185 页。

是民盟成员，代表不了傅作义将军，只能在你们双方之间当个调解人和见证人。”[1]当林、聂转达中央军委让他到中共中央所在地会晤毛泽东时，张东荪表示要先回燕京大学一趟，做些必要的准备，然后再启程去会晤毛泽东。苏静赠送张东荪和周北峰每人一双军靴作为纪念[2]。

对北平和平谈判，很多人都尽了力。张东荪在关键时刻出城，不仅打开了双方和谈的僵局，而且也取得了实质性进展。这主要得益于傅作义方面和中共方面都有和谈的诚意及双方对他的高度信任。毛泽东事后在颐和园一次会议上当着许多人的面，竖起大拇指说，北平和平解放，“这是张先生的功劳!”

张东荪也认为,这是他一生中所做的最得意的一件事情。他曾在1950年自题曰:“余亦自谓生平著书十余册，实不抵此一行也。”

筹备新政协会议，入选中央人民政府

1949年1月10日晚，张东荪在解放军的保护下乘车返回北平燕京大学。他在燕京大学作了一个讲演，是解释为什么坚决主张与中共进行和平谈判。他形象地用“老鼠与花瓶”比喻傅作义的部队与文化古城北平：老鼠是可恶的，人人都想消灭它，但它却躲在一个精美的花瓶中；既要消灭老鼠，又要不打碎花瓶，就不能不采取和平方式、用和谈的办法解决。张东荪的讲演获得了广大师生一片支持和喝彩声。

1949年1月中旬，在中共地下党的安排下，张东荪与费孝通（代表民盟），雷洁琼夫妇（代表民进），到华北解放区出席中共中央召开的民主党派的会议。他们先到石家庄，然后再到中共中央驻地西柏坡。

张东荪一到西柏坡，便送给毛泽东一本自己的封笔之作——《民主主义与社会主义》；毛泽东也回赠他一套东北解放区出版的《毛泽东选集》。据张东荪后来对家人说，当时他出发去石家庄时神情非常兴奋，想向毛泽东和中共阐明自己关于即将成立的联合政府内外方针问题的意见。

张东荪向毛泽东所要陈述的，实际上仍是所谓“新型民主”的主张。对于毛泽东提出的新民主主义的许多内政方针，张东荪发表了自己的见解。如对于中共正在实行的土地改革，张东荪承认有其合理性，但仍劝中共应该迅速把重心放在发展农业生产上；对于以爆烈方式对付反动派的破坏，张东荪对中共用严厉方式镇压虽表示理解，但仍不是非常赞同。但总体上看，双方在召开新政协、建立联合政府、

[1] 董世桂、张彦之：《北平和谈纪实》，文化艺术出版社1991年12月版，第186页。

[2] 据张东荪的家属讲，当时林彪赠送给张东荪一件狐皮大衣，但在文革前派人又取走了。

进行新民主主义经济建设等重大内政方针上是一致的。

然而，在讨论新中国的外交方针时，两人产生了巨大分歧。毛泽东认为新中国的外交方针只能是一边倒向苏联，必须实行“一边倒”。张东荪则主张应该走“中间路线”，在国际上不亲近美国也不亲近苏联，或者可以比较亲近苏联，但也要与美国建立良好关系，不能反美。因为一方面中国的建设需要美国的支援，另一方面如果中国倒向苏联一边，会刺激美国，导致美苏关系恶化，导致中国与美国直接对抗，中国可能成为苏美冲突的牺牲品。毛泽东坚决不同意张东荪的主张，认为很多知识分子都存在着严重的“亲美”“恐美”思想，张东荪不同意“一边倒”向苏联，就是这种思想的反映。张东荪与毛泽东双方各执己见，谈话的气氛一度非常紧张。

同时，毛泽东对张东荪的“中间路线”主张和“亲美”思想进行了委婉的批评，他说，革命胜利后就要召开新政协，成立中华人民共和国，希望民主党派站在人民大众的立场同中国共产党采取一致的步调，真诚合作，不要半途拆伙，更不要建立反对派和走中间路线。

1949 年 2 月，当张东荪回到北平时，情绪比较低沉，显出一副较失望的样子。

张东荪与毛泽东这次会谈时的分歧，实际上是中共“新民主主义”理论与张东荪“新型民主”主张的冲突。对于国内问题，中共主张召开新政协、成立联合政府、实行新民主主义的经济政策等，都与张东荪所主张的多党合作、混合经济、保留私有财产等相似；尽管存在着一个领导权这个核心问题的根本差别，但此时该问题尚不突出，这样双方能够在内政问题上保持一致。对于国际问题，张东荪从 30 年代起便已经形成了调和资本主义与社会主义的思路，数年来一直思考着如何调和美苏冲突。他所谓“中间性的政治路线”和“新型民主”的重要内容，就是主张既不亲美，又不亲苏，对双方保持同等的距离，反对美国把中国当做反苏基地，但欢迎美国对中国的经济建设给以援助；不亲近苏联，以免刺激美国，从而导致美苏冲突，爆发第三次世界大战，给中国带来巨大灾难。而毛泽东对于美帝国主义的本质有着深刻的认识，对于它支持国民党打内战、阻碍和干涉中国革命的野蛮行径有着切身的体会，对于它与苏联对抗、破坏国际共产主义运动的阴谋有所了解，断定美帝国主义与国民党一样，是中国人民凶恶的敌人，是革命的对象。新中国的外交方针，自然不能与这样的帝国主义结盟，而必然倒向苏联为首的社会主义阵营一边。

张东荪与毛泽东的分歧，实际上也是马克思主义思想体系与资产阶级思想体系的一次冲突。尽管张东荪的“新型民主”与毛泽东的“新民主主义”有许多相似处，但毕竟属于两个性质不同的思想体系。毛泽东是站在无产阶级立场上，坚持马克思主义的阶级斗争与无产阶级专政学说，提出联合政府主张和实行新民主主义经济政策的，他强调在新的政权中无产阶级及其政党的绝对领导地位，也强调在“混合经济”中社会主义经济成分的主导地位，并且一再指出：新民主主义政治经济制度的发展前途，是社会主义。而张东荪则是站在资产阶级改良立场上，坚持民主主义的原则，提出成立联合政府和混合经济主张，但他根本就不赞同无产阶级在新政权中的领导地位,更不主张社会主义经济成分在混合经济上的主导地位,同时他所谓“新型民主”的前途，实际上仍是民主主义。尽管他认为民主主义与社会主义在原则上是相同的，但作为政治和经济制度，社会主义与民主主义并不相同，这样，张东荪主张的“新型民主”只能是资产阶级的民主主义政治经济文化。“新型民主”与“新民主主义”的相似处，成为张东荪与中共合作的政治和思想基础，而两者存在着的根本分歧,又是导致张东荪与中共合作中出现矛盾与冲突,乃至合作破裂的内在根源。而 1949 年初张东荪与毛泽东的这次观点分歧，仅是双方政治思想冲突的开始而已。对此，政治上非常敏感的张东荪似乎已经察觉了。

毛泽东通过与张东荪的会晤，也同样看到了中国民族资产阶级知识分子与中共的思想分歧，看到了他们对即将成立的新的国家政权的幻想，也看到了他们中间普遍存在着的对于美帝国主义的幻想和恐惧心理。1949 年 6 月 30 日，毛泽东发表《论人民民主专政》，公开阐明了中共对新民主主义国家政权的观点，对资产阶级知识分子中存在的这些错误思想进行了严肃的批评和教育。他指出：“我们的经验，集中到一点，就是工人阶级（经过共产党）领导的以工农联盟为基础的人民民主专政。这个专政必须和国际革命力量团结一致。这就是我们的公式，这就是我们的经验，这就是我们的主要纲领”。公开强调了无产阶级的领导和与苏联结盟的重要性，新的国家政权决不是资产阶级民主共和国。

1948 年 8 月 5 日，美国政府发表了《美国与中国的关系》的白皮书，公布了若干反对中国人民革命的真实材料。中共中央认为，白皮书的发表是教育那些对美国抱有幻想的资产阶级知识分子（即所谓“民主个人主义者”）的反面教材，于是新华社接连发表了 6 篇对白皮书的评论，除了《无可奈何的供状》外，其余 5 篇都是毛泽东亲笔所写。毛泽东对白皮书的评论，与其说是针对美国的，还不如说是针对那些要走“中间路线”、对美国抱有幻想的“个人民主主义者”，因为他们是美国所依靠的力量,所以毛对他们保持了较高的警惕性。而美国所谓的中国“民主个人主义者”，实际上就是张东荪、罗隆基等为代表的资产阶级知识分子。对此，罗隆基似乎做了肯定的回答。罗隆基在新华社发表《六评白皮书》后，托人转达以下意见给司徒雷登。他说："美国如不先放弃蒋而续予支持，则中美关系很难改善。美国必须决定放弃一边。但即使美国放弃蒋，与中共恢复外交关系，欲立刻或一、两年内，使中共与美国关系超过与苏联关系，仍不可能。最好美国先以一部分救济物资，无条件送给中国，同时放弃麦克阿瑟派的援蒋活动，则在相当时期后，自有转圈的机会"。"民主人士不会有力量，只是陪衬而已。白皮书指出民主个人主义者是最不聪明的举动。所谓民主个人主义者，自不是指的胡适与李宗仁，而是罗隆基、张东荪。但一经美国指出，中共对所有民主人士都怀疑了，特别于我和张东荪。所以，有的地方我都没出来。"此后，张东荪对中共的态度明显地消极起来。

1949年6月15日，新政协筹备会在北平正式成立。毛泽东在中南海勤政殿开第一次全体会议。张东荪以民盟中央常委的身份与张澜、沈均儒等代表民盟参加了筹备会。6月18日，负责起草政府组织大纲的第四小组举行成立会，张东荪与张志让、滕代远、阎宝航、雷洁琼、陈其尤、林厉儒等7人被推举为委员，负责讨论提纲，张志让为召集人。6月25日、8月19日，张东荪参加了两次政府组织大纲的起草和修改讨论会议，修正通过《政府组织法草案》。9月20日，新政协筹备会常委会第8次会议，决定新政协一次会议于21日下午7时在怀仁堂举行。确定参加的单位15个，正式代表510人，候补代表77人，特邀代表75人，共662人。张东荪与张澜、沈钧儒、章伯钧、罗隆基、史良、周新民、楚图南、丘哲、周鲸文、费孝通、李相符、李文宜、胡愈之、辛志超和刘王立明等16名民盟正式代表及叶笃义、罗子为两名民盟候补代表参加。

9月21日，新政协第一届全体会议开幕，张东荪被选为大会主席团成员。次日，大会决定设立6个分组委员会，张东荪分在"国旗、国徽、国都、纪年方案审查委员会"。9月29日，张东荪与彭真、陈铭枢、章乃器、周恩来任执行主席，讨论并通过了《共同纲领》；次日，大会选举产生了中央人民政府委员会。毛泽东当选为中央人民政府主席，朱德、刘少奇、宋庆龄、李济深、张澜、高岗为副主席。张东荪与周恩来、陈毅等56人当选为中央人民政府委员会委员，同时还选举产生了由180人组成的第一届政协委员会。民盟分配到5个名额，张东荪表示自己不担任政协委员。张澜、罗隆基、周新民、楚图南和曾绍抡等5人当选为全国政协委员。10月19日，张东荪被毛泽东任命为政务院文化教育委员会委员。从此，张东荪开始了与中共合作建设新中国的历程。

十二 令人震惊的“叛国”案，晚年的孤独与思索

新中国成立后，张东荪担任中央人民政府委员，然而，他的思想却逐步消极起来，认为国家政治生活和思想文化还很不民主和自由。虽然在内政方针上他与中共并没有很大矛盾，但他根本不赞同中共执行的“一边倒”外交方针，极力主张避免中美直接对抗。本着一贯坚持的“中间路线”思路，他企图冒险与美国方面联系，以改善和调解中美关系。然而，他找到的联系人却是一位美国特务，由此，引发了令人震惊的“叛国”案。1952 年，张东荪结束了自己的政治生涯。在文革中，80 多岁的张东荪被捕入狱，并于 1973 年因病逝世，终年 88 岁。

[民盟中的“小集团”，令人震惊的“叛国”案]

[作诗寄托晚年愁，八十老翁再入狱]

十二　令人震惊的“叛国”案，晚年的孤独与思索

民盟中的“小集团”，令人震惊的“叛国”案

民盟是一个代表中间阶层利益的政治联盟，它内部本来就存在着不少矛盾。1947年10月民盟被迫解散后，沈均儒、章伯均、周新民、邓初民等人在香港秘密活动，于1948年1月召开一届三中全会，通过了《三中全会紧急声明》、《三中全会宣言》和《政治报告》。宣布不接受民盟总部被迫发表的“辞职”、“解散总部”及“停止盟员活动”等声明，宣布重新建立民盟领导机构恢复活动；会议决定放弃“中间路线”并对它进行了批判，表示要与中共“密切合作”，共同反对国民党的反动统治。这是民盟历史上政治态度和观点发生重大转变的会议，而民盟内部对于这样的政治转变存在着一定分歧；同时，围绕着解散民盟总部的责任，民盟领导内部也存在着一定误会。

在这种情况下，由于资产阶级本身的狭隘性，民盟中央内部罗隆基与章伯均的政治分歧和矛盾也日益突出。罗隆基因感到自己在盟内受到了排挤，开始形成以他为中心的小集团，排挤救国会的沈均儒、史良及第三党的章伯均等人。到1949年秋，这个小集团主要包括：张东荪、曾昭伦、潘光旦、刘王立明、周鲸文、范朴斋、叶笃义等人，经常在刘王立明家、罗隆基家中聚会。张东荪平时都住在城外燕京大学，而一旦进城开会，不便赶回，就住在外交部街1号长子张宗柄家。每当此时，罗隆基等在城里住的民盟领袖便在这里聚会，这里俨然也成了“罗隆基小集团”的活动据点。

张东荪由于与罗隆基、叶笃义等人的历史关系,自然也属于这一集团的重要成员,但实际上他的态度是非常消极的，他对盟内的名利也不感兴趣，即使对政府中的名位都无所谓。对此，与他相知甚深的叶笃义说：“罗隆基注视人事安排，而张东荪却不感兴趣。他对政府和国家中的名位都无所谓，而想的是可能变天和第三次世界大战。”[1]

民盟内部“罗隆基小集团”与章伯均等人的矛盾，在1949年底到1950年初召开的民盟一届四中全会时便公开化。

[1] 叶笃义：《我和张东荪》，《文史资料选辑》增刊第2辑，中国文史出版社1987年版。

一届四中全会前夕，罗隆基虽然想排斥救国会，但沈均儒在盟内外威信很高，罗只好将矛头对准了章伯均。对于当时的矛盾，四十多年后，楚图南回忆说："当时民盟内也确有一些争论，而且对某些问题，特别是对一些历史事件的责任，以及有些民盟领导人想走中间路线的政治倾向问题，意见相当不一致。此外，罗隆基当时还力图在民盟领导层中排斥救国会的同志。"[1] 这样，在民盟一届四中全会上，双方展开了激烈的争论，当时一批盟内一些领导，如刘王立明等都想撂挑子。"由于对这些问题争论得十分激烈，这当然会引起中共领导的关心。当时李维汉同志，特别是周恩来同志对民盟内部出现的意见分歧十分重视，"他们出面调解章伯均与罗隆基的矛盾。12 月中旬，周恩来陪毛赴苏前夕，罗隆基和张东荪请周恩来"在中南海办公地点约集民盟领导人谈盟内团结问题"。由于有人从中挑拨，张东荪与罗隆基却没有到会。周恩来对张东荪和罗隆基进行了严肃批评，并表示:"你们的团结问题解决不好，我出国都不放心"。

除了周恩来曾对罗隆基做了规劝外，毛泽东还在他第一次访问苏联临行的前夕，邀请参加民盟四中全会的负责同志谈话。据楚图南回忆："毛主席在谈话中十分幽默，很有风趣地讲了《三国演义》上古城会的故事。毛主席微笑着说，当时在古城的三弟张飞，看见从敌人营垒回来的二哥关羽，对他提出种种疑问，是张飞有警惕性的表现，是完全正确的。但关羽一旦斩了蔡阳，有行动表示了与敌人划清了界限，张飞于是向关羽开门迎接，又兄弟团结共同对敌。毛主席就是用这样通俗的故事，化解了民盟内部的争论。"[2]

由于中共的调解，民盟一届四中全会很快转变为到对罗隆基亲美路线的批评上。在新成立的民盟中央机构中，张澜为主席，沈均儒为副主席，张东荪与章伯钧、罗隆基、黄炎培、马叙论、史良、彭泽民、周新民等人为中央政治局委员。民盟实现了以张澜、沈钧儒为核心的团结，内部的矛盾暂时得到缓和。

1951 年后，先是反苏的刘王立明受到批判，接着张东荪"勾结美国特务叛国事件"揭发出来。这样，以罗隆基、张东荪为首的民盟内部小集团便无形中瓦解了。

张东荪担任中央人民政府委员后，然想保持其独立的思想和自由。为了工作方便，中央专门政府决定给他一些较优厚的待遇，他基本上拒绝了。他坚决表示不再担任其他行政职务，但仍然保留燕京大学教授；他仍住在城外燕京大学朗润园 178 号，不搬进中南海居住；考虑到既要在燕京大学上课，又要经常参加在城内召开的

[1] 楚图南：《民盟工作的片段回忆》，《我与民盟》，群言出版社 1991 年 8 月版，第 5 页。

[2] 楚图南：《民盟工作的片段回忆》，《我与民盟》，群言出版社 1991 年 8 月版，第 5 页。

中央人民政府会议，他同意中央给配备小车和司机，但拒绝中央派给他的秘书和警卫人员。所以，有一次毛泽东宴请张东荪和张溪若，又劝他们说："中南海里盖了房子，是不是搬进来住?"二人均辞谢。毛泽东开玩笑说："你们是要自力更生呀。"

建国初年，民盟与其他民主党派走上了与中共合作、共同建设新中国的道路。而张东荪的思想却逐步消极起来，他不满意民盟内一些人对中共的亲近态度，经常私下里发些牢骚，认为国家政治生活和思想文化还很不民主和不自由。1951年7月中共建党30周年大庆时，民主党派的领袖们都欢欣鼓舞地在报上发表一些回忆和庆祝文章。而张东荪解放后从来没有发表过一篇文章，此时更是拒绝写这种"庆贺"性的官样文章。叶笃义劝他在这个机会写一篇，表示自己对中共拥护的态度。但张东荪声称要保持自己的"沉默的自由"。他又说："燕京大学里骂司徒雷登的所有东西，司徒雷登都会知道的。"在叶笃义的再三相劝下，他才勉强在《光明日报》上发表了四句七言打油诗来搪塞："卅年艰苦忆长征，抗暴援邻举世惊；今日万方齐颂祷，献辞我亦为苍生。"[1]

但无论如何消极，张东荪在内政方针上与中共并没有很大的矛盾。而他与中共的最大分歧，就在于根本不赞同中共执行的"一边倒"外交方针。

建国后的张东荪，主要关注的是国际上美苏冲突及对中国的影响问题。由于他具有强烈的"亲美"和"恐美"思想，所以极力避免中国与美国直接对抗。中国与苏联结成了社会主义阵营，并以和平相号召，但张东荪仍却认为事实只会导致中国与美国的对抗，引起战争。他认为，世界大战一旦爆发，世界大半毁灭，人类前途极为危险，中国受到的灾难更大。根据他的分析，世界大战结果可能有三：一是苏联、中国等和平阵营全胜，张东荪认为此种可能性很小；二是帝国主义阵营全胜，这是张东荪所害怕的，但这种可能性也不大，因为苏联的力量也相当强大；三是两败俱伤，这是最有可能的。所以，他始终不能理解为什么要反美亲苏、实行"一边倒"的外交方针。自1949年初与毛泽东因为"一边倒"问题发生争论以来，张东荪已经感到不可能说服中共改变外交方针，便本着其一贯坚持的中间路线思路，企图冒险向美国方面表示，中国并不想与美国对抗，希望美国不要将战火烧到中国来。张东荪认为，假如真的如此，张东荪等中间人士或许有活动的余地，他所倡导的"中间路线"也有复活的希望。如果能与美国先拉上关系，劝说美国不要进攻中国，这是对中国有利的；万一不幸中国与美国发生冲突，则张东荪还可以保持中立立场，以"调人"资格调解中共政权与

[1]《光明日报》1951年6月26日。

美国政府的关系。正是靠着这种调和立场和主张,他在和平解放北平过程中立了大功,为什么就不能在国际上再次运用,调解中美关系呢?假如不幸而成功了,这岂非是自己晚年政治上的一大成就?正是在这样的情况下,张东荪与碰到了与美国方面有联系的王志奇,希望通过王志奇来建立与美国的联系。

在抗战时期,张东荪曾与他的学生姚克殷同坐监狱,姚介绍一个叫王志奇的给张东荪,说王与苏联方面有关系,可以合作。1945年张东荪所办的《正报》,就是由他出资。《正报》被迫停刊后,两人便很少见面。后来王来看望张东荪时说,自己本和苏联方面有关系,但现在又与美国方面也取得了联系。大概在此时,王志奇又秘密做了美国特务。北平解放后,王在天津成立了一个进出口公司。1950年初,他从天津来告诉张东荪:美国决心打第三次大战,并正在进行计划。张东荪听后,认为自己对世界形势的分析是正确的,惧怕世界大战果真要起来了,便对他说,"我想多知道一些,以后如有重大的消息,你能不能告诉我一些呢?"随后,王又向张东荪强调:仗是绝对打了,美帝正在加紧准备,半年后随时可以发动。张东荪听后,感到世界大战必起,战争一起,中国便是牺牲品。这样,张东荪从其一贯坚持的中间道路立场出发,便想充当调解中共政权与美国冲突的中间人。他对王说:"能不能把一个意见传达给美国,就是打起仗来千万不要打中国,留着中国,且看将来。"王志奇表示同意。

这样,张东荪以后又与王志奇会过几次面。张东荪曾问他是不是已经将自己的话传达给美国国务院,而王只回答保证传达到。这样,张东荪便很轻易地相信了王志奇,也引起了他的在外交上走"中间路线"的政治希望。当王志奇问民主人士的态度如何时,张东荪为自抬身价,也想让王知道自己的神通广大、有前途,便拿出一个政协名单给他,其中可以与张东荪合作的若干人用笔勾出。有一次谈到国家建设,张东荪说:"在国家预算的收入总数中,工商税占百分之三十几,你们的商业还有前途。农业税占百分之四十几,可见国营企业还不行。"

作为中央人民政府委员,与美国特务接触本身就是不允许的;而张东荪却幻想依靠他作为媒介,打开与美国的联系,为将来自己再次充当"调人"来缓解美苏关系,化解中国与美国的冲突,现在看来是何等的幼稚与可笑。数十年来一直没有直接干政治的张东荪,即使再没有行政经验,也会明白,他所讲的这些情况在当时应该是国家的机密,它出自一位中央人民政府委员之口,可能会被王志奇收集起来,作为情报送给美国的。但张东荪在调和美国与中国关系、避免中国受到第三次世界大战灾难的思想指导下,看来并没有想这么多。他根本就不认为自己的活动是"叛国",更不会认为自己是"美国特务"。后来,张东荪因这些罪证被指控为"叛国"、"美国特务"时,虽然他对自己表示对无意中泄露国家机密负责任,并请求处分,但却从不承认自己真的叛国,更不承认自己充当美国特务。

1950年7月,美国发动了朝鲜战争,国际形势正如张东荪所预料的那样严重起来。中国也在酝酿出兵参战问题。张东荪坚决反对中国参战,并表示要力劝毛泽东放弃这种打算。对此,叶笃义回忆说:"1950年8月里,美帝发动侵朝战争之后,我偶尔一次看到梁漱溟,梁对我说,'东荪先生准备面见毛主席,在外交上有所进言。'我马上跑到张东荪那里问他是怎么回事,他说:'我现在还不准备去见他,等到大战打起来以后,打一个时期打不下去的时候,我才去说。'他的这个所谓'进言',就是建议放弃'一面倒'的外交方针。我当时极力阻止他,我说那是绝对不能谈的。"[1]这说明,在新中国的外交方针问题上,张东荪与中共之间产生了巨大分歧。当中国政府决定出兵援助朝鲜,直接与美国对抗时,张东荪感到此时没有调解中美关系的希望,便劝王志奇:"时局紧了,我劝你离开此地,从此不再干这种事,还是只在政治方面努力,设法使美国不毁灭中国,则我们大家都有前途。"这样,王志奇便离开北京到香港去了。张东荪感觉到王可能是个骗子,此后,便断绝了与他的联系。

然而,张东荪恐怕做梦也没有想到,他与王志奇这几次谈话,不仅没有达到利用王打开与美国关系的目的,反而被王利用:王将张东荪的话作为难得的"情报",提供给美国。这些此后给张东荪带来了毁灭性的灾难。

1952年1月,全国开展反贪污、反浪费、反对官僚主义运动,北京各高校也展开了思想改造运动。作为燕京大学哲学系教授、民主同盟中央政治局委员,张东荪参加了在燕京大学的思想改造活动。当时,燕京大学重点批判的对象,是校长陆志韦、宗教学院院长赵紫宸和哲学系主任张东荪。

对于这场运动,张东荪开始便存在着一个错误认识:他从旧民主的观点,对于检讨很有反感,以为这是中共控制思想、破坏人权的运动。所以,他对运动采取了消极抵抗的态度,也有蒙混过关的想法。2月8日,在燕京大学文学院师生大会上,张东荪开始作第一次公开检讨,一方面检讨了建国前自己反对马克思主义的认识,同时也讲了自己与中共的合作关系。检讨后,便有人指责他检讨不老实,企图欺骗群众,向他提出了许多意见。这样,张东荪被迫在燕京全校师生大会上,又作第二次、第三次公开检讨,检讨的内容主要是历史上反苏、反共、反马克思主义的事实与思想动机;亲

---

[1] 叶笃义:《我和张东荪》,《文史资料选辑》增刊第2辑,中国文史出版社1987年版。

美思想及抗战时期在北平与日伪、解放战争时期与司徒雷登的关系；同时也讲述了自己支持革命、与中共联系的事实，但每次检讨后，他的态度都被指责为不老实、不诚恳，批评他隐瞒了自己反革命活动。

民盟燕京大学分部将张东荪的历史问题定为"一亲四反"，即亲美，反苏、反共、反人民、反马列主义，结论是封建买办、投机的政客。他们收集许多张东荪在解放前及建国后思想上、经济上、行动上的历史材料，如他给人题书面引用西方一位作家的话"如果在共产主义与绞刑之间,叫我有所选择,我宁愿选择绞刑"之类,并在《燕京校刊》出版专号，公布于众，供人们批判时参考。

在这种情况下，民盟燕京大学区分部委员会决定：通告全盟揭发张的罪行，并与其进行斗争。随后，北京市支部、燕京大学区分部全体盟员，致函北京市支部，转报总部，要求撤销张东荪一切职务，并责令其认真反省，向人民低头认罪。1952年4月，张东荪致函张澜和沈均儒，表示自己已经在检讨思想问题，如果群众不满意，愿意再作一次更深刻的交代。随后，张东荪在张澜家与沈均儒、章伯均及中共中央统战部部长李维汉及徐冰等人进行了一次谈话。张东荪表示深自悔悟,认为燕大发表材料也有不是事实,如单独见魏德迈等。沈均儒同意张东荪请假反省。这样，民盟中央召开第25次中央常委会议，决定停止张东荪盟内一切职务，认真反省，彻底检讨问题。

张东荪面对如此激烈的批判，颇为疲惫，思想压力很大。在张澜、罗隆基和梁漱溟的劝说和帮助下，1952年8月，张东荪作第四次检讨，主要是关于张东荪与美帝国主义的关系，如与司徒雷登的关系等等。但民盟许多人并不满意，认为张东荪仍不老实交代问题，还是多方面掩饰其罪行。为什么会出现这种情况?因为到了此时，张东荪的问题更加严重，已经由一般思想与历史问题，转变为现实问题。

当时，民盟主席张澜亲自与李维汉、徐冰去见毛泽东，向毛泽东说明了张东荪在燕京大学数次检讨都未通过的情况。毛泽东说："这样的人——坏分子张东荪，我们不能坐在一起开会了。"张澜说："东荪先生的问题，还是从缓处理为是。"李维汉告诉张澜说："我们不能和这样的坏人合作，他出卖了国家情报。"张澜听后，顿然感到问题的严重性。

原来，与张东荪有过联系的王志奇此时已被国家公安机关逮捕，并且很快承认自己是美国特务,对自己的罪行作了交代,咬定张东荪向自己提供了国家机密。这样，对张东荪的批判，便由"思想改造"一下子转变为"叛国罪行"的控诉；批判焦点也由检讨政治和思想问题，转变为交代建国后与美帝特务"勾结"问题。

当向王志奇提供"情报"的情况揭露出来后，张东荪也真正感到问题的严重性。

他从身体到精神被彻底击垮了。1952 年 9 月 6 日，张东荪在民盟内部写了一个书面检讨，即第五次检讨，开始承认了一些自己“勾结美帝国主义的叛国罪行”，坦白交代了与王志奇认识的过程，对自己坚持走“中间路线”的错误进行了批判，表示“用他来联系美帝的媒介，我自己应负全责。不管他是什么样的人，我对于我所做的危害人民的事，我是有完全责任的。”到了此时，张东荪忽然间发现自己犯了一生中自己最不能原谅、也最荒唐的政治错误。他感到无地容身，屡想自杀。但想到自杀更对不起人民，不如听候处理，受应得的处分。

1952 年 10 月，民盟召开中央常务委员会第 33 次扩大会议，决定撤销张东荪盟内一切职务，令其彻底交代，听候处理；指定章伯钧、罗隆基、史良、胡愈之、许广平、曾昭伦、吴含等人组成审查小组，审查张东荪叛国罪行。同时让张东荪进修学习，进一步作检讨。这种宽大处理，出乎张东荪意料之外，他“不知如何才能报答此宽大的恩惠，我决定老老实实学习，以我的余年报答毛主席。”

1952 年 12 月 3 日,张东荪作了《补充检讨》,12 月 10 日又作了《补充检讨再补充》的书面交代，12 月 28 日作了《补充检讨事实部分再补充交代一个事实》，对自己与王志奇会谈的详细情况作了交代，并对自己犯这样错误的动机和思想根源作了深刻检查。张东荪除承认关于预算是故意透露的、是犯了“大罪”外，坚定认为没有为王志奇提供情报；他承认自己发过一些不满于现状的牢骚，这些可能被王整理为所谓“情报”,但他决不认为这些是自己主动提供了情报;他只承认自己被王志奇利用了，但绝不承认自己与美国特务合作；更不承认自己是“美国特务”。

自张东荪“叛国罪行”被揭发并在民盟内部传达后，各地方组织大都举行了座谈会，并要求严惩张东荪。民盟中央常务委员会召开第 41 次会议，以“出卖 1950 年国家总预算详细数字的情报”、“出卖我抗美援朝的重大政治军事机密”、“出卖有关国防资源情报”、“替美帝国主义找政治市场”、“掩护美帝特务活动”、“与美帝公开挂着使领名义的特务人员经常保持着联系”等罪名,被指控为“严重的叛国问题”,被定为“中国人民的敌人”、“美帝国主义派在我们新中国的特务”；同时以“领取汪逆伪组织津贴”、“与国社党、汉奸头子共提卖国提案”、“未与反动的民社党割断关系”、“解放之后,还企图帮助战犯张君劢混入新中国进行其阴谋活动”等罪名,被定为“汉奸”。会议决定开除张东荪盟籍，并提请政府依法处理。

张东荪被民盟中央开除出盟后，当时，有人主张应将他逮捕法办。但出乎人们的意料，毛泽东却主张让张东荪辞职后既往不咎。据说，毛泽东指示：按人民内部矛盾处理，养起来。这样，张东荪在辞去中央人民政府委员和政务院文教委员会委员后，便赋闲在家，结束了政治生命。

“张东荪案件”的内幕目前尚不清楚。张东荪虽通过王志奇与美国方面联系，同时也向王提供了一些“情报”，利用王作中间人来与美国建立联系，但他的动机显然是要开辟一条与美国和谈的渠道。在当时全国抗美援朝运动如火如荼的背景下，张东荪居然想与美国联络，并企图以“调人”身分来调解中国与美帝国主义的冲突，这种行为被认为是“反革命”活动，这些活动被被指控为“叛国”，他也因此被认为是“美国特务”，这在当时是很正常的事情，也是易于为人接受的。实际上，无论出于何种动机，他泄露国家预算机密，总是犯了重大的政治错误。

张东荪虽然在1952年对自己的所谓“叛国罪行”作了交待,承认自己犯了“大罪”,但他却拒不认为自己是美国特务，更不认为自己是卖国或叛国分子。相反，张东荪自信自己这番努力决不是为了个人，而是为了中国免受灾难，是爱国的。事实真相究竟怎样，恐怕还需进一步探讨。至于指控他在抗战期间与日伪合作，是“汉奸”，则显然是没有充分根据的。

作诗寄托晚年愁，八十老翁再入狱

1952年后，张东荪结束了自己的政治生涯，但还保留了北京大学哲学系教授。1951年燕京大学停办，哲学系随后合并到北京大学哲学系，张东荪便成为北京大学哲学系的教授。然而，这样一位政治上“反动”的“美国特务”，怎会有上课的资格？所以,从此以后他也再没有登上讲台的机会。此后的张东荪,真正是闲赋在家。1958年，他的人事关系从北京大学转到北京文史馆，由文史馆发工资，家也从朗润园178号搬到城坊37号。

张东荪一生总是以哲学兴趣为主，同时又不能忘情于政治。1952年后，他结束了政治生涯，没有可能再关注政治了；他早就抱定要以教书终其一生，即使在政治上最得意时也不愿脱离教育界，但此时也失去了教书的资格。政治上的错误，对张东荪晚年是刻骨铭心的打击；而失去教书的资格，使张东荪晚年的精神受到了严重的损伤。过去的老朋友也不敢、或不便见他，昔日门庭若市的热闹景象已成过海烟云。张东荪内心感到从未有过的孤独和伤感。

“百年豪气向谁倾，倒海空尊亦数擎；厌世攀天无一可，但将诗境慰此生。”[1]这样，张东荪开始重新作诗赋词，借以自遣。

[1] 张东荪：《自题》，见《草间人语》（未刊）。

望着老友梁启超给他的对联“风波旧忆横身过，世事今归袖手看”，张东荪对梁启超晚年的心境有了真切的体验。这又何尝不是自己此时此刻的心境？老泪盈眶的他挥毫和曰：“劫后遗墨供摩挲，卅载人天眼已磨；袖手吾今观世事，风波回首几经过。冷雨连霄自忍寒，一朝凄对忆南冠；千秋寂寞如椽笔，只伴孤灯掩泪眼。”[1]

春风秋雨，夏虫冬雪，这些本来美好的自然景物，此时都随张东荪孤独与伤感的心境变得那样肃杀与凄凉。夏雨是苦的，如心一般的苦，“点点顿成泥潦势，丝丝何啻泪珠莹”；夏叶是凉的，似情一般的凉，“无端叶落惊秋早，不尽萧萧万里情”[2]。眼望一汪秋色，徒增满目伤感：“风来如水折余谑，凉到人间亦暗惊。天际晚霞绕旖旎，野封秋色太分明。湖边丛荻枯犹战，床下幽蛰咽不鸣。偶欲登高蹙倦眼，长空无际白云横。”[3] 政治上自认为得意之事，此刻竟颇显荒唐；数年前还引以自豪的出城和谈，此时竟是那样的令人可笑：“深感清诗记我狂，梦回犹自对苍茫；书生谋国直堪笑，总为初心误鲁阳。”[4]

从1952年到1955年，三年间，张东荪竟作了200首诗词。他自号“独宜老人”，将这些诗词结集，命名为《草间人语》。1955年12月，他自写跋文以记述：“行年六十有七，始学为诗，继而又勉为词，乃竟忘老至，不自量力，妄欲与诗伯词宗抗手，亦良堪发也。三年间积稿，词得一百三十阕，诗七十首，录而存之，以诗附词后，共二百首，颜曰《草间人语》，仅为自览之便而已。”[5] 到了此时，张东荪由于对佛学义理有了较深体晤，孤独与伤感之意渐消，心境趋于平静，对于世间炎凉、身世沉浮看得也深，因而自笑当初情绪的消极。他为《草间人语》自题曰：“本来万物俱潜迁，烦恼只因道未坚；寂寞料知千古笑，诗成却作自家禅。”

作完《草间人语》，张东荪表示：“今七十已届，遂不复再作矣。虽不必如疆村所云理屈词穷，然亦精力就衰，宜不再有作也。”[6] 然而，诗词毕竟是晚年张东荪排忧解难的最好方式，他能放弃的了吗？

1959年的一天，张东荪入城就医，途遇与他遭遇相似的梁漱溟，也是面带病容。

[1] 张东荪：《书梁任公联后》，见《草间人语》（未刊）。

[2] 张东荪：《苦雨》，见《草间人语》（未刊）。

[3] 张东荪：《秋感》，见《草间人语》（未刊）。

[4] 张东荪：《追题文如围城四章诗后》，见《草间人语》（未刊）。

[5] 张东荪编定的《草间人语》及后来所作的大部分诗词，在文革初期已被烧掉。但他所写诗词有些留有底稿，现在所能见到的《草间人语》，只有70首诗，130首词已经无从查找。张东荪后来所写的诗词的底稿，也多是题在所读书籍的封底或页内。这些书籍与其它被抄物品，在文革后大多又归还回来，所以保留了一些诗词。

[6] 见张东荪著：《草间人语》（未刊）。

数年不见，骤然相视，同病相怜，自是感慨万千。张东荪回家便忍不住作诗曰："病中一笑忽相逢，雅量休将早熟同；独剖拙书融孔氏，谁翻芜史梦田丰；空花佛魔原平列，奇迹人天岂互从；车走雷声何可语，归来杂念似云峰。"

当他读到《梁启超近著》第1集上那篇《复张东荪论社会主义运动》时，他又不胜感慨，挥毫："寒夜千披旧赐书，乱丝谁可共爬梳?激风料定千波涌，邀局输由一子疏。昔日徒忧今日事，何方能按此方图?独怜隔界难通语，欲问先生笑我无?"

1960年左右，张东荪回忆起以前曾经有人两度以北京大学校长向自己游说，一是抗战时在日寇监狱，一是1949年初在石家庄时。1952年批判张东荪时，又有人诬称他"以不得部长为憾"。张东荪一生不图功名，自然认为这是对自己人格的极大侮辱。此时乃填一词《贺新郎》，以记述此事，表明自己的清高的志向。其中有云："但扪方寸，算天涯知我者，莫须置问。在世是非依势转，死后屡翻更紊。已惯看剧场打诨，岂谓枭鸾从古判，只掉头一啸余何恨，惟两耳，欠全顺。故吾未益今吾损，任吹唇名牛名马，自来无愠。俗眼视人皆类己，安敢吠尧同论。"

张东荪自留学日本起，便接触和研究西方哲学，此后数十年中，他对西方哲学各家各派哲学思想有了深刻的了解和体认。从他1930年到燕京大学讲授西方哲学史到脱离教坛，也有20年的历史。晚年的张东荪，有见于佛学义理可以用诗的形式表达出来，也尝试用诗这种简单明了的形式表达西方哲学史上各哲学家的思想。于是，他反复思考，终于写出了50首"哲学诗"。对于写作的动机和内容，他在序文中说："因念讲授西洋哲学史垂二十年，今老废困居，一灯回忆，不无可记。盖佛家义谛之入诗者，由来久矣，独西方哲理迄今阙如，有之请自哙始。爰取其说，一鳞半爪，稍加私评得五十首。始悟诗适于言情言景，而艰于言理，诚不免有削足适履之诮也"[1]。

这些"哲学诗"，基本上是一位哲人一首诗，也有二个人合为一首，或一个学派一首的。希腊哲学家主要有:泰勒斯、阿那克西曼德、阿那克西米尼、毕达哥拉斯、赫拉克利特、巴门尼德、芝诺、苏格拉底、柏拉图、亚里士多德等，近代哲学家有培根、笛卡尔、斯宾诺莎、洛克、休谟、康德、黑格尔等等，现代哲学家有叔本华、尼采、詹姆士、杜威、柏格森、怀特海、萨特等等。张东荪的"哲学诗"，不仅将哲学家的思想要点概括出来，而且叙述了该哲学家在西方哲学史上的地位，或者讲了自己对该哲学家的评价。如关于泰勒斯："万物虽殊倘一源，同从水出可复还；斯人

[1] 张东荪所作50首"哲学诗"大概在文革初期被烧掉。现在重新辑录，仅得46首。

翻到诸行底，引得千夫更汲泉。”关于柏拉图：“以理为型万物模，智人执柄世方苏；公妻共产何堪问，岛上稚君未可扶。”关于洛克：“心如白板印痕留，有产方能有自由；法订人权出天赋，泰西奉此似传邮。”关于康德：“虚式时空限感官，便知外物异其源；自家立法成通则，学派重开一纪元。”关于杜威：“逻辑只应作探求，心由群造旧争休；育才留得遗风在，此土何人视若仇。”关于罗素：“乾坤虚构事居先，曾向中邦亦进言；一度北游真巨眼，多年膜拜此君贤。”

用诗的形式概括哲学家的观点并作评价，这的确是一种尝试。这些“哲学诗”的价值还有待于研究后评估，但它的确反映了张东荪自己晚年对于这些西方哲学巨子们的观点，对研究张东荪的学术思想是不可多得的材料。

1965 年 12 月，是张东荪八十寿辰。此时，与 1945 年抗战胜利后在重庆举办的六十寿辰的隆重场面相比，直若天壤之别。张东荪的门前早已冷清，亲朋好友也难得来走动。对此，张东荪早已习惯了。1964 年，为祝贺生日，他为自己填了一阕《沁园春·预作明年八十自寿词》，将自己 80 年的人生历程作了简单回顾：

“弹指光阴，八旬将届，愧此昂藏。
叹早年失怙，壮年游学，晚年锢党，几（独）阅炎凉。
虏狱刑还，围城劝解，应笑书生不自量。
休回首，似泥中曳尾，亦曰荒唐。
彷徨，更异寻常。
问何事洪炉冶我狂！
喜今方抛却，耗神理窟，早曾毁弃，憎命文章。
去日空过，来朝且乐，有酒聊浇铁石肠。
知衰矣，顾天留老眼，犹见和祥。”

张东荪不知道、当然永远也不可能知道，在万里之外，他的老友张君劢没有忘记他的八十寿辰，默默作词遥祝[1]。

早在 1948 年，当张东荪写完《民主主义与社会主义》后，曾表示以后要写一部自传。当时他说：“我自辛亥革命之前一年起，即直接间接多多少少与所有几件政治上的大事都有关系。虽未直接干政治，却亦从未离远。我要把这些经过作一个回忆录，即等于自传，命名为《我与政治》。但现在还未写，即写也尚未到发表之时。因为我

[1] 1965 年，张君劢作《张东荪先生八十寿序》，其中有云：“既伤祖国，复念故人。缅怀昔游，都如隔世，是为余与东荪一散不可复聚，将且人天永隔，长之见期，黯然增叹之始。”怀念与张东荪相知数十年的友情。

愿意将来到一个适当时候，即退出现实政治上的一切关系，绝口不再谈象本书上这些问题。到那时即发表此文，以为结束活动的一个纪念!"[1] 1952 年他真的退出现实政治活动后，按理应该着手撰写自传。但经历了 1952 年巨大刺激的张东荪，显然已经对此不感兴趣，所以迟迟没有动笔。

经过一段时间的思考后[2]，张东荪决定撰写回忆录《我与政治》。此前，他在作长诗《三叹事》时已经表示:"胡为今述之,自传补断片"，说明写作该诗、回忆旧事，是为撰写《我与政治》作基础的。据当时常伴在张东荪身边的张饴慈介绍，张东荪撰写自传，是在非常秘密的情况下进行的，因为他不想因为这部自传再带来不必要的麻烦。到"文革"爆发时，他已经写出了《我与政治》的《序》和部分手稿。

1966 年文化大革命开始后，张东荪敏感地意识到不仅国家的灾难到了，而且个人的厄运也降临了。当他见到过去中共的一大批老干部都被打倒后，便将自己晚年所写的未完成的自传《我与政治》、一部快完成的小说手稿及诗词集《草间人语》都烧掉了。但他写《自传》的消息还是为人所知，并很快被抄了家。抄家者对张东荪家进行了非常认真的搜查，并将张东荪保存的手稿、字画及晚年所写的文字统统抄走。抄完家后,有一摞张东荪所写的诗词因裹在几张旧《人民日报》中,没有被抄走,张东荪的夫人吴绍鸿立即将它烧掉。

1968 年 1 月，突然有一些人来到张家，将张东荪和他的长子、著名生物学家、北京大学教授张宗炳一起带走。此时，张东荪已经是 80 多岁的老人了，为什么还要逮捕他?可能与当时揭发批判中共北平地下党负责人之一徐冰有关。这似乎可以从叶笃义的被捕与审讯内容中看出些端倪。

1968 年 1 月初，中央统战部有人到民盟找叶笃义调查材料，除了调查张东荪与蒋介石、司徒雷登会谈的情况外，还反复询问了张东荪在北平与军调部中共方面的人接头的情况，并问有没有关于徐冰的事情。4 月上旬，同一批人逼叶笃义写下"张东荪是一个美国特务，我在解放前曾长期为他服务，因此我通张东荪也是一种特务关系"。接着连续五次审问叶笃义，告诉说:"张东荪已经逮捕入狱，对你进行了揭发。从你同张东荪的关系来看，他对你的揭发当被认为是有分量的。"4 月 26 日，叶笃义正式被捕，押到秦城监狱。经过反复的审讯，8 月 24 日，叶笃义被迫招认:"承认了我同徐冰之间的特务关系是张东荪介绍的；我把徐冰提供的情报转报给司徒雷登和张东荪;我们之间形成了一条特务线。"最后写为"张东荪把我的政治身分告诉了徐冰，

[1] 张东荪:《民主主义与社会主义》自序，上海观察社 1948 年 7 月版，第 2 页。

[2] 大约 1962 年前后，他的长孙张饴慈劝他不妨将自己的回忆录写出来，似乎对他产生了影响。

接头后我和徐冰发生了特务关系。”[1]

张东荪被捕后的情况现在还无从知晓，但从叶笃义在狱中的审问情况看，张东荪的被捕显然主要是由于徐冰案件的牵连，是有人想让张东荪和叶笃义等人揭发徐冰做“特务”的黑材料。

张东荪父子被捕后不久，他的次子、著名物理学家、中科院学部委员张宗燧，他的三子张宗颖夫妇都先后自杀身亡。张东荪一家遭受了一场罕见的浩劫与灾难。在很长时间内，张东荪的家人不知他们父子的下落。但张东荪的夫人吴绍鸿女士始终没有放弃寻找他们的努力。直到1972年12月，她终于打听到张东荪父子被关在秦城监狱。当吴绍鸿与张宗炳夫人刘拙如女士一起去探望时，只见到了张宗炳，而没有见到张东荪。此时，张宗炳因无法忍受孤独的监狱生活，精神已经失常，患有严重的精神病，根本不认识自己的母亲和妻子。她们两人伤心而回[2]。后来，张东荪的家人了解到张东荪父子被捕后，并没有关在一起，张东荪一直关在北京复兴医院，一面审问，一面治病，生活上也没有受太多的苦。1973年3月，吴氏终于在复兴医院见面。张东荪神态自若、情绪平静，见到吴绍鸿后，内疚地说：“你受苦了。”考虑到张东荪此时的身体状况已经很差，看守人员经过批准，同意他的家人经常来医院看望他，并轮流负责他的生活起居。一年前，美国总统尼克松访华，中美发表上海《联合公报》，对峙了20多年的中美关系终于得到缓和。当家人告诉他这一消息时，张东荪竟激动不已，喃喃自语：“中美不能对抗，还是我对。”似乎仍然坚持自己不同意“一边倒”的立场[3]。

1973年6月2日晚11时，张东荪因病不治，逝世于北京第六医院，终年88岁。

一位在20世纪中国社会发展历程中颇有影响的人物，终于走完了他漫长而复杂的一生。

---

[1] 叶笃义：《虽九死而无悔》，第143页。

[2] 张东荪病逝后，张宗炳被接出监狱治疗，后来病情好转。文革结束后平反，继续任北京大学哲学系教授。

[3] 本章所撰内容，除张东荪的女儿张宗烨、孙子张饴慈、张鹤慈提供资料外，澳大利亚坎培拉大学孙万国先生也提供了必要线索。戴晴女士也提供了不少宝贵的资料，在此表示衷心感谢。

张东荪年谱简编

（1886～1973）

1886年　1岁

张东荪，原名万田，字圣心，浙江钱塘县人，1886年12月9日（光绪丙戌十一月十四日）生于直隶内邱县。父亲张上禾。

1893年　8岁

母陈氏病故，年仅8岁。在兄长张尔田的督责下读《四书五经》，并传习家学。

1901年　16岁

偶读《大乘起信论》和《楞严经》，对佛学产生兴趣。

1904年　19岁

与蓝公武一起留学日本，入东京帝国大学哲学系，住在东京本乡丸山新町三十七番地。

1906年　21岁

与蓝公武、冯世德发起“爱智会”；10月，在东京创办《教育杂志》，发行两期后停刊。

1907年　22岁

在东京初识张君劢，开始参加清末立宪运动。

1911年　26岁

从日本回到北京，通过“殿试”；5月，在《东方杂志》上发表第一篇政论文章《论现今国民道德堕落之原因及其救治法》；武昌起义爆发后，从北京潜回上海。

1912年　27岁

参加孙中山领导的南京临时政府，任内务部秘书。政府北迁后，赴上海编辑《大共和日报》。

1913 年 28 岁

2 月，开始为梁启超主办的《庸言》杂志撰稿，发表大量文章，评议民初政治。

与苏州吴氏绍鸿女士结婚。

1914 年 29 岁

1 月，与樊钟秀在上海创办《正谊》杂志，撰写《正谊解》，鼓吹内阁制。

4 月，与丁佛言在北京创办《中华杂志》。

5 月，到北京与丁佛言等人讨论时政，由拥袁转为反袁。

6 月，长子张宗炳生。

7 月，在《中华杂志》上发表《地方制之终极观》，鼓吹地方自治。

12 月，发表《复辟论之评判》，反对复辟帝制。

1915 年 30 岁

春天，发表《根本救国论》、《中国之将来与近世文明国立国之原则》、《吾人之统一的主张》，系统阐述政治主张，抨击袁世凯专权。

5 月，开始为章士钊在东京创办的《甲寅》杂志撰稿，讨论内阁制与联邦制。

8 月，发表《对于古博士国体论之质疑》，批驳古德诺的谬论。

10 月 1 日，与汪馥炎、杨端六等人在上海创办《新中华》，继续讨论联邦制。

1916 年 31 岁

春，初识梁启超，积极参加反袁斗争，一度遭袁世凯通缉而避入租界。

6 月，发表《今后之政运观》，表示对政治失望。

1917 年 32 岁

年初，接张君劢主持上海《时事新报》，开始致力于文化运动。

11 月，在《东方杂志》上发表《贤人政治》，提出“贤人政治”主张。

1918 年 33 岁

1 月 1 日起，在《时事新报》上连载柏格森代表作《创化论》。

3 月 4 日，创办《时事新报》副刊《学灯》。

12 月，与梁启超约定脱离政治，致力文化事业。

1919年 34岁

1月，发表《世界共同之一问题》，提出“防遏过激主义”问题。

5月，五四运动爆发，《时事新报》持同情和支持态度。

9月1日，在上海创办《解放与改造》杂志，鼓吹“第三种文明”。

10月，在《时事新报》上发表《突变与潜变》、《答章行严君》，加入五四时期的文化论战。

12月,在《解放与改造》上发表《为什么要讲社会主义》,公开宣传社会主义学说。

1920年 35岁

4月，与游欧回国的梁启超商谈举办文化事业，组织共学社。

5月，参加筹备上海共产主义小组，很快因观点分歧而退出。

7月，与张君劢通信讨论中国采取何种社会主义问题。

9月，《解放与改造》易名为《改造》；与梁启超等人组织讲学社，邀请英国哲学家罗素来华讲学。

11月6日，在《时事新报》上发表《由内地旅行而得之又一教训》，引发“社会主义论战”。

12月，发表《现在与将来》，系统阐述用资本主义方式发展实业的观点。

1921年 36岁

春天，主持中国公学，遇到学生“风潮”，很快平息。

2月,发表《一个申说》,提出“资本主义必倒、社会主义必兴”的所谓“阶段”论。

9月，创办《时事新报》副刊《社会主义研究》，公开鼓吹并表示信仰基尔特社会主义。

11月，中国公学再次发生“风潮”，很快平息。

1922年 37岁

3月19日,在《学灯》上发表《读〈东西文化及其哲学〉》,批评梁漱溟的文化观。

9月，与陈独秀通信，讨论联省自治与国家社会主义问题。

1923年 38岁

6月9日，发表《劳而无功》，站在张君劢一边，参加“科玄论战”。

1924 年　39 岁

6 月，出版《科学与哲学》一书，讨论科学与哲学的性质问题。

1925 年　40 岁

夏天，第二次主持中国公学，聘请名师执教。

1926 年　41 岁

发表《由自利的我到自制的我》、《兽性问题》和《西方文明与中国》等文，提出“补救”论的文化观。

1927 年　42 岁

4 月，与瞿世英（菊农）创办《哲学评论》，并在创刊号上发表《因果律与数理》。

5 月，被国民党目为“学阀”而遭通缉，再次避入租界。

1928 年　43 岁

4 月，在《东方杂志》上发表《宇宙观与人生观》，提出了“新哲学”的雏形。

1929 年　44 岁

8 月，《新哲学论丛》出版，初步提出了一套“新哲学”体系。

1930 年　45 岁

秋，接受司徒雷登的邀请，北上任燕京大学哲学系教授。

1931 年　46 岁

1 月，《道德哲学》由上海中华书局出版，提出了“文化”的道德观。

9 月 18 日，发表《我亦谈谈辩证法的唯物论》，挑起了 30 年代“唯物辩证法论战”。

10 月，与张君劢等人筹备发起“再生社”。

1932 年　47 岁

5 月，在北平创办国家社会党机关刊物《再生》，起草政治宣言《我们所要说的话》，提出“修正的民主政治”。

7 月，发表《党的问题》，开始抨击国民党的专制独裁统治。

9 月，开始在《大陆》杂志上发表《认识的多元论》，初步形成了“多元认识论”思想。

1933 年　48 岁

1 月，与孙宝刚通信讨论“民主与专制”问题。

4 月,在天津召开国家社会党第一次全国代表大会,宣布成立国社党,任中央常委。

9 月,在《新中华》上发表《动的逻辑是可能的吗?》,推动“唯物辩证法论战”展开。

1934 年　49 岁

6 月，撰写《唯物辩证法之总检讨》，对马克思主义哲学进行系统批评。

10 月，主持出版《唯物辩证法论战》一书，使“唯物辩证法论战”达到高潮。

1935 年　50 岁

10 月 10 日，在北平创办《文哲月刊》。

11 月，在《自由评论》创刊号上发表《结束训政与开党禁》，要求国民党结束一党专政。

1936 年　51 岁

2 月,在《自由评论》上发表《评共产党宣言并论全国大合作》,响应中共《八一宣言》。

10 月,在《东方杂志》上发表《多元认识论重述》,修改并丰富了“多元认识论”思想。

1938 年　53 岁

6 月,在《社会学界》上发表《思想言语与文化》,从社会学角度讨论知识论问题。

夏天，从北平秘密到汉口参加国民参会，会晤陈独秀等人。

1940 年　55 岁

著成《知识与文化》，尝试创建独立的知识论体系。

1941 年　56 岁

与中共秘密合作，组织燕京大学学生赴解放区。

12 月 8 日，因“抗日”罪名被日本宪兵逮捕。

1942 年　57 岁

6 月 18 日，在日本监狱中关了半年后，被日军判处 3 年徒刑后保释。

1943 年　58 岁

撰写《知识与文化》的姊妹篇《思想与社会》。

6 月，派叶笃义到八路军总部，重新与中共建立秘密联系。

1944 年　59 岁

开始撰著《理性与民主》，探索中国文化出路问题。

9 月，参加中国民主同盟，并被选为中央常委。

1945 年　60 岁

春天，筹建民盟华北总支部。

9 月 1 日，在北平创办《正报》，倡导和平与民主。

11 月底，赴重庆参加政治协商会议。

1946 年　61 岁

1 月 10 日，参加政协会议，向国民党争取保障人民民主权利。

1 月 16 日，怒斥国民党特务制造“沧白堂事件”。

6 月，发表《一个中间性的政治路线》，正式倡导“中间路线”。

10 月，在北平发起“美军退出中国”运动，发表《为美国利害着想美军应该及早撤退》。

11 月，拒绝参加伪“国民大会”，并与张君劢“划地绝交”。

1947 年　62 岁

1 月，参加民盟一届二中全会，当选为民盟中央常委兼秘书长、华北总支部主任委员。

3 月，发表《和平何以死了》等文章，继续鼓吹“中间路线”。

6 月，发表《答林布君兼论左派理论》，不赞同中共对中间势力进行激烈批评。

7 月，再赴上海、南京等地，会晤美国特使魏德迈，为恢复国内和平而奔走。

8 月，参加民社党革新派成立大会，当选为中央常委，支持其活动。

9 月，在燕京、清华等校演讲，抨击国民党的独裁内战政策。

12 月，与樊弘围绕“中国出路”问题展开讨论。

1948 年　63 岁

1 月，发表《关于中国出路的看法》，提出了“新型民主”。

5月，参加北平文化界“知识分子”问题座谈会。

7月，出版《民主主义与社会主义》，提出社会主义与民主主义“同基型”论。

10月11日，在清华大学演讲《论真革命假革命》。

1949年　64岁

1月6日，参加北平和谈，代表傅作义赴蓟县六里庄与中共谈判。

1月下旬，在西柏坡与毛泽东商谈建国大计。

6月15日，参加新政协筹备会议。

9月21日，参加新政协会议，当选为中央人民政府委员。

10月19日，被毛泽东任命为政务院文教委员会委员。

12月，参加民盟一届四中全会，当选为中央政治局委员。

1952年　67岁

2月，参加燕京大学“思想改造运动”。

12月，被民盟中央开除盟籍，辞去中央人民政府委员职务。

1955年　70岁

12月，自编晚年诗词集《草间人语》。

1958年　73岁

从北京大学哲学系调到北京文史馆。

1964年　79岁

作《沁园春·预作明年八十自寿词》。

1968年　83岁

1月初，与长子张宗炳一起被捕。

1973年　88岁

6月2日，病逝于北京第六医院。

再版后记

转眼之间，《张东荪传》已经出版 10 年了。该著问世之后，立即得到了海内外学术界的高度关注，并给予很好的评价。人们之所以广泛关注这部著作，首先是迫切想知道东荪先生这样一位被长期遗忘的文化名人，究竟在近代中国做了哪些事，说了哪些话，有着怎样的文化贡献；其次是想知道这位著名思想家究竟提出了哪些有见识的思想主张？这些思想究竟产生了怎样的社会影响？当然，还想了解他在建国初期究竟犯了什么事，为什么会被历史忘记得这样长久。

人们之所以对这部传记给予好评，首先是因为他们从这部传记中知道了他们想知道的事情，了解了他们想了解的思想；其次是因为他们通过这部传记，对东荪先生这个人有了比较全面的理解，解除了一些思想上的疑惑。当然，这部传记的客观公正多少适应了人们的胃口。

张东荪是一位近代中国的自由主义者，他怀抱着民主、自由的理想，为建立一种民主主义的新文化而努力；他是一位积极活跃于中国政坛上的著名政论家，评议时政，批评当局，充当着社会民众的喉舌，经历了自民国初年直到新中国成立的 40 年间中国政治上几乎所有的重大事件；他是一位当之无愧的哲学家，他曾经倾其全力介绍西方哲学，并成为五四以后第一个试图建立中国现代哲学体系的哲学家。他的名字已经与近代中国的哲学史、政治史和思想史密切联系在一起，人们想绕都难以绕开。人们已经很难想象，当研究中国近代的哲学史和政治思想史时，会不再注意这样一位活跃的人物。

历史是无情的，长期的冷漠会使人们遗忘那些曾经风云一时的人物。历史又是公正的，那些曾经推动历史前进的风云人物即使一度被人冷落，但终究还会让人们重新想起他们，重新审视他们，重新记住他们。

面对张东荪这样一位长期被人遗忘的思想家，人们自然会产生较多的同情，甚至有些人会为其人生的悲剧命运鸣不平。10 年前，当陈寅恪、吴宓等与张东荪有相似命运的文化名人引起人们的关注甚至热捧时，这种愤愤不平之声曾经环绕在我的周围，影响着我的研究趋向。张东荪的思想是相当深刻的，其不凡的学识和见解，曾令我击节叫好；张东荪的个性是相当倔强的，其面对国民党特务时的凛然正气，曾令我敬佩不已；张东荪晚年的命运确实是不幸的，八十老翁深陷囹圄的身影，曾令我泪眼朦胧。我惊服他思想的深刻，我感叹他命运的不济，我对他不由自主地产生了深深的同情。

我同情他和他的时代，我同情他和他的家人。

但沉冷的理智棒喝着我：同情的理解能够替代客观的评判吗?昨日的不幸能够成为今天炒作的理由吗?

我是一个受过比较严格的历史学训练的青年学者，当初研究张东荪生平及思想，就是抱着纯粹的学术立场。我能够因为对传主晚年的同情而动摇纯粹客观的批评立场吗?不能。我抑制住廉价的同情,控制住激愤的情绪,理清了混乱的思路,毅然回绝了带有炒作嫌疑的《晚年张东荪》稿约，提起理性的笔锋，辛勤耕耘在文献史料与口述访谈的旷野上。

我曾经遍读东荪先生留下的文字，体味着他的所思、所想、所为；我曾经无数次与东荪先生进行心灵的沟通，倾诉着我对他和他的思想所作的解读和思考；我曾经将东荪先生与其同时代的诸多人物进行反复比较，寻味着他们言行之间的异同，追寻着其思想演变的轨迹;我曾经遍访东荪先生的家人及友人，力图弄清众多的历史之谜；我曾经将东荪先生的功过是非反复思量，权衡着怎样才能盖棺论定。

这样，便有了这部《张东荪传》的问世。

幸运的是，我的这种研究态度，得到了东荪先生家人的充分理解。东荪先生的长孙张饴慈教授多次表示：我们全家都是搞自然科学的，我们的责任是为您提供尽可能多的情况及资料，至于如何评价我爷爷的功过是非，那是您们历史学家的事，我们决不干预。现在回想起来，没有张饴慈、张鹤慈、张凯慈及东荪之女张宗烨院士的理解和信任，这部传记恐怕会是另外一种模样。

当初撰稿时，我曾暗自立下宏愿：希望这部著作能够将东荪先生的生平及活动清晰地勾画出来，能够对东荪先生的功过是非进行客观公正的评价；希望自己的描述和评价更逼近历史的真实。10 年过去了，这部传记对东荪先生生平活动及思想的描述，经受住了历史的检验;这部著作对东荪先生功过是非的评定，得到了人们的基本认同。这是我感到欣慰的。

这部传记问世之后，一个被遗忘近半个世纪的思想家，重新进入了人们的视野。人们开始关注他的言行,发掘他的思想,审视其思想的现代价值。我曾不止一次地对张饴慈先生说:“作为一个历史研究者，我的任务是将张东荪这位历史人物的生平及思想重新挖掘出来，还其历史的本来面目；当人们普遍地注意并开始承认张东荪的思想地位和历史价值之时，就是我真正完成该研究课题之日。”

这部传记问世后，我觉得自己对东荪先生生平及思想研究的使命基本完成，故在着手编撰《东荪先生年谱》并呼吁筹备出版《张东荪全集》之际，仅仅将东荪先生的《知识与文化》、《理性与民主》两部著作依据东荪先生手稿校勘出版，没有再撰写相关文字，而是将研究重心逐步转移到中国现代学术转型问题上来。尽管如此，我密切关注国内外学术界关于张东荪的研究动向，向众多的研究者提供资料和信息，以期推进张东荪思想的深入研究。

10年以后的今天，承蒙红旗出版社的厚爱，这部传记又要再版了。蒋建农社长和李凡总编提议能否借此机会进行修订。我认真阅读了这部传记，觉得10年来自己在资料上尽管有些新发现，对一些问题的认识有所深化，但基本的观点和结论并没有太大的变化，仍然能够经得起考验。故这次再版除了增加一些照片并改动几处错别字外，仍然保留了原貌。

学问者，天下之公器也。我真诚地希望越来越多的人们关注东荪先生，越来越多的学者研究东荪先生。我仍然愿意一如既往地提供资料和信息上的帮助，真诚地希望后继者能够将张东荪思想研究深入下去。

这部传记是在我博士后研究报告上修改而成的。中国社会科学院学部委员耿云志研究员付出了很大心血，并撰写序言以勉励后学。在这部传记再版之际，我再次感谢恩师的奖掖和鼓励。我定会百尺竿头，更进一步，不辜负众多师长及朋友们的殷切厚望。

左玉河

2008年12月26日于东厂胡同1号